教育市场化的边界

一部商业观念演变史

EDUCATION AND
THE COMMERCIAL MINDSET

[美] 塞缪尔·E. 艾布拉姆斯 — 著
(Samuel E. Abrams)

丁瑞常　马　骜 — 译

中国出版集团
中译出版社

图书在版编目（CIP）数据

教育市场化的边界：一部商业观念演变史 /（美）塞缪尔·E. 艾布拉姆斯 (Samuel E. Abrams) 著；丁瑞常，马骜译 . -- 北京：中译出版社，2022.12
书名原文：Education and the Commercial Mindset
ISBN 978-7-5001-7228-4

Ⅰ.①教… Ⅱ.①塞…②丁…③马… Ⅲ.①教育经济—经济市场化—研究 Ⅳ.① G40-054

中国版本图书馆 CIP 数据核字（2022）第 205965 号

EDUCATION AND THE COMMERCIAL MINDSET by Samuel E. Abrams
Copyright © 2016 by the President and Fellows of Harvard College
Published by arrangement with Harvard University Press
through Bardon-Chinese Media Agency
Simplified Chinese translation copyright © 2022 by China Translation & Publishing House
ALL RIGHTS RESERVED

著作权合同登记号：图字 01-2022-3993

教育市场化的边界：一部商业观念演变史
JIAOYU SHICHANGHUA DE BIANJIE: YIBU SHANGYE GUANNIAN YANBIANSHI

著　　者：[美]塞缪尔·E. 艾布拉姆斯
译　　者：丁瑞常　马　骜
策划编辑：朱小兰
责任编辑：朱小兰
文字编辑：苏　畅　刘炜丽　朱　涵
营销编辑：任　格　索　骄

出版发行：中译出版社
地　　址：北京市西城区新街口外大街 28 号 102 号楼 4 层
电　　话：（010）68002494（编辑部）
邮　　编：100088
电子邮箱：book@ctph.com.cn
网　　址：http://www.ctph.com.cn

印　　刷：北京中科印刷有限公司
经　　销：新华书店
规　　格：710 mm×1000 mm　1/16
印　　张：23.75
字　　数：390 千字
版　　次：2022 年 12 月第 1 版
印　　次：2022 年 12 月第 1 次印刷

ISBN 978-7-5001-7228-4　　　　定价：69.00 元

版权所有　侵权必究
中译出版社

谨以此书纪念模范教师

多萝西·巴赫（Dorothy Bach，1921—2009）

和

沃尔特·克拉克森（Walter Clarkson，1932—2005）

中文版推荐序

近年来,关于民办教育该何去何从的问题在我国引起了很多争论。尤其是《中华人民共和国民办教育促进法实施条例》修订版(下称《民办教育促进法》)颁布后,社会上有些声音认为我国在限制甚至是打压民办教育,我认为这是一种误解。

《国家中长期教育改革和发展规划纲要(2010—2020年)》指出:"民办教育是教育事业发展的重要增长点和促进教育改革的重要力量。"民办教育是我国教育事业的组成部分,为我国教育改革和发展做出了一定贡献。我国民办教育的发展有其特定的背景。改革开放之初,民办学校因国家教育投入不足而兴起。随着市场经济的发展,一批民间资本进入教育领域,促进了教育的发展。无论是在普及义务教育上,还是在发展民办高等教育、培养人才上,民办教育都贡献极大,而且还涌现出一批优质学校。在教育发展不均衡的情况下,民办学校也满足了部分家长对优质教育的需求,这一点在高中阶段尤为明显,高中教育表现出多样化的发展。有一批民办高中办得很有成绩,成为社会上认可的名校。所以,《民办教育促进法》明确提出国家对民办教育的方针首先是积极鼓励和大力支持,并从法律层面规定民办学校与公办学校具有同等的法律地位。国家保障民办学校创办者、校长、教职工和受教育者的合法权益。

但是我们应当看到,民办学校在发展过程中良莠不齐,出现了一些乱象。例如,有些民办学校曾利用政策优势跨区提前招生,挤压公办学校的办学空间,破坏公平竞争的教育生态;有些民办学校用高薪到公办学校"挖名师",使公办学校的优质师资流失严重;有些民办学校炒作升学率以获得市场竞争力,助长唯分数、唯升学风气,阻碍素质教育的推进;还有些民办学校甚至成为一些房地产开发商哄抬房价的资本工具。因此,全国人大常委会在2013年又对《民办教育促进法》进行修正，进一步规范民办教育，特别强调我国的民办教育事业属于公益性事业，是社会主义教育事业的组成部分。因此，我国的民办教育不是要不要的问题，而是如何健康、有序发展的问题。

美国是以私立学校起家的。20世纪90年代以来，出于对私营市场可以提供比政府更好的学校教育的信仰，美国积极推行教育私有化。政府教育政策日益流露出种种商业逻辑，致使公共教育中的市场力量不断崛起。塞缪尔·E.艾布拉姆斯教授的著作《教育市场化的边界》基于翔实的史料、数据，系统讲述了美国在过去几十年来一次又一次的重大教育私有化改革探索。令人印象深刻的是，每一次改革都使人们对市场的力量充满期待，然而每一次改革都近乎以失败告终。这些教育私有化改革暴露出许多问题，如恶化教育竞争、助长应试教育、降低教育质量、损害教育公平等，值得我国引以为戒。用艾布拉姆斯教授自己的话说，这本书是一则关于自由市场理念诱惑力的警世寓言。但是，他也没有全盘否定市场力量在教育中的价值。他通过对比智利、瑞典和芬兰等不同国家的教育改革进程，发现数十年来的教育私有化改革并没有真正解决它当初所想解决的问题，但公立学校依旧可以从商界汲取一些经验，例如改善教师培训、提高教师行业吸引力等。

我认为，艾布拉姆斯教授的这本著作中提出的反对教育资本化，重视教师队伍建设等观点与我这些年对于民办教育的一些看法有某种相似之处。我尤为赞赏艾布拉姆斯教授在开篇所引用的那句话："市场需要一席之地，市场也需要待在它该待之地。"丁瑞常博士将这本书翻译、介绍到我国，我觉得很有意义，值得一读。

2022年9月于北京

中文版序言

能看到这本书以中文出版,我感到非常荣幸。我上高中时,读了记者西奥多·H.怀特(白修德)的自传《追寻历史》(1978年),从此迷上了中国的政治经济史。在20世纪三四十年代,怀特是一名驻华外国记者。他清晰地记述了这个国家的复杂演变,并预见了未来的严峻挑战。

1986年,怀特去世,享年71岁。虽然怀特生前看到了邓小平于1977年复出,但他没能亲眼见证邓小平所带来的变革。他一定认不出今天的中国。

邓小平提出要想实现经济发展,就要从计划经济向市场经济转型。邓小平有句名言:"不管黄猫黑猫,只要抓住老鼠就是好猫。"

中国农村原有的经营管理过于集中和分配中的严重平均主义,被迅速推广的家庭联产承包制所取代。教育和工业领域皆发生了巨大变化。1949年中华人民共和国成立后不久,所有私立学校都被转为公立机构。而到了20世纪80年代,政府重新推动办学体制分权化,授权创办民办学校。政府还鼓励个人和社会组织办学;学校获得了更多的自主权;家长也有了更多的选择自由。

20世纪90年代中期,许多民办学校已被传统的私立学校取代,收取大量学费。虽然这些学校的办学资金来自家长支付的较高学费,国家仍通过免费或低收费的财产租赁补贴这些学校。政府补贴私立学校有双重原因:一方面,通过学校之间的竞争可以提高学生成绩;另一方面,可以将教育支出转嫁给有能力为子女支付学费的公民。在过去的二三十年里,中国民办学校的数量及招生人数呈现"井喷式"增长。根据中华人民共和国教育部公布的最新数据,2020年,中国共有17 875所民办中小学,招生538.7万人。

本书虽然没有涉及中国教育政策的巨大转变,但讲述的是一个我认为中国读者会感兴趣且与之高度相关的故事,即美国、瑞典和芬兰教育私有化的故事。美国和瑞典的教育私有化与芬兰的教育私有化形成了鲜明的对比。当美国和瑞典的政策制定者转向市场时,芬兰的政策制定者则坚持由政府投资打造更好的教师培训体系、提高教师薪酬水平以及丰富课程内容等行动。

正如我所记录的,米尔顿·弗里德曼和他的弟子们争辩了数十年。他们认为比起政府,私人市场能提供更好的学校教育。在20世纪90年代的美国,这一理念被爱迪生学校公司,以及政府和华尔街的许多人称道的其他营利性教育管理机构所印证。爱迪生公司发展迅猛,开办的学校遍布全美各个城市。然而,令人失望的学生学业成绩和公司财务状况,很快就把该公司及其竞争对手纷纷挤出了舞台中央。

备受营利性教育管理机构关注的标准化考试,在两项联邦政策,即2002年《不让一个孩子掉队》法案和2009年"力争上游"计划中都有所体现。它们也带来了负面影响,将课程范围缩小,只剩下那些需要测试的科目。这给学生、教师和行政人员带来了巨大压力。这种对应试竞争的新要求,也决定了继营利性教育管理机构之后,非营利性教育管理机构的诞生。这些非营利性教育管理机构蓬勃发展,但它们过于依赖慈善家、不知疲倦的教师以及能遵守严格的学术和行为要求的学生。这种依赖性必然会限制它们的影响力。

在瑞典,类似的故事也在上演。1991年,瑞典政府允许营利性和非营利性的私人运营商开办自己的学校,以与市属学校竞争。虽然这给家庭带来了更多的选择,问题也随之而来:许多营利性学校的经营者为了提高利润投机取巧,为了提高学生在全国考试中的分数对教师施加巨大压力,对学业成绩不佳的学生设置入学障碍。许多私立学校急于求成,出现了分数"有水分"现象。由于瑞典本地家庭将孩子送到私立学校上学,而没有让他们与市属学校的移民儿童一同接受教育,引发了日益严重的隔离问题。与此同时,2000—2012年,瑞典学生在三年一度的国际学生测评项目(PISA)中,阅读、数学和科学科目的成绩均一路下滑。

在瑞典和美国,自由市场的倡导者都没有承认其局限性。对于离散商品和服务,如教科书、计算机、交通和软件支持,自由市场的运作状况良好。而对于复杂服务,如学校管理、医疗和老人护理,自由市场就难以奏效了。透明度不足以保障合同得到有效执行。这是一个技术问题,而非意识形态问题。复杂服务必然是不透明的。特别是在学校教育领域,最直接的消费者是儿童。他们几乎无法判断课程教授得是否正确。家长、纳税人和政策制定者也都与教育保持着一定的距离。使用标准化测试来检查教育质量带来了诸多问题。

总之,这是一则关于自由市场理念诱惑力的警世寓言。美国和瑞典的教训应该对中国也有所启示。正如经济学家阿瑟·M.奥肯在《平等与效率——重大抉择》(1975年)中反对米尔顿·弗里德曼及其追随者时所写的那样,"市场需要一席之地,市场也需要待在它该待之地。"

中国政府在2021年7月决定将线上课后辅导限制在30分钟内,禁止在晚上9点以后、周末及节假日进行此类辅导,并要求辅导公司从营利性机构转型为非营利性机构,同时,禁止这些公司通过公开募股筹集投资资金。这些举措确实都抓准了市场的局限性。如果不加以控制,这种线上课后辅导显然会制造需求,催化学生之间的恶性竞争,破坏家人团聚的时光,并给家庭带来巨大的经济负担。

中国政府实施的这些改革已经产生了重大影响。几个月内,几家教育公司,包括三家在纽约证券交易所上市的公司(新东方教育科技集团、好未来教育集团和高途教育集团)都出现了大幅亏损、不得不裁掉数千名员工的情况。

最后,我想对丁瑞常表示感谢,感谢他提议将本书翻译成中文,并与他的同学马骜承担了这项繁重的任务。我与丁瑞常相识于2017年,当时他在哥伦比亚大学教师学院访学。他在读了我的这本书后告诉我,他觉得有必要出版一个中文译本,因为中国的民办学校在越来越受欢迎的同时也引发了许多问题。听到他对本书的反馈,我很高兴,也感谢他为本书所做的工作。我也要对哥伦比亚大学教师学院的经济学和教育学荣誉教授亨利·莱文表示感谢,是他邀请瑞常来美访学,并把我介绍给他。莱文曾多次作为访问教授在中国讲学,因此结识了丁瑞常。莱文为世界各地的学者之间建立了无数联系,证明了比较分析的重要性。他一直是各地和各领域学者的榜样。

Samuel E. Abrams
2022年4月于纽约

引 言

市场需要一席之地，市场也需要待在它该待之地。

——阿瑟·M. 奥肯

  2001年5月，漫长的一天快要结束了。这是曼哈顿西区一所名为灯塔学校的公立高中。我坐在205室角落的办公桌前，面对着墙，缓慢地翻阅着一沓美国历史论文。尖锐的观点令我点头，混乱的段落让我摇头。我在空白处写下评语，偶尔望向左边窗外邻近住宅区里沐浴在夕阳下的树木。

  自1989年任教以来，我习惯在学校待到比较晚再回家。我发现，在批阅完论文并仔细计划好第二天的事项后，回家的路途总会顺畅些。而且，空荡的教室会显得分外庄严，整洁、安静，非常适合思考和专注。

  学校的联席校长史蒂夫·斯托尔敲了敲敲着的门，走了进来。斯托尔也会待到很晚，并且经常顺便问我的课上得怎么样了，或者与我讨论《经济学人》或《纽约客》上某篇他确信我也读过的文章。但是，他此次来的目的明显不同。他看上去疲惫不堪，坐了下来，解释说，几个小时前他得知学校的排课员、历史系的一位名叫布莱恩·阿尔姆的同事将离职并前往罗克兰县的一所高中担任副校长。

  我知道这意味着麻烦。排课员是负责制订总课程表的人，他要理清谁上什么课、什么时间上、在哪儿上，并且在每学期开学时面对老师、学生和家长的抱怨，还要解释为什么这样安排。与全国许多所城市公立学校一样，灯塔学校的教室数量不变，学生却越来越多，使得这项工作更具挑战性。而且，9月份的新入学人数可能会出现不可预见的激增。在2004年纽约对学校申请程序开展全面改革之前，除了少数有权根据全市统考成绩或其他特定标准录取学生的选拔性学校外，其他所有高中都必须接收教育委员会在学年开始时从数千名未派位生源中分派给他们的学生。¹ 面对如此的压力和混乱，阿尔姆镇定自若。他是这所学校多年来第三位离职的排课员，也是唯一成功地将复杂流程简化的排课员。

出于我对细节和秩序的喜爱，以及我对教育政策的兴趣，斯托尔建议由我来接手这份工作。"还有，"他说道，"你将教两门课而不是四门，并且可以自行决定教哪两门。"

我说："但是我对电脑一窍不通。"

斯托尔以一位资深教师的权威回答道："你会学会的。"他曾在纽约市教育系统任教 24 年，1993 年与人共同创办了灯塔学校，并从那时起与合作伙伴一同带领学校挺过了资金危机、人事混乱和课程争端①。

经过几天的深思熟虑，我同意接受这份工作，于是开始了一段新的旅程。这迫使我重新思考经常引发教育争论的一系列核心问题，即官僚主义、教职终身制、标准化考试、私有化和问责制。对我来说，教学工作和排课工作都令我受益颇丰。本书所研究的商业公司与概念在学校管理中不断增强的影响，正是以这两段经历为基础。

·

我成为灯塔学校新排课员后，认识到的第一件事就是我的确对电脑一无所知；第二件事是，即使对电脑一无所知也并不意味着我就对基本的组织程序不够了解，或意识不到教育委员会用来排课、生成报告卡和成绩单的电脑系统已经过时。更糟糕的是，我发现纽约市立大学为教育委员会管理这个过时系统的部门几乎无法提供任何帮助，给该部门的大学应用程序处理中心及其编程人员拨打求助电话通常无人接听。极为罕见的一次，我联系上了其中某个人，却被他提供的一大堆神秘的缩写和代码搞得几近崩溃。

幸运的是，在灯塔学校，我们并不完全依赖大学应用程序处理中心来满足我们的排课需要。阿尔姆用微软公司的 Access（一个数据库管理软件）来进行学生注册、排设课程并创建名册。在学校的技术协调员克里斯·莱曼的帮助下，阿尔姆还设计了一种方法，将所有这些信息发送给大学应用程序处理中心的某位工作人员。莱曼是一位才华横溢的程序员。他对这座城市复杂的学校系统了如指掌。

---

① 关于开什么课、怎么教的争论。——译者注

引　言

在这个夏天,我学到了很多有关微软 Access 软件的知识,消除了自己是否应该接受这个职位的担忧。

然而,在紧张的9月份,在我为教育委员会分配来的60多名未派位新生排完课,并为无数有增减课程请求的学生重新排课后,我意识到 Access 软件很明显只是个权宜之计,而非解决方案。第二学期的艰难过渡,证实了我的结论。同样明显的是,大学应用程序处理中心自20世纪70年代初开发以来几乎从未更新。虽然每年教育委员会为之花费五六百万美元,但它仍然不过是一个昂贵的全市数据库罢了。它用呆板的算法为学生排课,生成不知所云的报告卡和成绩单。这常让大学招生人员感到困惑,以至电话咨询学校辅导员。[2]

出于监管的原因,我们无法对报告卡和成绩单进行任何修改,只有教育委员会能对其进行操作。该委员会将于2002年在迈克尔·布隆伯格市长的领导下更名为教育局。但是,我们在课程安排方面具有一定的自主权。展望未来,显然,我们需要常规的学术排课软件。截至2001年10月,灯塔学校的入学人数已经从前一年春季的783人攀升至917人。[3] 此外,学校开设了许多选修课,包括艺术、戏剧、计算机编程、创意写作、舞蹈、摄影、数字电影、计算机动画和音乐理论等。每周两天上小型课程;每周四天上学术课程。这需要一个复杂的课程表来合理安排。

使用 Access 软件,我们必须手动将学生添加到特定课程中去,并在为学生重新排课前在几个窗口之间切换。使用常规的学术排课软件,我们可以让计算机根据学生的课程偏好对他们进行编排(并不断重复这一过程,直到达成一种均衡的方案);我们还可以在一个屏幕上查看各种各样的数据,让为学生排课和重排类似于玩电子游戏,尽管是一个单调的游戏。

当时学术排课软件的行业标准是 SASI,即学校学生信息管理的英文首字母缩写。但作为教育巨头培生学校系统公司的产品,SASI 的成本约为1万美元,而且还需每年支付使用费。我知道灯塔学校没有那么多钱,于是在2002年2月向一位在玛丽兰波托马克市一所私立学校担任技术协调员的朋友寻求建议。我猜想,我的这位朋友杰夫·瓦格会有答案的。他的确有,向我推荐了 PCR 教育公司——一家邻近贝塞斯达、为包括瓦格所在学校在内的私立学校开发排课软件并提供相关服务的小公司。

瓦格帮我联系到了 PCR 教育公司的创始人、总裁兼首席工程师汤姆·德·贝当古。他和我通完电话后的第4天乘火车来到纽约,进行了2小时的演示。这正是我们需要的。价格也很合理:软件套装从5 000美元的标准价格协商降至3 000美元,外加每年800美元的服务费。斯托尔咨询了与他共同创办和领导该校的合作伙伴露丝·莱西。莱西同样厌倦了每个学期开始时的压力和混乱，也认为这 3 800 美元是一项明智的投资。斯托尔开出的一张支票，使学校走上了通往更美好未来的道路。

·

在接下来的几周里，我把课余时间都花在了学习使用 PCR 教育公司的软件上，并不时地开始怀疑教育私有化的倡导者到底是不是真的错了。正如许多人长期争论的那样，教育系统存在着明显的效率低下问题。20 世纪 70 年代，在经济发展理事会的协助下，教育委员会在改善薪资表、库存、仓储、基建和审计规程等方面取得了一些进展，但烦琐的方法和程序依然存在，[4] 人员招聘和物资采购手续也依旧烦琐。[5] 而大学应用程序处理中心，让纽约政府为一个 20 年前就过时了的数据管理系统耗费了数百万美元。与此同时，像 PCR 教育公司这样的外部供应商却可以以低廉的价格提供最先进的产品。而且，PCR 教育公司因每年收取了服务费，可以每天从早 8 点到晚 7 点通过电话向客户提供耐心帮助，并且即使晚于客服时间，如有需要，贝当古也可以通过家庭电话提供服务，就像我曾几次询问相关技术问题，比如如何为学生课程偏好编码，如何将学生选课的加载过程按特定批次进行细分，以及如何创建假设情景来测试不同课表的可行性等。

作为学校的排课员，我也不得不面对终身制批评者中普遍存在的争论，即表现不佳的教师受到过度保护。来自希望调出某位老师所带班级的学生们的抱怨太多、太一致，以致让人不得不信。然而，我知道问题并不像许多批评者所认为的那样简单。一些教师不受欢迎是因为他们的要求过于严格，而不是因为他们不称职。显而易见的是，教师需要受到正当程序的保护，从而免受反复无常的行政人员的影响。拥有一支安全、稳定的教师队伍的学校，才能发展成为稳定、健康的机构。此外，每天要上 5 节课，每个班有多达 34 名学生，即使是最顽强的老手也会在这一两年过得很糟，在一个问题学生多而给予需要帮助的教师支持过少的系统里尤其如此。然而，对于那些没有受到挑战的学生家长、那些在报纸上看到校长想要启动解雇程序需要堆积如山的文件材料的纳税人，或是那些需要接纳从其他陷入困境的同事班级调来的学生以致自己班上人数上涨的教师来说，这些算不得什么。[6]

作为一名经济学和历史学的教师，我知道弗里德里希·冯·哈耶克、米尔顿·弗里德曼、乔治·施蒂格勒，以及他们在芝加哥大学和其他地方的弟子们几十年来一直认为，如果没有工人组织的约束限制，私营市场在从公共交通、道路维护、邮政投递、垃圾收集、公用事业以及空中交通管制，到执法、惩戒、养老金、医疗保健和教育等几乎所有领域，都能提供比政府机构更好的服务。[7]

呼吁教育私有化也许可以追溯到1955年，当时弗里德曼提出了他关于用教育券来扩大择校的理由。我当年是从哥伦比亚大学教师学院亨利·莱文教授的一门每周一下午的课程中了解到这一点的。弗里德曼规定，作为企业经营的学校以及传统学校都要接受教育券。弗里德曼在一篇题为《政府在教育中的作用》的文章中写道："政府可以通过给予家长教育券来资助最起码的学校教育。如果这些教育券用于'批准的'教育服务，每个孩子每年可以兑换指定的最高金额。""家长可以自由地把这笔资金和他们自己提供的任何额外资金用于向他们自己选择的'获批准的'机构购买教育服务。教育服务可以由营利性私营企业提供，也可以由非营利性机构提供。政府的作用将仅限于确保学校达到某些最低标准，例如将最低限度的共同内容纳入其课程，就像现在检查餐馆以确保它们符合最低卫生标准一样。"[8]

在莱文看来，弗里德曼的提议将破坏社会凝聚力，且没有考虑到教育券原本要帮助的那些贫困学生所面临的挑战①。1968年，莱文在《城市评论》的一篇文章中警告说，教育券给学校之间造成的生源竞争，可能会产生分裂而不是促进作用，并敦促代以基础设施改革，以协调学校与从医疗到娱乐一系列支持服务的关系。[9]

虽然弗里德曼的教育券提案未能获得支持，但他一再推动国会山以淡化形式的立法，为子女就读于私立中小学的家长提供学费税收抵免。这样的立法于1969年、1970年、1971年、1976年、1977年、1978年、1982年、1983年和1984年在参议院获得通过，但每次都在众议院遭到否定。[10] 经历这样的失败之后，里根总统任命了一个两党委员会，负责研究私有化如何能够带来"更有效的政府"。该委员会于1988年发表了一份报告，建议联邦政府支持包括私立学校在内的择校制度，但宗教附属学校除外。[11]

弗里德曼对营利性机构参与竞争的提议在那份报告中没有得到推进，但在当时由麦隆·利伯曼所著的两本书中得到了回应，即1986年出版的《超越公共教育》和1989年出版的《私有化与教育选择》。在后者中，利伯曼指出，"改善美国教育的唯一方法是：（1）促进私立学校与公立学校的竞争以及私立学校之间的竞争；（2）促进公立学校系统内服务提供者之间的营利性竞争……没有任何公共政策可以解释，为什么学区可以与为您服务的公司签订物业和维修服务合同、与ARA公司签订食品服务合同、与伯恩斯国际公司签订安保服务合同、与美国教

---

① 指贫困人口在衣食住行、医疗等方面面临的一般性日常挑战。——译者注

育考试服务中心签订考试服务合同，或者签订其他数十种非教学服务合同，却不能拥有（与外部机构）签订教学服务合同的同等权利。"[12]

保罗·希尔、劳伦斯·皮尔斯和詹姆斯·格思里在其1997年的著作《重塑公共教育：合同如何改变美国学校》中进一步阐述了这一观点。他们写道，除了租用西尔万学习系统进行补习干预，或聘请国际对话公司进行外语教学之外，市政当局和乡镇还应该将学校管理外包出去。[13] 2007年，国家教育和经济中心在一份广为人知的题为《艰难的选择或艰难的时代》的报告中回应了这一建议。[14]

事实上，20世纪70年代初，已经有150多个学区与私营公司协商签订了提供数学和阅读教学服务的绩效合同。利伯曼等学者详细写下了美国教育史上的这一简短篇章。[15] 如果学生的考试成绩有所进步，那么这些公司将可以延长合同并获得奖金；如果没有，那么公司将给予学区退款。[16] 然而，令人失望的结果让这种绩效合同很快就作废了。在利伯曼看来，应该给予教育承包商更多的自由和时间。[17]

1970年，一家总部位于俄克拉何马州的名为多塞特教育系统的公司允许阿肯色州特萨尔卡纳一所学校参与其补习项目的学生预览考试试题。这一消息使得这种新模式首次受到抨击。[18] 人们发现，多塞特公司不仅仅是为了应付考试而教学，而是在教考试题目本身。而据一位公司管理人员说，这样做是因为学校分配给他们太多后进生。[19] 不久之后，当时由唐纳德·拉姆斯菲尔德领导的经济机会办公室得出结论，这项耗资560万美元、为期一年的绩效合同试验没有取得任何效益。经济机会办公室发起的这项试验，随机挑选出6家公司，为全国18个学区的13 000名成绩不佳儿童提供阅读和数学补充教学。[20] 而在1972年发布的一份项目评估报告中，经济机会办公室发现，接受绩效承包商额外指导的学校中的儿童的成绩并不比普通学校的好。[21]

在全国范围内，有一家公司与学校签订了一份全面管理学校各方面事务的绩效合同，但也未能实现预期目标。位于加利福尼亚州帕洛·阿尔托的行为研究实验室在1970年与印第安纳州加里市的一所小学谈判签订了一份为期3年的合同，但由于学生阅读和数学成绩较差且出勤率下降，该合同提前一年终止了。[22] 教师和社区领袖们对行为研究实验室的严厉批评也无济于事。行为研究实验室预先设定好的课程及其对训练和实践的强调，让重视自主性的老师们感到疏远。而行为研究实验室对于学校的管理也激怒了重视地方参与教育政策制定的市民。[23]

尽管前有行为研究实验室的失败教训，但20年后，教育备选公司还是再度冒险尝试对公立学校进行营利性管理。总部设在明尼阿波利斯的教育备选公司，在1991—1995年间向迈阿密的一所学校提供课程指导和职业发展咨询，1992—

1996年间负责管理巴尔的摩的9所学校，1994—1996年间负责运营康涅狄格州哈特福德学校系统的中央办公室以及该市的5所学校。令人失望的结果，以及与教师和社区领袖们的持续冲突，再次预示着外包学校管理做法的提前终结。[24]

正如利伯曼认为20世纪70年代初期的外部承包商没有获得他们所需的灵活性或时间一样，希尔、皮尔斯和格思里争辩道，教育备选公司从未从巴尔的摩或哈特福德获得实现其目标所需的资源和人员控制权。[25] 在教育备选公司之后，明尼苏达州的另一家公司又进入了学区管理领域，但很快就退出了。1993—1997年间，总部位于圣保罗的公共战略集团公司担任明尼阿波利斯公立学校的学监。在明尼阿波利斯学生在全州考试中成绩令人失望的消息中，学校委员会终止了与该公司的合同。[26]

然而，到了2001年，教育私有化已不再是一个学术或试验性问题。总部位于曼哈顿第5大道和第43街东北角一座办公大楼15层的爱迪生学校公司，正在运营着一个由23个州拥有74 000名学生的114所学校组成的网络。这些学校中超过一半是学区学校，其余的是特许学校。特许学校是1992年引入明尼苏达州的一种替代性模式，由公共资金资助，但由私人管理。爱迪生公司在1995年开始运营，最初负责了4个州的4所学校（3所学区学校和1所特许学校），共有2 250名学生。[27]

弗里德曼的想法已经深入人心。虽然弗里德曼对教育券的推崇并没有得到广泛的认可，[28] 但他关于由营利性机构来经营公立学校的建议却获得了很大的支持。爱迪生公司规模大、发展快，而且并不是唯一的。当时爱迪生公司的竞争对手包括密歇根州东兰辛的利奥纳集团，管理着2个州的33所学校；纽约的莫萨卡教育集团，管理着11个州的22所学校；以及密歇根州大急流城的国家遗产学院，管理着3个州的28所学校。[29] 很快，人们将这些公司称作教育管理机构。它们是健康维护机构在教育领域的应用，同样致力于改善服务、控制成本，并且在多数情况下实现营利。

然而，教育管理机构的兴起给我带来的疑问多于答案。我一直认为教育和商业属于不同的领域，就像公共广播和商业广告一样，两者不应该混为一谈。然而，在很久以前，人们在借钱和收取利息问题上也有过同样的说法。欧洲在16世纪以前禁止通过借贷赚取利息，但后来又有了源于《出埃及记》《利未记》《申命记》《诗篇》和《以西结书》的高利贷法。[30] 出售人寿保险单和年金在一开始也被认为是不道德的，因为这似乎是给寿命设定了价格。但随着时间的推移，这种做法成为主流做法。[31]

很显然，纽约市的学校系统为低效所困扰，而商业企业正是为了揭露和消除这种低效而建立起来的。经济机会办公室试验的糟糕结果、行为研究实验室的失败，以及教育备选公司的消亡都表明，学校的商业化管理困难重重。到体制外的马里兰一家公司寻求排课软件以及支持，算是一种变化。购买的商品和服务都可以直接评估，因此执行合同并不难。将公立学校交给营利性机构进行管理则意味着牵扯到的东西要多得多。众所周知，日常的教育是一个不透明的过程。毕竟，教育最直接的消费者是儿童或青少年。他们对于应该如何教授教学内容知之甚少。而教育与家长、纳税人和政策制定者之间保持着必要距离。

更根本的是，教育工作者和医生一样，对结果的控制力比不得商人，因为从技术上讲，教育行业和医疗保健行业的生产函数在本质上更为复杂。传统的工业生产函数包括资本投资、劳动力和技术创新。在教育领域，设施和用品构成资本投资；行政人员、教师和支持人员相当于劳动力；技术创新则以教学策略的形式体现。然而，在教育中，学生自身就相当于第 4 种投入。[32]

在大多数情况下，教育管理机构获得的是扭转低收入社区学校状况的合同；中高收入社区很少需要这种干预。[33] 大量研究表明，低收入社区的学生不像中等收入和高收入社区的学生那样具备发展条件。[34] 因此，就像医生治疗那些在遭受**铅中毒、药物滥用、少女怀孕、空气质量差、娱乐机会不足和杂货店不达标（缺乏均衡饮食所需的基本新鲜农产品）**损害的社区中长大的病人面临着艰难险阻一样，教育工作者在这样的社区管理课堂也是困难重重。对教育工作者来说，这种困难实际上因大量的同辈效应而加剧，教室中的问题学生会给同学们带来麻烦。[35] 由于这些外部因素得不到解决，而且对于学生也没有多少额外的资金投入，因此，无论他们的建筑翻新做得多么令人印象深刻，他们的人员多么干练，他们的课程多么创新，他们的数据系统多么精妙，教育管理机构依旧面临着严峻的挑战。

·

虽然教育管理机构受到这些固有困难的制约，但商人对效率和结果的强调却赢得了立法者和教育政策制定者的广泛支持。教育管理机构的兴起与这种对效率和结果的逐渐重视可谓如出一辙。

职务命名就是这种变化的标志之一。包括巴尔的摩、芝加哥、克利夫兰、格温尼特县、佐治亚州、明尼阿波利斯和马里兰州乔治王子县在内的几个学区的学监现在被称为首席执行官，他们的员工也相应地被称为首席运营官、首席财务官和首席信息或技术官。

引 言

国会于 2001 年通过并由布什总统于 2002 年签署成为法律的《不让一个孩子掉队》法案,这是一个更基本的例证。为了实现"缩小少数族裔学生与非少数族裔学生之间以及弱势儿童与优势同龄人之间的成绩差距"这一崇高目标,《不让一个孩子掉队》法案规定:首先,所有接受联邦资助的学校中的 3 至 8 年级学生及中学 1 年级学生都要接受阅读和数学测试;[36] 其次,学校要达到"适当年度进步",指的是各年级和各亚群体(按种族、族裔、收入阶层、残疾和英语熟练水平划分)学生在这些测试中的年度进步情况。[37]

如果学校连续 2 年达不到"适当年度进步"目标,将被认定为"学校改进"对象,并且必须允许学生转学到学区内更好的学校;如果一所学校连续 3 年达不到"适当年度进步",当地学区官员就必须拿出部分联邦政府下拨的用于扶持弱势学生的"第一章经费"①,与校外的营利性或非营利性机构签订合同,以课后辅导和暑期辅导的形式为这些学校提供"补充教育服务";[38] 如果这些学校下一年还不合格,那么它们将被列为"纠正行动"的目标,并有可能像公司的任何业绩不佳的部门一样被重组和重新配置人员;如果连续 5 年不合格,这些学校将被列入"重组"名单,并可能被移交给像爱迪生公司这样的营利性公司、非营利性特许经营机构或州政府。[39] 此外,《不让一个孩子掉队》法案规定,各州"包括通过处罚和奖励,如奖金和表彰,使地方教育机构和公立中小学对学生成绩负责"。而且,要制定或协助地方教育部门制定"基于成绩的绩效制度"。[40]

在《不让一个孩子掉队》法案的基础上,当时的奥巴马政府和国会在 2009 年制定了"力争上游"计划,作为《美国复苏和再投资法》的一部分。根据"力争上游"计划,各州获得了额外的联邦资金拨款,用于将教师评估和薪酬与学生在这些考试中的表现挂钩。[41] 随着全美州长协会于 2009 年构思并于 2013 年推出"共同核心标准",以统一全国的期待,人们对测试和数据的关注有望加强。

人们对于测试和数据的关注程度已经很高了。随着学监、校长和教师要对考试结果负责,应试教育压力即使还不是压迫性的,也已经成为他们沉重的负担。这就出现了"体育场效应"。就像在观看棒球、橄榄球或足球比赛时,前排观众站起来了,后头连续几排的观众也必须站起来一样,当全州的同事都在备考时,学监、校长和教师必须全身心地投入备考。

即使全州统考并不按曲线分级,压力也还是很大的。为衡量对材料的掌握程

---

① 美国《中小学教育法》第一章规定,向低收入家庭儿童人数多或比例高的地方教育机构和学校提供财政援助,以促进缩小低收入家庭学生和其他学生之间的学业差距。此类援助被称作"第一章经费",获得此类援助的学校则被称作"第一章学校"。——译者注

度而设计的标准参照测试中的熟练率，是源于过去测验所确立的能力水平。因此，与常模参照测试相对的标准参照测试，有一个内置的曲线。而且，如果某一年或下一年的标准参照测试被认定为过于简单，学生的成绩比预期的好，教师、学校和学区之间就会相互比较。一名教师、一所学校或一个学区的学生熟练率会被拿来与其他教师、学校和地区的学生做对比。

在这样的环境下，学校丧失了生命力。3至8年级的学生每天都要花费一部分时间为应对年度考试而钻研数学和阅读，并参加每月的基准测评。花在科学、社会研究、体育以及课间休息、艺术、音乐和戏剧上的时间被压缩到最低限度。[42] 教师会议聚焦于备考和考试数据分析，而非充实课程。[43] 就连美国教育部长阿恩·邓肯也在2014年8月给学校领导和教师的回信中承认，考试"正在吸走很多学校房间里的氧气"。[44] 事实上，全美国许多学校的校长都已把他们专用于分析考试数据的办公室称作他们的"作战室"。[45] 在邓肯回信的后一年，奥巴马政府承认过于强调考试，并敦促国会在修订《不让一个孩子掉队》法案时要"减少过度考试"。[46]

·

这种转变绝不是一蹴而就的。半个世纪前，历史学家雷蒙德·卡拉汉描述了商业对美国学校教育的广泛影响，并将其追溯到20世纪初人们拥抱弗雷德里克·温斯洛·泰勒的科学管理理论和商人对地方学校委员会的支配产生的叠加作用。[47] 与此同时，历史学家理查德·霍夫施塔特坚持认为，一种作为民族身份基础的商业精神已经在学校里留下了印记。[48] 然而，50年前，商业术语并没有应用于学区领导及其工作人员的头衔之中；也很少有人谈论将教师的工资与学生的表现挂钩；各城市没有将学校管理外包，也没有启动学校转型工作；没有人说过学校属于区域性的学术选择组合，需要根据考试结果定期进行调整；没有设立特许学校；核心科目中的历史和科学也没有因为阅读和数学要备考而退让到其后的次要位置；而且，除了20世纪70年代的经济机会办公室试验外，联邦政府在设计和资助基于绩效的激励计划方面没有发挥任何作用。[49]

非营利性特许学校网络的兴起尤其说明了商业对教育领域的影响。企业基金会提供了大量的补充资金。从"'知识就是力量'项目""成就优先""不寻常学校"和"卓越特许学校"，到"成功学院""火箭教育"和"YES预科"，工业、商业和金融领域的领袖们领导着这些学校网络的委员会。这些网络的领导人拥有与商界同行相同的行政职衔，收入却比他们在学区办公室的同行高得多。职工在此工作得不到工会的保护，而这些学校网络对考试成绩的关注成了全国标准。

随着特许学校的整体数量（从单独运营到网络成员）从1992年明尼苏达州的2所，增长到2013年全国42个州和哥伦比亚地区的6 440所，[50] 教育外包的吸引力和影响力不容置疑。在这场运动的领导下，新奥尔良成为卡特里娜飓风之后一个以特许学校为主的学区。[51] 洛杉矶教育委员会在2009年决定将该市750所学校中的250所移交给外部运营商。[52] 迈克尔·布隆伯格市长在2009年承诺，在他的第三个任期内将纽约特许学校的数量增加一倍，从100所增加到200所。[53] 在以上这三个城市和其他更多的城市中，公立学校学生在特许学校就读的比例大幅增长。到2014年，新奥尔良有93%的公立学校学生在特许学校就读；底特律有53%；华盛顿特区有44%；费城有33%；圣安东尼奥有30%；洛杉矶有23%；芝加哥有14%；纽约有8%。[54]

·

爱迪生公司的演变是本书的主题之一。第一章到第七章主要谈论这一内容，以此展示支持和反对教育进行商业化管理的力量。商业方法在教育领域中的适用性是另一个主题，将在第八章中进行讨论。本书的第三个主题是两个非营利性特许学校网络的兴起：一个是全国性组织"知识就是力量"项目；另一个是仅限于费城和新泽西州卡姆登地区附近的卓越特许学校。作为非营利性版本的爱迪生公司，"知识就是力量"项目和卓越特许学校的故事将在第九章和第十章介绍。

本书的第四个主题是商业思维对国外教育的影响，以及我们可以从其不同的表现形式中得到什么启示。美国并不是唯一将商业原则应用于教育领域的国家。1981年，智利成为米尔顿·弗里德曼教育私有化改革的实验室。智利政府采取了全面教育券制，让家长可以选择将子女送往公立学校、营利性或非营利性独立学校就读。到1990年，全国270万学龄儿童中有18%使用教育券在1 592所营利性机构经营的学校上学。到2008年，全国350万学龄儿童中有31%使用教育券在3 118所这样的学校上学。[55] 与此同时，在过去的10年里，非洲的撒哈拉以南和亚洲地区在没有政府支持的情况下，开办了数千所商业化经营的低收费中小学。出于对公立学校的不满，家长们把他们的孩子送到拉各斯、哈拉雷和海得拉巴等城市中的这类学校上学。[56]

与智利一样，瑞典在1992年也实施了教育券制度，使得营利性和非营利性独立学校的运营者都能获得政府资金。虽然如我在本书第十一章中探讨的，瑞典在这方面的发展无法与智利相提并论，但也是相当可观的，而且打破了瑞典作为一个仅由国家机构进行管理的国家形象。截至 2013 年，瑞典 130 万学龄儿童中有 13% 使用教育券就读于 942 所由营利性机构运营的学校。[57] 挪威保守党政府对瑞典赋予人民的自由和选择印象深刻，在 2013 年的立法议程中提议实施邻国模式的变体。[58]

此后，英格兰保守派也同样主张遵循瑞典的做法，将学校的管理外包给营利性公司。[59] 相反，我在第十二章中探讨的芬兰学校制度却大有反其道而行之势。芬兰人拒绝私有化、标准化考试和数据驱动的学校管理模式，而采用自己的商业策略组合，构建了一个享誉国际的学校系统。虽然人们就芬兰在没有严格问责措施的情况下依旧有着优秀学校教育的悖论进行了很多谈论，但这种没有与核心商业策略保持一致的情况基本上没有得到探讨。[60]

•

一些商业实践显然对学校很有帮助。正如我在 2001—2002 年在灯塔学校担任排课员的第一年所了解到，并在接下来的 6 年中以同样的身份不断学习到的，学校可以而且应该采纳一些商界的做法。由于外部供应商提供了精密的排课软件，灯塔学校的招生人数持续增长，却并没有给后勤方面造成太大的压力。[61] 我们也避免了 2004—2005 年间全市高中因没有独立排课软件而经历的无尽烦恼。纽约市教育局最终承认了大学应用程序处理中心的局限性，并在 2004 年推出了一款基于网络的名为"高中排课和成绩单"的替代系统。尽管开发这个新系统花费了 510 万美元，但它没有提前充分测试所有功能，没有购买足够大的服务器来处理流量，也没有为学校的排课员提供足够的培训。正如《纽约时报》教育专栏作家弗里德曼的两篇文章中所记录的那样，该系统使用第一年的情况是：服务质量低下、定期崩溃、数据丢失、名册和记录卡及成绩单生成延误、出勤记录混乱，以及"高中排课和成绩单"主管人员不堪重负，无法及时回复咨询电话。[62]

然而，随着时间的推移，"高中排课和成绩单"成为一个可靠的排课系统。在 2002—2011 年间担任布隆伯格市长教育大臣的乔尔·克莱因的领导下，尽管存在争议，教育局也成为一个办事效率有了明显提升的中央办公室。该部门的互动式网站、与 IBM 合作开发的数据追踪系统及其报告结构提高了相关工作和数据的透明度。克莱因根据他的"开放市场转移计划"，在 2005 年与教师联合会达成协议，取消了系统内高级教师有权选择学校空缺职位的权利，从而使校长们有了自主人事权，并保护合格的初级教师不会被突然解雇。[63] 然而，教育局对考试成绩的关注，让人对其用于确定学业进步的指标产生了严重的质疑，而且其对特许学校的大力支持也同样引发了学校间争夺生源的问题。

纽约市教育局的改革，爱迪生公司、"知识就是力量"项目、卓越特许学校的演变，《不让一个孩子掉队》法案和"力争上游"计划的效果，以及智利、瑞典和芬兰等不同国家的教育改革进程，都表明有些商业做法能在教育领域得到很好的转化，有些则不然。区分出哪些能、哪些不能至关重要。阿瑟·M.奥肯的格言不仅适用于一般性的经济领域，于教育领域而言更是如此："市场需要一席之地，市场也需要待在它该待之地。"[64] 本书就是要界定这个位置。

目　录

- 第一章　根本性变革 // 001
- 第二章　市场规律 // 021
- 第三章　火线之上 // 037
- 第四章　重　演 // 053
- 第五章　州长的提案 // 077
- 第六章　滑铁卢 // 093
- 第七章　重新定义 // 115
- 第八章　市场失灵 // 143
- 第九章　第四条道路 // 161
- 第十章　局　限 // 193
- 第十一章　远方的镜鉴 // 221
- 第十二章　横跨海湾 // 247

结　语 // 265

致　谢 // 271

译后记 // 275

注　释 // 277

第一章
根本性变革

如果学校需要的是根本性的变革，而不只是细微的调整，那么像"爱迪生计划"这种全新的、营利性备选方案能够为改革带来最佳的希望，或许也是建立全新教育模式的唯一希望。

——贝诺·施密德特，"爱迪生计划"总裁兼首席执行官

1990年，《名利场》杂志刊登了一篇关于克里斯·惠特尔的长篇报道。文章介绍了他所创办的位于田纳西州诺克斯维尔市迅速崛起的媒体帝国——惠特尔通信公司，及其创办的"第一频道"。该公司制作的每天包含2分钟广告的12分钟有线电视新闻节目在全美的初中和高中播放。文章的首页放置了一张惠特尔在他纽约著名的达科塔公寓中的照片。照片中的他坐在餐桌前，面前有两本书和一沓纸。其中一本书是麦隆·利伯曼的《私有化与教育选择》的平装本。如本书引言中提到的，该书赞同营利性学校管理。[1]

15年后惠特尔在接受采访时，当被问及利伯曼对其"爱迪生计划"理念的影响时说，利伯曼的思想意义深远，并补充道："就在（'爱迪生计划'）刚刚提出后，利伯曼对于我们的独立私立学校体系而言是一位很重要的支持者。但是，他可能会说，我们在没有完全获得管理自由的情况下去运营公立学校是错误的。这对他来说或许是太大的妥协。"[2]

虽然"爱迪生计划"在1999年更名为爱迪生学校公司，2008年再度更名为爱迪生学习公司——逐渐发展成为与公立学校学区合作的分包商，并没有获得上述自治权，但它还是被视作一个非常与众不同的事物。1991年5月16日，在位于华盛顿的全国新闻俱乐部的一场新闻发布会上，惠特尔宣布了"爱迪生计划"。

他描绘了一项似乎与利伯曼以及米尔顿·弗里德曼的建议一致的事业,即一种打破传统教育模式且表现优于全国公立学校的独立的、营利性连锁学校计划。惠特尔说道,这些学校的学费会低于邻近公立学校的生均支出。他还指出,为了控制成本,"爱迪生计划"将会通过让学生担任导师、办公室助理以及食堂工作人员等方式,"利用学生的力量"。[3]

惠特尔的学校配有最先进的技术,全年开办 11 个月、每天 8 小时,可为小学、初中和高中的学生,甚至是日托项目中一岁的幼儿提供教育服务。[4] 在这样的模式下,惠特尔预测该计划将得到迅猛发展:计划到 1996 年将拥有 200 所学校和 15 万名学生,到 2010 年将拥有 1 000 所学校和 200 万名学生。[5] 惠特尔表示,他将需要 25 亿至 30 亿美元来开办最初的 200 所学校,且将从私人投资方那里募集到这些资金。[6]

为了替这些大胆预期辩护,惠特尔引用了弗里德曼在 1973 提出的"像超市那样建立高度资本化的连锁学校"的言论。[7] 惠特尔反复提出,正如许多地方政府所有的餐馆、五金店、服装店、杂货店和银行被诸如麦当劳、家得宝、盖璞、西夫韦、美国银行等全国性的品牌企业所取代,学校也能够并且应该由大企业负责运营。[8] 惠特尔指出,"在每一个案例中,都是消费者决定要去这些新的店铺、银行消费或办理业务,因为他们更喜欢那里提供的产品和服务。然而,这样的情况没有在学校中发生,那是因为教育领域尚未提供这样的选择。"[9]

对惠特尔来说,被亚历克西·德·托克维尔和许多社会分析家誉为美国社会生命力的基础的观念——社会参与地方事务——早已过时了。[10] 然而,连锁学校的概念代表了一种对美国人民日常生活中的一个基础性领域的颠覆性挑战。哪怕由一家外部公司运营一所学校的概念也意味着很大的一种挑战。之前提及的 20 世纪 70 年代印第安纳州加里市的社会领袖对行为研究实验室的反击就是一个例证。[11] 尽管如此,惠特尔仍坚信他的观点会被接受,因为他在做销售第一频道的节目时曾走访了全国范围内的多所学校。他对所看到的学校的管理、教学和设施感到失望。[12]

惠特尔以传奇的发明家爱迪生的名字来命名自己的公司。他认为,就像爱迪生没有依靠摆弄蜡烛来发明灯泡,而是采用一种完全不同的方法来实现更好且更有性价比的照明方式,美国的教育者要突破已有的经验,开发一种全新的方式教育儿童。[13] 言外之意很明显,正如灯泡优于蜡烛一样,这种新的方式也优于目前所采用的方法。[14] "这将与你所了解的学校完全不同",惠特尔在公司成立的新闻发布会上说道。[15]

惠特尔在引进"爱迪生计划"时遗漏了教育券制度。教育券制度是利伯曼和弗里德曼建议的基石。惠特尔关于消费者在地区品牌和国家品牌之间选择的案例、他的雄心壮志、他公布其计划的全国性平台，以及他预计的低于附近公立学校学生人均支出的学费价格，通通表明他从不打算将"爱迪生计划"发展成为独立的连锁学校——至少从长远看不是。[16] 按照惠特尔的说法，只有将"爱迪生计划"视作一场豪赌才有意义。如果惠特尔能够早些将技术设施建造到位，如果教育券制度能够得到政治上的批准，那么"爱迪生计划"将会成为这个蓬勃发展的新兴市场中的领跑者。①

惠特尔有理由相信，教育券制度很快就会成为现实。当时正值布什总统在白宫执政。担任教育部长的是惠特尔的同事，来自田纳西州的拉玛尔·亚历山大——教育券制度的坚定支持者。惠特尔与亚历山大相识多年。亚历山大既是惠特尔通信公司的前股东，也是第一频道咨询委员会的成员。[17]

·

本质上，惠特尔的新方式就是提倡将商业的严苛——时间表、质量标准、成本计算方法和问责措施——加之于教育。例如，惠特尔总是说，如果联邦快递能够准确告知顾客其包裹何时运输、在何地中转，那么学校必须也能够为家长准确提供他们的孩子全年的阅读和数学熟练水平。这个观点后来出现在该公司在《教育周刊》[18] 上刊登的整版广告中。惠特尔毫不怀疑是否能够或应该以这样一种精确的方式监测学习，深信学校教育与包裹递送或任何商业行为没什么不同。他说："商业能够为教育事业做出的最大贡献就是让教育成为一种商业。"[19]

惠特尔绝不是唯一呼吁对美国教育进行商业化改革的人。在很久之前，就有人认为学校迫切需要商业化的改革方案。早在1912年，教育学者兼行政管理人员詹姆斯·菲尼·门罗就采用了工业效率专家弗雷德里克·温斯洛·泰勒捧红的科学管理的话语，来倡导对教育实施更强的问责。门罗在其著作《教育的新需求》的开篇中写道："与其他所有事物一样，教育的最根本需求是效率——身体效率、精神效率和道德效率。"他继续写道："只要每个学生受到的来自家庭、社会和学校的教育，致力于使其成为一个有效率的社会成员，那他/她潜在的经济

---

① 惠特尔在尚没有建立起教育券制度的情况下启动了"爱迪生计划"，但他的设想有赖于这一制度。后文将述，如果布什在1992年再次当选总统，这将成为可能，然而最终当选的是反对教育券制度的克林顿。因此，惠特尔不得不改变计划，将"爱迪生计划"重新改造为分包商，替政府管理学校。——译者注

价值是巨大的，而其作为一家之主或公民的道德价值就更不用说了。"[20]

门罗设计了真正的进步主义课程，他像重视其他学术科目一样重视艺术和体育，[21]并且明确规定学校委员会的权威仅限于"非教育性事务"。[22]他采用一种管理的语调指出，"我们需要'教育的工程师'来研究让年轻人为生活做好准备这一重大事业，搞清哪儿是好的，哪儿存在浪费，哪儿与当代需求相脱节，哪些产出没有以及为什么难以尽如人意；并且用即使最为守旧的教师和最为冷漠的公民都能关注的形式，以及足以说服他们的证据来报告这些内容。"[23]

本着同样的精神，就在惠特尔宣布"爱迪生计划"的一个月前，布什总统宣布成立"新美国学校发展公司"，作为他提出的美国2000年教育战略的核心组成部分，并任命美国铝业公司的首席执行官保罗·奥尼尔为该组织的董事长。布什总统将新美国学校发展公司定义为"一家至少价值1500万美金，致力于推动教育创新的私营研究与发展基金"。他承诺将遵照该机构的建议，敦促国会"为535所新美国学校每所提供100万美金的启动资金，确保每个国会选区至少有一所新美国学校，而且要在1996年前成立并运营"。[24]

奥尼尔的职位在不久之后被德鲁大学校长、新泽西州前共和党州长托马斯·基恩所取代。基恩的15位委员会成员纳入了一些美国商界最具权势的人物，包括雷诺－纳比斯科公司董事长兼首席执行官路易斯·格斯特纳、波音公司董事长弗兰克·施龙兹、埃克森公司总裁李·雷蒙德、美国证券交易所董事长兼首席执行官詹姆斯·R.琼斯、百路驰公司董事长约翰·翁，以及美国国家橄榄球联盟主席保罗·塔利亚布。他们的使命是引领突破传统办学模式之路，[25]而且其话语之大胆与勃勃雄心丝毫不逊于惠特尔。

新美国学校发展公司的宗旨宣言指出："期望研发团队抛开所有关于办学的传统假设，以及传统学校受到的所有限制……新学校或以人们意想不到的方式运用时间、空间、人员以及其他资源。一些学校可能会广泛使用计算机、远程学习、交互式影碟以及其他现代工具。一些学校可能会从根本上改变传统的教与学的模式，重新设计学校中的人际关系和组织结构。无论采用何种方式，所有这些新美国学校都有望在学生学习方面收获非凡成就。"[26]

这种显著提升学生成绩的雄心，在惠特尔赋予"爱迪生计划"的愿景中得到了附和，而二者均利用了一种普遍情绪，即美国的学校教育正在衰落且严重危及国家的繁荣。1983年的《国家在危机中：教育改革势在必行》（后文简称《国家在危机中》）报告最能体现出这种危机感。这份由里根总统的美国高质量教育委员会发表的报告宣称，"我国在商业、工业、科学和技术创新方面一度无异议的领先地位，正被世界各国的竞争者赶上。"该篇报告的作者——一批教育家、研究者和包括从中小学校长及大学校长到明尼苏达州前州长在内的公共官员认为，美国人可以为他们过去的学校感到自豪，但是一种"新兴的平庸浪潮"正席卷今天的学校。[27]

美国高质量教育委员会的作者以如下具体论述作为证据："大学委员会的学术能力倾向测试①结果从 1963—1980 年连年出现实质性下滑。语文平均分下降 50 余分，数学平均分下降近 40 分。大学委员会的测试表明物理和英语等科目的成绩近年来也持续下滑。学术能力倾向测试成绩优秀者（即总分不低于 650 分）的人数和比例也都明显下降。"[28]

该篇报告用最不祥的言辞断言："如果有不友好的外国势力试图把当前的平庸教育成绩强加于美国，我们可视之为一种战争行动。"[29] 美国高质量教育委员会认为历史不会垂青游手好闲的人，[30] 因此建议延长在校时间和学年时间，提出更严格的学术要求，布置更多的作业，建立"全国性的（但不是联邦的）州和地方标准化测试"，实行教师绩效工资制度，以及组织一批优秀教师来开发教师教育项目并指导年轻教师。[31]

●

知识与繁荣的关系是毋庸置疑的。熟练劳动力的经济产出是众所周知的。经济学家罗伯特·索洛在 1956 年重新定义了生产函数，就知识在经济增长中的作用给出了一个著名的数学表达。索洛增加科技变革作为一个变量，并使之乘以资本投资和劳动力，为重新理解国民产出奠定了基础。长期以来，这个变量被称为"索洛残差"。它阐释了知识技术的非凡影响。索洛在一年后的一篇后续文章中指出，这个变量解释了美国从 1909—1949 年间约 88% 的生产力增长。[32]

然而，美国高质量教育委员会用以证明学校效力下滑的证据却面临争议。在《国家在危机中》发布 10 年后的一次大学委员会测试数据查验中，有些统计学家判定，美国高质量教育委员会夸大了分数下滑实情，并由此对上述檄文的前提表示质疑。这些统计学家的结论是，由于申请大学的弱势学生逐年增多，而他们同样需要参加所需的学术能力倾向测试和成绩测试，那么平均成绩就不可避免地会下降。其中一些统计学家认为，这种"复合效应"，即整体表现不能反映其中的

---

① 美国大学理事会主办的一项标准化的、以笔试形式进行的高中毕业生学术能力水平考试。其成绩是世界各国高中毕业生申请美国高等教育院校入学资格及奖学金的重要学术能力参考指标，因此往往被视作"美国的高考"。——译者注

子群组表现，意味着成绩并非真的下降了，因此所谓的教育危机仅限于贫困少数民族裔社区中资金不足的学校。其他统计学家则认为，下降的确是事实，但严重程度只有美国高质量教育委员会宣称的一半而已。[33]

对于历史学家劳伦斯·克里明来说，美国高质量教育委员会的论断从一开始就很难站得住脚。在《国家在危机中》发布之后，统计数据得到重新评估之前，克里明曾撰文指出，美国的经济竞争力"很大程度取决于货币、贸易和产业政策"。这些政策由位于华盛顿特区的政府决定，但美国的学校却再次因有损美国经济竞争力而受到指责。他写道："主张国际竞争力问题可以依靠教育改革得以解决，尤其是将教育改革仅仅视为学校改革，不仅仅是乌托邦主义者和千禧年主义者[①]。说轻点儿这是愚昧，说重点儿这是把注意力从那些真正要为竞争力负责的人身上转移开，而将负担加之学校的无知行为。"[34]

然而，在这种紧迫感下，克里明的批评和统计学家的匡正却鲜有人关注。无论是乡村还是城市，贫困地区学生所面临的困境毕竟是显而易见的。[35]反对者是在与一场世界性运动做抗争。就在克里明提出反对意见的前一年，英国首相撒切尔夫人得到议会批准，对该国的学校教育展开全面改革，与《国家在危机中》提出的每一条建议如出一辙，且走得更远。为了扭转所谓的学业成绩下降形势，英国的《1988年教育改革法》设置了"国家课程"。该课程确定了"成就目标"并配有面向7岁、11岁和14岁学生的相应标准化考试系统；通过要求学校公布考试成绩，推动建立排名表；批准教师实行绩效工资制度；通过授权"直接拨款公立学校"[②]促进学校竞争。[36]

因策略相同、使命无异，新美国学校发展公司和惠特尔的计划重操了美国高质量教育委员会和英国议会的旧业。在兰德公司的教育与培训研究院和一个独立的资深教育专家小组的协助下，新美国学校发展公司在头一年审阅了686份提案，并在1992年7月向11个设计小组拨了款。其中有三个将技术置于课程的核心，而将教师置于边缘。两个实施了企业机构的方法：一个是位于印第安纳波利斯的现代红色校园，由里根总统的教育部长威廉·贝内特领导；另一个是全国教育重建联盟（现称"美国的选择"），由位于罗切斯特的国家教育与经济中心负责

---

① 千禧年主义是某些基督教教派正式的或民间的信仰。这种信仰相信将来会有一个黄金时代：全球和平来临，地球将变为天堂，人类将繁荣，大一统的时代来临以及"基督统治世界"。——译者注

② 由地方政府管理的公立学校在家长的要求下，自愿申请转型为直接由中央政府出资而不受地方管辖的公立学校。——译者注

运行，致力于应用广泛流行的全面质量管理的生产原则。[37] 1993 年，新美国学校发展公司又资助了 9 个新的设计，1995 年再增 7 个。[38] 虽然布什总统为 535 所新美国学校供资的构想从未得到国会的跟进，但到了 1999 年，有约 1 500 所学校实施了新模式。然而，新美国学校发展公司所预期的"学生学习的非凡进步"并未实现。美国研究院同年发布的一项研究给出的结论是：尚不明确取得了任何进步。[39]

·

与格斯特纳、施龙兹、雷蒙德、琼斯、翁、塔利亚布，以及除了基恩以外的其他所有新美国学校发展公司董事会成员一样，惠特尔缺乏教育专业背景。惠特尔在田纳西大学上学时攻读的是美国研究专业。他在政治和商业方面都表现出了极高的天赋和极大的热情。他曾协助运营了田纳西州共和党参议员霍华德·贝克设计的一个名为"政府青年"的项目。该项目将全州各地的最优秀的高中毕业生带到首都，通过带领他们访问国会、最高法院和国务院，使其了解立法、司法和外交事务。[40] 惠特尔在大四时是一位广受欢迎的学校学生自治会主席，并与几位朋友在诺克斯维尔共同创办了一家名为"大学生企业"的小型出版公司。[41]

1969 年拿到学士学位后，惠特尔进入哥伦比亚法律学院学习，但发现法律研究太过枯燥，于一个学期后退学了。[42] 随后，他为沃利·巴恩斯角逐共和党的康涅狄格州州长提名效力，并迅速晋升为竞选主管。[43] 巴恩斯失利后，惠特尔差一点在教育领域开启了职业生涯。他本要在康涅狄格州一所现已关闭的名为韦斯特利奇的私立高中担任历史教师。他在为巴恩斯效力时曾接触过该校校长，但在最后一刻退缩了，而选择重新加入大学伙伴去经营"大学生企业"。惠特尔后来说到，发财的诱惑太美好，让人无法拒绝。[44]

"大学生企业"销售教材以及名为"节约时间"的讲座总结。惠特尔上大四时，在听说了 1958 年在内布拉斯加州林肯市创办的名为"克里夫笔记"的学习指南后，想出了这个点子。"大学生企业"还发行夹有广告的免费大学校园本地消费指南，1969 年从田纳西大学开始，且 5 年之内扩展到全国 100 所学校。[45] 该公司在 1971 年更名为"13-31 公司"，该公司针对 13 至 31 这一年龄段推出由单一广告商赞助的小众杂志，[46] 如只刊登尼桑广告的《学生旅行者》。[47]

作为"13-31 公司"的全国销售总监，惠特尔继续追求着他所期待的财富。1977 年，惠特尔以 320 万美元的价格向邦尼尔集团出售了自己在该公司 50% 的股份。邦尼尔集团是一家总部位于斯德哥尔摩的媒体集团，当时正打算建立美国阵地。惠特尔和几个合作伙伴又以极低的价格买下了陷入财务困境的《时尚先生》杂志，并搬到纽约，努力扭转该杂志的颓势。作为《时尚先生》杂志的发行商，惠特尔带领该杂志重新获得盈利。1986年，惠特尔出售了其在《时尚先生》杂志的股份，重新管理"13-31公司"，并将其更名为"惠特尔通信"。[48]随着1988年《特别报道》杂志的发行，惠特尔震惊了麦迪逊大道①。《特别报道》杂志是一份季刊，含六个版块（分别涉及家庭、健康、体育、生活方式、个性、小说），目标读者是在医生诊疗室候诊的病人，且免费发放。该杂志摆放在惠特尔通信公司为每家医疗机构提供的专用橡木展示柜中。很快，惠特尔创造了出版物发行首年的广告收入纪录，向宝洁公司、通用食品公司和其他12家大公司出售了4 100万美元的广告位；在此之前，出版物发行首年的广告收入最高纪录是800万美元，由《人物》杂志在1974年创造。[49]就在《特别报道》创刊号问世一个月后，时代公司以1.85亿美元购得惠特尔通信公司50%的股份，而其中4 000万美元收入了惠特尔囊中。[50]

到1990年，惠特尔通信公司已拥有1 000名员工，年收入2.2亿美元，[51]且在诺克斯维尔市中心营建了一座类似新英格兰大学校园的红砖房新总部。该建筑由著名建筑师彼得·马里诺设计，总耗资5 600万美元。[52]公司的主要高管有卡特执政时期的白宫幕僚长汉密尔顿·乔丹、《财富》杂志前总编威廉·S.鲁凯瑟和特纳广播公司前首席运营官格里·霍根。[53]除了《学生旅行者》和《特别报道》等杂志，到1993年，惠特尔的百宝箱还包括：在11 000所小学的走廊和食堂中展出的一种将教育内容和广告相结合的月度系列壁报"大蓝图"；[54]作为《特别报道》杂志补充产品且与之同名的、在3万所医生诊疗室候诊间播放的单一广告赞助电视节目；[55]由制药公司赞助并通过卫星传送到5 000名医生办公室的互动式新闻和信息服务产品"医学新闻网"；[56]由詹姆斯·阿特拉斯、约翰·肯尼斯·加尔布雷斯、威廉·格雷德、小阿瑟·施莱辛格和迈克尔·刘易斯等著名作家执笔的系列短篇主题精装书《更大的议程》，书中穿插有联邦快递的广告，每两个月向15万名企业管理人员和政府官员免费发放一次；[57]当然，还包括自1989年问世以来的4年间，全国11 861所初、高中的大约800万名学生上学期间每天早上都要收看的第一频道。[58]

---

① 纽约曼哈顿区的一条著名大街。美国许多广告公司的总部都集中在这条街上，因此这条街逐渐成为美国广告业的代名词。——译者注

第一章 根本性变革

就在1991年宣布"爱迪生计划"后不久,惠特尔在他位于诺克斯维尔市的新总部组建了一个由7名成员组成的学校设计团队。[59] 拥有在全国占据主导地位的医疗服务公司、隔夜包裹递送公司和监狱管理公司的田纳西州,在以营利性方式挑战公共部门方面处于全国领先地位。1968年美国医院公司在该州落户。联邦快递和美国管教公司在1973年和1983年相继成立于此。如今该州正在开展全国范围内最为大胆的教育私有化改革。

1992年3月的一天,惠特尔在《纽约时报》和《华尔街日报》同时刊登了完全相同的整版广告,通过展示一张合影向公众介绍他的设计团队;两天后,同样的整版广告又刊登于《教育周刊》。在合影和最下方的7名成员简介之间,赫然写着如下声明:"他们又在办学校。"[60]

两年间,这个团队每个月都会在诺克斯维尔市、纽约或华盛顿特区举行一次为期3~4天的合作会议。在这7名成员中,只有西尔维娅·彼得斯一人曾是一名K12[①]阶段的教育工作者。彼得斯曾作为一名小学校长,带领家长和社区活动家在芝加哥一个犯罪猖獗的社区中,为她的学生们创造了一个安全的避风港,并因此在全国赢得赞誉。其他成员包括:纳什维尔市范德比尔特大学教育政策学教授、里根总统的教育部长助理、布什总统"2000年美国教育战略"缔造者切斯特·芬恩;布鲁金斯学会高级研究员、与泰瑞·莫伊合著了在倡导教育券制度方面备受推崇的《政治、市场和美国学校》的约翰·丘博;《新闻周刊》助理执行主编、《时尚先生》原编辑多米尼克·布朗宁;惠特尔担任《时尚先生》出版商时的杂志主编李·艾森伯格;"动手媒体"创始人和负责人、互动式参考资料生产商南希·赫金杰;以及大中央商圈和34街商圈总裁、利用私有资源管理公共服务领域领军人物丹尼尔·比德曼。[61] 这个团队另外又先后招募了40名研究人员,协助他们设计"爱迪生方案"。[62]

惠特尔团队中最杰出的成员莫过于"爱迪生计划"的总裁兼首席执行官——贝诺·施密德特。惠特尔把贝诺·施密德特从耶鲁大学的校长位置上挖走。这一出人意料的行动登上了1992年5月26日《纽约时报》头版。"爱迪生计划"也因此在一夜之间引起了全国的关注。两天后,整版的"爱迪生计划"广告再次出

---

① K12在本书中的含义为:美国、加拿大等北美国家对学前教育到高中教育这一整个阶段的简称。——译者注

现在《纽约时报》和《华尔街日报》上。这次的亮点是施密特一张教授姿态的照片。下方宣告其"跳槽",并以如下引语为标题:"美国的学校需要根本性的、结构性的变革,而不是细枝末节上的修修补补。"[63]

虽然施密特在担任耶鲁大学校长的第 6 个年头并不招人待见,但他的离任还是令人吃惊。很多学生批评他冷漠。一些学生穿上带有"贝诺在哪儿?"标语的 T 恤来表达对他经常不在校园中出现的不满。许多教授发现他很专横,因为他跨过遴选委员会任命他的一位朋友为组织与管理学院的院长,并且在没有太多教职工参与的情况下力主大幅削减支出。然而,施密特并未表现出要离开的意愿,而且他看上去也不像是那种会去经营一家没有过往记录的学校管理公司的人,何况还是惠特尔这种富有争议的人所创建的公司。[64]

此外,与惠特尔一样,施密特也没有从事 K12 阶段教育工作的背景。虽然施密特的整个职业生涯都在从事教育工作,但他的工作经验仅局限于高等教育阶段,尤其是常春藤盟校教学、奖学金和行政管理等特定领域。在 1986 年担任耶鲁大学校长之前,施密特在哥伦比亚法学院担任过两年院长。在此之前,他自 1969 年以来一直是哥伦比亚法学院的宪法学教授,再之前是从耶鲁大学法学院毕业后,为首席大法官厄尔·沃伦担任书记员。然而,施密特却接受了这个看似不太可能的挑战,[65] 而且他还带走了耶鲁大学的首席财务和行政官迈克尔·芬纳蒂,使之成为爱迪生公司的首席财务官。[66]

尽管施密特和惠特尔在 K12 阶段教育方面都缺乏经验,但他们信心满满地谈论着问题所在及应对之策。他们认为,在美国,没有比 K12 阶段教育更紧迫的事业,也没有比营利性管理更有希望的补救措施。在《纽约时报》刊登的宣布施密特离开耶鲁大学去执掌爱迪生公司的头版文章中,施密特和惠特尔都预测爱迪生公司会产生革命性的影响。惠特尔将公司使命置于"冷战"背景之下,并使用历史必然性的言辞:"你必须有一个西柏林才能让东柏林陷落,而我们正在做的就是建设西柏林。"施密特补充道:"以前没有这样做的原因是这一项诺曼底登陆式的重大事业。只有能够承受巨大风险的人才愿意认真思考这一问题。"施密特预测,"如果这次冒险成功了,除了改变人性,没有比这对我们的社会更有建设性了。"[67]

施密特在两周后的《华尔街日报》专栏中写道:"如果学校需要的是根本性的变革,而不只是细微的调整,那么像'爱迪生计划'这种全新的、营利性备选方案能够为改革带来最佳的希望,或许也是建立全新教育模式的唯一希望。分裂、怠惰、政治和官僚限制以及既得利益,使得我们当前的教育系统难以创新,还有什么其他方法能战胜这些问题吗?"施密特继续写道:"近年来,这个世

第一章　根本性变革

界因人们需要自由和选择而一直在革命着……竞争、机会自由和多样性利于进步和人类尊严。如果我们愿意，这些经验可以对美国教育产生深远影响。"[68]

对于施密特来说，核心问题之一是支出效率低下。施密特在详细阐述《国家在危机中》作者们的主张和教育经济学家埃里克·汉纳谢克的观点时，抨击了不断增长的支出与日益下滑的成绩之间的不匹配现象。[69] 他写道，自1965年以来，实际生均支出近乎翻了一番，但学生在美国国家教育进展评估中的数学、科学、阅读和写作成绩却在1970年以后并没有得到提高，而学术能力倾向测试的成绩还有所下降。[70]

正如10年前美国高质量教育委员会关于大学委员会测试成绩的观点，施密德特的指控同样有待商榷。虽然生均支出自1965年以来大幅攀升，但其中有很大一部分花在了新服务上。正如理查德·罗斯坦一年后发表在《美国瞭望》上的一篇题为《公立学校失败之迷思》的激烈反驳文章中所解释的那样，增长的资金中有大约30%用在了联邦政府1975年以来授权的特殊教育项目上，以帮扶在认知、情绪和生理方面有缺陷的儿童；约10%用于为越来越多的来自低收入家庭的儿童提供免费或有补贴的早餐和午餐；约5%用于扩增学生校车服务，以满足融合需求；还有约3%用于防止学生辍学的举措。[71] 美国的医疗支出从1965年占国内生产总值的5.6%上升到1992年的13.1%。教育领域的额外开支有很大一部分用于支付教职员工不断上涨的医疗保险费用。[72] 对于教育成本的攀升，不管是小学、中学还是大学，还有一点能提供更为根本性的解释：从医疗保健到木业、石业、音乐表演以及教育，所有劳动密集型行业的成本在这段时间内都有大幅增长。原因很简单，无法通过技术革新得以改善的服务业的成本必然会通货膨胀。经济学家威廉·J.鲍莫尔称此为"成本病"。这种现象困扰着所有劳动密集型行业。只有从技术革新中大幅获益了的行业，如汽车、电视或笔记本电脑制造业，才成功地削减了成本，从而提高了生产率。[73] 然而，人们对于木匠、石匠和音乐家的效率低下问题却没有提出一致的批评。为了抵抗所谓的"鲍莫尔定律"①，消费者只能用录制的唱片来取代音乐家的现场演奏，或者用预制构件来代替木匠和石匠的工作。但由于师生之间的人际互动非常重要，在教育领域采取相似的做法（在线学习倡导者一直在为此努力奔走）已被证明要难得多。出于相似的原因，理发师也一直是安全的，而且这种状态还将持续。这是库尔特·冯内古特在他于1952年出版的小说《自动钢琴》中的一个观点。这本小说探讨了一个机器近乎取代了所有工人的未来主义社会。[74]

---

① 认为公共部门在经济中所占的比重将随着时间的推移变得越来越大。基本假设是：公共部门相对于私营部门是劳动密集型的，并且无法通过用资本代替劳动力来提高生产率。——译者注

然而，施密德特将"政治和官僚限制以及既得利益"说成是改进办学的障碍却并非无稽之谈。毕竟一些最忠实的公共教育倡导者也承认，学校中许多命令性的教学政策、雇佣方式和工作规则与有效教学存在冲突，这在诸如纽约这样的大城市里尤为突出。纽约莱姆区持进步主义的中央公园东区学校的创始人和领袖、麦克阿瑟基金会"天才"奖1987年获得者黛博拉·梅耶尔，是一位公共教育捍卫者。她在1991年发表于《国家》杂志上的一篇倡导学校自治和择校的文章中，详细讲述了自己对于该市教育官僚机构的失望；4年后，梅耶尔在常常令读者愤慨的《他们思想的力量：哈莱姆区一所小学校给美国带来的经验》一书中充实了她的例子。[75] 西摩·弗利格尔曾是一名教师和校长，也一度是梅耶尔的地区督学。他在自己于1993年出版的《东哈莱姆区的奇迹：为公共教育中的选择而战》一书中表达了更大的挫败感，讲述了一个不太可能的学区战胜集权统治和城市政治的变革故事。[76]

至于这样的学校自治和择校是否能改善整个教育系统，那是另一码事。当然，这是弗利格尔、梅耶尔以及其他志同道合的改革者们所希望的。[77] 在政治学家杰弗里·海尼格看来则恰恰相反。他认为择校运动将导致种族、阶级和学业成绩的进一步分化隔离，从而损害公共教育。海尼格在1994年出版的《反思择校：市场隐喻的局限性》一书中指出，择校从根本上讲是源于集体意志未能为所有学校提供恰当支持，因此只是在躲避而非应对一场紧迫的挑战。这呼应了亨利·莱文在30年前反对教育券的理由。[78] 随着1992年特许学校的兴起以及其数量的逐年增加，越来越多的反对声音表达了与海尼格一样的担忧。[79]

但不可否认，在1992年，许多政治和官僚势力阻碍了学校教育的良好发展。这些势力强大且具分裂性，反过来证明了集体意志的失败。海尼格认为这是造成国家教育困境的根本原因。这也不是什么新问题。

社会学家大卫·罗杰斯在他1968年发表的一项关于纽约市教育委员会的综合性研究《利文斯顿街110号》中，将纽约市的学校系统描述为"典型的社会学家口中的'病态'官僚机构"——这一术语用于形容那些传统、结构和运作有悖于自己所宣称的使命，且拒绝任何灵活应变以适应客户需求变化的组织。[80] 在15年后的后续研究《回望〈利文斯顿街110号〉》中，罗杰斯和他的合著者诺曼·钟肯定了该系统自1970年分权以来所取得的进步，并因此将许多权限下放给了32所社区学校的委员会。然而，罗杰斯和钟注意到，分权对解决校长和教师的困境毫无帮助，反而产生了一些新的问题：许多社区学校的委员会在参与行政和教学事务时越界；任人唯亲，购买服务徇私舞弊，以及不能与总部有效协调业务，反之亦然。[81] 贝尔·考夫曼在他1965年出版的经典小说《桃李满门》中讽刺地描述了这种功能失调。该书不仅基于作者作为纽约市一名资深教师的经历，还得到了社会科学的确认和再证实。这部小说中荒谬的备忘录、复杂的程序和令人眼花的规定离现实并不遥远。[82]

在纽约，布朗大学的教育学教授，同时也是进步主义公立学校联盟的创始人泰德·西泽，在1984年出版的著作《贺拉斯的妥协》以及1992年出版的《贺拉斯学校》中也提出了与梅耶尔和弗利格尔相似的观点：学区官员应给予校长和教师更多工作方面的自主权，并且给予学生更多的择校自由。[83] 甚至连长期担任美国教师联合会领袖的教师工会主义化身艾伯特·尚克，也批评了教育当局的僵化，并主张赋予教师创建和管理自己学校的权利，以作为适当的补救。尚克1988年在全国新闻俱乐部发表的一次演讲中提出了这一提议，从而为特许学校的建立奠定基础提供了帮助。[84]

・

然而，在呼吁营利性学校管理的过程中，施密德特与惠特尔对教育系统的失望再次提升到一个新的水平。在公立学校系统内，由梅耶尔等资深学区教育工作者管理的学校选择成为第二种教育组织形式；本书缘起的灯塔学校就是作为这一运动的一部分建立的。在公立学校系统内外，由营利性运营商管理的学校选择是第三种。弗里德曼和利伯曼对此表示赞同。但经济机会办公室对它进行了一次简短的测试，却认定这是失败的。教育备选公司和爱迪生公司的领导也并没能提出其他备选方案。

惠特尔任命的首席教育官约翰·丘博在两年前与泰瑞·莫伊合著的关于择校的开创性著作《政治、市场和美国学校》中，从未提到过营利性管理。丘博和莫伊的核心关注是父母和儿童的择校自由以及学校管理人员能不受学校委员会干预去管理和运行自己学校的自由。丘博和莫伊写道，第二种自由至关重要。他们总结道："在我们研究的所有因素中，自主权对学校组织的整体质量的影响最大。"[85]

拥有了私立学校系统的自主权，"爱迪生计划"将不受学校委员会的干扰和工会的反对。拥有了这样的自由，施密德特与惠特尔承诺开展重大教学改革，并预计会取得显著进展。他们设计团队构建的计划要求将一天在校学习的时间延长2小时，并将学年延长30天（以与日本210天的教学日历相匹配）；为每一位学生配备家用电脑，以方便家长与教师沟通，以及为学生提问咨询提供帮助；把学校划分成若干"学院",学院又分成不同的"舍",以增强师生的归属感[①];任命资深教师监督和指导初级教师;制定学生着装规范,即立领纯色衬衫、卡其色裤子或裙子;为所有学生安排每天1小时的音乐或艺术课程;从学前阶段开始对所有学生用西班牙语进行教学,期望他们在8年级结束时能熟练掌握该语言;要求6至8年级学生学习拉丁语;让所有学生的数学学习能跟上进度,在高中毕业前修完微积分或概率和统计课程。[86]

爱迪生公司的学术课程是以标准化成果为基础,并由两位前美国助理教育部长审定的,他们是政策分析师布鲁诺·曼诺和历史学家黛安·拉维奇。这两个人当时都是市场化改革和标准化的支持者,但20年后,拉维奇却成为带头反对者。[87]

与新美国学校发展公司及其"在学生学习方面取得非凡进步"的目标一致,"爱迪生计划"给自己设定很高的标准。施密德特在他为爱迪生设计团队110页的项目书所写的导言中写道,爱迪生公司的这个新教育项目旨在"让学生在学业成绩和生活质量上取得巨大进步",并且这一切所需的投入与"当前普通学区的生均支出等量"。[88]因此,学费预计约为5 500美元。[89]

惠特尔在1991年给公司的最初定位是医治国家教育顽症的一道药方。所有那些广为流传的主张,包括开支不超过普通学区、"根本性变革"和"又在办学校"都清楚地表明,"爱迪生计划"从来就不是一个由学费供资的独立营利性学校网络。教育券制度暗藏其中。否则,这项商业计划讲不通。

事实上,《纽约时报》与施密德特决定加入"爱迪生计划"有关的报道称,该公司极为看重教育部长拉马尔·亚历山大关于实施国家教育券制度的计划。那篇文章援引惠特尔的话:"如果已经建立了教育券制度,我们不可能以足够快的速度建学校。但是,我们现在假定的是没有教育券制度。"[90]

随着克林顿在1992年11月击败布什接任总统,惠特尔关于"爱迪生计划"无论有无教育券制度都能成功的假设在投资界得到了检验。惠特尔曾在1991年说过,他将需要25亿至30亿美元在1996年之前开办公司的首批200所学校,并且将从私人投资方那里筹集资金。他在惠特尔通信公司的三大合作伙伴1992年同意按各自在该公司的持股情况提供相应比例的资金。时代华纳公司这一年将

[①] "爱迪生计划"将每所学校分成若干个多年级组,即所谓的"学院",而每所"学院"又分成若干个多年级的"舍"。学生们通常会留在同一个"舍"里,直到他们从特定的"学院"毕业。每个"舍"由4~6名教师领导。他们通常与"舍"中各年级学生一起学习和工作,并负责数学、科学、历史、地理、公民、经济、阅读和语言艺术等核心学术课程的教学。——译者注

其在 1988 年作为时代公司购入的惠特尔通信公司 50% 的股份减持到 37.5%，投资 2 250 万美元。1992 年以 1.75 亿美元购买了惠特尔通信公司 25% 股份的荷兰飞利浦电子公司投资 1 500 万美元。持有该公司 24% 股份的英国联合报业集团投资 1 440 万美元。惠特尔自己和一小群投资者控制了公司其余 13.5% 的股份，投资 810 万美元。[91]

虽然惠特尔在 1992 年 7 月扬言投资者将会排着队为"爱迪生计划"的启动供资，[92] 但其实他并没有更多投资者了。惠特尔先后与华特迪士尼公司、苹果电脑公司、派拉蒙通信公司、美国电话电报公司、麦当劳公司、考克斯企业公司和百事可乐公司洽谈，但他们都拒绝投资。直到 1993 年 3 月，惠特尔的筹款还不到 6 000 万美元，与他所提出的 25 亿至 30 亿美元的目标相去甚远。[93]

由于没有教育券制度来减免学费，也没有资金构建一个新的学校网络，惠特尔改变了他的计划，变成利伯曼所建议的那样，成为学校改革的一种备选路径、"公立教育系统内"的一个营利性机构，但并不一定要像利伯曼所说的那样对员工进行控制。[94] 在运营特许学校时，爱迪生公司有聘用和解雇职工的自由，但在管理传统的学区学校时并不这样。对于后一种学校，爱迪生公司将受到被利伯曼谴责为具有破坏性的工会条例的约束。

据惠特尔所说，在 1993 年于华盛顿特区举行的全国州长协会冬季会议上，科罗拉多州州长罗伊·罗默、马萨诸塞州州长比尔·韦尔德和密歇根州州长约翰·恩格勒建议他退出实体商业，把爱迪生公司改造成管理公立学校的分包商。[95] 从一开始，惠特尔就说过，他希望爱迪生公司最终能拓展业务到以分包商的身份管理公立学校。[96] 丘博后来写道，爱迪生公司的设计团队在 1992 年 12 月得出结论，与公立学区合作应该成为公司商业计划的一部分。[97] 虽然当时这一业务无疑被视作次要的，但为情况所迫，它很快成为首要任务。1993 年 3 月，爱迪生公司官方宣布，将搁置建立自己的新学校的计划，开始开展分包业务。[98] 在转变路线过程中，惠特尔做出了约翰·戈勒 3 年前所做出的退让。戈勒是教育备选公司的创始人和首席执行官，也曾打算管理一个独立的私立学校网络，但后来发现启动成本太高，从而将他的公司转型为一个分包商。[99]

转型后，爱迪生公司被迫缩减其设计团队提出的课程。尽管爱迪生公司的确把学校分成了"学院"和"舍"，制定了整洁的学生着装规范，培养了一批名师，并为每个学生配备了家用电脑，但该计划只负担得起每天延长 1 小时而非 2 小时的在校时间，一学年延长 18 天而非 30 天。爱迪生公司也未能提供实现其在艺术、音乐或外语教育方面的雄心壮志所需的资源。[100]

凭着调整后的课程——依托约翰·霍普金斯大学开发的"人人都成功"阅读课

程和由芝加哥大学开发的"每日数学"课程——爱迪生公司在1995年接管了4所小学，2 250名学生；波士顿的1所特许学校；分别位于密歇根州克莱门斯山、得克萨斯州谢尔曼市和堪萨斯州威奇托市的3所学区学校。从那时起，爱迪生公司迅速发展，并超越了教育备选公司。后者在1996年有一份管理巴尔的摩7所学校的合同在争议3年半后终止，以及一份管理哈特福德所有学校的合同被削减到5年，然后在经历同样困难的两年后作废。[101] 到1998年，爱迪生公司已在12个州负责管理43所学校，学生达2.39万人；到1999年，爱迪生公司已在17个州负责管理61所学校，学生达3.75万人。[102]

·

随着爱迪生公司的迅速成长，公司也获得了投资者的信任。到1999年夏天，爱迪生公司募集到2.32亿美元资金。在时代华纳公司、飞利浦电子公司、美联社以及其他投资者之前的投资基础上，瑞士信贷又投入1 200万美元，摩根大通投入2 000万美元，一家名为"投资者成长资本"的瑞典基金投入2 000万美元，微软联合创始人保罗·艾伦的伏尔甘风险投资公司投入3 000万美元。[103] 但是，即使是作为转型后的分包商，爱迪生公司也还需要更多的资金：接管学区学校的启动成本，包括翻新校舍，以及为教室和每个学生的家庭购买新电脑；与特许学校委员会合作的启动成本，通常包括租赁或购买房产。[104]

同年的早些时候，爱迪生公司通过美林证券公司上市。就像作为分包商管理公立学校非惠特尔最初战略的核心，上市似乎也不是。但是惠特尔再次别无选择。他在诺克斯维尔的媒体帝国在1994年崩塌了，仅有第一频道在营利。他的其他资产，尤其是单一广告商杂志、《特别报道》电视版、医学新闻网和"更大的议程"系列丛书，都在亏损。K-Ⅲ通信公司（1997年更名为普罗媒体）是一家位于纽约的大型联合企业，由如今被人们称作KKR的著名私人股本集团科尔伯格－克拉维斯－罗伯茨控制。前者斥资2.4亿美元收购了第一频道。[105] 1992年估值超7.5亿美元的惠特尔通信公司其余部分遭到解散。[106] 时代华纳和飞利浦电子撤出了各自在惠特尔通信公司投资的1.85亿美元和1.75亿美元，且被迫另外拿出6 000万美元来支付公司员工的工资。惠特尔通信公司原来是由盲目的野心和激进会计法①搭建起来的一座闪闪发亮的纸房子。[107] 时代公司董事长雷金纳德·K.布莱克将与惠特尔通信公司为期6年的合作关系称为该公司的"越南战争"。[108]

---

① 指不当地编制损益表以取悦投资者及提高股价。——译者注

第一章　根本性变革

那座崭新而庄严的公司总部大楼将由联邦政府以低于其成本价一半的价格收购，并改造成美国霍华德·H.贝克法院。[109]惠特尔可能不得不计划用惠特尔通信公司来补贴"爱迪生计划"，但任何希望都破灭了。

惠特尔能够继续从瑞士信贷、摩根大通、"投资者成长资本"以及保罗·艾伦那里募集前面提到的资金，证明了他作为一名销售人员的传奇能力。惠特尔在美林证券成功上市并战胜了华尔街的各种声音，进一步证明了这种实力。美林证券增长股票研究主任迈克尔·T.莫伊和《华盛顿邮报》金融专栏作家詹姆斯·K.格拉斯曼是典型的看好他的分析师和评论员。[110]

在美林证券于1999年11月将爱迪生公司上市7个月前，发行了一份192页的报告，题为《知识之书：投资于成长中的教育和培训行业》。在这份报告中，莫伊在长达一页的侧边栏中称赞爱迪生公司是美国领先的教育管理机构并对公司潜力加以鼓吹。莫伊在评估整个教育私有化市场时写道："我们预测，10%公共资助的K12阶段学校市场将在未来10年内由私人机构管理。这意味着以当前美元市值计算，市场规模将超过300亿美元。"[111]莫伊一年后在《商业周刊》的一篇文章中专门评估爱迪生公司前景时断言，到2005年，爱迪生公司将管理423所学校，拥有26万名学生，创造18亿美元的收入。美盛集团分析师斯科特·索芬在同一篇文章中呼应莫伊的观点，他表示："在短期内，你会看到其如互联网一般的长势。"[112]

由于美林证券是爱迪生公司的主要承销商，并要（也确实）赚取爱迪生公司一大笔的上市费用，人们也许认为莫伊报告的分析不够中立，但格拉斯曼的评估并不存在这样的疑点。[113]早在1995年，格拉斯曼就在一篇题为《这是常识：现在购买教育股票》的专栏文章中提到，爱迪生公司是一家值得关注的公司，并认为在10年内私营公司可能会管理全国20%的K12公立学校，产生1 000亿美元的收入。[114]与莫伊、索芬和格拉斯曼一样，对爱迪生公司大加赞赏并预测教育管理机构市场整体将出现巨大增长的还有美国银行证券公司的霍华德·M.布洛克、杰勒德·克劳尔·马蒂森公司的杰夫·西尔伯以及瑞士信贷第一波士顿银行的格雷格·卡佩利和布兰登·多贝尔。[115]在美林证券承销爱迪生公司首次公开募股时，美国银行证券公司、瑞士信贷第一波士顿银行以及瑞士信贷、摩根大通都提供过相应的协助。[116]如果莫伊、索芬、格拉斯曼、布洛克、西尔伯、卡佩利和多贝尔都是正确的，那么爱迪生公司将如惠特尔设想的那样，成为教育界的盖璞、麦当劳或者西夫韦。

第二章

市场规律

学校必须通过任何高绩效机构都要通过的检验：结果。官僚监管无法取得这种结果。取得这种结果需要通过奖励成功和惩罚失败来满足客户的需求。市场规律是关键，也是问责的最终形式。

——路易斯·郭士纳，IBM 公司前总裁

爱迪生公司在 1999 年 11 月进行了首次公开募股，以每股 18 美元的价格出售了 680 万股，募集资金净额 1.09 亿美元，[1] 并在此过程中，由"爱迪生计划"更名为爱迪生学校公司，以凸显其在教育界的稳固地位[2]。随后，该公司又通过两次次级融资筹集了更多资金：一次是在 2000 年 8 月，以每股 22.88 美元的价格出售了 335 万股，净赚 7 100 万美元；另一次是在 2001 年 3 月，以每股 24.56 美元的价格出售了 353 万股，净赚 8 100 万美元。[3]

一家教育公司能获得如此规模的投资是前所未有的。这并不是说从没有过这种方式，或如时间所证明的那样，其命运也并不是前无古人的。1971 年 2 月，波士顿的怀特韦尔德公司、旧金山的汉博奎斯特公司以及其他多个承销商帮助行为研究实验室上市，以每股 15 美元的价格迅速售出了 42.4 万股，为这家总部位于帕洛·阿尔托的教育公司筹集到 600 多万美元的资金。[4] 当时，行为研究实验室正在运营着印第安纳州加里市的一所小学，以及全国范围内多所学龄前学校、外语学院和阅读中心；与此同时，他们还为全国学区设计和实施了数学和阅读项目。[5] 行为研究实验室的股价在接下来的一个月里达到每股 17 美元的峰值后，随着一再传出令人失望的收益消息，不可避免地开始下滑。[6] 到了 1974 年，该公司开始用便士进行交易，不久之后便蒙受退市之耻。[7]

1991年4月,明尼阿波利斯的两家投资银行,即约翰·G. 金纳德公司和戴恩·博斯沃思公司,也以每股4美元的价格帮教育备选公司上市,并为该公司筹集了600万美元的资金。[8] 前文提及大力支持爱迪生公司的美林证券增长股研究主任迈克尔·T. 莫伊,此时是戴恩·博斯沃思的金融分析师。莫伊声称,教育备选公司"在恰当的时间、恰当的地点,提供了恰当的服务",并有望出现显著增长。[9] 教育备选公司的股价在1993年11月攀升至48.75美元,随后由于一再传出收益令人失望以及会计违规操作和歪曲测试数据的消息,不可避免地下滑。到1996年,教育备选公司以始发价4美元进行交易。到2000年,教育备选公司也开始用便士进行交易,不久之后便退市了。[10]

此外,对于一家学校管理公司来说,其领导人的潜在收益水平也是前所未有的。如果爱迪生公司能够实现惠特尔和施密德特的初期设想,那么他俩将收益颇丰。爱迪生公司上市时,惠特尔持有1 130万股(占公司总数的近25%),时值2.034亿美元。当然,如果股价上涨,像2001年那样涨到每股38.75美元,那么股份价值将更高。施密德特在公司上市时持有92.9万股的股份,价值1 670万美元。在K12教育阶段,无论是在形式上还是数量上,这样的收益都是闻所未闻的,更不用说整个教育领域了,除非是在德锐大学和菲尼克斯大学等机构为代表的不断发展的营利性高等教育领域。[11]

·

虽然让爱迪生公司上市可能从来都不在惠特尔的初始计划之中,但此举与他促进增长、履行义务以及可观利润的追求相契合。如果爱迪生公司想要发展成大企业,就得进入资本市场,争取投资者的青睐,并能经得起华尔街分析师们的监督。公司用来管理学校的措施也得用于管理公司自身。

竞争是爱迪生公司的突出特点。那些认为应该像管理企业一样管理学校的人也持有同样的观点。作为新美国学校发展公司的创始董事,路易斯·郭士纳在其1994年出版的《重塑教育》一书中明确指出了自己帮助传播的观点,即学校必须像市场中其他服务提供商一样相互竞争:"从商业的角度来看……美国公立学校存在的核心问题是,没有力量迫使它们持续调整自我以适应学生的变化以及社会和经济的需求。"[12]

在最近离开纳比斯克公司转而执掌IBM公司的郭士纳看来,学校间的竞争考验将促进进步:"学校必须通过任何高绩效机构都要通过的检验:结果。官僚监管无法取得这种结果。取得这种结果需要通过奖励成功和惩罚失败来满足客户的需求。市场规律是关键，也是问责的最终形式。"[13]

对于惠特尔和创建爱迪生公司的团队来说，学校经营者所获得的回报应与纳比斯克公司或 IBM 公司运营方所获回报无异。爱迪生公司的官员认为，如果该公司能够成功地实现以与公立学校相同的成本为处境不利的学生提供"世界一流教育"的目标，那么利润应随之而来。[14] 约翰·查布在该公司开办了第一所学校后解释道，尽管在将资金再投资于学校和返还投资者之间肯定存在着张力，但这种张力是健康的："营利的压力迫使'爱迪生计划'要改善其为社区所提供的服务，而不是打折扣。"[15]

・

惠特尔和他的团队表现出与郭士纳相同的信念。这种信念在某种程度上似乎植根于商人给予竞争的习惯性关注。然而，惠特尔的信念在很大程度上源自第一频道的成功。尽管受到学生、家长、教育工作者和消费者权益团体的严厉批评，第一频道作为一家与学区密切合作的企业，还是获利颇丰。在为爱迪生公司作为营利性企业进行辩护时，惠特尔反复提及第一频道的奋斗历程。他在爱迪生公司 1995 年开办第一所学校之前做过这样的辩护。2005 年，当爱迪生公司面临公众反对而不是像他和华尔街的预测者所预测的那样有所增长而紧缩开支时，他又表达了相同的观点。[16]

即使说第一频道不是惠特尔的一个非同寻常的广告渠道，那也是他最具争议之处。第一频道为学校布线，并配备卫星天线、25 英寸①电视和录像机。作为交换，学校管理者承诺每天早上向学生播放 12 分钟新闻节目，其中包括 4 个 30 秒的广告。[17] 其广告商有箭牌口香糖、士力架、菲乐多、百事、山露、任天堂、Xbox、可丽莹、施颜适、海飞丝、耐克、匡威、李维斯、必胜客、麦当劳和美国军队。第一频道安装设备的费用约为每所学校 5 万美元。第一批至少有 5 000 所学校安装。这意味着初期支出约为 2.5 亿美元。[18] 每个 30 秒的广告的成本是 15 万，而一天的潜在收入是 60 万美元，一年约 1 亿美元。[19]

第一频道作为教育类节目，与《校舍摇滚！》没什么原则性的区别。《校舍摇滚！》是一档广受好评的系列简短动画片，于 1973—1985 年在美国广播公司周六早上的动画片之间播出，并在 20 世纪 90 年代再度上映。受到通用磨坊、家乐氏、麦当劳和其他多家赞助商的赞助，《校舍摇滚！》为数以百万计的儿童带来了数

---

① 1 英寸 ≈ 2.54 厘米。——译者注

学、语法、公民学和科学方面的微型课程,如"3是一个神奇的数字""连词""我只是一张账单"和"行星间的珍妮特"。[20]但是,孩子是否观看《校舍摇滚!》由家长在家中自行决定。而第一频道却是在指导教室①收看,是在校一天的必修课。

1989年3月,第一频道在全国的6所学校开始为期5周的试点。在此之前,惠特尔在《纽约时报》上发表了一篇专栏文章以回应人们对于课堂中进行商业化活动的批评。惠特尔写道,虽然学生可以从现代视频技术,特别是每日新闻节目中获益良多,但全国范围内只有3%的学校有卫星天线,只有10%的教室有电视。惠特尔声称,"若是在一个完美的世界,我们同意应该由政府而非商业机构来提供这些技术和节目……但是在当下这个20美元教科书预算和有着严格财政约束的世界,两分钟的适当广告也算是不错的解决方案了。"[21]

为了支持自己的观点,在3月份的试播期间,惠特尔在《纽约时报》上刊登了7个整版的广告,并在6月份再次刊登了7个整版的广告,来报道该节目受欢迎程度和学术影响的研究结果。[22]在惠特尔发表专栏文章的同一天,《纽约时报》商业版最后一页的14则广告的头一则,黑底白字地赫然写着一个感叹句:"晚餐准备好了!"占据该页面底部四分之一的是一段评论,标题为:"对于大多数学生而言,这就是6点的新闻节目。"该广告说:"青少年所想的更多的不是世界新闻。这在近期的一档电视特别节目中有所体现。高中生们认为,切尔诺贝利是雪儿的全名,阿亚图拉·霍梅尼是俄罗斯体操运动员,哥伦比亚特区是拉丁美洲的一个国家。要求我们资金不足的学校中已然负担过重的教师独自解决这个问题是不公平的。显然,一个青少年会看的新闻节目会有所帮助。"[23]

第二天,惠特尔又刊登了另一则引人注意的广告。这则广告出现在报纸头版的最后一页。占据页面顶部四分之三的是三列空白。上面有从1至57的编号,下面也是一段评论。这次的标题是《这个名单上的每一个人都愿意捐助2.5亿美元给学校》。这则广告说:"没有人能负担得起这笔费用,包括我们。日益明显的是,政府再也不能仅凭一己之力为学校配备资源了……很明显,现在到了探索新的、创新的教育筹资途径的时候了。我们相信这也正是我们借助'第一频道'所做的事情。"[24]这次突击宣传剩下的5则广告也在接下来的两周内陆续刊登。这些广告均传递着类似的信息,并产生了足够的轰动效应,使得《纽约时报》有必要就这一运动背后的广告公司发表一篇文章。[25]在6月份后续的7则广告中,有3则配以烟花图片,并声称"压倒性的绝大多数"被调查民众希望在他们的学校里播放第一频道。被调查的学龄儿童家长也持相同观点,而且看过第一频道的学

---

① 美国学校中进行课前集合、点名的教室。——译者注

生在有关时事的测评中的成绩比没有看过的学生要好得多。[26]

惠特尔的努力得到了回报。试点一年后，第一频道在 38 个州的 3 600 所学校中播出。[27] 到了第二年，第一频道进驻了 8 216 所学校，覆盖了除阿拉斯加、夏威夷和内华达以外的所有州。[28] 尽管加州、纽约和罗得岛州的教育当局禁止其区域内的公立学校与第一频道签约，但这些地区的私立学校当然还是可以自行决定此事。不成比例的天主教学校签了约。全国有 65%（844 所）天主教高中与第一频道签约。[29] 1992 年，罗得岛州和加州的教育当局做出了让步。[30] 1995 年，纽约的教育当局也是如此。[31] 第一频道似乎正在实现着惠特尔在 1989 年做出的预测，即总有一天，这档节目将在全国 20 000 所学校中播出。[32] 到了 1999 年，每天 12 000 多所学校的 800 多万名学生都在收看第一频道。在其中插播一条 30 秒的广告的价格已攀升至 20 万美元。[33]

然而，惠特尔向对手的全面施压并没有随着《纽约时报》刊登的 14 个整版广告而结束。他还花费了一大笔资金游说奥尔巴尼、萨克拉门托和其他州首府的立法者，希望让第一频道进入其学校。[34] 此外，就像他和他的接班人在管理爱迪生公司时那样，惠特尔还努力吸引来自各个领域的杰出人士。第一频道开播之际，惠特尔就成功地任命了艾伯特·尚克作为该节目的顾问委员会成员。[35] 此外，惠特尔还为教师们创建了一个关于最佳教学实践的非商业性节目。该节目名为《教育家频道》，由美国公共广播公司的《麦克尼尔/莱勒新闻一小时》驻华盛顿记者朱迪·伍德拉夫主持，并通过惠特尔通信公司免费向任何装有卫星天线的学校播送。一年后，尚克退出了第一频道的顾问委员会。他说他担心自己作为美国教师联合会主席的身份会被利用为该节目背书，但同意加入《教育家频道》的顾问委员会。后一委员会的主席是时任哥伦比亚大学教师学院学校改革中心联合主任的进步主义学者琳达·达林–哈蒙德。[36]

•

惠特尔在多年后指出，第一频道战胜了反对者对在课堂中引入商业广告的抵制，并发展成为一项营利性事业。他的这一观点是正确的，但是他认为第一频道将显著提升学生对时事的认知，且第一频道将无视反对者的批评持续发展壮大，则被学术研究证明是错误的。无论这些研究是否被证明是决定第一频道未来发展的决定性因素，课堂广告抵制者最终还是占领了上风，广告商也逐渐撤出。

《华尔街日报》媒体评论家罗伯特·戈德堡在第一频道试点阶段曾就其发表

一篇评论,将之描述为"音乐电视网遇上了美国有线电视新闻网",即具有智能的图像、优美的音乐、从一个故事到下一个故事的精彩过渡,以及无缝整合的广告。戈德堡写道:"在观看完前三期节目之后,我已筋疲力尽。有什么让我沉浸其中呢?并没有太多——如美国东方航空正在罢工,苏联的青少年除了跟我们有所不同,也与我们有很多相似的地方。"此外,戈德堡还写道:"在这个滑稽、快节奏的节目中的某个时刻,我有一种奇怪的感觉,即感觉新闻和广告实际上正在走向融合,都是口语化的、欢快的、充满闪光和炫目的,变得令人难以区分。"[37]

戈德堡对第一频道缺乏深度的担忧很快得到了一系列研究的证实。这些研究是在1989年试点后进行的初步研究基础上继续进行的。福特基金会在20世纪60年代花费了2 000万美元为教室购买电视和教育节目,在前卫星时代,这些节目通过盘旋飞机传送给中西部6个州的学校,但电视作为一种教学设备的效果很糟糕。[38] 研究第一频道的人员发现,这个每日新闻节目基本上没有任何教学价值。

第一项研究是受惠特尔本人委托,由密歇根大学社会研究所负责实施的。1990—1992年间,密歇根大学的研究人员以多项选择题的形式对46所学校的学生进行了时事测试。其中一半的学生观看过第一频道,另一半没有。研究人员发现,前者仅表现出3%的优势。虽然相同的研究人员在研究的第3年记录下观看第一频道的高中生和初中生会各表现出5%和8%的优势,但这个结果只适用于其中5所学校。在这些学校中,教师们积极地将第一频道中的故事融入他们的课程中。[39] 让人产生更多质疑的是,其他研究人员进行的后续研究得出的结论是,第一频道在极度贫困学校中过于盛行。在精美的图像和声音的盛宴中,其所提供的实际内容其实甚少,并且传播广告的效果远超传播新闻。[40]

2006年,医学杂志《儿科》发表了一篇同行评议文章,详细描述了初中生对第一频道中广告的记忆要比新闻报道清晰得多。这是最近一项触及该节目核心问题的结论。正如戈德堡在1989年观看了第一频道3集试播节目后担忧的那样,第一频道本质上是广告商用来培养年轻消费者的品牌忠诚度的巧妙工具。来自政界的批评人士则称第一频道犯有非法入侵罪。加州公共教育主管比尔·霍尼格在试播节目结束时就发出了反对的声音。霍尼格说道:"人们带着信任把孩子们交给我们。我们不能把他们给'卖'了。"[41] 纽约教育专员托马斯·索波附议霍尼格,谴责第一频道是"物质主义和商业主义的入侵"。[42] 1993年,惠特尔试图在12分钟的节目中加入第5个广告,无异于火上浇油。霍尼格的特别顾问威廉·L.鲁凯瑟回应道:"从一开始,我们就把这视为一个典型的滑坡案例。"(更具讽刺意义的是,鲁凯瑟是惠特尔通信公司高级执行官威廉·S.鲁凯瑟的三表弟)"这类似于允许一家跨国公司在国家公园内采矿。这家公司自然会想方设法每天额外多弄几

吨煤。"⁴³

虽然惠特尔没能在节目中加入第 5 条广告，但是对第一频道的反对声并没有因此停止。"儿童电视行动""消费者联合会"、拉尔夫·纳德尔的"商业警报"、卓越教育基督教家长公民组织，以及菲利斯·施拉菲的"鹰论坛"等不同团体均给予了无情的抨击。⁴⁴ 纳德尔和施拉菲事实上还在 1999 年 5 月 20 日于同一参议院委员会上作证，指控第一频道。这一听证会是在亚拉巴马州共和党人理查德·C. 谢尔比的敦促下召开的。谢尔比也是第一频道的批评者。施拉菲称该节目是"一种使广告商绕过父母的狡猾手段"。纳德尔则称其为"美国历史上最厚颜无耻的营销策略"。⁴⁵

威廉·L. 鲁凯瑟在 20 年后回忆他与第一频道的斗争时说道，如果当时惠特尔放弃让第一频道进入加州和纽约，他可能永远不会招致如此广泛的批评。这位退休的加州政府官员说道，"惠特尔错在他的急躁。他去了不需要他的地方，还强硬地不断向前推进。他虽然拿到了对其节目的许可，但是也招致了太多本可以避免的负面宣传。"⁴⁶

当《儿科》杂志在 2006 年发表其枯燥的临床评估报告时，第一频道已经是一个几近迟暮的巨人。虽然全国仍有约 12 000 所学校在观看，但第一频道逐渐失去了原有的广告商，也无法吸引新的广告商。例如，卡夫食品和家乐氏已停止在第一频道投放广告，因为越来越多的人指责这些公司对儿童和青少年肥胖率的上升负有一定的责任。2002—2005 年，第一频道广告收入下降了 31%，从 9 900 万美元下降到 6 800 万美元。⁴⁷ 2005—2006 年，广告收入又下降了 31%，骤降至 4 900 万美元。⁴⁸

普罗媒体曾在 1994 年 10 月花费 2.4 亿美元向惠特尔通信公司购买第一频道。2007 年 4 月，普罗媒体将第一频道的有线节目出售给了位于纽约的上市媒体和营销公司"阿洛伊股份有限公司"。后者因制作《绯闻女孩》《吸血鬼日记》和《美少女的谎言》等电视剧而闻名。这次的售价仅够偿还债务。⁴⁹ 普罗媒体的大股东是像科尔伯格 - 克拉维斯 - 罗伯茨这样的老练私募股权集团，其目的是打败市场。此次损失具有深刻的讽刺意味。尽管科尔伯格 - 克拉维斯 - 罗伯茨集团在持有第一频道的早期可能获得了可观的收益，但从长期来看，这家私募股权集团的投资并没有什么值得炫耀的地方。如果科尔伯格 - 克拉维斯 - 罗伯茨集团在 1994 年 9 月将 2.4 亿美元投资于一只普通的标准普尔 500 指数基金，那么到 2007 年 4 月，这项投资的价值会增长到 8.4 亿美元以上。⁵⁰

阿洛伊公司接手后，第一频道的收视率进一步下降，广告收益也持续下滑。到 2010 年 3 月，第一频道的覆盖面已经缩减到 8 000 所学校。⁵¹ 其大多数广告仅仅是哥伦比亚广播公司节目宣传，因为第一频道与其新闻部门合作制作新闻节目。[52] 虽然阿洛伊公司提交给美国证券交易委员会的报告中并没有分列各个子公司的收入，但从其每年提交的文件中可以清晰地看出，第一频道年收入不超过2 900万美元，甚至可能更少。[53] 2010年6月，阿洛伊公司被私募股权公司塞尔尼克媒体公司收购。[54]

·

如果说，公众的反对意见在15年内让第一频道停摆了，那么一家教育管理机构若采取经营公立学校而营利这种有争议的做法，就大大缩短了击垮它所需的时间。第一频道一旦解决了为学校布线，购买和安装卫星天线、电视和录像机的固定成本，就只需要操心一些可变的节目制作成本了。随着签约学校数量的增多以及广告收入的增加，制作节目的可变成本会相对下降。平均总成本也就降低了。第一频道可以实现规模经济，并且确实做到了。毕竟，更多的学校就意味着有更多的钱。

对于教育管理机构来说，更多的学校需要更多的人员。扩张与更多的教师、教育生产单位之间存在着线性关系。在这方面，如前所述，所有劳动密集型部门都受到了鲍莫尔定律的制约，[55] 而鲍莫尔定律对教育领域的冲击尤为严重。在法律、咨询和保险等劳动密集型行业，竞争的确迫使企业控制预算成本，但尚未达到让纳税人和学校委员会警惕的程度。出于公共教育的集体性质和目的，如本书第八章将详细论述的，学校高层管理人员的工资待遇与法律、咨询和保险公司领导人员相比显得微不足道。军事官员、警察局长、法官、公务员和立法者也是如此。此外，由于儿童和青少年是学校教育的直接消费者，他们无法判断学校所提供的教育服务的质量，因此必须遏制任何明显鼓励服务提供者偷工减料的做法。这使得教育管理机构的业务尤为艰难。更为艰难的是，传统学区学校的教职工通常受到严格的工会合同的保护；尽管特许学校的教职工很少加入工会，但管理特许学校往往需要大量的资金来租赁或购买房产。

根据美国国家教育统计中心的数据，全国各学区教师的工资和福利多年来大体保持不变：1990—1991年，教师工资和福利占年度支出的56%；1995—1996年占57%；2000—2001年又占到56%；2005—2006年占55%。如果将导师、考勤秘书、图书管理员、语言病理学家等教辅人员的工资和福利算进来，这个比重将分别升至63%、64%、63%和63%。如果再加上物业人员、校车司机和食堂工作人员的工资和福利，这个比重将分别上升到73%、74%、72%和72%。剩下的是学校和中央行政人员的工资和福利，在这 4 个年度的样本中大约占 5%~6%；采购物资和服务的费用占据 15%~18% 不等；学费和其他费用则一直维持在 2%（见表 2.1）。[56]

在这样的情况下，教育管理机构很难实现规模经济。虽然通过大宗采购能够更高效地购买物资和服务，学校和中央行政部门可通过仔细的区域协调得到合理化管理，但大幅节省成本的潜力是有限的。事实上，研究人员发现，教育规模的扩大还可能会导致规模不经济，因为更大规模的业务需要更多的管理层级。在 2002 年的一项研究中，3 位学者得出结论，"成本函数结果表明，学生人数在 2 000~4 000 人的学区可能会节省可观的费用。""学生人数超过 15 000 人的学区可能出现相当大的规模不经济现象。"[57]对于运营的学校遍布全国而非集中于一个区域的教育管理机构来说，更是如此。

与其他所有商业企业一样，营销成本构成了另一个负担。为了进行宣传，爱迪生公司在市场营销方面投入了大量资金。除了一开始就在《教育周刊》《纽约时报》《华尔街日报》刊登整版广告之外，爱迪生公司还在 2004—2007 年间在《教育周刊》刊登了 121 个整页广告，其中一半以上的广告位于该杂志的第 2 页上。[58]爱迪生公司还在科罗拉多斯普林斯奢华的博德摩尔酒店为潜在客户举办了几次为期两天的休闲活动，并向市场营销主管支付了丰厚的薪金以推销公司。[59]多达 12 名被称为拓展者的公司副总裁在全国各地调研学区需求，给学校负责人打推销电话，与学校官员会面，以及进行合同谈判。据爱迪生公司合作部高级副总裁兼总经理理查德·奥尼尔透露，这些拓展者每年的工资为 15 万至 17.5 万美元，开支①约为 7.5 万美元。[60]

表2.1 美国公立中小学按职能和子职能划分的总支出占比

年份 预算项目	1990—1991 年	1995—1996 年	2000—2001 年	2005—2006 年
教师工资	44.9	44.9	44.4	41.6
教师福利	11.1	11.9	11.4	13.1
教辅人员工资	6.0	6.0	6.3	6.4
教辅人员福利	1.5	1.6	1.6	2.0
维护人员工资	4.4	4.1	3.9	3.6
维护人员福利	1.3	1.2	1.1	1.3

---

① 拓展者的食宿、差旅费等开销。意思是，拓展者为公司带来的成本远不止于其薪酬而已。——译者注

续表

年份 预算项目	1990—1991年	1995—1996年	2000—2001年	2005—2006年
司机工资	1.6	1.5	1.6	1.5
司机福利	0.4	0.5	0.5	0.6
食堂工作人员工资	无	1.5	1.4	1.3
食堂工作人员福利	无	0.4	0.4	0.5
学校管理人员工资	4.4	4.4	4.3	4.1
学校管理人员福利	1.1	1.2	1.1	1.3
学区辅助人员工资	1.3	1.4	1.6	1.5
学区辅助人员福利	0.5	0.5	0.5	0.6
学区管理人员工资	1.3	1.1	1.0	0.9
学区管理人员福利	0.4	0.3	0.3	0.3
购买服务	8.1	8.5	9.1	9.6
物资供应	7.3	7.4	8.1	8.2
学费	0.6	0.6	0.7	0.9
其他	1.5	1.0	1.0	1.0

数据来源：National Center for Education Statistics, *Digest of Education Statistics,* 2009, table 180, 1990—1991 through 2006—2007, http://nces.ed.gov/programs/digest/d09/tables/dt09_180.asp.

奥尼尔谈道："拓展者每签下一份合同，就平均至少要向50个学区推销爱迪生公司。此外，由于总部要求增加学校数量和总收入的压力，许多拓展者完成了财务上不可行的交易。"这是最沉重的营销成本。他说："让爱迪生公司付出如此大代价的不是博德摩尔的休闲活动，也不是拓展者的工资和开支，而是为了提高市场份额而故意造成的损失[①]。"奥尼尔在2006年时说过，"与加利福尼亚州每所学校签的合同都不营利，与佐治亚州梅肯的两所学校签的合同也是如此。在宾夕法尼亚州切斯特管理9所学校的协议非常不合理，让爱迪生公司在4年内花费了大约3 400万美元。"[61]

更为重要的是，爱迪生公司的营销活动存在的问题在于缺乏证据表明该公司正在将理论付诸实践，以实现其带来学业进步的目的。虽然爱迪生公司管理的学校给观察者们留下的印象是井然有序、现代化和充满活力，但到2000年为止，还没有独立的证据表明他们的学生比同一学区中邻近学校的学生习得的知识更多。

---

① 爱迪生公司为了扩大自己的知名度，故意与学校系统签订了一些不能让公司营利的合同。——译者注

第二章 市场规律

2000年，西密歇根大学的加里·米隆和布鲁克斯·阿普盖特对爱迪生公司在马萨诸塞州、密歇根州、佛罗里达州、堪萨斯州、得克萨斯州和科罗拉多州管理的10所学校的成绩进行了长达300页的研究，得出的结论是，爱迪生公司管理的学校的学生成绩并没有像其所说的那么好，而只是取得了一般性的进步。米隆和阿普盖特认为，爱迪生公司只关注了标准参照测试（测量一段时间内知识的增长），而它还应该检查常模参照测试（评估相对于对照组的进展）。用后一种方式进行测试的结果表明，爱迪生公司管理的学校处于中间位置，而不是靠前。[62] 同样，爱迪生公司曾委托教育考试服务局的统计学家罗伯特·米斯利在1995—1998年对其所管理的前4所学校的学生阅读成绩进行纵向研究。研究结果喜忧参半。[63]

然而，爱迪生公司在其年度报告中坚持认为，其所负责的学校取得了显著的学术成就。[64] 惠特尔和施密德特都坚持认为，凭借精简的运营、顶级的管理人才和高质量的专业化发展，爱迪生公司将随着发展实现营利所需的规模经济。爱迪生公司的确雇用了一流的管理人才，并且实行了集中采购、专业化发展。它采用了最先进的数据管理系统，并培训学校管理人员使之熟练使用这些系统。例如，如前文所述，所有爱迪生公司管理的学校都配备了"学校学生信息管理"软件，可以说是当时维护学生记录和排课的最佳软件，并且爱迪生公司管理的学校中所有负责运行学校学生信息管理的排课员都接受了一周的实践培训；相比之下，纽约市的学校系统中的排课员几乎就没有接受过什么培训。[65] 位于纽约第5大道和第43街的爱迪生公司总部也设计精良、装修奢华，同样给人一种秩序井然和高效率的印象，与典型的庞大教育部门的中央办公室形成了鲜明的对比。该公司总机周一到周五上午8点到下午6点半接听来电。所有来电都能及时回复。工作人员对来访者非常有礼貌，甚至连公司高管，从惠特尔、施密德特到查布，都在前台迎接来访者并将他们护送离开。[66]

有了这样的专业精神和运作效率，爱迪生公司的规模经济确实得到了发展，但还没有达到创造利润的程度。在其接近目标的过程中，惠特尔和施密德特却一再推迟目标日期。例如，1996年12月，当爱迪生公司经营了12所学校时，他们预测公司一旦拥有25所学校就会营利。[67] 到了1998年，当爱迪生公司运营了25所学校时，其收入为3 850万美元，亏损1 140万美元。[68] 1997年6月，惠特尔和施密德特告诉《纽约时报》，爱迪生公司将在运营50~70所学校时实现营利。他们表示，预计会在两年内达到这一运营规模。[69] 到了1999年，爱迪生公司运营着51所学校，收入为6 940万美元，亏损2 190万美元；到了2000年，爱迪生公司运营着79所学校，收入为1.25亿美元，亏损4 940万美元。[70] 2001年7月，惠特尔告诉《商业周刊》，爱迪生公司到2005年将实现营利，运营学校将拥有 25 万名学生。[71]

·

为了维持经营，爱迪生公司的高管们决定调整业务。虽然该公司作为分包商可以在全国范围内运营大量公立学校，但利润率微乎其微。事实上，在一些州的利润率如此之低，以至爱迪生公司接受了私有化倡导者的慈善资助，以补贴许多学校的运营。[72]

盖璞公司创始人唐纳德·费舍尔的家族基金会在 1998 年捐赠了 180 万美元，用于在旧金山开办一所爱迪生特许学校，并承诺向与爱迪生公司签约的加州的学区再捐赠 2 500 万美元。[73] 同年，丹佛的商业团体和基金会捐助了 400 多万美元，将一所老校舍改造成一所爱迪生学校的新家。[74] 1999 年，在伊利诺伊州的皮奥里亚，卡特彼勒公司的一位继承人提供了 100 万美元，资助开办 2 所爱迪生学校。[75] 2001 年，在印第安纳州波利斯郊区，礼来基金会向一学区拨款 330 万美元，以补贴其与爱迪生公司签订的为期 5 年、运营 2 所学校的合同。[76] 同年，费舍尔基金会与田纳西州诺克斯维尔的汤普森家庭基金会联合向内华达州克拉克县的学区提供了 280 万美元，以补贴其与爱迪生公司签订的为期 5 年、运营 7 所学校的合同。[77] 总之，根据爱迪生公司提交给美国证券交易委员会的报告，在 2000—2001 年，其管理的 113 所学校中有 19 所得到了慈善机构的资助。[78]

公司的发展方向调整为利用公司的品牌和知识产权来发展利润更高的部门。1999 年，爱迪生公司开办了由非工会员工组织的暑期学校。到 2001 年，已有 12 000 名学生报名参加该公司的暑期课程。2002 年，暑期学校的招生人数攀升至 3.5 万人。同年，爱迪生公司成立了爱迪生补充教育公司和爱迪生分支公司，前者提供课外课程和暑期课程，后者在专业发展、课程指导以及学生成绩测评软件方面，为学区提供轻量版的全校管理模式。[79]

这些利润率较高的部门在多大程度上降低了成本，无法从该公司向美国证券交易委员会提交的报告中得知，因为它并没有按部门分列收入和成本，但很明显，此举起到了一定的作用。爱迪生教育服务集团首席执行官、麦肯锡公司前顾问吉姆·豪兰德在 2005 年的一次采访中说道，该公司的补充部门已迅速发展成为其最强大的部门。[80]

在坚持其核心使命的前提下，爱迪生公司继续追求着更多的学校管理合同，但集中力量在一个地区签订多所学校，以减少监督成本并加强学术监督。[81] 为此，1999 年，爱迪生公司在以下 6 个城市中各运营了 4 所学校。它们分别是：密歇根州的弗林特和克莱门斯山，伊利诺伊州的皮奥里亚，堪萨斯州的威奇托，得克萨斯州的圣安东尼奥，以及华盛顿特区。第二年，爱迪生公司又在巴尔的摩拿下了3所学校，在达拉斯拿下了7所，以及密歇根州英克斯特全部的3所学校，使其成为第一个完全交由爱迪生公司运营的学区，也是美国第一个由私人公司运营的学区。[82]

而为爱迪生公司提供了证明其承诺的最好机会的是巴尔的摩。在弗林特、克莱门斯山、皮奥里亚、威奇托、圣安东尼奥、达拉斯和英克斯特，爱迪生公司管理着传统学区的学校，这意味着其需要在教师工会合同的约束下开展工作。在华盛顿特区，爱迪生公司运营着由当地一家社会服务机构"友谊之家"创办的4所特许学校。为"友谊之家"下属的特许委员会服务，让爱迪生公司摆脱了人员配置的限制，但使其远离了该市的教育主管部门，从而必然限制了它对市政政策的影响力及其发展潜力。

在巴尔的摩，爱迪生公司也没有受到这样的人员限制。为了通过注入竞争来促进巴尔的摩教育系统的整体变革，马里兰州教育部在2000年2月采取了全国前所未有的举措，接管了3所陷入困境的学校，并聘请了一家商业运营商来管理它们。迄今为止，其他6个州也接管了成绩不尽如人意的学区。其中，最突出的是新泽西州于1989年、1991年和1995年分别接管的泽西市、帕特森和纽瓦克的学校系统。但到目前为止，还没有一个州将任何学校的管理权交给商业运营商。[83] 作为州政府接管的学校，马里兰州分配给爱迪生公司的3所学校分别是吉尔摩小学、弗曼·邓普顿小学和蒙特贝洛小学。这些学校不受巴尔的摩教师工会的限制。爱迪生公司在雇用和解雇员工方面享有与私立学校或非工会特许学校同等的自由，并可全面实施其计划。与开办特许学校的典型模式不同的是，爱迪生公司不必租用或购买房产。此外，由于爱迪生公司的合同是与州学校委员会签订的，该公司完全有能力影响州和市政府的政策，从而接管更多的学校。[84]

爱迪生公司被赋予极大的行政自由，而且被置身于公立学校系统中，如今有机会按照麦隆·利伯曼早已规定的方式管理一个微型学区。[85]

第三章
火线之上

从某种意义上说，这是首次由一个州承担起这一责任，而且不是某个地方系统做出的一个决定。我们没有模式。我们在创建一种模式。这涉及很多问题。

——南希·S.格拉斯米克，马里兰州学监

2005年和2009年，我两次来到位于巴尔的摩东北部的爱迪生蒙特贝洛小学。我离开了安静的工人阶级社区，去了一所秩序井然、充满活力的学校。这所学校由一位富有魅力的校长卡米尔·贝尔管理，她不管走到哪里都会与学生拥抱。"给我一些糖，小南瓜，"贝尔对一位又一位学生说道，并与之热情相拥，"你感觉好吗，"她接着说，"还是特别棒？"[1]

蒙特贝洛小学在每一方面都兑现着爱迪生公司完美的承诺。在明亮的学校里，兢兢业业的老师们带领着乖巧的学生们学习着重点突出的课程。走廊和教室窗明几净，装饰着五颜六色的布告栏。所有学生都穿着藏青色的马球衫和卡其色的裤子。他们在课堂上端正地坐着，课间安静地排成一队行走。据贝尔反映，教职工普遍积极乐观。

2000年，马里兰州教育部将距离西巴尔的摩镇4英里①外的另外2所学校移交给爱迪生公司，即弗曼·邓普顿小学和吉尔摩小学。西巴尔的摩被家庭影院频道广受好评的电视剧《火线》描绘成一个排屋被木板封住，店铺空无一人，并且警笛频繁响起的标志性街区。距离弗曼·邓普顿小学一个街区的地方是"麦库洛

---

① 1英里≈1.6千米。——译者注

之家"。这是一座两层和三层的红砖公共住宅,由两幢高层建筑和庭院组成。院内有些斑驳的杂草,以及一些用晾衣绳束住袋口的混凝土。在《火线》里,这里是埃文·巴克斯代尔和他的毒贩团伙的据点。与附近的吉尔摩小学隔街相望的是"吉尔摩之家"。这里是一些更小但同样没有人情味的三层红砖公房。2015 年 4 月,25 岁的弗雷迪·格雷在此被捕,不久后在警方拘留期间陷入昏迷并死亡,引发了一场暴力抗议活动以及为期数天的游行和集会。[2]

当 2008 年成为爱迪生公司首席执行官的杰夫·沃尔回忆起第一次从巴尔的摩、华盛顿瑟古德马歇尔国际机场来到这一带时,他难以置信地摇摇头说,他从未见过城市的景象会有如此突然和持续的转变。[3]

·

为了向马里兰州最著名的法学家图瑟古德·马歇尔致敬,巴尔的摩以他的名字命名了市郊的机场。市中心加尔马茨联邦法院外还竖立着他的雕像,给臭名昭著的罗杰·托尼笼罩上了更大的阴影。尽管城市指南没有提及托尼,无数的终身居民也并不知道这个人,但他在 1836—1864 年间担任了最高法院首席大法官,而且在 1857 年的"德雷德·斯科特诉桑德福德案"中判决了剥夺黑人的公民身份,并助长了作为美国内战基石的地区主义。他的铜像坐落在距雄伟的马歇尔雕塑几个街区外的一个公园里。

1954 年,作为全国有色人种促进协会的首席法律顾问,马歇尔在布朗诉托皮卡教育委员会案中进行了抗争,但似乎以失败告终。这意味着这里和这个国家其他城市一样,依然存在着种族歧视。黑人在蒙特贝洛小学、弗曼·邓普顿小学和吉尔摩小学都占到 99%。虽然从严格意义上讲,巴尔的摩的学校并没有实行种族隔离,但它们反映了一个严格按种族划分的都市区。由于 20 世纪 60 年代和 70 年代间的白人外逃,在布朗案的 50 年后,该市学校的黑人比例从 1960 年的 51% 上升到 89%。城市内部的分裂使得蒙特贝洛小学、弗曼·邓普顿小学和吉尔摩小学所在地带的种族隔离更为严重,[4] 而且,这 3 所学校的学生都很贫困。2000 年 9 月爱迪生公司接手这 3 所学校时,弗曼·邓普顿小学的 448 名学生中有 91% 有资格享受免费或低价午餐,蒙特贝洛小学的 699 名学生中有 89%,吉尔摩小学的 486 名学生中有 96%。在随后的 10 年里,这些数字基本没变。[5]

2009 年的一个中午,弗曼·邓普顿小学校长肯·谢里在附近的街区散步时,看到一个布满碎玻璃的运动场,弯曲的人行道上丢弃着裂纹瓶。路边有一只肥胖的死白猫，还有一架黑色的巴尔的摩警察直升机悬停在大约500英尺①高的空中。

"每个求职者都会到此一游，"谢里说道，"他们必须知晓这所学校除了教室和停车场之外的情况。不少人事后便不考虑这份工作了。"⁶

尽管谢里和吉尔摩小学的校长莱登尼斯·埃尔南德斯，与他们的同城同事贝尔表现出了同样的专注和决心，但相比之下，他们的学校缺乏蒙特贝洛小学那样的活力和温情，而且他们的学生在国家标准化考试中的成绩年复一年地落在后面。除了反复宣称爱迪生公司获得了比巴尔的摩其他公立学校更多的生均经费外，弗曼·邓普顿小学和吉尔摩小学糟糕的考试成绩一再让爱迪生公司受到审查，并危及公司的合同。

•

马里兰州接管蒙特贝洛小学、弗曼·邓普顿小学和吉尔摩小学的故事可以追溯到1993年。当时州学校委员会引入了一种基于对3、5、8年级学生进行年度测试的问责制度。测试科目包括：阅读、写作、语言运用、数学、科学和社会研究。学生的成绩分为优秀、满意或不满意。成绩不好的学校会被贴上"可重组"的标签。1997年，马里兰州立法机构通过了一项法案，给予巴尔的摩学校系统2.54亿美元的额外资金。作为交换，州长和市长将共同管理巴尔的摩学校委员会，使州政府获得了接管持续表现不佳的学校的权力。⁷到1999年，巴尔的摩的180所小学、初中和高中之中，有83所被贴上了"可重组"的标签，但是马里兰州学监南希·格拉斯米克表示，只有在1994年就进入了这份名单的学校才会被考虑由州政府接管。⁸

对于格拉斯米克来说，干预时机来得太迟。她在1999年9月的一次州学校委员会会议上说，"任何问责制都必须有底线。"会上，委员们一致投票决定，找出成绩持续不佳的学校交由外部运营商管理。"我们对这些学校的学生负有责任。我们不能再等下去了。"格拉斯米克承认，巴尔的摩从1992—1996年间将9所学校的管理外包给总部位于明尼阿波利斯的教育备选公司的尝试是令人失望的，但她争辩道，该州对私有化的应用会有所不同。她说，教育备选公司既没有被授予雇用和解雇员工的自由，也没有引入一套独有的、全面的课程。任何与该州合作的承包商都会得到这样的自由，并将被期望引入一个真正的全新学术项目。⁹

《巴尔的摩太阳报》在格拉斯米克发表声明后刊登的一篇社论中，表达了对

---

① 1英尺≈0.3米。——译者注

她的支持：

> 几方面因素使得这个提议与教育备选公司的混乱截然不同，但最重要的是，这次私有化冒险将是现有计划的一部分，以改善表现最差的学校……第三方管理人员将介入这一过程，在接管过程中充当州政府的代理人。如果州政府履行了其职责，那么承包商将遵守学校要求的相同的细致文件……教育备选公司在巴尔的摩并没有受到这样的限制，也没有处在一个运行良好的体系之中。该公司的学业改进计划十分粗略。它的举措也没有得到很好的监督。当时的学监沃尔特·G. 安波雷更像是教育备选公司的啦啦队长，而非学校系统的守护者……如果州政府能够谨慎地执行这项计划，并确保设有防止滥用的保障措施，这项计划可能会奏效。教育备选公司在巴尔的摩的全面失败使许多人对私有化产生了反感。现在该州有机会证明私有化并非一个禁忌。[10]

经过几个月的研究，格拉斯米克在2000年2月的一次州学校委员会会议上宣布，蒙特贝洛小学、弗曼·邓普顿小学和吉尔摩小学将被接管。有兴趣的学校管理公司可以提交详细的提案。两名委员会成员持不同意见，其一是同年8月被任命为委员会成员的雷金纳德·邓恩。他是一名营销高管。邓恩问道："在落到被接管的境地之前的几年里，我们做过什么事情来帮助他们取得成绩？"邓恩的质问让大家哑口无言。[11] 巴尔的摩的官员们在会后的反应各不相同。巴尔的摩学校委员会成员、约翰霍普金斯大学教育研究科学家塞缪尔·C. 斯特林菲尔德说道："我觉得他们犯了一个怎么说都不为过的错误。"来自西巴尔的摩的州参议员查尔斯·M. 米切尔四世回应道："我很不高兴。""我们曾经尝试过与教育备选公司合作，看看它给我们带来了什么。"相反，巴尔的摩学校委员会主席、马里兰大学神经科学家J. 泰森·蒂尔登对这一决定表示欢迎："尽管存在担忧，但我认为必须把它当作一记警钟。"[12]

次日，在面对马里兰州众议院筹款委员会时，格拉斯米克做了一些解释。巴尔的摩东北部的众议院代表克拉伦斯·戴维斯附议米切尔，提及了10年前对教育备选公司的期望和随之而来的失望。格拉斯米克保证，该州的接管将和巴尔的摩与教育备选公司的合作截然不同：学校管理者将受到一份"基于绩效的"合同的约束。该合同规定了"非常严格的基准"。巴尔的摩教师工会主席马里埃塔·英格利在同一委员会做证时，表达了与戴维斯相似的担忧："第三方怎么能比我们这些住在这里，上过巴尔的摩市的学校，又把孩子送到巴尔的摩市的学校的人做得更好呢?当承包商失败撤离后,又是谁还依旧留在这里呢?"巴尔的摩的新任校长罗伯特·布克绕过外包问题,转向强调该市儿童的巨大需求,并游说委员会提供更多的州政府援助。布克说,他在洛杉矶担任学校管理人员多年,从未见过孩子们得不到应有的服务。[13]

•

唯一能与爱迪生公司竞争蒙特贝洛小学、弗曼·邓普顿小学和吉尔摩小学运营权的对手是莫萨卡公司。这是一家当时运营着8所学校的教育管理机构——5所位于密歇根州,2所位于宾夕法尼亚州,1所位于新泽西州。[14]莫萨卡由吉恩和道恩·艾德曼夫妇创办于1997年。总部位于纽约。在此之前,他们为企业运营过一个幼儿保育中心网络。莫萨卡推出了一门名为"帕拉贡"的综合课程,在各个年级按时间顺序将几门学科应用于一系列文明研究中。莫萨卡还承诺为所有学生提供个性化的课程计划,从幼儿园阶段开始采取西班牙语教学,大量运用技术,并且延长每天(1小时)和每年(20天)的在校时间。[15]

爱迪生公司就大量运用技术和延长每天和每年的在校时间做出了相同的承诺。此外,爱迪生公司还承诺会迅速实施改进措施。爱迪生公司分管发展的副总裁理查德·奥尼尔在2月份参观了蒙特贝洛小学、弗曼·邓普顿小学和吉尔摩小学之后,预测爱迪生公司模式很快就能取得效果,但他后来对爱迪生公司的营销策略略感不满。奥尼尔说道:"我认为,认为改革需要多年才能实现的想法是错误的。"他补充道,如果爱迪生公司不能在一年内扭转局势,"那我们就得负起责任"。[16]

当年3月,马里兰州学校委员会一致决定选择爱迪生公司。理由是该公司拥有更丰富的经验、更好的成效和更详细的计划。州政府与爱迪生公司签订了一份为期5年的可续约合同,并承诺向该公司支付与巴尔的摩地区其他学校相同的生均经费。2000年这一金额为7400美元。蒙特贝洛小学、弗曼·邓普顿小学和吉尔摩小学共有1400名学生,因此爱迪生公司每年将获得1040万美元,尽管该公司对其中大部分资金只有名义上的控制权。即使爱迪生公司被州政府赋予了前所未有的自主权,也不会受到工会规定的约束,但不得不支付有竞争力的薪酬来吸引和留住优秀教师,而且还不能通过扩充班级规模来节约开支。因为爱迪生公司既担心招致更多的批评,也怕对学生成绩造成不良影响,而学生的考试成绩将是决定公司效益的关键性因素。[17]

为了阻止接管,巴尔的摩教师工会重新提及了巴尔的摩巡回法院1993年对该市雇用教育备选公司的一场注定失败的诉讼。巴尔的摩教师工会宣称，州政府不恰当地将确定工资标准和执行纪律程序的权力授予了爱迪生公司；向爱迪生公司拨付更多的生均经费。这一指控将在之后反复引发争论，最根本的是，将资金转移给一家商业学校运营商，违反了对该市学龄儿童所做出的承诺。巴尔的摩教师工会争辩道："公平地分配城市的有限资源……不包括给私营公司的利润。"[18]

《巴尔的摩太阳报》①再次力挺格拉斯米克，对巴尔的摩教师工会进行了嘲讽：

> 至少巴尔的摩教师工会是始终如一的。他们始终如一地反对变革和创新，始终如一地阻碍着进步，并喋喋不休地争辩现状如何如何好……至于爱迪生公司的学校教师退休金和福利会发生什么，这是个很合理的问题。爱迪生公司必须对这些问题给出良好的答案，并向潜在的雇员保证，公平将占上风。但巴尔的摩教师工会的诉讼走偏了。它向公众和这个城市迫切需要更好教育的孩子们传递了错误的信息。不幸的是，在这一点上，教师工会太过于始终如一了。[19]

虽然巴尔的摩教师工会的诉讼与上一次一样不了了之，但这次的诉讼并非之前那样是源于对学校外包前景的恐惧，而是《太阳报》和格拉斯米克都承认的痛苦经历②。[20]《太阳报》宣称，该州与爱迪生公司的合作会和巴尔的摩与教育备选公司的合作有所不同，而且格拉斯米克曾就此立下誓言。她曾宣称，除了州政府新的问责措施，爱迪生公司在雇用和解雇员工方面的自由及其独特的课程设置，都使得这第二次私有化试验大为相同。[21]

当爱迪生公司于7月在托森大学举办的一个为期一周的项目中向新教师们介绍其理念和方法时，格拉斯米克强调了这一事业的独特意义："从某种意义上说，这是首次由一个州承担起这一责任，而且不是某个地方系统做出的一个决定。我们没有模式。我们在创建一种模式。这关系到很多问题。"对于在托森大学负责该项目的爱迪生公司区域副总裁德怀特·D. 琼斯来说，该公司的模式也是独一无二的，并且对每所学校的质量控制是最重要的。琼斯后来成为科罗拉多州的教育专员，而后又成为拉斯维加斯的学监。"它必须看起来像我们所说的爱迪生公司品牌，"琼斯说道，"它将是洁净的。它将是明亮的。它将以某种方式建立井然的秩序……我们不会放过任何机会。"[22]

---

① 后文简称《太阳报》。——译者注
② 指巴尔的摩在1992—1996年将学校移交给教育备选公司。——译者注

第三章 火线之上

1992年，当教育备选公司来到巴尔的摩时，受到了来自多方的热情接待。《太阳报》、巴尔的摩教师工会、巴尔的摩学校委员会、市长库尔特·L.施莫克、学监沃尔特·G.安波雷以及该市备受尊敬的艾贝尔基金会，都对教育备选公司表示欢迎。事实上，艾贝尔基金会总裁罗伯特·C.恩布里曾于1991年邀请教育备选公司的创始人兼总裁约翰·T.戈勒访问巴尔的摩，以了解更多有关该公司的情况。而10年后，他将成为爱迪生公司坚定的反对者。恩布里对戈勒提供的信息印象深刻，他向施莫克推荐了教育备选公司，并由艾贝尔基金会资助一批学校和工会官员参观教育备选公司在明尼苏达州运营的一所私立学校以及在佛罗里达州运营的一所公立学校。[23] 巴尔的摩教师工会主席艾琳·丹德里奇和助理学监夏琳·库珀·波士顿回来后，向市教育委员会提交了一份热情洋溢的报告。丹德里奇对戈勒印象尤为深刻。"他很有风度，很有责任心。"丹德里奇说，"你只要听了他的介绍，就会把所有的学校都交给他。"[24]

在施莫克的支持下，安波雷提议将1所初中和8所小学移交给教育备选公司运营。《太阳报》赞扬施莫克和安波雷大胆地与私营企业合作，以简化业务，取得更好的效果。[25] 然而，跨宗派牧师联盟的领导人对施莫克和安波雷没有与他们协商表示愤怒，并抗议将资金转移给一家营利性学校经营者。[26] 更多的阻挠随之而来。巴尔的摩人领导力发展联合会就该交易举办了一个论坛。施莫克和近500名代表共同出席了论坛。[27] "我们将在这件事上与你抗争到底，"联合会联席主席罗伯特·贝恩克牧师在论坛上对施莫克说道，"因为这整件事都与公共教育背道而驰。"[28]

巴尔的摩教师工会主席丹德里奇后来改变了主意，警告合同的措辞太过宽容，特别是关于教育备选公司可以自由地用每小时8美元的大学实习生替代每小时12美元的工会教师助理。市审计长杰奎琳·麦克莱恩对教育备选公司的财务稳定性表示担忧。虽然麦克莱恩和市评估委员会的另一名成员提出反对，安波雷的提案还是以3比2的投票结果获得通过，决定授予教育备选公司一份为期5年的合同。规模是8年后与爱迪生公司签署的合同的3倍。教育备选公司获得了安波雷所列的所有9所学校的运营权，招收了4 815名学生。1992—1993年巴尔的摩生均经费为5 549美元，所以第一年的合同价值2 670万美元。尽管按照《太阳报》的报道，其中90%用于支付行政费用和教师的工资福利。[29]

与惠特尔一样，戈勒也没有作为教育工作者的背景。1966年在明尼苏达大学获得商学学士学位后，戈勒加入了施乐公司，从事企业销售工作。4年后，戈勒与他人共同创立了一家咨询公司，为世界500强企业提供人力资源建议。1986年，出于不满自己两个儿子在明尼苏达州的公立学校中所受的因循守旧的课程教育，戈勒决定建立一个收费合理的私立学校网络，提供个性化课程，以便学生能够以适合自己的进度学习。在戈勒的聘请下，有着24年公立学校行政管理经验的大卫·A. 班尼特从明尼苏达州圣保罗学监岗位离职，出任戈勒的总裁。戈勒和班尼特最初在明尼苏达州和亚利桑那州各开办了一所学校，每所学校每年收费5 000美元。然而，事实证明，该计划的启动成本太高，无法扩大规模。于是，戈勒和班尼特与他们之后的惠特尔和施密德特一样，将其公司重新构想为与公立学区合作的分包商。1991年，他们获得了第一个客户：位于迈阿密的一个贫困街区的南岬小学，学校有720名学生。为了提高工作人员相对学生的比例，同时降低成本，教育备选公司以每小时7美元的价格聘请了迈阿密大学的学生作为教师助理。同时，为了加强自主学习，教育备选公司在教室中配备了电脑，并对工作人员进行再培训。[30]

像惠特尔一样，对于戈勒来说，严谨的商业方法将为改善学校教育铺平道路。戈勒声称，通过提高行政、维修、食品配备和采购的效率，可以减少巴尔的摩25%的非教学支出，并将节约下的这笔资金的80%投入课堂之中，留20%作为利润。[31] 特别是，戈勒认为，通过由毕马威会计师事务所监督自下而上的预算编制，以及约翰逊控制服务公司负责实施精良的建筑维修，实现这种经费节约是可行的。由此产生的变化将包括：像在迈阿密一样，与家长协商后为每位学生设计"个人教育计划"；为每位教师配备一名教学助理，以促进小组学习；每个教室都配备几台计算机；为每位教师配备计算机、电话和办公桌。[32] 与在他之前的新美国学校发展公司和之后的贝诺·施密德特一样，戈勒也预测能够以普通的投入获得显著的收益。"我们向巴尔的摩承诺，"戈勒在新学年即将开始的时候谈道，"我们会在不多花一分钱的前提下，大幅提高孩子们的教育质量。"[33]

尽管戈勒非常乐观，但质疑的声音却越来越多。在学校开学前一周，教师们在市政厅外举行了抗议活动。参与抗议活动的一名美术教师抱怨说，她被强迫调离了教育备选公司接管的两所学校，因为新的课程计划中没有美术课。"我们都被骗了，"她说，"他们并没有把我们当作专业人士来对待。"与此同时，教育备选公司管理的9所学校的160名教师中，有37人要求调职。开学3周后，在一次有大约80名家长参加的晚间聚会上，公司管理人员面对众人近2小时的愤怒质疑含糊其辞。其中一项投诉涉及未经允许将有特殊需要的儿童安排在普通班级。公司管理人员发誓，没有家长的批准，公司绝不会采取任何措施。另一项投诉涉及用低薪实习生代替流动的美术和音乐教师担任教师助理。到了 11 月，尽管教师们对教育备选公司在建筑维修和采购协议方面的重大改进表示赞许，但他们指责教育备选公司的个性化课程不成体系。[34]

尽管在实施方面存在问题，但华尔街①还是对教育备选公司在巴尔的摩第一年的表现予以了热情回应。教育备选公司在 1991 年 4 月以每股 4 美元的价格上市。而在 1992 年 6 月到 1993 年 6 月期间，该公司的股价从每股 7 美元攀升到了 33 美元。[35] 不过，导致这种热情的根本原因是教育备选公司的高管、分析师和投资者对公司财务状况的基本性误读。几年后，爱迪生公司的高管、分析师和投资者在评估公司的进展时，将犯同样的错误。这样的错误对两家公司造成的损害将是无法弥补的。这个问题关乎对收入的界定。教育备选公司将用于支付教师工资和公司无法控制的其他费用的预算拨款作为收入入账，使公司收入看起来是实际的 10 倍。

虽然这种收入呈现方式并没有改变对公司营利的报告，但它必然给人一种比实际大得多的体量和增长的印象。例如，《太阳报》1993 年 6 月的一篇题为《学校管理者完胜市场测验》的文章，错误地报道了教育备选公司"当前平均季度收入为 800 万美元，而一年前只有 80 万美元"。[36] 然而，如上所述，《太阳报》早在一年前就报道了，在估算委员会批准了教育备选公司的 5 年合同后，该公司只截留了 10% 的生均拨款：第一年，340 万美元回到市里用于行政开支，2 060 万美元直接用于支付教师的工资和福利，270 万美元留给了教育备选公司来管理它的 9 所学校。9 月，《太阳报》报道了一些分析师对教育备选公司会计方法的牢骚，但该公司还是继续按照过往呈现方式报告其收入。[37]

到了 11 月，形势发生了逆转。当时教育备选公司的股价已飙升至每股 48.75 美元。曾在 1992 年 7 月因担心教育备选公司的财务状况而投了反对票的市审计长杰奎琳·麦克莱恩，发言反对将巴尔的摩地区更多的学校交由该公司管理。麦克莱恩指责教育备选公司在收入情况方面误导投资者，拖延提交经审计的财务报表，并歪曲其教学策略的效果。麦克莱恩说道："他们玩得一手好把戏。"麦克莱恩这一言论在美国全国广播公司财经频道播出后，教育备选公司的股价在一小时内下跌了 14%。虽然在当天收盘时出现了大幅反弹，但这种新的观点已经引起大家的关注，并将在一段时间内占据上风。[38] 一个月后，《太阳报》发表了一篇 1 600 字的文章，对教育备选公司的会计方法进行了分析。文章中引用了一位金融学教授的话，称教育备选公司的会计方法"荒谬"。援引的另一位教授称这种

---

① 暗喻金融界。——译者注

方法"非常具有误导性"。2月底，该公司股价收于21.25美元，较3个月前的峰值下跌64%，并且再未反弹。[39]

与虚报收入相比，教育备选公司更让人不安的是它虚报学业进步，以及其未能向有特殊需要的儿童提供足够的帮助。1993年8月，该公司在一份热情洋溢的新闻稿中写道，其运营的9所学校的4 800名学生在新的管理模式下，仅仅经过3个月就提高了几乎一个年级的水平。该公司在1994年6月收回前言，并承认只有5所学校的954名后进生有这样的进步。教育备选公司的信誉再次大幅受损。股价就在这一天暴跌了18%。[40] 此外，对教育备选公司欺骗学习障碍学生的指控还招致了州政府和联邦政府的调查。据发现，在一所学校中，教育备选公司取消了针对近300名学生的补习计划。特殊教育人员也从24名教师削减到11名。美国教育部特殊教育办公室主任得出的结论是，在教育备选公司管理的9所学校中，有6所违反了相关程序，并向州政府发出了严厉警告，要求其提高警惕、加强监督。最终，一名联邦法官裁定学监安波雷因未对教育备选公司尽到监督之责而犯了藐视法庭罪，剥夺其对于特殊教育的控制权，这相当于罢免了他作为学监三分之一的职权。[41]

更为糟糕的是，1992—1994年，教育备选公司管理的8所小学的阅读和数学成绩都有所下降，而同期全市其他小学的这两个科目的成绩却整体有所提高。这些考试的成绩分布于1~99分，全国平均分为50分。教育备选公司管理的学校的阅读成绩从39.8分降至37分，而巴尔的摩其他学校则从42.3分升至44.8分；教育备选公司管理的学校的数学成绩从41.7分下降到40分，而该市其他学校从44.4分上升到47.7分。与此同时，教育备选公司在迈阿密的小学，在该公司管理3年来，成绩并未提高。[42]

施莫克市长和安波雷学监依旧对教育备选公司表示支持。他们认为，该公司进入巴尔的摩后促进了该市的整体改善。[43] 安波雷非常着迷于教育备选公司，并于5月代表该公司飞往康涅狄格州，游说哈特福德市议会雇用教育备选公司管理该州首府的学校系统。该州共有32所学校、2.6万名学生。在赞扬教育备选公司时，安波雷甚至说道，如果巴尔的摩能聘请该公司来管理该市整个学校系统，将会得到更好的服务。"我要求让他们管理9所学校。"安波雷说，"我真应让他们管理178所。"[44]

虽然教育备选公司获得了一份为期5年的经营哈特福德所有学校的合同，但该公司很快就承认了自己的局限性，并将其作用缩减到管理5所学校，而对于其余27所学校则只负责监督设施维护和业务运营。然而，有关支出和效率的问题仍然困扰着该公司，尤其是戈勒。马里兰大学教育研究中心1995年8月发表的一份报告得出结论，教育备选公司获得的生均经费要比作为对照组的巴尔的摩其他学校多出 11%，但并没有取得更好的成绩；在一年后发表的一项分析中，哥伦比亚大学教师学院的克雷格·理查兹认定，教育备选公司接管的小学获得的生均经费比对照组学校多了 26%，初中多了 36%。[45] 与此同时，戈勒在哈特福德被人们戏称为"音乐人"，暗指同名戏剧和电影中的一个骗子角色。剧中该人物在爱荷华州的一个小城市向无知市民出售乐队乐器和制服，并虚假承诺将领导一个男孩乐团，给这个城市带来新的生活。[46]

1996 年春天，教育备选公司撤出巴尔的摩、哈特福德和迈阿密，成为一个分包商。公司更名为魔方集团，转向管理学前机构、私立学校和特许学校。然而，即使在这个更安全的领域，该集团也未能获得盈利。2000 年，魔方集团申请破产。[47]

安波雷也很快离开了巴尔的摩，成为一所学校的管理者。1997 年春，安波雷辞去学监一职。《太阳报》给予他的评价是 A 级"努力"、A 级"风格"、C- 级"成效"。安波雷当初以担任一名初中社会学教师开启了自己在巴尔的摩学校系统的职业生涯。在结束自己在此的 31 年职业生涯后，他出任了"电信公司"下属教育子公司的全国副总裁。这个有线电视巨头在被美国电话电报公司收购后不久，就被拆分给了"特许通信公司"和"康卡斯特公司"。[48]

戈勒在反思自己的奋斗历程时得出结论，对学区学校进行营利性管理是一个"双输"提议："我时常觉得自己进退两难。如果你赚的钱太多，他们会说，'你怎么能从孩子身上赚这么多钱？'如果你赚不到钱，他们又说，'你真是个糟糕的商人。'"[49]

・

在教育备选公司运营的 8 所小学中，有 2 所——格雷斯兰公园小学和玛丽·E. 罗德曼小学——出现在同一份持续表现不佳的学校名单中。2000 年，格拉斯米克从中选出了蒙特贝洛小学、弗曼·邓普顿小学和吉尔摩小学，由州政府接管。事实上，格雷斯兰公园小学和玛丽·E. 罗德曼小学学生的阅读和数学成绩在 1996 年、1997 年和 1999 年都低于弗曼·邓普顿小学的同年级学生。更令人惊讶的是，1996—1999 年间，蒙特贝洛小学学生的阅读和数学成绩低于弗曼·邓普顿小学的同年级学生，而蒙特贝洛小学不久后成为爱迪生公司的旗舰学校。事实上，在巴尔的摩的 121 所小学中，蒙特贝洛小学在 1998 年和 1999 年的排名均处于末位。从整体来看，1998 年，蒙特贝洛小学的 3 年级和 5 年级学生中，阅读和数学能达到熟练等次的占 3%；1999 年该校同年级学生相同学科的这一比例为 4%。弗曼·邓普顿小学和吉尔摩小学在 1999 年的平均熟练率分别为 8% 和 7%（见表 3.1）。

表3.1　1999年马里兰州学校成绩测评项目达到熟练等次的学生比例

项目	3 年级		5 年级		平均熟练率
	阅读	数学	阅读	数学	
阿伦德尔	6.8	0	11.4	5.3	5.9
贝－布洛克	4.7	0	4.5	18.5	6.9
马丁·路德·金博士	3.4	2.0	14.2	0.8	5.1
弗曼·邓普顿*	5.6	3.6	0	23.9	8.3
吉尔摩*	9.4	5.0	10.1	2.6	6.8
格雷斯兰公园	6.6	1.6	11.3	4.7	6.1
拉法耶	8.3	4.8	6.4	6.3	6.5
玛丽·E.罗德曼	4.3	4.3	10.9	6.3	6.5
蒙特贝洛*	5.3	1.9	5.6	2.4	3.8
威廉·帕卡	4.0	2.3	6.1	14.3	6.7
未来爱迪生学校的平均值	6.8	3.5	5.2	9.6	6.3
其余 7 所学校的平均值	5.4	2.1	9.3	8.0	6.2
巴尔的摩市	17.0	21.4	17.5	18.8	18.7

数据来源：2012 年 7 月通过邮件从马里兰州教育部获得的马里兰州学校成绩测评项目数据。
注：除巴尔的摩市的成绩外，其他平均数均未按学生人数加权。
带 * 号的学校于 2000 年由爱迪生公司接管。

更令人惊讶的是，位于该市底层的其他 7 所学校的综合熟练率仅低于蒙特贝洛小学、弗曼·邓普顿小学和吉尔摩小学。这 7 所学校的学生同样来自弱势家庭：1999 年，交由爱迪生公司管理的 3 所学校中有 84% 的学生有资格享受免费午餐或打折午餐；其他 7 所学校 89% 的学生有资格享受同等待遇。[50]

这些差异将成为艾贝尔基金会、巴尔的摩教师工会和社区活动人士反对爱迪生公司的核心，他们对巴尔的摩与教育备选公司合作的惨痛教训感到恼火。蒙特贝洛小学、弗曼·邓普顿小学和吉尔摩小学的确是为贫困儿童服务的落后学校，但在 1999 年并没有比其余 7 所学校更差。2000 年，在格拉斯米克做出决定之后，在爱迪生公司接管之前，弗曼·邓普顿小学的阅读和数学成绩急剧下降，熟练率从 8% 下降到 1%，但吉尔摩小学和蒙特贝洛小学的成绩都略有上升。核心问题是

2000年以后发生了什么。按照爱迪生公司高管理查德·奥尼尔的预测，爱迪生公司将在一年内扭转蒙特贝洛的局面，否则就麻烦了。然而，在爱迪生公司接管的第一年里，弗曼·邓普顿小学和吉尔摩小学的阅读和数学成绩却下降了。

在接下来的4年里，2002—2005年，爱迪生公司接管的3所学校的成绩均有所改善。在2002年、2003年和2005年，3所学校的成绩均超过了在1999年同被归为一组的另外7所学校。然而，在2006年，形势发生了转变。虽然爱迪生公司的人员和实践都很到位，但其学校的成绩却在下滑，而且是持续下滑。就像安波雷不顾负面消息坚持赞扬教育备选公司一样，格拉斯米克仍然坚定地支持爱迪生公司。但是，巴尔的摩市公立学校系统的代名词《太阳报》和《北大街报》最终加入了艾贝尔基金会和巴尔的摩教师工会的阵营，接受了奥尼尔的挑战，开始给爱迪生公司制造麻烦。

第四章

重 演

我们改善了巴尔的摩政府接管清单上的3所学校，但是他们却对我们待在巴尔的摩表示仇视。

——吉姆·豪兰德，爱迪生学校公司教育服务集团首席执行官

在爱迪生公司管理的3所巴尔的摩学校的学业成绩引起关注之前，爱迪生公司的批评者们重拾当年评论家们对教育备选公司的指控，认为爱迪生公司获得的生均经费要比巴尔的摩其他学校高得多。前巴尔的摩学校委员会成员、马里兰州人力资源秘书卡尔曼·海特尔曼就多次提及这一点。在2000年7月爱迪生公司入驻巴尔的摩时，海特尔曼就在《太阳报》的一篇专栏文章中写道，爱迪生公司获得的生均拨款将比巴尔的摩其他学校5 000美元的平均水平多出2 400美元。两周后，《太阳报》发表了一篇关于弗曼·邓普顿小学、吉尔摩小学和蒙特贝洛小学暑期进修和职业发展的赞美文章，海特尔曼再次提及上述论点以作为回应。[1]

为了替爱迪生公司辩护，南希·S. 格拉斯米克在《太阳报》上发表了自己的专栏文章，反驳说支付给爱迪生公司的费用看起来更高，只是因为他们需要自负行政开支。这也就意味着额外的2 400美元仅相当于巴尔的摩其他学校的生均日常开销。格拉斯米克解释说，巴尔的摩政府将承担一些技术支持和医疗服务开支，但爱迪生公司在其他方面"几乎没有免费的集中服务"，而且其管理的学校将在没有任何补贴的情况下延长每天和每学年的在校时间。反过来，格拉斯米克的专栏文章招致巴尔的摩教师工会领导者发来一封怒气冲冲的信，称爱迪生公司获得的费用是以削减巴尔的摩其他学校经费为代价的。[2]

和巴尔的摩教师工会的领导人们一样，海特尔曼并没有接受格拉斯米克的解

释。他在 12 月份的《太阳报》上发表了另一篇专栏文章，重申了自己的观点，并补充道，爱迪生公司通过两种重要方式在州政府为 85 名严重学习障碍学生提供的一项特殊服务安排中获利：首先，州政府将向享有盛誉的肯尼迪·克里格研究所支付 210 万美元，即每名学生 25 000 美元，用于 3 所爱迪生学校独立班级中的学习障碍儿童指导，而巴尔的摩的其他学校却只能为有同样需求的儿童争得一半的拨款；其次，这样做意味着州政府让爱迪生公司获得了一个隐形的优势，即减轻了教师的教学负担，并且因此提高了其在标准化考试中取得好成绩的可能性。[3]

爱迪生公司负责发展的副总裁理查德·奥尼尔这次没有回应格拉斯米克，而是回应了海特尔曼，重申爱迪生公司获得的经费包含了行政支出，并反驳州政府已鼓励巴尔的摩其他学校与肯尼迪·克里格研究所做出同样的安排。海特尔曼回复了奥尼尔的信，他坚持己见，称州政府给予了爱迪生公司以优待。[4]

这场关于成本的争论在 2005 年 9 月达到了高潮。当时艾贝尔基金会发布了一份 4 500 字的报告，支持海特尔曼的观点，并声称几所同样处于困境的学校在没有获得爱迪生公司所拥有的额外资助的情况下，成绩均超过了爱迪生公司的学校。事实一直存在争议，但有一件事是确定的，即双方即使不是彼此憎恨，也是彼此不信任。格拉斯米克强烈反对这份报告，认为爱迪生公司在没有任何经费优势的情况下改善了弗曼·邓普顿小学、吉尔摩小学和蒙特贝洛小学的状况，并且质疑艾贝尔基金会的报告中列出的学校是否曾处于如此糟糕的状况。2005 年 10 月，当被要求对艾贝尔报告发表评论时，贝诺·施密德特说："那些人发表的东西我一个字都不信。"[5]

几天后，当被问及同样的问题时，爱迪生教育服务集团的首席执行官吉姆·豪兰德摇了摇头，将对其公司的负面评价归咎于人们对学校的营利性管理这一概念根深蒂固的抵触。"我们改善了巴尔的摩政府接管清单上的 3 所学校，但是他们却对我们待在巴尔的摩表示仇视。"豪兰德说道。巴尔的摩和其他地区对营利性教育管理的不信任已到了如此强烈的地步，以致他认为爱迪生公司的未来将仅限于提供从课后辅导、暑期强化项目，到专业发展、课程指导和备考这样的辅助服务。豪兰德认为，管理学校是有意义的，可以让公司受到公众的持续关注，并且可磨炼出以辅助形式销售给更广泛市场的服务，但管理的学校数量必须受到限制。一年后，在爱迪生公司工作了 4 年的豪兰德离职，出任一家领先的企业——信息集团邓白氏公司国际部的总裁。[6]

和豪兰德一样，惠特尔也认为，对营利性教育管理根深蒂固的反对态度使得爱迪生公司难以得到公平的对待。2005 年 11 月，惠特尔在他那能俯瞰曼哈顿第 5

第四章 重 演

大道的办公室里接受采访,当被问及是否同意戈勒提出的教育管理机构处于进退两难的境地时,惠特尔苦笑着点了点头。"在我面对马里兰州学校委员会时,当时公司的股价正高,"惠特尔补充道,"我被攻击者称为暴利者。一年后,当我出现在同一拨人面前时,当时公司的股价走低,我被攻击者称为糟糕的商人。"[7]

然而,与豪兰德不同的是,惠特尔坚持认为,营利性教育管理未来可期。无论是在那次采访中,还是在他与艾贝尔报告同月出版的一本关于教育的书——《速成课程:想象公共教育更美好的未来》中,惠特尔将美国的学校和许多国外的学校描述为到2030年将由相互竞争的教育管理机构运营。这些机构可能叫格雷森学校(显然是麦格劳-希尔集团与培生教育集团或爱迪生公司的混合体)和地平线学校(显然是幼儿教育巨头光明地平线幼儿教育中心的变体)这样的名称。惠特尔不仅预测美国将在2005—2015年间"迅速"朝这个方向发展,而且还重申了在1992年吹嘘爱迪生公司时使用的历史必然性语言,即以自由市场应对美国教育弊病。惠特尔断言,在他看来,"这本书中所提及的变革就像柏林墙的倒塌一样不可避免。"[8]

惠特尔在《速成课程》一书中提出的变革包括:通过加倍提高工资以提高教师质量,并通过大幅削减教师数量来弥补成本;将一天中更多的时间用于自主学习,从而大大减少教学时间(例如,3年级学生每天"自主"学习2小时,而高中学生每天只有三分之一的时间在传统的课堂上学习);让学生担任走廊、食堂和自习室的监督员,电话接线员和参观学校的接待员,论文和考试的评分者,以及导师("5年级的学生帮助1年级的学生,8年级的学生帮助5年级的学生等")。[9]

"为美国而教"创始人温迪·科普和田纳西州前州长、美国教育部长拉马尔·亚历山大称赞惠特尔是个有远见的人。如前所述,拉马尔此前是惠特尔通信公司的股东,也是第一频道顾问委员会的成员。在单独的前言中,阿斯彭研究所总裁兼首席执行官、《时代》周刊前总编辑沃尔特·艾萨克森和宾夕法尼亚州前州长、美国国土安全部部长汤姆·里奇同样赞扬了惠特尔。唯一来自教育学者的重要回应来自亨利·莱文。他在《教育未来》杂志上发表了一篇批判性文章。标题使用了约吉·贝拉的不朽名言,"似曾相识的感觉又来了。"[10]

•

艾贝尔报告的作者、马里兰州财政服务部前主任威廉·S. 拉奇福德二世在更新海特尔曼论点时写道,爱迪生公司公布的2015财年留存收益(或称利润)为320万美元,相当于生均1 425美元,将近占到其合同款2 010万美元的16%。

拉奇福德在驳斥那些认为私营部门效率更高的人时指出，巴尔的摩市公立学校系统在中央行政方面的生均支出为 647 美元，而爱迪生公司是 1 059 美元。和海特尔曼一样，拉奇福德也认为，州政府与肯尼迪·克里格研究所签订的向 3 所爱迪生学校的学习障碍学生提供帮助的合同实际上相当于一笔非常可观的补贴。

4 年后，在反思成本争议时，巴尔的摩市公立学校系统首席执行官安德烈斯·阿隆索手下的副主任劳拉·韦尔德雷尔摇头晃脑地驳斥了拉奇福德分析的反对意见。2009 年 3 月，韦尔德雷尔在她位于巴尔的摩市公立学校系统设于北大街的总部 4 层的办公室里接受采访时说："作为特许学校的积极倡导者，我知道特许学校会强调他们有自己的行政开支。但是，他们也享用了我们的很多行政服务，而且必须如此：我们提供交通、午餐、测试和数据分析，因为他们的分数就是我们的分数。他们使用我们的学生派位办公室、停学服务办公室。他们不能不通过我们办理和通报学生的停学事务。无论他们喜欢与否，都必须使用我们的服务。"[11]

韦尔德雷尔非常了解巴尔的摩市及其各所学校。1991—1994 年，韦尔德雷尔通过美国教育协会在新奥尔良当了 3 年的小学教师，之后在巴尔的摩教了一年初中，然后在巴尔的摩的公民规划和住房协会以及马里兰州的儿童和青年倡导者协会工作。韦尔德雷尔于 2000 年加入巴尔的摩市公立学校系统，先是担任新学校和特许学校办公室的执行主任，之后担任区域学监，2008 年成为副主任。此外，她的丈夫自 1993 年以来一直是巴尔的摩市公立教育系统中的一名中学教师。韦尔德雷尔能一口气说出特许学校和学区学校的预算数字。她在 2009 年提出："自从我们去年开始转向关注生均支出，就可以清楚地看到，如果没有租赁或建造场地的费用，特许学校就会比学区学校获得更多的经费，而爱迪生公司在巴尔的摩并没有这样的开支。去年，特许学校获得的生均经费为 9 115 美元；今年是 9 006 美元。对于传统的学区学校，我们有一个加权制度，生均经费 4 800 美元起；对于贫困或有天赋的学生，额外生均拨付 2 200 美元；对于有资格获得免费或减价午餐的学生，额外生均拨付 900 美元。符合所有前述条件的学生，生均经费为 7 900 美元。这是最高标准。"[12]

然而，与成本相比，拉奇福德更关心的是学业成绩。拉奇福德的研究是一项成本效益分析。尽管对结果的评估很简短，但他表示没有看到效益。拉奇福德写道，虽然在爱迪生公司的领导下，弗曼·邓普顿小学、吉尔摩小学和蒙特贝洛小学的学生在州统一考试中的成绩有所提高，但没有像在 1999 年同被归为一组的另外 7 所成绩持续不佳的学校中的 3 所提高得那么多。[13]

拉奇福德并没有很详细地描述结果，但对考试成绩的研究证实了他的结论，

第四章 重 演

并进一步淹没了格拉斯米克提出的疑问,即拉奇福德列举的马丁·路德·金博士、贝－布洛克和威廉·帕卡这3所学校,并没有那么糟糕(见表3.1)。此外,根据国家教育统计中心的数据,总的来说这3所学校更加贫困:1999年,弗曼·邓普顿小学、吉尔摩小学和蒙特贝洛小学有权享受免费午餐和减价午餐的学生比例分别为91%、95%和68%,而马丁·路德·金博士、贝－布洛克和威廉·帕卡的比例分别为91%、95%和94%。[14]

拉奇福德写道,在没有任何外部干预的情况下,马丁·路德·金博士、贝－布洛克和威廉·帕卡的成绩均超过了"爱迪生计划"的3所学校。1999年,这3所学校3年级和5年级的学生在阅读和数学方面的平均熟练率为6%,弗曼·邓普顿小学、吉尔摩小学和蒙特贝洛小学的情况也是如此。也就是说,这些学校处于同一起点。2003年,马里兰州为了响应《不让一个孩子掉队》法案,对考试进行了调整。马里兰州学校成绩测评项目变成了马里兰州学校测评,像全国其他各州一样,熟练率因此得以大幅提高。例如,2002年巴尔的摩全市3年级学生的阅读熟练率为13%。2003年变为39%。一年后,这一比例跃升至55%。到了2005年,这一数字达到了61%。[15]

对于这种突飞猛进,唯一令人信服的解释是,《不让一个孩子掉队》法案规定,如果某个州的学校未达到"适当年度进步"规定的熟练率目标,联邦政府将削减该州的教育经费。因此,各州都降低了"适当年度进步"规定的标准。这个过程嘲讽了熟练率的意义。无论如何,各州内部各校的表现还是显示出了相对优劣。根据《不让一个孩子掉队》法案,3年级至8年级的学生要参加马里兰州学校测评,但为了与马里兰州学校成绩测评项目的结果分析保持一致,后者只面向小学3年级和5年级学生,因此这里也只分析3年级和5年级的分数。拉奇福德列举的3所没有参与"爱迪生计划"的学校,2005年3年级、5年级阅读和数学的平均熟练率为71%,而3所爱迪生学校的平均熟练率为56.3%(见表4.1)。[16]

表4.1 2005年马里兰州学校测评中各年级测试成绩达到熟练等次的学生比例

小学名称	3年级		5年级		平均熟练率
	阅读	数学	阅读	数学	
阿伦德尔	40.7	22.2	36.6	12.2	27.9
贝－布洛克	80.9	78.7	74.4	51.2	71.3
马丁·路德·金博士	81.9	73.5	83.5	65.6	76.1
弗曼·邓普顿*	52.9	60.8	37.2	37.29	47.0
吉尔摩*	64.2	62.7	38.9	41.1	51.7

续表

小学名称	3 年级		5 年级		平均熟练率
	阅读	数学	阅读	数学	
格雷斯兰公园	34.6	26.9	51.3	30.8	35.9
拉法耶	58.5	37.5	58.3	25.0	44.8
玛丽·罗德曼	33.8	47.9	75.9	26.4	4.0
蒙特贝洛*	69.0	71.0	69.7	71.0	70.2
威廉·帕卡	79.7	74.4	49.2	63.6	66.7
爱迪生接管学校的平均值	62.0	64.8	48.6	49.8	56.3
其余 7 所学校的平均值	58.6	51.6	61.3	39.3	52.7
巴尔的摩市	61.0	56.5	57.6	48.5	55.9

数据来源：马里兰州教育部网站：http://www.marylandpublic schools.org/MSDE.

注：除巴尔的摩市的成绩外，其他平均数均未按学生人数加权。

带 * 号的为爱迪生公司管理的学校。

  拉奇福德没提的一点是，3 所爱迪生学校的学生在 2005 年的成绩总体上仍然优于 1999 年被归为一组的其他 7 所学校的同龄人，但这种状况在第二年发生了逆转，而且差距越来越大，直至 2009 年才有所缩小。2006 年，这 7 所学校的成绩比 3 所爱迪生学校高出了 6 个百分点，在 2007 年则高出了 11 个百分点。到了 2008 年，这些学校的成绩（2007 年拉法耶小学关闭，同组的学校减少到 6 所）不仅比 3 所爱迪生学校高出了 25 个百分点，而且还超过了全市平均水平。2009 年也是如此（见表 4.2）。

  威廉·S. 拉奇福德二世的报告背后的支持者是罗伯特·C. 恩布里，他自 1986 年以来一直担任艾贝尔基金会主席。在一些地方官员看来，他是巴尔的摩的"影子市长"①。如前所述，正是恩布里在 1991 年向施莫克市长推荐了教育备选公司，然后让艾贝尔基金会资助巴尔的摩的学校官员访问教育备选公司在明尼苏达州和佛罗里达州运营的学校。艾贝尔基金会就像是巴尔的摩版的福特基金会，自 1953 年成立以来，共为各种社区倡议和研究项目提供了 2.63 亿美元的赞助。[17]

---

① 暗指恩布里是幕后操控者。——译者注

表4.2 2001—2002年的马里兰州学校成绩测评项目以及2003—2009年的马里兰州学校测评中3年级和5年级学生阅读和数学的平均熟练率

小学名称＼年份	2001年	2002年	2003年	2004年	2005年	2006年	2007年	2008年	2009年
阿伦德尔	8.5	6.4	28.8	36.6	27.9	27.9	45.3	63.3	83.5
贝-布洛克	4.6	33.6	45.2	79.1	71.3	88.5	84.7	84.9	77.4
马丁·路德·金博士	23.1	17.6	43.7	54.9	76.1	65.7	54.8	68.8	78.1
弗曼·邓普顿*	0.5	3.0	19.8	55.5	47.0	48.2	46.6	43.4	60.7
吉尔摩*	7.5	14.7	33.9	47.2	51.7	43.9	41.8	38.2	64.2
格雷斯兰公园	11.1	8.4	30.6	44.6	35.9	74.2	65.8	84.6	86.6
拉法耶	17.8	21.7	36.0	63.4	44.8	53.5	41.7	n/a	n/a
玛丽·罗德曼	14.8	8.2	31.1	28.3	46.0	36.8	50.1	56.9	74.5
蒙特贝洛*	31.5	63.5	49.7	69.8	70.2	63.3	56.4	61.5	73.3
威廉·帕卡	3.5	11.1	27.1	48.7	66.1	60.2	71.5	81.6	86.6
"爱迪生计划"接管学校的平均值	13.2	27.1	26.9	57.5	56.3	51.8	48.3	47.7	66.1
其余7所学校的平均值	11.9	15.3	34.6	50.8	52.7	58.1	59.1	72.8	88.1
巴尔的摩市	23.1	17.2	39.2	50.6	55.9	59.5	63.8	72.2	77.9

数据来源：马里兰州教育部网站：http://www.marylandpublic schools.org/MSDE.
注：除巴尔的摩市的成绩外，其他平均数均未按学生人数加权。
带*号的为爱迪生公司管理的学校。

恩布里于1937年出生在巴尔的摩，毕业于该市的一所公立学校，随后在马萨诸塞州的威廉姆斯学院获得学士学位，在哈佛大学获得法学学位，毕业后又回到巴尔的摩，在美国上诉法院担任法官书记员，然后到当地一家律师事务所工作了几年，于1967年成为巴尔的摩的住房和社区发展专员。10年后，吉米·卡特总统任命恩布里为住房和城市发展部助理部长。对于恩布里来说，优质的公立学校与舒适的住房和合理的城市规划同样重要。除了作为艾贝尔基金会的负责人资助一些教育倡议以支持巴尔的摩的学校改进外，恩布里还利用空闲时间担任了巴尔的摩学校专员委员会主席，以及随后的马里兰州教育委员会主席。

恩布里对教育备选公司的支持表明，他并不是本能地反对营利性学校管理。恩布里不仅支持巴尔的摩与教育备选公司在学校管理方面建立合作伙伴关系，而且还支持该市与辅导公司西尔万学习中心签订合同，为6所城市学校中的学习障碍儿童提供补充性帮助。1993年，恩布里在接受《太阳报》记者采访时称，正如海滨广场①使巴尔的摩成为"基础设施建设的典范"一样，该市与教育备选公司和西尔万公司的合作也将使其成为教育改革的典范。[18]

2009年3月，恩布里坐在位于市中心的一幢摩天大楼的23层的办公室里，俯瞰着巴尔的摩港的全景。他解释说，除了教育备选公司的失败教训之外，3所爱迪生学校在2004年的马里兰州学校测评中的成绩，加之后来蒙特贝洛小学的教师提交的关于篡改考试成绩的报告，让他改变了对营利性教育管理的看法。恩布里对在全州统一考试中轻易就能作弊表示担忧，并在2004年8月向《太阳报》的专栏投稿，详细地阐述了他的观点。他解释道，教师可以很容易地给学生额外的答题时间，可以在教室里走来走去时指出正确答案，事后修改答题纸上的错误答案，并完成未回答的问题，而且还可以提前查看试卷。但是，《太阳报》拒绝刊登恩布里投的这篇稿子。[19]

一个月后，恩布里在写给格拉斯米克的信里说，他刚复查了爱迪生公司管理的学校3年级和5年级的学生在2004年马里兰州学校测评中的成绩，对其真实性表示怀疑，并提醒她不要忘了格伦蒙特和特奇·蒂尔曼这两所巴尔的摩小学的教训。这两所学校在1995年的马里兰州学校成绩测评项目中成绩名列前茅，但当第二年的考试由州政府派出独立监察员进行监督后，两校成绩骤降。例如，格伦蒙特5年级学生的数学熟练率从1995年的88%下降到1996年的27%。"如果分数是准确的，"恩布里就3所爱迪生学校在2004年的马里兰州学校测评中的成绩给格拉斯米克写道，"那么它们将对城市学校的未来发展产生重大影响。为了验证这些成功，你或许可以为2005年的测试安排独立监督……如果你感兴趣的话……我们很乐意支付任何的相关费用或协助监督。"在回信的409字中，格拉斯米克解释了州政府的协议规定，特别是2003—2004年对3所爱迪生学校的严格监督，但谢绝了恩布里的提议。[20]

后来恩布里从蒙特贝洛小学的一位教师那里听说，正如他在被拒的专栏文章中所描述的那样，该校在全州统一考试中作弊的现象十分普遍，而且这位老师的几位同事也曾就这个问题给格拉斯米克写信，但无济于事。恩布里于2005年3月修改了他的专栏文章，将标题从"测试安全"改为"抓住作弊者"，并再次投稿。这一次，《太阳报》刊登了这篇文章。恩布里称，由于马里兰州教育部监督不力，学校管理人员和教师为提高学生分数而大量作弊。恩布里写道，"尤其令人不安的是，像爱迪生学校公司这样一个在巴尔的摩运营着3所学校的营利性公

---

① 位于巴尔的摩市内港的一个购物中心。——译者注

第四章 重演

司，所获的部分补贴取决于考试成绩——这些信息完全在爱迪生公司的控制之下，没有丝毫的外部监控。"[21]

在《太阳报》发表专栏文章的第二天，恩布里给巴尔的摩市公立学校系统的首席问责官本·费尔德曼发送了一封电子邮件，希望了解蒙特贝洛小学在其著名的校长萨拉·奥尔塞 2000 年上任之前的考试成绩，以及她之前领导的两所巴尔的摩小学，即罗格尼尔高地和皮姆利科在其任职前、任职期间和任期结束后的考试成绩。费尔德曼回复了恩布里一份电子表单，其中的数据莫名其妙地只追溯到 2002 年，并称他无法"挑选出一种能说明问题的方式"，而奥尔塞从 1989—1996 年管理罗格尼尔高地小学，从 1996—2000 年管理皮姆利科小学。恩布里放弃了这条信息询问渠道，并在几天后写信给格拉斯米克，讲述了他与蒙特贝洛的老师的谈话。格拉斯米克给恩布里回信说："马里兰州教育部收到的所有关于州统一考试作弊的指控都受到了严肃的对待和仔细的调查。"[22]

恩布里还是不服气，在 4 月底呼吁格拉斯米克与所有涉事的教师会面，并授权对 3 月刚举行的马里兰州学校测评重新进行独立测试。为了突显其所关注的事项的急迫性，恩布里在信中附上了美联社当天早上发表的一篇文章，内容是宾夕法尼亚州切斯特市一所爱迪生学校的知名校长被指控向该校参加州标准化考试的 8 年级学生透露答案。格拉斯米克答复恩布里说，她不太适合去见那位老师，但问责与评估司的评估处处长非常愿意参加会面，并提供了那位老师的姓名和电话号码，但是，格拉斯米克并没有采纳恩布里提出的对马里兰州学校测评进行独立重测的建议。[23]

虽然恩布里没能从费尔德曼或格拉斯米克那里得到任何有用信息，但他对马里兰州学校成绩测评项目的数据以及报纸档案的研究表明，恩布里的怀疑并不是没有道理的。在爱迪生公司 2000 年接管这所学校和第一任校长奥尔塞上任后，蒙特贝洛小学的成绩的确大幅度提升了。此外，除了宾夕法尼亚州切斯特的爱迪生学校在 2005 年被指控考试作弊之外，2001 年对堪萨斯州威奇托市的一所爱迪生学校的一项调查发现，该校校长和助理校长曾指示教师在州考试中给 3 年级和 5 年级学生加时，大声朗读阅读理解段落，并指出正确答案。[24]

在爱迪生公司接管后的第一年，弗曼·邓普顿小学和吉尔摩小学的成绩都有所下降，而蒙特贝洛小学的成绩则上升了：3 年级阅读和数学被评为熟练的学生比例分别从 2000 年的 10% 和 4% 上升到 2001 年的 27% 和 40%；5 年级阅读和数学被评为熟练的学生比例分别从 2000 年的 8% 和 2% 上升到 2001 年的 29% 和 31%。第二年，学生的成绩再次上升，90% 的 5 年级学生的数学成绩达到了熟练等次（见表 4.3）。

表4.3　2000—2002年的马里兰州学校成绩测评项目以及2003—2009年的马里兰州学校测评中阅读和数学成绩达到熟练等次的学生比例

年度 课程	2000年	2001年	2002年	2003年	2004年	2005年	2006年	2007年	2008年	2009年
弗曼·邓普顿										
3年级阅读	0	0	2.8	23.9	58.3	52.9	43.5	37.3	43.9	63.0
3年级数学	0	0	1.8	18.2	61.2	60.8	45.7	45.2	40.8	52.1
5年级阅读	2.3	1.9	4.9	23.7	46.5	37.2	47.1	50.0	47.2	72.1
5年级数学	2.0	0	2.3	13.4	56.0	37.2	56.3	53.8	41.7	55.7
吉尔摩										
3年级阅读	14.0	5.1	5.2	19.8	46.2	64.2	49.3	35.6	48.6	63.6
3年级数学	18.0	7.6	20.0	25.7	51.9	62.7	41.1	39.7	41.7	60.4
5年级阅读	5.0	6.3	10.3	55.4	34.7	38.9	37.8	33.3	39.3	65.5
5年级数学	9.4	11.0	23.4	34.8	56.0	41.1	47.3	58.7	23.0	67.2
蒙特贝洛										
3年级阅读	9.6	27.0	51.7	58.5	82.3	69.0	71.4	57.5	60.2	74.4
3年级数学	3.6	39.7	60.3	53.8	70.7	71.0	81.0	47.9	60.5	57.9
5年级阅读	8.2	28.7	52.2	53.7	70.1	69.7	46.9	53.1	70.0	87.8
5年级数学	1.7	30.7	89.9	42.9	55.9	71.0	53.8	67.2	55.4	73.0
巴尔的摩市										
3年级阅读	20.3	18.5	12.9	39.1	54.6	61.0	65.1	68.8	73.1	76.7
3年级数学	22.3	22.0	13.1	41.9	54.3	56.5	60.4	62.0	72.2	78.0
5年级阅读	22.3	24.6	20.9	44.4	49.9	57.6	58.7	60.3	75.9	82.3
5年级数学	24.5	27.1	22.0	31.2	43.7	48.5	53.7	63.9	67.4	74.6

数据来源：马里兰州学校成绩测评项目的数据于2012年7月通过邮件从马里兰州教育部获得。马里兰州学校测评的数据来自马里兰州教育部网站：http://www.marylandpublicschools.org/MSDE。

注：1999—2000年巴尔的摩市负责管理弗曼·邓普顿小学、吉尔摩小学、蒙特贝洛小学，接下来的年份这些学校由爱迪生公司接管。

更令人不安的是，奥尔塞曾因大幅提升了她之前的学校——皮姆利科小学的成绩而被调查，但在她离任18个月后，这所学校被曝出考试作弊。1996年，奥尔塞接任皮姆利科小学校长。在她的带领下，皮姆利科小学的成绩突飞猛进。一年后，该校3年级学生在马里兰州学校成绩测评项目中阅读和数学的熟练率分别从 5% 和 3% 跃升至 25% 和 15%；5 年级学生的阅读和数学的熟练率分别从 10% 和 3% 跃升至 21% 和 35%。到 2000 年，3 年级学生的阅读熟练率和数学熟练率分别升至 73% 和 85%；5 年级学生的阅读熟练率和数学熟练率分别升至 85% 和 80%。《太阳报》在头版长篇大论中称赞奥尔塞是一个扭转乾坤的天才："在过去的 4 年里，皮姆利科小学在奥尔塞的带领下已经成为众所周知的一匹黑马。罕见的是，这所市中心学校从失败的深渊中崛起，发展到可以在马里兰州统一考试中与许多富裕得多的郊区学校的平均成绩相媲美。"[25]

然而，2002 年 1 月，《太阳报》在一篇关于全市考试结果的报道中，在旁白评论中写道，由于发现教师提供了不恰当的帮助，2001 年皮姆利科小学参加马里兰州学校成绩测评项目考试的相当一部分成绩被裁定为非法，而这正是恩布里被告知的在蒙特贝洛小学发生的作弊行为。那些被视为合法的结果明显低于其 2000 年的成绩（见表 4.4 和图 4.1）。奥尔塞的继任者和另外两名行政人员受到责罚，5 名教师被停薪停职 20 天。[26] 2002 年，皮姆利科小学在马里兰州学校成绩测评项目中的成绩进一步下滑，仅略高于该校 1996 年的成绩。同样地，1997 年 1 月，据《太阳报》报道，奥尔塞在 1989—1996 年间管理的 6 所巴尔的摩学校之一的罗格尼尔高地小学，以及 2004 年在恩布里给格拉斯米克的信中提到的格伦蒙特小学和特奇·蒂尔曼小学，在 1995 年的一项州政府调查中被认定为有篡改成绩之过。例如，1995 年罗格尼尔高地小学的 5 年级学生在马里兰州学校成绩测评项目的数学考试中，熟练率达到 100%。而第二年，在州监考人员的监督下，这一比例就成了 30%。[27]

表4.4　皮姆利科小学在马里兰州学校成绩测评项目中成绩达到熟练等次的学生比例

年份 课程	1995 年	1996 年	1997 年	1998 年	1999 年	2000 年	2001 年	2002 年
3 年级阅读	3.1	5.1	24.7	18.8	33.8	73.1	21.7*	8.1
3 年级数学	5.2	3.0	15.4	14.3	43.0	85.3	9.5*	13.1
5 年级阅读	5.4	10.1	21.4	15.8	45.9	77.0	37.5*	18.4
5 年级数学	4.1	2.5	35.3	32.7	60.2	80.4	21.3*	7.9

数据来源：马里兰州学校成绩测评项目的数据于 2012 年 7 月通过邮件从马里兰州教育部获得。

注：所公布的 1997—2000 年的成绩是萨拉·奥尔塞在任时所取得的成绩。由于国家取消了该校一半以上学生 2001 年的成绩，该年度的成绩以 * 注明。

教育市场化的边界

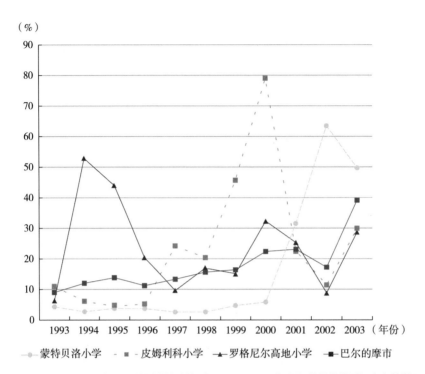

图4.1 1993—2002年马里兰州学校成绩测评项目和2003年马里兰州学校测评中在数学和阅读两个学科中成绩为熟练的3年级和5年级学生的总比例

由于1994年和1995年罗格尼尔高地小学的分数过高，受到了州政府的怀疑，于是州政府官员1996年对该校的考试进行了监督。2001年，由于有报道称该校教师在考试中提供了过多的帮助，皮姆利科小学超过一半的学生被国家取消成绩。马里兰州学校成绩测评项目的数据于2012年7月通过邮件从马里兰州教育部获得。马里兰州学校测评数据来自马里兰州教育部网站：http://www.marylandpublicschools.org/MSDE。

更糟糕的是，支持怀疑的根据还不止于此。2003年，也就是举办马里兰州学校测评的第一年，如前所述，《不让一个孩子掉队》法案的颁布，使得在考试中达到熟练等次要比之前在马里兰州学校成绩测评项目中容易得多，而蒙特贝洛小学的成绩却很奇怪地下降了，而且降幅还很大：3年级、5年级阅读和数学总熟练率从64%下降到50%。这是奥尔塞在成为区域主管之前，执掌蒙特贝洛小学的第三年，也是最后一年。同一时期，弗曼·邓普顿小学、吉尔摩小学和整个巴尔的摩市的熟练率出现了飞跃式上升（见表4.3和图4.1）。就整个城市而言，3年级、5年级阅读和数学的平均熟练率从17%上升到了39%。在巴尔的摩市的114所小学中，只有蒙特贝洛小学和其他4所小学的成绩有所下降；而只有蒙特贝洛小学和另一所学校出现了两位数的下降。要么是蒙特贝洛小学和其他4所学校的师生能力在一年内急剧下降了,要么就是受到皮姆利科小学事件的影响,行政人员和教师根据规则进行了监考。[28] 奥尔塞未就此做出任何回应。[29]

总之,从1993年首次实施马里兰州学校成绩测评项目到2003年首次实施马里兰州学校测评,罗格尼尔高地小学、皮姆利科小学和蒙特贝洛小学的成绩呈现出了一种令人震惊的景象(见图4.1)。据爱迪生公司驻巴尔的摩的一位不愿意透露姓名的前行政官员说,巴尔的摩的校长和教师都知道蒙特贝洛小学的分数被动了手脚。这位前行政官员还称,爱迪生公司的官员凭借他们的统计学专业知识也一定知道这一点,但他们需要蒙特贝洛小学的成功故事作为政绩。事实上,在爱迪生公司为了在费城赢得一份重要的管理合同的过程中,2001年11月的《费城问讯报》刊登了一篇头版文章,讲述了爱迪生公司进入巴尔的摩第一年的故事,强调了蒙特贝洛小学成绩的大幅度提升,特别指出,"1年级学生通过州阅读考试的比例从42%升至93%,全市最高。"[30]

爱迪生公司的发言人亚当·塔克在推动这份合同的过程中,特别提及了蒙特贝洛小学的考试成绩,扭转费城媒体关于特伦顿和威奇托的爱迪生学校成绩令人失望的报道。[31] 爱迪生公司甚至用大巴车将费城学生家长中的积极分子接到巴尔的摩观摩蒙特贝洛小学和吉尔摩小学的活动。[32] 此外,在2003年7月美国公共电视网《前线》栏目关于该公司的一部纪录片中,蒙特贝洛小学被树立为最好的爱迪生学校之一。《前线》栏目主持人约翰·梅罗报道称,当他让惠特尔带他去参观最好的爱迪生学校时,惠特尔把他送去了蒙特贝洛小学。[33]

2003年的马里兰州学校测评在8月份公布。如果这个数据能早些公布,或者《前线》栏目的纪录片晚些再播出,梅罗就讲不出这么令人称赞的故事了。如果罗格尼尔高地小学、皮姆利科小学和蒙特贝洛小学奇怪的考试结果早些被揭露,梅罗同样也不可能讲出这么令人称赞的故事:罗格尼尔高地小学、皮姆利科小学作弊的消息,加之从统计上来讲这3所学校不可能出现如此彻底的进步,将会引发很多令人不安的问题。

在积极辅导学生应对标准化考试的过程中,学校领导在没有受到任何不当行为指控的情况下大幅提高了分数,除了应试化教学本身被许多教育工作者视为是错误的,但肯定不违法。鲁迪·克鲁曾于1995—1999年担任纽约市教育局长,2004—2008年担任迈阿密-戴德县的公立学校学监。在他从马萨诸塞州列克星敦请来的一家名为"效能研究所"的教师培训公司的协助下,他在华盛顿州塔科马市的学校校长任上声名鹊起。[34] 1994年秋季,塔科马4年级学生在基本技能综合测试中的平均分数排第 42 百分位数①，8 年级学生的平均分数排第 45 百分位数。克鲁对这一结果感到不满，于是采取了非同寻常的措施，在春季安排了第二次基本技能综合测试，并下令在全区为校长和教师们举办备考讲习班。很多教师开始针对基本技能综合测试调整他们的课程，并定期进行模拟测试。在春季进行的基本技能综合测试中，4 年级学生的平均分数上升到第 63 百分位数，8 年级学生的平均分数上升到第 58 百分位数。[35]

虽然塔科马的进步很大，但与巴尔的摩的进步相比，还是相形见绌。毕竟塔科马在 1995 年春季所取得的进步，是同一批学生经过 6 个多月的学校教育后在相同难度的考试中取得的。尽管整个学区的策略有所改变，但塔科马在 1995 年和 1996 年秋季的基本技能综合测试中的成绩相比 1994 年仅略有提高：这 3 年中，4 年级的成绩从第 42 百分位数上升到第 49 百分位数和第 48 百分位数；8 年级的成绩从第 45 百分位数上升到第 51 百分位数和第 49 百分位数。[36] 相比之下，巴尔的摩的情况和增长幅度都表明，恩布里得出的结论确实是正确的，即蒙特贝洛小学发生的事绝不仅仅是集中备考这么简单。

·

对于爱迪生公司的官员来说，恩布里在 2005 年 3 月发表的专栏文章和 6 个月后拉奇福德的报告只不过是一点儿干扰。更为重要的是，他们要对 2005 年以来的成绩下滑做出解释，并扭转这一趋势。毕竟，爱迪生公司已经获得了雇用和解雇的自由。惠特尔和利伯曼认为这一点是至关重要的，而公司也积极地行使了这项自由。首先，爱迪生公司聘请了奥尔塞和另外两位经验丰富的校长来管理其 3 所学校，另外两位分别是来自巴尔的摩的乔安·卡森和来自堪萨斯州威奇托的达里尔·邦兹。爱迪生公司支付给这些校长的薪金明显高于北大街付给校长们的报酬，并在他们的合同中列入了大量绩效奖励条款。奥尔塞校长还从皮姆利科带来了 8 名教师。吉尔摩小学的新校长卡森，从她之前任职的南巴尔的摩的卡特·G. 伍德森小学带来了 5 名教师。卡森在第二年结束时因达成了爱迪生公司设定的目标而获得 2 万美元的奖金，并且在第五年后，还将获得远超这一数字的奖金。奥尔塞校长也将获得数笔奖金，并且与其他几位表现优异者一样，将在公司的年会上获得一辆野马敞篷车作为奖励。邦兹则因业绩令人失望，在接管弗曼·邓普顿小学一年后被顶替了。[37]

---

① 意味着优于或等于 42% 的学生。——译者注

第四章 重演

即使拥有自由雇用和解雇的权力，爱迪生公司也无法填补空缺职位，留住有价值的员工，并找到合适的领导人。邦兹坦言，作为弗曼·邓普顿的校长，他感到不堪重负。他在开学 6 周后对《太阳报》的一名记者说："我看到了一些以前从未见过孩子们做的事情。"在这段时间，助理校长、业务主管、办公室主管和两名老师先后离职。奥尔塞在蒙特贝洛小学的继任者只工作了两年。卡米尔·贝尔说，在她担任蒙特贝洛校长的第一学年（2005—2006 年）里，45 名教职员工中有 30 名离职，其中一些是被辞退，另一些则是辞职。据巴尔的摩市公立学校系统的副主任劳拉·韦尔德雷尔说，卡森在吉尔摩小学的继任者近乎引起了所有教师和家长的抗议。韦尔德雷尔在 2009 年回忆道："我们做了一次网络调查，感到很震惊。""教师和家长们都讨厌这个女人。"韦尔德雷尔解释说，她立即打电话给爱迪生公司的区域副总裁玛莱娜·帕梅里，表达了她的担忧。帕梅里承认爱迪生公司为吉尔摩小学选错了校长，并马上将其撤换掉。当被问及爱迪生公司为何会犯这样的错误时，帕梅里说，找人去西巴尔的摩工作，比预期的要难。[38]

的确，当肯·谢里在 2007 年 7 月担任弗曼·邓普顿小学校长时，他需要招募该校一半的教职工，而到了 10 月中旬，27 名教师中有 9 名要辞职。谢里说，老师们没有安全感。谢里的前任伊芙琳·兰德尔在 2007 年 3 月市政厅召开的一次关于学校邻里暴力的会议上，讲述了一个很容易出现在《火线》中但并未出现的场景，她所在学校的一名交通指挥员被一个毒贩用枪逼着离开街角。[39]

帕梅里过往的经历都是关于城市教育的。她在纽约罗切斯特的教育行业工作了 28 年：担任了 12 年的小学教师，5 年的副校长，8 年的"第一章小学"校长，3 年的磁石学校①主任。她于 1998 年在罗切斯特大学获得教育管理博士学位，并于 1999 年加入爱迪生公司，担任区域主管。帕梅里因优雅、老练、博学，很容易被误认为是国务院的高级官员。她说，她从未见过像西巴尔的摩这样公共服务缺乏又危险的社区。[40]

然而，爱迪生公司欣然接受了在美国最艰苦的社区工作的挑战。公司的管理人员坚持认为，其更长的学年（每年 195 天而不是 180 天）和更长的在校时间（每天从上午 8 点到下午 3 点 40 分而不是下午 2 点 40 分）、校舍制度、行政自由和以研究为基础的课程都能够起到弥补作用。虽然爱迪生公司在 2002 年因为成本过高而终止了给每位学生配备一台家用电脑的政策，但它依旧在技术上投入了大量的资金。在 2009 年参观蒙特贝洛小学时，该校热情的校长贝尔就此提到了

---

① 美国最初为了促进种族融合，通过特色化办学吸引白人学生回到少数种群学校就读而设置的一类学校，所谓磁石意指有吸引力。——译者注

该校的 21 块普罗米修斯交互式白板，每块成本约 6 000 美元，并指出爱迪生公司从未拒绝过她对任何资源的请求。贝尔曾在公立学校任教 7 年，并在纽约罗切斯特担任了一年的副校长，在那里她认识了帕梅里。她说道，这种来自上层的积极反应，加之她在学校实际管理中的自由，使爱迪生公司模式很特别。贝尔说："在爱迪生公司管理的学校，我可以自由地为我的孩子们做我该做的事。我记得在之前的学区学校，要想为孩子们做正确的事，我得进行一番斗争。"[41]

此外，爱迪生公司在 2001 年获得了马里兰州教育委员会授予的区外招生自由，并年复一年地以精美的邮件开展令人印象深刻的宣传，以吸引各校官方招生区域之外的尖子生。根据法律规定，弗曼·邓普顿小学、吉尔摩小学和蒙特贝洛小学必须接受特定区域内的学生，但他们可以招收那些父母填写了区外入学申请的学生。根据韦尔德雷尔提供的数据，2009 年在弗曼·邓普顿小学就读的 556 名学生中，约有 60% 的学生来自官方招生区域之外。然而，这种特权也带来了负面影响，那就是怨恨和不信任。例如，巴尔的摩学校委员会成员肯尼斯·A. 琼斯指责爱迪生公司从周边地区"掐尖"，并拒绝或驱逐本区内的"学困生"和"培养成本高昂的"学生。[42]

此外，爱迪生公司的学校还拥有经过严格设计的月度标准测试系统，以评估学生的学习进展，并为他们参加年度州统一考试做准备。每隔 4 周，学生们就会进入计算机实验室，坐在电脑终端接受由爱迪生总部专家设计和分析的阅读和数学测试。长期以来，该公司一直为自己有条不紊地使用这一系统来监测学生的发展和诊断优劣势而感到自豪。为了在现场追踪结果，每所爱迪生学校都有一个"任务控制中心"。就像几位爱迪生公司的管理人员介绍的那样，该中心的墙上挂有彩色编码的图表，上面列出了每个学生在阅读测评中的成绩。在弗曼·邓普顿小学，蓝色表示优秀；绿色表示熟练；黑色表示基础。在蒙特贝洛小学，相应的颜色是紫色、绿色和红色。蒙特贝洛小学的数据室位于学校体育馆上方的一个独立空间。这里曾经是体育办公室。在解释墙上的数字时，贝尔说："我的任务就是增加紫色的人数。"此外，在每所爱迪生学校的大厅里也都挂有图表，列出每个班级的月度阅读和数学测试的成绩，以免任何老师或学生忘记州统一考试的重要性。[43]

为协助基准评估工作，爱迪生公司还配备了区域测试专家。这些专家就像鲁迪·克鲁为塔科马请的外部顾问一样，任务是使爱迪生公司每月的例行工作与州统一考试保持一致。这个目的在 2005 年 11 月由时任爱迪生公司的社区技术服务经理肯特·鲁特克-斯塔尔曼在蒙特贝洛图书馆举行的一次管理人员课后会议上得到了证明。

路特曼用投影仪向这一小拨听众播放了一张又一张关于马里兰州学校测评的

第四章 重演

幻灯片，解释了每个年级的学生应该知道的内容。弗曼·邓普顿小学、吉尔摩小学和蒙特贝洛小学的校长、助理校长和几位学习专家默默地做着笔记，作为区域主管的萨拉·奥尔塞也出席了会议。马里兰州学校测评将在3月初举行，距离当时还有3个多月的时间。然而，图书馆里的气氛却十分紧张沉闷。

在评析5年级学生的数学考试时，路特曼说："孩子们必须要知道如何将以下分数换算成百分数：四分之一、三分之一、一半、三分之二和四分之三。别操心八分之五，这不在考试范围内。专注于考试内容。孩子们一定要考好。"[44]

"没错，"吉尔摩的著名校长乔安-卡森振振有词，"还记得（约翰）查布先生（当时的爱迪生公司首席教育官）上个月在这里说过的话吗？我们必须击败竞争对手。如果我们做不到，爱迪生公司就无立身之地了。"[45]

毫无疑问，路特曼的指示与同处这个高利害测试时代的全国学校管理者的做法如出一辙。[46]事实上，路特曼的忠告与电视剧《火线》中的助理校长反复告诫由侦探转行当教师的罗兰·普里兹贝莱夫斯基（昵称"普雷兹"）的那番话有异曲同工之妙，即让他专注于帮助学生备考马里兰州学校测评。例如，当这位助理校长了解到，他有兴趣将"印度宫廷十字棋"和"大富翁"这类棋牌游戏融入课堂教学时，告诫他"普里兹贝莱夫斯基，专注于你的课程，否则我们就会被地区学监盯上"。[47]但是，像爱迪生公司这样的公司所面临的应对考试的教学压力要大得多，而它的方法也更为系统化，更确切地讲，正如卡森所阐述的：教育管理机构必须能够展示出具体可见的成绩，以证明与其续签合同是合理的，更不用说像恩布里所说的那样，为了赚取业绩奖。

反过来，教育管理机构任命的学校校长也是如此。2006年7月，爱迪生公司以吉尔摩的考试成绩持续低下为由解雇了卡森。尽管卡森因其为一所曾因混乱而臭名昭著的学校带来了5年的和平和高效而备受称赞，但她没能达到爱迪生公司的成绩指标。[48]

据韦尔德雷尔说，卡森校长全身心地投入工作之中，改变了学校原有的氛围，但这对于爱迪生公司来说是不够的。爱迪生公司的高级运营副总裁托德·麦金太尔证实了韦尔德雷尔的观点，并补充说，查布对考试成绩非常重视，以致常常突然裁员。"当7月或8月公布成绩时，"麦金太尔回忆道，"气氛总是很紧张。查布会分析考试成绩，然后进行人员调整。很多优秀的教职人员都遭到解雇。"[49]

·

然而，科学、有序的基准测试，自由招收区外学生，更长的学年和在校时间，基于研究的课程体系，校舍制度，以及雇用和解雇自由，都没能产生持久的影响。当2006年7月马里兰州学校测评的成绩公布时，这一点变得很明显。巴尔的摩的3所爱迪生学校的成绩第一次全部下降了。与此同时，不仅是1999年与弗曼·邓普顿、吉尔摩和蒙特贝洛分在同一组的其他7所学校的成绩有所上升，巴尔的摩市的其他城市学校的成绩也普遍有所提高（见表4.1和表4.2）。[50]

爱迪生公司能给出的最佳答案，却与2000年2月其员工理查德·奥尼尔提出的学校改革不需要耗费数年时间的营销口号自相矛盾，而且爱迪生公司的回应歪曲了3所学校在其接管之前所处的相对困境。"学校教育的改善是一个漫长的过程，"查布对《太阳报》的记者说道，"我们6年前就开始在这些学校工作，当时在巴尔的摩没有比它们更差的学校了。"[51] 再重复一遍，弗曼·邓普顿、吉尔摩和蒙特贝洛确实一直都是成绩不佳的学校，但也不比1999年与它们同分在一组的其他7所巴尔的摩学校更差。这些学校后来在没有额外资金支持或行政宽容的情况下却取得了更大的进步（见表3.1和表4.2）。

《太阳报》一改6年来对爱迪生公司的一贯支持，在第二天发表的一篇题为《没有灵丹妙药》的社论中谈及了这3所学校较低的成绩，并对公司进行了抨击："政府职能私有化主张往往会引发合法性和实践问题——权宜之计、节约资金、更高水平的专业性。但是，将公立学校私有化只不过是一种绝望的行为……全国各地都有一些学校进行私营化管理的成功案例，但重要的是巴尔的摩并不在其中。"[52]

《太阳报》的社论版曾于1999年9月赞同格拉斯米克将巴尔的摩表现不佳的学校私营化的计划，在2000年4月赞扬她选择了爱迪生公司，并在2001年5月肯定了爱迪生公司在管理弗曼·邓普顿、吉尔摩和蒙特贝洛的第一年间所做的工作。[53] 此外，该报纸还分五部分对爱迪生公司接管第一年的弗曼·邓普顿小学进行了系列报道。[54] 此前，《太阳报》仅有一次质疑过爱迪生公司的财力。在2002年6月的一篇社论中，该报反对爱迪生公司在弗曼·邓普顿、吉尔摩和蒙特贝洛增加7、8年级的请求。一年前，马里兰州教育委员会允许该公司增加6年级。报纸编辑关心的问题是关于爱迪生公司出现财务困境的消息。[55]

就像1993年11月，教育备选公司在被指控将学区直接拨给职工的工资经费作为收入入账，从而给人以大得多的业务量和增长量假象后股价出现暴跌一样，2002年2月，爱迪生公司在被披露使用了同样的不当收入记账方式后，其股价也大幅下跌。巴尔的摩市审计长杰奎琳·麦克林和股票分析师共同披露了教育备选公司的作假行为，[56] 彭博新闻社则曝光了爱迪生公司。爱迪生公司的首席财务官亚当·费尔德在一次与分析师的电话会议中承认，爱迪生公司在2001财年报告的 3.758 亿美元收入中，实际只收到了大约 50% 的资金；而且他还承认，该公司向客户学区提供"毛额"和"净额"两张发票的做法是不合理的，因为学区只支付"净额"。[57] 2001 年 12 月，爱迪生公司的股票收盘价为每股 19.65 美元。2002 年 3 月的收盘价为每股 13.9 美元。美国证券交易委员会在 5 月证实彭博社的指控后，爱迪生公司股价暴跌。[58] 到了 6 月底，该公司的股价已跌至 1.01 美元，在第二季度下跌了 93%，是纳斯达克所有公司中该季度表现第二差的公司，甚至比被披露为会计幻影的电信巨头世通公司还糟糕。[59]

《太阳报》的编辑认为，允许一家处于严重财务困境下的公司，为其在巴尔的摩的 3 所学校各增加两个年级是不负责任的。但是，他们仍然对该公司保持信心，以至他们建议允许爱迪生公司"在这些学校中的一所或多所中增加一个年级"，如果公司的财务状况恢复正常，以后再加一个年级。[60]

然而，在 2006 年的马里兰州学校测评成绩报告公布之后，《太阳报》放弃继续支持爱迪生公司。当 2007 年，爱迪生公司与州政府最初签订的五年合同以及延长的两年合同到期后，格拉斯米克敦促由巴尔的摩市接管这一合同时，《太阳报》坚决反对这一建议。格拉斯米克本希望寻求再次延长爱迪生公司与州政府签订的合同，但她的提议在马里兰州议会上遭到了强烈抵制。"考虑到爱迪生公司的成绩乏善可陈，"《太阳报》在 2007 年 4 月的一篇社论中调侃道，"城市学校官员认为应该恢复对学校的管理……爱迪生公司在让家长和社区参与改革方面确实做得很好……但是它所取得的成绩却与此并不一致。"[61]

韦尔德雷尔同意《太阳报》的观点，认为爱迪生公司的影响总体上是消极的。韦尔德雷尔说，虽然爱迪生公司的工作人员为学校制订了预算规则，并以他们的见解帮助塑造全市范围的实践，但该公司未能改善教学。韦尔德雷尔在很大程度上将这一失败归咎于该公司无法培养或留住有才华的教师：

> 爱迪生公司为其每一所学校都配备了业务经理。这似乎有助于学校更好地运作。事实上，当城市学校系统转向使用生均支出公式时，我们邀请爱迪生公司向我们展示他们如何指导校长完成预算编制过程。他们拥有一些很棒的决策树工具。这些工具对于我们帮助校长们采用零基预算①编制程序有所裨益。但是，配备业务经理真的对学校有帮助吗？去年两所爱迪生学校由于

---

① 又称零底预算，全称"以零为基础编制计划和预算的方法"。这种预算不考虑过往情况，而是在年初重新审查每项活动对实现组织目标的意义和效果，并在成本—效益分析的基础上，重新排出各项管理活动的优先次序，并据此决定资金和其他资源的分配。——译者注

大规模的教师人事变动而陷入一片混乱。从成人的角度来看，学校似乎拥有更好的基础设施，但这并没有改变孩子们在课堂上的体验……我不认为从一个孩子的角度来看，业务经理会为他们做什么，因为 25 个班级的教室里有入职不到一年的新教师。这些教师不知道该如何教学。[62]

巴尔的摩学校委员会没有听从《太阳报》的意见，而是遵从了格拉斯米克和其他爱迪生公司倡导者的建议——包括 1 月份参加了一次为延长合同而游说的学校委员会会议的 250 名爱迪生学校家长、学生和工作人员——并在 5 月投票决定与该公司签订一份新合同，将有效期延长至 2009 年。但市政府给爱迪生公司的拨款将低于州政府提供的拨款。这也证实了海特尔曼和拉奇福德的说法。爱迪生公司原定的每学年 195 天和每天 7 小时 40 分钟的在校时间将因此减少到全市标准，即每学年 180 天和每天 6 小时 40 分钟。[63]

随着弗曼·邓普顿小学、吉尔摩小学在 2007 年和 2008 年的马里兰州学校测评中成绩大幅下降，巴尔的摩市公立学校系统首席执行官安德烈斯·阿隆索在 2009 年 3 月宣布，他将在该月 24 日召开的学校委员会会议上敦促学校委员会终止与该公司的合同。2008 年只有蒙特贝洛小学达到了"适当年度进步"的联邦标准。爱迪生公司官员抗议说，阿隆索应该着眼长远，而不是只关注过去两年的情况。[64]

帕梅里在我陪同她出席在北大街的巴尔的摩市公立学校系统总部举行的这次学校委员会会议上表达了这一观点。那是一座五层的灰色石头大厦。爱奥尼亚式的柱子支撑着建筑南北两翼上方的柱顶装饰。当我们在附近停车场下车时，帕梅里朝不远处一辆黄色校车的方向点点头。"很好，他们来了。"她说道，并接着解释说爱迪生公司买了这辆车来接送家长和孩子们，为了让他们能在会上支持该公司；2001 年，爱迪生公司曾同样以出资买校车的方式，让家长和学校学生代表公司参加在旧金山举行的一场类似性质的学校委员会会议。[65]

120 多名爱迪生学校家长、学生和工作人员挤满了大楼里最大的大厅。爱迪生公司的许多人都坐在地上，包括弗曼·邓普顿小学的校长肯·谢里。几乎所有人都穿着一件前面印着弗曼·邓普顿或吉尔摩，背面印着"态度等于高度"的 T 恤衫。坐在观众席前排的是来自爱迪生公司纽约总部的两位高级副总裁罗伯托·古铁雷斯和迈克尔·塞普，分别负责通信和公共事务。两人都穿着深色西装。[66]

会议的核心议程是阿隆索提出的 2010 财年 12.7 亿美元的预算提案。这份提案旨在弥补之前 5 500 万美元的资金缺口。如果委员会批准这份预算，那么北大

第四章 重演

街总部的员工将从 1 189 人裁减到 1 007 人,而爱迪生公司将失去管理弗曼·邓普顿和吉尔摩的合同。[67]

会议于下午 6 点准时开始。委员会主席布莱恩·A. 莫里斯宣布会议开始并请全体起立,观看由埃德蒙森高中学生组建的身着制服的护旗队举行的升旗仪式。在通过了上个月的会议纪要后,阿隆索和 10 名委员会成员在公众评论环节耐心听取了 10 名发言者就各方面事宜的意见与建议。其中,被莫里斯称作埃德娜奶奶的当地民权倡导者埃德娜·劳伦斯抱怨说,她 10 岁的孙女被某不明学校的 3 名男生拖进了卫生间。孩子自己挣脱后向老师报告了这一事件,老师却没有对此采取任何措施。接下来,拉塔莎·彼得金站到麦克风前,声称她曾多次向卡特高中校长抱怨,她高二的儿子在科学课上没学到任何东西。她没有收到任何回应,随后她向北大街总部的中学部主任表达了自己的不满,但仍没有看到他们采取任何举措。彼得金说:"我只是受够了被推来推去,受够了被忽视。"劳伦斯和彼得金的发言都远远超过了分配给每位发言人的 3 分钟时间,不得不在莫里斯的哄骗下,结束她们的牢骚。[68]

随后,来自吉尔摩小学的 5 年级学生以赛亚·里斯、4 年级学生莎美莉雅·达尔比和 3 年级学生泰克·麦克道尔分别宣读了一份声明,表明他们多么看重爱迪生公司的学习方法,重视学校每个月的基准测试方法及其坚持、尊重、正直、决心和卓越的核心价值观。最后,麦克道尔瞪大了眼睛呼吁道:"请你们,请你们,请你们让吉尔摩小学继续作为爱迪生学校,好吗?"爱迪生公司团队的人立刻起立鼓掌。莱斯利·斯特德文特是弗曼·邓普顿小学一名 5 年级学生的母亲。她随后光荣地讲述了自己的儿子在学校的天才学生项目中取得的成功。她在热烈的掌声中说道:"不能让这些孩子落后。"[69]

晚上 8 点 02 分,委员会对阿隆索的预算提案进行了表决,以 9 比 1 通过了该提案。北大街的巴尔的摩市公立学校系统将恢复对弗曼·邓普顿小学和吉尔摩小学的管理。爱迪生公司那群人再次站起身来,垂头丧气、静静地逐一走出大厅。阿隆索和委员会接着与一所苦苦挣扎的特许高中续签合同,并同意如有需要,可预留款项租借配备装置的移动板房作为教室。[70]

在外面的走廊里,贝尔拥抱了帕梅里。"这是一个时代的结束。"贝尔说,"9 年?"帕梅里回答道:"我觉得有点麻木了。"

与此同时,古铁雷斯和塞普正在镜头前回答着美国广播公司巴尔的摩分公司第二频道记者的提问。

·

由于失去了弗曼·邓普顿小学和吉尔摩小学,帕梅里不再是区域主管,被分派到爱迪生公司内部一个较低的职位。她拒绝赴任并于4月离开了公司。2010年1月,她在一家总部位于纽约,与爱迪生公司竞争的"全球伙伴学校"公司担任高管。该公司由迪拜的教育企业家桑尼·瓦尔基创立,由罗切斯特州原学监、爱迪生公司负责发展事务的副总裁曼尼·里维拉和此前担任迈阿密–戴德县公立学校系统领导的鲁迪·克鲁共同领导。[71]

虽然爱迪生公司将在2010年和2011年续签合同,继续管理蒙特贝洛小学,但该校在2009年和接下来的每一年都未能达到"适当年度进步"目标。2011年6月27日,自2005年以来一直担任蒙特贝洛小学领导的贝尔突然被公司解雇。在蒙特贝洛小学与女议员玛丽·帕特·克拉克就社区暴力问题举行会议时,贝尔收到了一封解雇信。据贝尔说,这封信中没有对此做出任何解释。而据一位公司发言人说,这一决定涉及一个不能公开的人事问题。家长们替贝尔举行了抗议活动,但无济于事。[72]

贝尔当时正与克拉克一起,专门讨论蒙特贝洛小学一名叫肖恩·约翰逊的12岁7年级学生在5月份被驾车枪杀事件的后果。案件发生于一个周二晚上,约翰逊正和三位朋友坐在距离蒙特贝洛小学一英里的一户人家的前廊上,观看电视上的美国职业篮球联赛(NBA)季后赛。四人都被子弹击中,但其他人幸存了下来。约翰逊被击中四枪,两枪在胸部,两枪在头部。[73]

第五章

州长的提案

我恳请你们所有人承诺帮助施韦克州长扭转费城学区的局面。近 25 万儿童在此接受教育，或者，说实话，是没受到教育。

——汤姆·里奇，州长，告别演说，于宾夕法尼亚州议会

2009 年 3 月 24 日，安德烈·阿隆索和巴尔的摩学校委员会召开会议。议程之一是决定能否让爱迪生公司继续管理弗曼·邓普顿小学和吉尔摩小学。在此之前几个小时，《费城公立学校笔记本》在其网站上刊登了一篇题为《爱迪生公司在巴尔的摩正四面楚歌：费城还远吗？》的文章，配了一张复古照片，即 1913 年旧金山举行的传奇的 20 回拳击赛中，汤米·墨菲将阿道夫·沃尔加斯特逼向围绳。[1]

爱迪生公司在 2000 年进入巴尔的摩时引发了关注和冲突，而在 2002 年进入费城时却引起了完全不同维度的关注和矛盾，并且在接下来的几年里都不太平。与墨菲对阵沃尔加斯特的拳击赛相似，该公司在费城的长期奋战，使其在巴尔的摩的日子看起来像是热身而已。

从四个方面可以解释爱迪生公司在巴尔的摩和费城的差异：透明度、范围、时机和劳资关系。马里兰州选择爱迪生公司的过程是公开的，而宾夕法尼亚州却关起门来与爱迪生公司签署一份协议，让其对费城的学校体系开展一项研究，从而为该公司在学校管理方面发挥重要作用铺平道路。爱迪生公司在巴尔的摩负责管理 3 所学校，而据前述研究，该公司进驻费城后管理的学校将多达 45 所，并亲自管理该学区的中央办公室。当爱迪生公司在巴尔的摩争取合同时，该公司表现强劲，没有任何负面新闻。当时，该公司自 1995 年以来签订的 71 份合同中只

丧失了一份。而两年后，当爱迪生公司试图在费城推销自己时，这家公司已失去了光彩，它又丢掉了 6 份合同。更重要的是，它在纽约打了一场丢人的败仗，即在争取接管 5 所表现不佳的学校时未能获得家长们的支持。在这一过程中，该公司被媒体斥为贪婪且不合群。最后，在巴尔的摩，爱迪生公司获得了州政府的豁免，可以在教师工会合同的规章制度之外进行运作；在费城，尽管其在哈里斯堡获得了全面支持，但并没有获得类似的自由。[2]

●

爱迪生公司对于宾夕法尼亚州来说并不陌生。2000 年，该公司曾在费城西北部的中产阶级郊区菲尼克斯维尔运营了一所特许学校，在哈里斯堡南部的一个落后城市约克也运营了一所特许学校。2001 年，爱迪生公司在切斯特阿普兰学区承担了重要职责。该学区包括费城南部一个急剧衰落的工厂小镇切斯特，以及邻近的两个小镇。宾夕法尼亚州比马里兰州更进一步，将切斯特阿普兰的 10 所学校全部移交给商业运营商。这在全国又是个首例。马里兰州在 2000 年创造了历史，将巴尔的摩的 3 所学校交由爱迪生公司管理，密歇根州的英克斯特也在 2000 年首次将其 3 所学校全部交给该公司，但从来没有一个州将某个学区的所有学校全部外包给商业运营商。[3]

起初，爱迪生公司与切斯特阿普兰 10 所学校中的 6 所签订了合同；营利性特许学校运营商"现在学习"签了 3 所；另一家营利性特许学校运营商"莫萨伊卡"签了 1 所。[4] 不到 3 个月，爱迪生公司就以 3 600 万美元的股价收购了"现在学习"。在此过程中，爱迪生公司将其在切斯特阿普兰学区管理的学校数增加到 9 所，并接管了此前由"现在学习"管理的 8 所特许学校。[5] "现在学习"的联合创始人吉姆·谢尔顿和尤金·韦德在爱迪生公司担任了一年的高管后分道扬镳。谢尔顿后来先在一家致力于教育创业的慈善机构新学校风险基金任职，后又加入盖茨基金会，2009 年加入奥巴马政府，出任负责创新与改进的教育部副部长。韦德则创建并领导了"平台学习"公司。该公司为《不让一个孩子掉队》法案认定的需要改进的学校的学生提供课后和暑期辅导，然后在 2013 年又创办了"现在上大学"公司。这是一家通过在线和传统教学提供低成本学位教育的营利性高等教育机构。[6]

"莫萨伊卡"作为切斯特阿普兰唯一的另一家教育管理机构，也加入了爱迪生公司之列，但其能力有限得多。就在学年开始前，"莫萨伊卡"的职责降到了最低，同意只负责聘用学校的校长和副校长。"莫萨伊卡"的总裁迈克尔·J. 康纳利说，该公司得出的结论是，只有它以特许状的形式被授予管理学校的权威，并拥有这种权威所暗含的人事和财务自主权时，才能接管学校。[7]

虽然在切斯特阿普兰学区，爱迪生公司没有在巴尔的摩被授予的那种行政自由，但还是继续前行，许诺会取得巨大成绩，赢得了切斯特阿普兰教育协会（这个有着500名成员的协会数月前在法庭上阻止州政府接管学校但失败了）的支持，并且在夏季举办的座谈会上赢得了许多学习该公司教学策略的教师的赞扬。[8] 然而，要在切斯特阿普兰学区取得成功并非易事。切斯特阿普兰学区在2000年被该州认定为12个失败学区之一，也是该组中唯一立刻受到外部管理委员会监督的学区；哈里斯堡学区也立即被州政府接管，但它被移交给了该市市长斯蒂芬·R.里德负责管理。[9]

费城是迄今为止这份不堪入目的名单中最大的学区，也是下一个被州政府官员列为要接受外部监督的学区。2001年夏天，正当爱迪生公司为切斯特阿普兰学区即将到来的新学年做准备时，收到宾夕法尼亚州州长汤姆·里奇的委托——编写一份关于如何提高费城学区考试成绩和控制教育成本的报告。在该市264所学校中，有176所被州政府评定为不及格；全市21万名学生中，只有12%的学生在州统一考试中获得"熟练"等级；平均每天有2万名学生逃学；学校建筑破烂不堪；学区难以应对教师短缺问题；许多学校遭受暴力的困扰；其教育系统每年将在17亿美元获批预算基础上超支2.16亿美元，并且会在未来五年面临15亿美元的赤字。[10]

里奇在与费城市长约翰·斯特里特达成协议后，于8月1日下令进行这项研究。根据协议，里奇同意借给该市足够的资金来填补其整个夏季的教育支出，而斯特里特则同意中止该市在1998年提起的一项联邦诉讼。该诉讼称该州的学校拨款公式具有种族歧视性，并允许一个外部专家小组对该学区进行研究，且制订一个关于费用支付的长期计划。此外，斯特里特和里奇一致同意，如果在90天内不能就此计划达成一致，州政府将接管费城的学校系统。[11]

然而，宾夕法尼亚州的共和党和民主党立法者都不对此持乐观态度。费城以种族歧视为由提起联邦诉讼是否合理，这一点尚无定论。显而易见的是，宾夕法尼亚州的学校拨款公式使得低收入学区——从处境艰难的城市，到贫穷的内环郊区和农村乡镇——处于明显的不利地位。引进来自爱迪生公司这样一个公司的团队来提高效率，将收效甚微；同样，把该市的学校系统移交给州政府管理，也是在回避一个明显的问题。华莱士·纳恩是宾夕法尼亚州教育委员会的成员和特拉华县议会的共和党议员。特拉华县由费城以外的49个市镇组成。纳恩认为，费城的教育预算危机只有通过该州大幅提高个人所得税，并将这笔钱用于平衡学区之间的差距,才能得到解决。州参议院共和党人、参议院教育委员会主席詹姆斯·罗兹和州众议院共和党人、两党学校经费专设委员会主席马里奥·赛维拉都赞同纳恩的观点。赛维拉说:"你们不能看着费城坠入困境中。我们现行的教育拨款公式是一种过时的制度。州政府不得不挺身而出,提供更多的资金。"[12]

在里奇与斯特里特达成协议后,赛维拉所在委员会建议的正是纳恩所认可的意见。在委员会成员、特拉华县共和党代表尼古拉斯·米科齐精心起草的一项法案中,委员会建议将原来由地方财产税用作学校拨款的做法,即将教育支出与房产价值挂钩,转为由全州个人所得税承担这笔费用。"宾夕法尼亚州的公共教育拨款体系是全国最差的体系之一。"米科齐说道,"它对学生不公平,对纳税人不公平,而且不足以保障每个孩子都能接受优质教育。"米科齐的混合型拨款法案呼吁将州个人所得税的税率从2.8%提高到4.6%,降低地方财产税,让全州生均支出标准与33个成绩最好的学区的平均支出挂钩,并向来自低收入家庭的学生较多和特殊教育需求较大的学区提供额外资金。米科齐说,经过这一调整,费城每年可获得的来自州政府的学校教育补贴将从8.07亿美元增加到15亿美元,从而解决其教育经费预算困难,并让费城的学生可以享受到他们应该享受的教育。[13]然而,米科齐的提议立即遭到众议院多数党领袖、费城共和党代表约翰·佩泽尔的反对,并在为期数月的研究和听证会中遭到否决。[14]

•

对许多局外人来说,费城的学校教育危机与管理或教学策略的关系不大,而更多的是资金不足问题。关于哈里斯堡和费城学区之间的这场斗争,凯瑟琳·吉沃茨在《教育周刊》中写道:"鲜有人反对宾夕法尼亚州的体制需要改变。在过去的30年里,州政府拨款在公立学校经费中的占比从54%下降到37%。"吉沃茨引用美国教育委员会与里奇向爱迪生公司求助当月发表的一份报告,将宾夕法尼亚州置于全国背景下进行了分析。美国教育委员会是一家无党派的研究中心。总部设在丹佛。根据其报告,2001年美国各州政府的教育拨款平均占到学校总预算的48%。只有13个州提供的经费占比低于40%,而且有40个州采用了类似于米科齐提案中的基础拨款公式,即所有学区的支出都不得低于表现良好的学区的支出标准。[15]

宾夕法尼亚州不同学区的生均支出差异的确惊人。例如,费城2000—2001年的生均支出为7 944美元,而该区域通勤铁路系统的保利/桑代尔线(传统上被称作"主线",用于东南部郊区居民往返费城)的5个沿线学区的生均支出为

11 437 美元；若将这 5 个学区视为一个有着 24 003 名 K12 阶段学生的主线城郊学区，那该区的生均支出为 11 421 美元（见表 5.1）。[16]

表5.1　切斯特阿普兰、费城、主线城郊和宾夕法尼亚州整体的学区生均支出

年份 学区	1995— 1996 年	1996— 1997 年	1997— 1998 年	1998— 1999 年	1999— 2000 年	2000— 2001 年
大谷地	$8 416	$8 849	$8 910	$9 304	$9 876	$10 783
哈弗福德	$7 772	$7 399	$7 491	$7 752	$8 061	$8 460
劳尔梅里恩	$10 848	$10 134	$11 681	$12 123	$12 875	$13 955
拉德诺	$11 950	$11 964	$12 689	$13 402	$13 038	$13 149
特雷德夫林－伊斯特敦	$9 935	$10 345	$9 822	$9 907	$10 300	$10 839
主线（加权平均值）	$9 569	$9 559	$9 995	$10 348	$10 763	$11 421
切斯特阿普兰	$6 891	$6 981	$7 365	$8 096	$8 812	$9 696
费城	$6 550	$6 810	$6 720	$7 105	$7 378	$7 944
费城 / 主线	0.68	0.71	0.67	0.69	0.69	0.70
宾夕法尼亚州平均	$6 421	$7 013	$7 123	$6 998	$7 309	$7 672

数据来源：宾夕法尼亚州教育部，所有学区当前的经常性支出，网址：http://www.portal.state.pa.us。

注：主线城郊的数字是按学生人数的加权平均数；宾夕法尼亚州的平均数是该州 501 个学区的未加权平均数。

换句话说，费城在孩子的教育问题上的支出大概只有大谷地、哈弗福德、劳尔梅里恩、拉德诺和特雷德夫林－伊斯特敦这几个学区的 70%。更糟糕的是，相比那些在绿树成荫的主线城郊学区学习的同龄人，费城的孩子们在上学时有更多的特殊需求。多年以前，这成为《费城故事》的灵感来源。这部百老汇戏剧后来被改编成一部由卡里·格兰特、凯瑟琳·赫本和吉米·斯图尔特主演的经典电影。这种不平等已经持续了一段时间。在有数据可查的前 5 年里，费城的生均支出是邻近主线学区的 68%。这种不平衡也同样存在于邻近的切斯特阿普兰，只是程度要轻些而已。在 2000—2001 学年，爱迪生公司接管切斯特阿普兰学区的 9 所学校时，该区生均支出是主线学区的 85%。而在之前的 5 年中，切斯特阿普兰的生均支出是主线学区的 75%（见表 5.1 和图 5.1）。[17]

虽然爱迪生公司的官员在公司成立之初就声称，他们凭借其精简的运营、顶尖的管理人才、以研究为基础的课程体系和高质量的专业发展，能有效提供世界一流的教育，[18] 但他们从没说过能以 60% 的成本把一个高度贫困的城市学区提升到比如劳尔梅里恩这样的水平。任何专业水平、运营效率和技术知识，都无法弥补宾夕法尼亚州和其他许多州明显的资金缺口。

教育市场化的边界

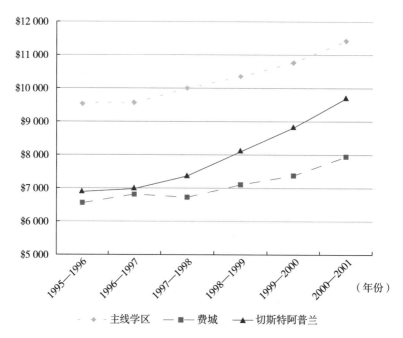

图5.1　切斯特阿普兰、费城、主线城郊的学区生均支出

注：主线的5个学区的平均数经过加权。
数据来源：宾夕法尼亚州教育部，所有学区当前的经常性支出，网址：http://www.portal.state.pa.us。

　　显然，具有可比性的资金量并不是决定具有可比性的学校教育的唯一因素。事实上，在表5.1所列的6个学年中的后3个学年中，切斯特阿普兰的生均支出超过了哈弗福德。此外，在两年前爱迪生公司接管巴尔的摩3所学校时，学区间的资金差距并不是问题，因为巴尔的摩的生均支出相对较高。1999—2000学年，巴尔的摩市的生均支出为7 963美元，是该州最富有的蒙哥马利县的生均支出的90%，是邻近的巴尔的摩县的109%。[19]然而，具有可比性的资金量不被视为具有可比性的学校教育的必要条件就让人很难理解了，特别是对于来自贫困家庭的儿童而言。毕竟，联邦政府向拥有40%或以上来自低收入家庭的儿童的学校提供额外资金（以"第一章经费"的形式）背后的逻辑，正是基于通过积极地区别对待以减轻贫困的影响这样的理念。这也是米科齐被冷落的提案背后的逻辑。

●

　　费城和类似学区的转折点出现在1993年，宾夕法尼亚州暂停使用其当时的学校拨款公式。市中心的贫困儿童和移民儿童在增加，地方税收在下降，州政府的资助却无法弥补缺口。[20] 到了1998年，费城的学区财政危机已陷入极为严峻的境地，以致当时的市长爱德华·伦德尔和学监戴维·霍恩贝克威胁称，除非州政府同意提供更多的资金，否则将关闭其学校系统。州立法机构以《第46号法案》作为回应。该法授权州政府在学区陷入财政或学术"困境"时对其进行接管。要求更公平的拨款公式的诉讼也遭遇了相似的失败。宾夕法尼亚州最高法院在1999年裁定，这是立法机构的问题，而非司法机构。[21]

正是这种僵局导致了霍恩贝克在2000年8月辞职，并最终导致了里奇和斯特里特与爱迪生公司的交易。[22] 而让危机雪上加霜的是，里奇不仅没用竞标的方法进行考验就聘请爱迪生公司对费城的学校系统进行研究，还同意向该公司支付270万美元。[23]

即使是看好爱迪生公司的瑞士信贷第一波士顿银行的分析师布兰登·多贝尔，也对这一安排表示反对。多贝尔认为，这份咨询合同意味着爱迪生公司最终将运营该市的一批学校，并因此预测该公司将有更大的营利潜力。美国银行证券公司的分析师霍华德·M.布洛克也持这一观点。多贝尔在与他人合著的一份报告中称，这份合同是"对爱迪生公司价值主张的有力认可，也许是我们迄今为止在爱迪生公司有史以来看到的最有力的认可"。[24] 的确，在合同公布当天，爱迪生公司的股票上涨了6%。[25] 然而，多贝尔却看到了委托一家公司进行研究的内在利益冲突，因为这家公司很可能会推荐自己的服务。"这份合同有点奇怪。"多贝尔对《费城问讯报》的记者说，"这有点像引狼入室。"[26]

对里奇与爱迪生公司达成协议起重要作用的是弗洛伊德·弗莱克，这也是惠特尔善于选才用人的另一个例子。就像惠特尔之前通过任命汉密尔顿·乔丹和威廉·S.鲁凯瑟为惠特尔通信公司的高管而赢得了在政界和出版界的影响力，通过任命约翰·查布为首席教育官和贝诺·施密德特为总裁兼首席执行官而为爱迪生公司赢得了学术信誉一样，他在2000年5月让弗莱克出任爱迪生特许学校部的总裁和公司首席发言人，也赢得了一次战略性成功。

《纽约时报》对弗莱克的任命进行了详细报道。弗莱克不仅在1986—1997年间，代表纽约皇后区部分地区出任了11年的民主党国会议员，而且曾经是并将持续担任皇后区艾伦非洲卫理公会圣公会的高级牧师。弗莱克的圣会有12 000人，是该州最大的教会之一。此外，弗莱克还是个知名的无党派人物。他曾支持过阿方斯·达马托参议员、鲁道夫·朱利亚尼市长和乔治·帕塔基州长等共和党人的竞选。1999年，弗莱克在保守派智库曼哈顿研究所的一次有关布什教育政策的座谈会开场中做了热情洋溢的介绍，甚至亲切地称布什为"我老乡"。[27] 弗莱克在国会任职时，曾与他在众议院的同事里奇密切合作了9年。[28]

虽然弗莱克在两党左右逢源的天赋在哈里斯堡学区可能发挥了神奇的作用，但这份在费城的270万美元的合同却是一场公关灾难。弗莱克作为爱迪生公司的首席发言人的角色与其作为非裔美国人社区的前官方联络人的角色之间并没有任何区别。几乎来自各方面的回应都是愤怒而无情的。一年前，马里兰州学校委员会指定爱迪生公司运营巴尔的摩的3所学校，只是引起了巴尔的摩教师工会的诉讼，而且巴尔的摩的《太阳报》认为该诉讼毫无根据，结果不了了之，[29]而里奇与爱迪生公司的合同却引发了多方面的抗议，包括：费城及周边地区黑人神职人员组织；全国有色人种协进会和立即改革社区组织协会在当地的分支机构；费城儿童和青年公民组织；公立学校家长联合会；费城家校理事会；改善学校家长联合会；亚裔美国人联合会；公共利益法律中心；费城学生会；青年变革联合会；费城教师联合会；费城教育委员会；临时学监（为顺应当时的趋势，也称首席执行官）；市预算主任；市教育局长；州审计员；斯特里特市长；前市长伦德尔；以及市议员和未来的市长迈克尔·纳特。而且与在巴尔的摩不同，当地媒体站在了反对派一边。

·

最早对里奇州长与爱迪生公司达成的协议表示抗议的团体之一是立即改革社区组织协会费城分会。立即改革社区组织协会是一个全国性的反贫困组织，致力于选民登记和住房宣传。[30]在8月1日宣布协议后的第二天，立即改革社区组织协会费城分会的主要负责人杰夫·奥道尔告诉《费城问讯报》的记者："我们不会让爱迪生公司轻轻松松地就入驻当地。私有化会让你丧失责任感。"[31]

5个月前，立即改革社区组织协会在阻止爱迪生公司进入纽约接管5所持续表现不佳的学校时发挥了决定性的作用。然而，纽约的情况却大有不同。尽管纽约市长鲁道夫·朱利安尼坚定地支持爱迪生公司，并且是弗洛伊德·弗莱克的盟友，就像里奇州长大力支持爱迪生公司，而且是该公司新任发言人的朋友一样。但朱利安尼却力不从心，他所能做的就是敦促他的教育局长哈罗德·O.利维在这5所学校学生的家长公投时力挺爱迪生公司作为教育管理机构。[32]事实上，爱迪生公司的目标是接管纽约的45所学校。它在费城也力争管理这么多学校。虽然爱迪生公司的总部设在纽约，但它在纽约没有运营任何学校，非常渴望在这个全国最大的教育舞台上展示自己的管理和教学技巧。[33]

根据纽约州的法律，爱迪生公司要想接管这5所学校中的任何一所，都必须让半数以上学生的家长投票决定将该校改为特许学校。爱迪生公司在纽约的这场战斗中,州政府没有像之前的马里兰州和宾夕法尼亚州那样积极推动教育私有化。这次的支持者是市长,但他又不得不按该州的规则行事。利维听从了朱利安尼推荐爱迪生公司的指示,向该公司官员提供了这5所学校的5 000名学生的家长姓名、地址和电话号码,并确保教育委员会资助爱迪生公司向学生家长寄送一封介绍该公司优点的邮件。在职业指导员伯莎·刘易斯的带领下,立即改革社区组织协会怒斥了利维有失公正的做法。利维退让了,同意资助该组织也向那些家长寄送一封邮件,阐明将其子女所在学校的管理外包给爱迪生公司的弊端,并将公投期推迟一周,即从3月的第2周和第3周推迟到第3周和第4周。[34]

然而,刘易斯并不是唯一炮轰利维和爱迪生公司的人,她的抨击也未止步于此。30多年前,布鲁克林的海洋山和布朗斯维尔社区在学校人员配备和课程设置方面的种族张力,导致了全市范围内的教师罢工,使纽约市民遭受痛苦的分裂。时至今日,一些地区对市政厅和教育委员会依旧表现出强烈的不信任。在哈莱姆举行的一个爱迪生公司和社区组织代表共同出席的论坛上,全国有色人种协进会纽约分会主席黑兹尔·杜克斯说道,利维应该"被关进地牢,并让我们继续教育我们的孩子"。教育委员会成员小欧文·哈默将表现不佳的学校私有化与臭名昭著的塔斯基吉实验相提并论。后者对患有梅毒的黑人不予治疗而对其病情发展开展临床研究。美国政府却告知患者他们在接受免费的医疗检查。[35]

刘易斯同样谴责该私有化提案是将"种族和阶级(分裂)最大化",并和她的立即改革社区组织协会的工作人员和志愿者努力地到处拉票,以让其无法通过公投。[36]《纽约时报》的记者在投票后了解到,立即改革社区组织协会的工作人员和志愿者们在拉票时有时候也言过其实了,错误地将爱迪生公司描述成一家在特许学校收取学费、不为双语学生提供住宿以及开除成绩落后学生的公司。[37]

尽管有诸多的负面宣传,爱迪生公司的官员还是预计其至少会在两所学校中赢得半数以上家长的支持,从而在纽约获得他们盼望已久的立足之处。[38]尤其是惠特尔,更是信心满满。在3月下旬,计票的前一天,惠特尔再次用"冷战式"的言辞表达了他的使命和信念。他对爱迪生公司的一位主要投资者说:"美国教育的克里姆林宫①即将崩塌。"[39]

5 000张选票只投出了2 286票。在这些选票中,只有453人支持爱迪生公司。任何一所学校的赞成票都远少于转变为特许学校所需的多数票。总之,在所

---

① 俄罗斯的一组建筑群,位于莫斯科中心,是俄罗斯联邦的象征、总统府所在地,曾是俄罗斯沙皇的居所之一。——译者注

有有资格参与投票的家长中，只有 9% 的人赞成这项提案。弗莱克既感到不可思议又觉得气愤。他说："鉴于我们团队在此事上付出的精力和努力，我当然认为我们会获得更多的票。这次公投遭到一大堆错误信息的干扰，最终是家长们误解了我们的工作。"[40] 由于在投票中失利，爱迪生公司的股价遭受重创，从 2 月 8 日 38.75 美元的历史高点跌至 3 月 30 日公布结果时的 19.50 美元。[41]

《纽约日报》和《纽约邮报》刊登的社论，以及乔伊斯·普尼克和约翰·蒂尔尼在《纽约时报》发表的专栏文章和迈克尔·克莱默在《费城日报》发表的专栏文章，进一步增加了弗莱克的挫败感。《纽约邮报》在一篇题为《孩子们又输了》的社论中谴责了爱迪生公司的对手："瞧瞧爱迪生公司的体制敌人脸上的灿烂笑容——一帮眼界狭隘、只知道冷嘲热讽的政客，以及完全无法把孩子们的利益置于自身利益之上的工会领袖。这些孩子们唯一真实的希望就是享有体面的教育。" 3 天后，《纽约日报》的编辑对《纽约邮报》的观点进行了进一步阐述，得出的结论是："这是一件并不费脑筋的事情，只是为了把本市一些最差的学校从教育的阴沟里拉出来，让他们的学生真正有机会学习和在生活中取得成果。但由于一个工会、一位教育局长、一些迂腐的政客，以及一支冷漠或被误导的家长队伍，这些学生将继续被文盲和绝望所束缚。"[42]

克莱默、普尼克和蒂尔尼也表达了同样的沮丧和嘲讽。"没有参与的家长也有责任。"克莱默写道，"证据表明，这 5 所学校中的大多数学生家长的确对他们孩子们的教育并不感兴趣。他们真在乎的话，就会纷纷出动。"普尼克进一步写道："对于纽约市来说，这是一个多么令人尴尬的时刻。这 5 所不合格学校的学生明明可以获救，而他们的家长却选择任由他们沉沦。"蒂尔尼同样信任爱迪生公司的效力。他痛惜失去了这样一个好机会，并对爱迪生公司的反对者们的正直表示质疑："如果那些中产阶级的白人学生最终获得了爱迪生公司承诺的新电脑、教科书和翻新过的教室，那么那些反对爱迪生公司的黑人政客、组织者和家长会作何反应？这一幕将会很有趣。阿尔·夏普顿牧师会祝福这些白人学生在更优质的学校里一切顺利吗？还是会就这一新的种族主义证据组织集会抗议？"[43]

在诸多学者中，黛安·拉维奇的观点被《泰晤士报》援引，以表达对这一结果的批评。如前所述，拉维奇后来成为市场化改革的主要反对者，但他此时称爱迪生公司可在该市开办模范学校，向决策者和股东展示其在管理和教学方面的专业知识。[44]

然而，在知名的择校倡导者西摩·弗利格尔看来，这并没有造成什么损失。弗莱格尔在《泰晤士报》上说，这座城市并不需要爱迪生公司来教如何办学。弗利格尔提及了他在 20 世纪 60 年代参与的一项实验，作为一个可供推广的成功模式例子，即由教师工会联合会策划并在纽约市的 21 所学校实施的"更有效学校"计划：每个班的学生不超过 22 人；教师有获得额外的备课时间的权利；校长因行政助理的协助从繁重的文书工作中解放出来；和全方位服务，包括每两个年级配备一名导师，每所学校常驻一名社工、一名心理医生，以及精神科医生每周探访一次。[45] 弗利格尔对"更有效学校"计划的终止表示遗憾。他后来回忆说，教师工会联合会主席艾伯特·尚克曾向他解释道，其必须要在继续资助该计划和提高整个系统的教师工资之间做出选择，并选择了后者。[46]

•

费城不会对家长进行民意调查，也没有实施过类似于"更有效学校"计划的项目。家长们唯一能发言的也就是在由黑人教育选择联盟费城分会和大费城城市事务联盟共同主办的 4 个论坛上表达他们的关注。最终的决定将由宾夕法尼亚州州长和费城市长共同任命的一个五人委员会做出。因此，按照纽约的标准来看，立即改革社区组织协会费城分会起不到什么实质性作用。然而，该组织和志同道合的教育私有化反对者们仍然坚持抗议。

抗议活动立即开始了。在里奇与爱迪生公司的交易公之于众的两天后，也就是立即改革社区组织协会的奥道尔发誓要与爱迪生公司决战的后一天，全国有色人种协进会、费城及周边地区黑人神职人员组织、公立学校家长联合会和改善学校家长联合会，共同向美国地方法院法官赫伯特·赫顿提出上诉，希望驳回斯特里特市长提出的将该市对州政府的联邦诉讼暂缓 90 天的请求，并称州政府的学校拨款公式存在种族歧视。代表这四个团体的公共利益法律中心的律师迈克尔·丘吉尔说道："这一拖延会剥夺费城儿童享受公平教育成就的任何机会。在相同拨款水平的情况下将学校私有化，不会让费城市区的学生拥有与郊区的学生公平竞争的机会。后者的生均支出要多 2 000 美元。"[47] 同一天，费城当地的午报《费城日报》发表的社论也承认这种明显的经费差距，并附和了丘吉尔的观点，对"爱迪生公司有一颗该学区以及全国其他任何地方都没有的医治公共教育的灵丹妙药"这一论点嗤之以鼻。[48]

一周后，大约 35 名家长和立即改革社区组织协会和联盟组织计划相关社区积极分子冲进爱迪生公司在费城州政府办公大楼的办公室，要求与惠特尔会面。该办公室打算作为爱迪生公司派往费城研究城市学校系统的 25 名员工的新工作场所，建筑工人的地毯铺设和墙壁粉刷工作都尚未完成。州警和市警介入进来，打破了持续了一小时的僵局，并将抗议者带到了 101 华氏度①的室外，而立即改革社区组织协会和联盟组织计划的代表则与爱迪生公司的官员安排了会面。爱迪生公司的执行副总裁尤金·韦德一脸茫然地说道："你们并不需要用占领我们办公室的方式来要求与我们会面，只要打个电话就可以了。"49

除了事后与立即改革社区组织协会和联盟组织计划的代表进行会面外，爱迪生公司的官员还出席了由黑人教育选择联盟费城分会和大费城城市事务联盟共同主办的四个论坛，并在各论坛上应对各种冷嘲热讽。第一次论坛于 8 月 30 日晚在西费城卡梅尔浸信会教堂的地下室举行，由民主党参议员安东尼·哈迪·威廉姆斯主持，约有 250 名家长和社区积极分子出席了论坛，对爱迪生公司发起了猛烈进攻。威廉姆斯本人是由教育管理机构莫萨卡公司运营的一所 K8 特许学校的联合创始人。他试图转移大众对爱迪生公司的批评，并将讨论引导到为该市学校寻找解决方案。50

《费城问讯报》专栏作家拉里·艾谢尔回忆道："一个接一个的发言人说道，你们不需要用一份 270 万美元的报告来告诉我们，学校没有足够的资金，或者是建筑物破旧，班级规模太大，课本不够，电脑不够。"51《费城日报》的专栏作家埃尔默·史密斯将这一论坛和随后两周举行的三场论坛斥为"作秀式听证会"，并引用了哈特研究协会进行的一项民意调查。结果显示，65% 的费城公立学校家长强烈反对让爱迪生公司来管理该市学校。52

里奇在 10 月离开哈里斯堡，前往华盛顿特区担任新的国土安全办公室负责人，他在议会上进行的告别演说再次煽动了不满的情绪。里奇劝告议会帮助他的继任者、副州长马克·施威克扭转费城学区的不利状况，他补充道，"近 25 万儿童在此接受教育——或者，说实话，是没受到教育。"费城学区首席执行官菲利普·戈德史密斯称里奇的言论是"击中了要害"。53 事实证明，施威克的态度也好不到哪儿去。施威克毫不理会媒体对他对费城学校危机的立场的批评，他并不担心："毕竟，该区的高三学生能基本读懂报纸的才占 13%。这还没算上那些辍学的学生。"54

爱迪生公司的反对者没有投票权。他们对论坛和听证会不抱任何希望，对施威克也没有好感，于是开始在宣讲会、集会和游行中示威。在 10 月下旬，施威克说完那番话的第二天，200 名学生、教师、管理人员和家长在青年变革联合会组织的一次宣讲会上，表达了他们对这一过程的不满，对爱迪生公司在费城担任管理职务的前景表示愤怒。高中 2 年级学生丹尼尔·佩纳称爱迪生公司是"一个

---

① 101 华氏度 ≈ 38.3 摄氏度。——译者注

冷血怪物",施威克则是无知的。这番言论在宣讲会上得到了很多人的附和。[55]

该月月底,施威克对爱迪生公司长达 80 页的报告表示认可后,示威活动愈演愈烈。施威克将这份报告作为他改造费城学区的蓝图,并呼吁废除由市长任命的 9 名成员组成的教育委员会;根据第 46 号法案的规定,改由一个 5 名成员组成的学校改革委员会取而代之,其中 4 名成员由州长任命,1 名成员由市长任命;将该学区的中央办公室移交私营公司管理,同时该公司将部分或全部换掉该学区最高级别的 55 名行政人员,并向学校改革委员会汇报。[56]

施威克还建议将该市的 264 所学校分成三组:三四十所表现优异的学校只会受到简单的监督,但政府不对其进行管控;60~80 所表现较差的学校将由当地的社区组织或是像爱迪生公司这样的外部运营商进行管理,其中 45 所学校将由"领先供应商"①负责管理;其余 170 多所学校将得到改造,并可从三种课程中选择一种。此外,施威克还建议为校长设置绩效奖金,奖金金额最高可达其工资的 30%;组建一支由大约 1 500 名教师组成的新的教师队伍,约占全区教师总数的 15%,并每年向他们额外支付 7 500 美元;外包物业;升级信息系统;出售教育委员会位于市中心的九层装饰艺术风格的总部大楼。[57]

随着施威克的宣布,爱迪生公司承诺全面接管。爱迪生公司负责通信的副总裁亚当·塔克对该公司对费城学区的了解充满信心,并肯定了其扭转该区颓势的能力:"我们用 90 天的时间研究了费城,而且我们知道我们绝对可以实现州长的提案。我们希望能成为合作伙伴,而且我们知道自己能接受这些挑战。"[58] 惠特尔强调了该公司的资质:"在美国,没有任何一个组织能够从事此项事业。我们一直在为此进行准备。"[59]

---

① 指爱迪生公司。——译者注

第六章

滑铁卢

如果你参与了恶意收购,那你和你的股东都会后悔的。

——费城学校委员会主席佩德罗·拉莫斯致克里斯·惠特尔

为回应马克·施威克州长 2001 年 10 月 30 日的提案和爱迪生公司的野心,反对者们第二天聚集在爱迪生公司建议出售的装饰艺术风格地标建筑的台阶上高呼。费城学校委员会主席佩德罗·拉莫斯参加集会后说:"这是一个糟糕的万圣节故事。人们带着'科学怪人'①来到镇上,却试图让我们相信这是'白马王子'。"曾在 8 月份同意欢迎爱迪生公司进行研究,以换取里奇州长的紧急资金的斯道特市长同样表示震惊:"这样的计划简直就是要控制我们的(教育)系统,并将其移交给一个企业实体。"1 尤其令一些批评人士感到不安的是,爱迪生公司这样的公司在运营着中央办公室的同时,还运营着一批学校。对这些批评家来说,这里面存在着利益冲突。在施威克两周前讲述了自己的计划后,费城学校委员会成员迈克尔·马斯奇说:"没有人能与他们自己签订合同,还指望他们能做出可信的工作。"2

市议员和未来的市长迈克尔·纳特认为,斯特里特只能怪他自己:"在我看

---

① 源自同名小说,小说中科学家弗兰肯斯坦用尸体部位拼成一个怪物并将其复活。该怪物起先对人充满了感激之情,但后来它要求被给予人的种种权力。当要求得不到满足时,它便心生怨恨,杀害了弗兰肯斯坦的妻子和弟弟。弗兰肯斯坦悲愤至极,决心除掉这个怪物。他追捕怪物一直到了北极圈,但不幸在冰天雪地中丧生,怪物也随后在北极自焚。后来人们常用"科学怪人"或"弗兰肯斯坦"来指"毁灭或危害其创造者的事物"。——译者注

来,你自己引狼入室,现在来埋怨狼在享用大餐。"³ 斯特里特回应称,他也是被哈里斯堡欺骗了,本以为费城会是一个积极的合作伙伴,而非一个没有发言权的地方。⁴①

一周后,11月的第一个星期三,350名学生、教师、家长和政客聚集在市政厅外高呼。这是为期两天的听证会的前夕,参加听证会的有州政府、市政府和爱迪生公司的官员以及学术专家和社区领袖。这次集会的组织者之一、亚裔美国人联合会的海伦·凯姆,指出了资金辩论的核心问题:"如果这种(私有化)真的如此富有创新意义,他们为什么不在劳尔梅里恩这样做呢?"⁵

11月8日,市政厅听证会的第一天,美国众议员查卡·法塔与惠特尔争论不断,并警告他:"你需要考虑一下,是否做好在没有市长或任何主要民选官员支持的情况下来到这座城市,并管理其学校系统的准备。"拉莫斯在对惠特尔的讲话中更进一步:"如果你参与了恶意收购,那你和你的股东都会后悔的。"拉莫斯的悲观预测引发了人们的起立鼓掌。⁶

爱迪生公司在费城的确缺乏许多政治上的支持,但法塔的说法也言过其实。两位著名的民主党议员就曾对爱迪生公司表示了支持:州参议员安东尼·哈迪·威廉姆斯于当年8月在卡梅尔浸信会教堂主持了第一次爱迪生论坛,他曾与他人共同创办了一所特许学校,并表示有兴趣管理一些被认定为表现不佳的学校;州众议员德怀特·埃文斯也创办了一所特许学校,同样表示有兴趣管理同类学校。⁷

此外,传奇的节奏布鲁斯艺术家和制作人肯尼·甘布尔也支持爱迪生公司,新埃斯佩兰萨费城分会主席路易斯·科尔特斯牧师亦如是。与埃文斯和威廉姆斯一样,甘布尔通过他所在的非营利性社区组织环球公司开办了一所特许学校,并打算开办更多的特许学校。事实上,甘布尔早在4月份就与爱迪生公司的官员进行了商谈,希望双方能够进行合作。他的组织曾承担了该公司研究家长和社区参与费城学校教育的工作(该工作的成果将成为爱迪生公司提交给州长的报告的一个长达54页的附录)。⁸

科尔特斯牧师也开办了一所特许学校,并将私有化视为改善社区参与的机会。对于这四个人来说,费城学校教育的核心问题并非资金,更是官僚主义的复杂性和工会的规章制度。科尔特斯、埃文斯、甘布尔、威廉姆斯将10年前约翰·查布和泰瑞·莫伊在《政治、市场和美国学校》一书中所阐述的理论,用当地的日常

---

① 斯特里特本以为费城应该对事情的发展有一定的发言权,但事实上是哈里斯堡决定了一切。——译者注

第六章　滑铁卢

用语表达了出来。[9]在施威克宣布私有化计划的当天，科尔特斯在甘布尔主持的一次会议上说："（费城学区）的失败是如此明显和严重。如果你住在我们的社区，你别无选择，只能把这看作捍卫我们的孩子们的一种机会、一种权利。"[10]

但是，从本质上讲，法塔是对的。即使埃文斯和威廉姆斯等重要的民选官员对爱迪生公司表示支持，再加上像甘布尔和科尔特斯这样的费城名人的支持，也依旧不能赋予施威克将费城的学校教育系统移交给惠特尔的权力。为了抗议施威克的提议，就在法塔和拉莫斯在市政厅告诫惠特尔后的第二天，斯特里特市长开始在教育委员会大楼的一间办公室办公。他表示除非停止中央行政的私有化进程，否则将拒绝与施威克谈判，州政府官员有胆量的话就将他抬出办公室。[11]

不到两周的时间，施威克就做出了让步。《费城问讯报》专栏作家拉里·艾谢尔观察到，虽然在技术上，第46号法案赋予州长以他希望的方式接管费城学区，而"不管斯特里特市长同意与否"的权力，但这样做似乎在政治上站不住脚。斯特里特已经引发了大规模的抵制，如果施威克坚持执行爱迪生公司的建议，把学校系统的管理工作外包出去，那么无论该市将付出多大的代价，斯特里特都会阻挠这一行动。[12]

●

领土戒备能清晰地解释爱迪生公司的报告和施威克的认可态度所面临的一些阻力。丧失对本地的控制权，自然会打击市民的自尊心，不论外来者有着怎样的智慧。毕竟，爱迪生公司在其80页的报告中还是提出了一些建设性的建议。爱迪生公司合理地提出要创建一支强大的教师导师队伍，升级和协调该地区陈旧且不兼容的信息系统，以及促进采购合理化。此外，该公司还建议学区用三种可供选择的课程来替代当前70多种令人眼花缭乱的阅读、数学和科学课程。爱迪生公司认为，这种合并将使学生更容易从一间教室或学校转到另一间教室或学校，且不会在学业上落下。他们列举了在同一栋楼内同一个年级的几个班级讲授不同课程的例子。爱迪生公司坚持认为，这种整合也有助于教师获得学区的学科管理者的支持和指导。最后，爱迪生公司极力主张，给予校长在学校人事安排方面更大的自由。[13]

然而，这些建议，无论多么有价值，表达得多么清晰，都被爱迪生公司想接管学区的司马昭之心、报告的口吻，以及研究和论证中几处明显的失误所掩盖。爱迪生公司在报告中含蓄地支持自己接管该学区，立即引起了人们的不信任。《费城问讯报》和《费城日报》的专栏作家对于该公司作为咨询公司假模假式发布公正建议的做派不屑一顾。[14] 这份报告的口吻被认为是嘲讽性的，历来温文尔雅的《费城问讯报》在一篇评估该报告的文章的标题中明确指出了这一点："爱迪生公司在'问责'问题上对该学区进行了抨击。"[15]

整份报告的措辞的确是骂骂咧咧，尤其是在问责问题上。爱迪生公司在内容摘要第一页就抨击了该学区："在过去的十年里，学区的管理层监管了100多亿美元的支出，却不对结果负明确责任。"[16] 爱迪生公司在报告中接着写道，这些结果"令人沮丧"。[17]

爱迪生公司承认，这些结果在一定程度上是由经济上所处的劣势造成的，但继续回避校外生活的影响。爱迪生公司没有深入调查便指出，1999—2000学年，三个与费城规模相当的学区（内华达州克拉克县、得克萨斯州休斯敦和佛罗里达州布鲁沃德县）的学生在学术能力倾向测试中的成绩比费城要好18%，而1998—1999学年的生均支出却比它少7%。[18] 爱迪生公司得出结论："基于这样的比较，我们相信费城学区的学生成绩可以大幅提高。"[19]

爱迪生公司在不考虑人口数据或生活成本的情况下，仅按规模大小对学区做比较，无视了读者理解费城学区面临的挑战所需的重要背景。费城的学生在过去和现在都明显要比对照组的同龄人贫困；而且在考虑生活成本后，费城的生均支出其实比对照组少得多。[20]

尽管报告得到了IBM公司、麦肯锡公司、元度量公司和公共金融管理公司等知名公司的帮助，但爱迪生公司的研究还是不完整。[21] 爱迪生公司没有考虑到费城有资格享受免费或减价午餐的学生比例（一个衡量经济劣势的重要标准），远高于它拿来做比对的其他三个学区：2000年费城这一比例为69%，而其他三个学区的加权平均值为46%。2000年，费城5~17岁儿童中生活在贫困线以下的比例为24%，而其他三个学区的同龄贫困儿童的加权平均比例为18%。[22] 此外，虽然爱迪生公司声称其他三个区在1998—1999学年的生均支出比费城低7%是正确的，但报告没有考虑到，当时这三个区的生活成本平均比费城低16%。[23] 这就意味着，由此推理，其他三个区的平均生均支出并非比费城少7%，而是多11%；反过来，也就是费城的生均支出要少10%。[24]

在爱迪生公司的研究报告发布几天后，《费城问讯报》刊登了一篇题为《公司的报告没有获得信任》的专栏文章。大城学校理事会执行董事迈克尔·卡瑟利指责爱迪生公司忽视了人口和经济方面的差异。卡瑟利还认为，虽然爱迪生公司关于该学区的学生在州和全国标准化考试中表现不佳的说法是正确的，但该公司言过其实。卡瑟利写道，爱迪生公司可以也应该注意到，自从6年前该学区实施"儿童成就"改革计划以来，小学生的成绩取得了显著的进步：1996—2000年，

第六章 滑铁卢

该学区 4 年级学生在全国统一的第 9 版斯坦福成绩测试中的阅读成绩处于或高于合格水平的比例从 44% 持续上升到 60%；同一时期，4 年级学生在州统一考试中的成绩也超过了同龄人；而且将该学区 4 年级和 8 年级学生的第 9 版斯坦福成绩测试平均分，与其他 11 个贫困程度和学校支出水平相似的大城市的同龄人相比，比其中 6 个城市差，比其他 5 个好。卡瑟利在 12 月份发表的一份长达 35 页的分析报告中详细阐述了他对爱迪生公司报告的批判。[25]

作为一家指责学区问责制糟糕的公司而言，这种漏洞百出的分析很容易让爱迪生公司成为批评者的攻击目标。这些疏忽往好里说是工作马虎，往坏里想是为了赢得一份重要的管理合同而故意夸大学区的表现。除了卡瑟利的纠错，指控或是歪曲也层出不穷。学区首席财务官朗达·查茨克尔称，该区的生师比并非爱迪生公司所说的 16.9∶1，而是 17.6∶1，与其他规模相当的学区持平；学区首席运营官托马斯·麦克林奇认为，爱迪生公司严重低估了学校物业人员的工作效率，因为他们没有注意到许多人是轮班工作 5 个小时，而不是 8 个小时；而该学区的临时首席执行官菲利普·戈德史密斯则在即将被废除的教育委员会面前宣读了一份长达 6 页的严厉反驳声明，他说爱迪生公司没有提出任何有价值的见解，只是研究了学区的计划，然后将其作为自己公司的处方。[26]

由于印有这些指控的报纸并没有刊登爱迪生公司官员的更正信，批评者对这些额外问题的看法无论是对是错都变得毫无意义。斯特里特、学校委员会和市议会成员、当地报纸的专栏作家和社区积极分子的反应，迫使施威克做出了决定。虽然《华尔街日报》的社论在遥远的地方反复呼吁完全私有化，并称爱迪生公司是开拓者，施威克是 1776 年以来该州最伟大的革命者，但无济于事。[27]

●

11 月下旬的一天傍晚，施威克投降了。当时费城学生会和青年改革联合会用大客车从费城拉了 800 名高中生来国会大厦前举行集会，抗议他的私有化计划。人群中的一名高二学生尤金·廷斯利，用通俗易懂的语言重述了州议员尼古拉斯·米科齐、华莱士·纳恩、詹姆斯·罗兹和马里奥·赛维拉很久以前提出的资金观点："我们厌倦了也受够了上课没有课本。州政府给我们制定了不公平的学校拨款方式，然后把结果归咎于我们。"[28]

当天晚上，施威克与斯特里特在费城进行了两小时的临时会面后宣布，同意放弃他对中央办公室管理私有化的坚持。施威克向斯特里特做出妥协，改聘爱迪生公司担任该学区的顾问。[29] 这一让步让斯特里特满意了，足以让他重新回到谈判桌前，但对许多左翼人士来说，这是一次虚假的胜利。全国有色人种协进会费城分会会长 J. 惠亚特·蒙德威尔说："我认为并没有达成任何新的方案。我们受到了不公正的待遇。压根儿就没有胜利，什么都没变。实际上只是改为从后门而不是从前门进行私有化罢了。"[30]

更多的示威活动接踵而至。一周后，也就是 11 月 28 日，星期三，蒙德威尔带领数百名抗议者从布罗德大街向南一英里处的州政府办公大楼（爱迪生公司派驻的 25 名工作人员的临时办公场所）出发，游行到市政厅。他们堵塞了市场街的交通，并淹没了城市圣诞树年度点灯仪式上唱诗班为民众歌唱的声音。[31] 第二天早上，由费城学生会和青年变革联合会组织的数百名高中生走出教室。许多人在学校委员会总部前游行，总部由一队警察把守，以阻止他们进入。与此同时，学校雇员工会和社区盟友向宾夕法尼亚州最高法院提起诉讼，要求推翻第 46 号法案，宣布该法案违宪，并请求颁发禁令，禁止州政府进行接管，直到问题得到解决。当天下午，大约 200 名学生聚集在市政厅。其中一个代表团与斯特里特进行了会面。抗议者随后游行到学校委员会总部，手拉着手，形成一条人链围住整栋大楼，同时高喊"嘿，嘿！吼，吼！爱迪生公司必须走"和"这不困难，也不好笑，其他的孩子都很有钱。我们与全国的孩子们一样，只想要我们的教育"。[32] 第二天，25 名来自费城及周边地区黑人神职人员组织的牧师，也加入了抗议活动。他们阻断了市中心两条主干道布罗德大街和藤街的交叉口，以及藤街高速公路的出入口交通。[33]

在斯特里特和施威克继续开会敲定协议时，爱迪生公司对这一系列抗议活动做出了回应，投入 43 万美元开展公关活动，包括从 12 月 12 日开始的为期 8 天的报纸广告和电视广告，以及开通网站和热线电话，以让民众获取更多有关该公司的信息。[34] 然而，不满情绪依然存在。12 月 18 日，费城学生会和青年变革联盟举行了当时最大规模的抗议活动。上午 10 点半，全市 1 000 多名高中生走出教室，前往市政厅。在市政厅进行集会后，人越来越多。他们沿着布罗德大街游行，并在州政府办公大楼外再次举行集会。[35]

•

正如教师工会 2000 年在巴尔的摩和 2001 年在切斯特阿普兰反对涉及爱迪生公司的州政府干预的诉讼没有取得任何进展一样，反对私有化联盟 11 月 29 日针对第 46 号法案提起的诉讼也是如此。在大规模学生罢工的同一天，该组织还提起了另一项先发制人的诉讼，即控告施威克聘请爱迪生公司担任顾问，然后又根

第六章　滑铁卢

据其建议与该公司签订合同的做法违反了利益冲突条例，而这一诉讼也遭遇了同样的命运。[36] 几个月后，州审计长罗伯特·P. 凯西发表了一篇长达 59 页的报告，同样以利益冲突为由批评了爱迪生公司的顾问交易。这份报道也获得了大量的媒体报道，但没有带来任何的法律结果。[37]

2009 年，费城教育法律中心执行主任、曾对州政府的接管提出异议的律师伦恩·里泽，在距离市政厅四个街区的一栋百年砖石建筑的办公室里接受采访时，反思了这些挑战的徒劳。他发现："当你获救时，你不能选择你想要什么样的救生圈。公众被排除在讨论之外。"[38]

最终，虽然斯特里特没有得到所有他想要的，但他谈判达成的援助方案超出了许多人的预期。除了将中央办公室从私有化进程中拯救出来之外，斯特里特还说服施威克授予他任命学校改革委员会 5 名成员中的 2 名（而不是 1 名）的权力，并同意该市每年额外拨付 4 500 万美元的学校经费，而不是施威克此前要求的 7 500 万美元，以匹配州政府每年将拨给市政府的 7 500 万美元额外学校经费。12 月 21 日星期五下午，施威克和斯特里特在会议中心宣布了这一协定，使费城成为当时全美有史以来被州政府接管的最大学区。[39] 与之前针对接管过程的每一个步骤都进行抗议的做法相同，学生们随后阻拦了会议中心外的交通。[40]

次日，施威克任命詹姆斯·内维尔领导学校改革委员会。内维尔曾是美国第八大少数族裔所有投资公司斯沃斯莫尔集团的董事长兼首席执行官，也是切斯特阿普兰学校委员会的成员，该学区在前一年 3 月选择了爱迪生公司来管理其 10 所学校中的 6 所。[41] 虽然内维尔称爱迪生公司是"一家伟大的公司"，但他并没有在就职最初的 30 天里行使其全部权力，以承诺实施施威克提出的计划，即与该公司签订一份为期 6 年、价值 1.01 亿美元的咨询合同。[42] 相反，内维尔等学校改革委员会的另外四名成员确定后，在 2002 年 3 月 26 日与他们一起商定，与爱迪生公司签订了一份较小的合同，即由该公司担任学区 12 名顾问中的首席顾问，任期不超过两年，合同具体条款未予披露。[43]

然而，与 3 周后的新闻相比，这种预期权力的缩减显得不足挂齿。4 月 17 日，学校改革委员会宣布了其针对最亟待改善的学校制订的计划。爱迪生公司负责管理 20 所学校，而不是预期的 45 所。另外 22 所学校被分配给了两所大学、两所规模较小的教育管理机构和两家当地的非营利性社区组织进行管理：坦普尔大学负责 5 所学校；宾夕法尼亚大学负责 3 所；总部位于佛罗里达州的校长灯塔学院公司负责 5 所；总部位于纽约的胜利学校公司负责 3 所；肯尼·甘布尔的环球公司负责两所；基金会公司负责 4 所。该委员会决定对另外 28 所正在考察中的学校进行更温和的干预：9 所学校将成为特许学校，可自由寻求公司伙伴；19 所学校将得到重组，但很有可能继续由学区管理。[44]

在充满紧张情绪的一天傍晚，这一消息公布了。费城学生会的成员们在学区总部外扎营过夜，然后在第二天早上手挽着手形成一道人墙，阻止学校改革委员们进入其中举行会议。[45] 学校改革委员会搬到一英里外的非裔美国人博物馆，在一间挤满了一百多名家长、学生和社区积极分子的房间内商议了3个小时。在委员们发表意见和投票时，人群时常发出抗议。[46]

当地的反对者嘲笑学校改革委员会听命于州长，《华尔街日报》的编辑却指责学校改革委员会屈服于民粹主义的压力，只分配给爱迪生公司20所学校，而不是45所。"最新的举措是对妥协的妥协。"编辑们总结道：首先，施威克放弃将学区的中央办公室移交给爱迪生公司；其次，学校改革委员会分配给爱迪生公司的学校数量不到预期的一半。[47]

投资者们随之纷纷撤出。彭博新闻社2月份报道爱迪生公司效仿10年前教育备选公司在巴尔的摩的做法虚报营收，导致该公司下跌的股价本已恢复。彭博社报道发表当天，公司的股价下跌了11%，从13.45美元降至12美元，但在随后的两个月里，又重新攀升至14.25美元。当学校改革委员会宣布爱迪生公司将负责运营20所而不是45所学校时，该公司股价重新下跌了8%，从12.79美元跌至11.78美元。两周后，美林证券和贝尔斯登①双双下调了该股的评级，其股价又下跌了56%，4月收于5.23美元。华尔街达成的共识是，如果爱迪生公司在费城没有获得预期的业务份额，那么该公司将无法在可预见的未来实现营利所需的规模经济。投资者似乎也对美国证券交易委员会关于爱迪生公司营收界定的待定裁决感到不安。爱迪生公司股价的下跌在多大程度上归结于费城的新闻，在多大程度上归结于投资者对美国证券交易委员会负面裁决的担忧，即使不是不可能搞清，也是很难确定。可以肯定的是，如前所述，美国证券交易委员会的裁决是毁灭性的。在美国证券交易委员会5月15日发布报告证实彭博社的报道时，爱迪生公司的股价已经跌至3.34美元。而证券交易委员会报告的消息又推动该股在一天内继续下跌33%，至2.25美元。[48]

美国证券交易委员会的报告要求爱迪生公司修改过去的收入报告，并聘请一名内部审计经理。这份报告不仅使得爱迪生公司因为记账不严（公司曾如此指责公立学区）而遭受打击，还引发了10起股东集体诉讼。[49] 爱迪生公司辩解说，其在收入报告中计入了所有应计入的费用，公司这点没说错。但是，在强烈质疑彭博社的说法后，该公司不得不承认，它将学区拨付给学校教职员工的款项列作

---

① 美股投资银行。——译者注

公司收入的做法夸大了公司的业务规模；同样重要的是，这种做法还大大低估了该公司的亏损率。[50]

例如，该公司管理拉斯维加斯的7所学校的收入，本应限于该学区支付给爱迪生公司的款项，指用于管理学校和补贴给公司从事这项工作的行政人员的费用。然而，在其最令人震惊的虚报营收案例中，爱迪生公司报告的2001—2002年与拉斯维加斯签订的合同收入为3000万美元，但其中2130万美元直接支付给了教师、秘书、物业人员、校车司机和食堂工作人员。这意味着爱迪生公司多报了244%的合同收入。[51] 就其当年全年的业务而言，爱迪生公司报告了4.651亿美元的营收，但其中有1.787亿美元并不是给该公司的。这意味着爱迪生公司多报了62%的营收。[52]

・

实现规模经济是爱迪生公司所面临的最大挑战。在2001年，爱迪生公司似乎正处于实现规模经济的道路上。然而，美国证券交易委员会的报告清晰地显示出，这只是一种假象。根据其提交给美国证券交易委员会的年度报告，到2001年，该公司的亏损率已降至11%。如果没有第二年因收购"现在学习公司"而产生的3690万美元的公司股票减值费用，该公司的收入损失据称仍是11%，而非19%。到2003年，这一损失似乎已经降到了6%（见表6.1）。

然而，由于爱迪生公司统计的大部分收入都是直接从学区流向教职工手中，因此其所谓的增长率被极大地夸大了。爱迪生公司将其行政成本作为总运营成本的一部分来计算，以确定其作为学校运营商的效率。这么做是正确的，但该公司将从未经手过的费用描述为收入，那就具有误导性了。例如，在2002财年，如果该公司收入从4.651亿美元减至实际的2.864亿美元，那么意味着其亏损的8600万美元占收入的30%，而不是19%。

表6.1　1996—2003年间爱迪生学校数量、招生人数、报告的和修正后的收入及净收入

财年	学校数量（公司计数）	预计招生人数	收入（美元）	修正后的收入（美元）	净收入（美元）	亏损/收入以及修正后的亏损/收入
1996	4	2 250	11 773	n/a	(10 103)	86% & n/a
1997	11（12）	7 150	38 559	n/a	(11 422)	30% & n/a
1998	22（25）	12 600	65 630	37 251	(26 483)	40% & 71%
1999	43（51）	23 900	125 085	68 570	(49 433)	40% & 72%

续表

财年	学校数量（公司计数）	预计招生人数	收入（美元）	修正后的收入（美元）	净收入（美元）	亏损/收入以及修正后的亏损/收入
2000	61（79）	37 500	208 971	125 061	(50 630)	24% & 40%
2001	88（113）	57 000	350 508	221 336	(38 512)	11% & 17%
2002	114（136）	74 000	465 058	286 356	(86 040)	19% & 30%
2003	133（149）	80 000	425 628	281 959	(25 028)	6% & 9%

数据来源：学校的计数来自：Brian Gill et al., *Inspiration, Perspiration, and Time: Operations and Achievement in Edison Schools*（Santa Monica：RAND, 2005），13。招生人数、公司的学校计数和财务数据来自：Edison Schools Inc. "Securities and Exchange Commission File No.000-27817（Form 10-K），" September 28, 2000, September 30, 2002, and September 29, 2003.

注：爱迪生公司将同一所学校的不同年级区分开，例如幼儿园至5年级和6至8年级算成分别独立的学校，这一做法解释了学校计数上的差异；2002年美国证券交易委员会下令大幅下调收入，去除学区直接支付给教职人员的薪金；利润和收入以千为计数单位；收入与修正后的收入之差相当于绕过爱迪生公司的学区经费支出。

尽管如此，行政费用占总的业务费用的比例确实呈现出稳步下降的趋势。要实现规模经济，这正是需要取得突破的地方。惠特尔敏锐地意识到了这一点。2000年7月，在爱迪生公司第二次公开募股之前，在纽约圣雷吉斯酒店举行的一次投资者会议上，惠特尔用幻灯片展示了一张图表，表明了收入增长与行政成本之间的反比关系。惠特尔预测，3年内，爱迪生公司的行政费用占总支出的比例将从15%（截至2000年3月31日的9个月数据[①]）降至7%。惠特尔说，由于公立学区平均将27%的预算用于行政管理，爱迪生公司因此可获得20%的收益，13%将返还用于课堂教学，保留7%作为利润。[53]

表6.2　1996—2003年间爱迪生公司的行政费用占总费用的比例

财年	行政费用（美元）	总运营费用（美元）	爱迪生公司支出的费用（美元）	学区绕过爱迪生公司的经费支出（美元）	行政费用占总运营费用的比例
1996	7 717	21 774	n/a	n/a	35%
1997	12 755	49 944	n/a	n/a	26%
1998	18 258	86 499	58 120	28 379	21%
1999	49 984	174 755	118 240	56 515	29%
2000	54 232	260 506	176 597	83 909	21%

[①] 即1999年7月1日至2000年3月31日。——译者注

续表

财年	行政费用（美元）	总运营费用（美元）	爱迪生公司支出的费用（美元）	学区绕过爱迪生公司的经费支出（美元）	行政费用占总运营费用的比例
2001	57 851	392 436	263 264	129 172	15%
2002	71 230	509 703	367 879	178 702	14%
2003	67 809	439 379	295 710	143 669	15%

数据来源：Edison Schools Inc. "Securities and Exchange Commission File No.000–27817（Form 10–K），" September 28，2000，September 30，2002，and September 29，2003.

注：所有费用以千为单位计数；2002 年的业务费用总额不包括爱迪生公司在 2002 年 10-K 表格中列出的 36 878 000 美元的减值费用，因为这笔费用不是用于经营的费用，而是用于收购另一家教育管理机构"现在学习"公司；表 6.1 中的总收入加亏损不等于表 6.2 中的总运营费用，因为没有包含其他收入（或支出）、向州和地方缴纳的税费以及优先股增量等费用。

然而，爱迪生公司在行政管理上的支出（提交给美国证券交易委员会的文件中的"行政、课程和发展"）从未达到过个位数，甚至还在 2000 年财年度上升到了 21%，2001 年下降到 15%，然后在 2002 年下降到 14%，2003 年又恢复到 15%，比惠特尔的预测高出了 8 个百分点（见表 6.2）。[54]

2002 年春天，一则合同终止的消息使爱迪生公司雪上加霜。5 月 16 日，爱迪生公司负责的最大的学校、最初的 4 所学校之一——波士顿文艺复兴特许学校宣布将于 6 月底终止与该公司的合作关系，理由是学生的考试成绩提高得不够，且课程缺乏灵活性；波士顿文艺复兴特许学校有 1 300 名幼儿园到 8 年级的学生，每年向爱迪生公司支付 900 万美元。一个月后，也就是 6 月 18 日，爱迪生公司最初的四个客户中的另一所学校也通过投票决定在学年结束时终止与其合作。密歇根州克莱门斯山的学校委员会曾在 1995 年将其中一所学校的管理工作外包给了爱迪生公司，随后又增加了 3 所学校。学校委员会如今终止合同是认为该公司收费太高。爱迪生公司的官员反驳说，该学区拖欠公司费用，因此不能再以当前的收费标准来管理这 4 所学校。爱迪生公司的总裁兼首席运营官克里斯·瑟夫（10 年后，他将出任新泽西州的教育专员）声称，考虑到合同给公司带来的成本，这种分道扬镳应该被视为"对公司的财务状况有利"。股市并不这么看，爱迪生公司的股价在 3 天内下跌了 34%，从 1.52 美元跌到了 1.00 美元。[55]

更为糟糕的是，学校改革委员会在 7 月推选保罗·瓦拉斯出任费城学区的新首席执行官。上任没几周，这位刚刚在民主党的伊利诺伊州州长初选中败给了罗德·布拉戈耶维奇的前芝加哥公立学校首席执行官，终止了学校改革委员会与爱迪生公司签订的任命其作为该学区首席顾问的合同。"不需要首席顾问，"瓦拉斯在 8 月 1 日说,"我来这儿就是要扮演这一角色的。"[56]

随着股价与日俱下,爱迪生公司在费城作为学校管理者的地位岌岌可危。该公司在新接管学校的生均启动支出为 2 500 美元,所以在费城接管有着 14 500 名学生的 20 所学校的这一支出达到 3 625 万美元。鉴于该公司的现金流为负,资产匮乏,市值暴跌,该公司很难通过贷款筹集到这笔资金。[57] 在股价如此之低的情况下,爱迪生公司想要像此前三次公开募股的方式筹集资金是不可能的。

爱迪生公司 1999 年的主承销商①美林证券和利兹韦德公司出面拯救了这一局面。就在瓦拉斯否认需要爱迪生公司担任顾问的同一天,爱迪生公司宣布,美林证券将把与该公司签订的 3 500 万美元的循环信贷协议扩增 2 000 万美元。利兹韦德公司也将再借给该公司 2 000 万美元。美林证券和利兹韦德公司相应地将获得以每股 1 美元的价格购买至多 1 070 万股爱迪生公司新股的权利;如果这两家总部位于纽约的集团行使这些期权,它们将拥有 17% 的股份。[58]

虽然新的资金使爱迪生公司在费城的计划得以继续,但不久之后,更多的坏消息从佐治亚州和得克萨斯州传来。8 月 15 日,佐治亚州比布县教育委员会投票一致决定终止与爱迪生公司始于 1999 年的 5 年合同,提前两年收回该学区两所学校的运营权;委员会终止合同的理由是,学生考试成绩停滞不前、入学率下降、教师更替率高。[59] 对于爱迪生公司而言,更糟糕的是,一周后,在其学监的建议下,达拉斯独立学区的理事们也通过投票一致决定提前两年终止与爱迪生公司始于 2000 年的 5 年合同,但这份合同是运营 7 所学校;学监迈克·摩西的理由是学生考试成绩差和预算紧张。[60] 在接下来的一周里,爱迪生公司的股价跌到了 50 美分以下。1994 年让惠特尔通信公司破产的大胆的会计做法和远大的期望,在 8 年后似乎也在毁掉爱迪生公司。8 月 27 日,纳斯达克股票交易所向爱迪生公司发出通知,如果其股价在 11 月 25 日之前,连续 10 个交易日的收盘价未高于 1 美元,将被摘牌。[61]

·

在 12 个月的时间里,爱迪生公司在费城的管理地位从有可能管理学区的中央办公室,降到以 6 年 1.01 亿美元的合同担任该学区唯一的顾问,再到以两年 3 600 万的合同担任该学区 12 名顾问中的首席顾问,到最后完全不担任任何顾问角色。[62] 虽然该公司在费城管理的学校数量远远超过其他任何一个城市,但总数

---

① 在股票发行中独家承销或牵头组织承销团经销的证券经营机构。——译者注

依旧不到许多人预期的一半。

在瓦拉斯宣布终止爱迪生公司继续担任顾问的第二天,《费城日报》记者克里斯·布伦南写道,"费城学区曾被吹捧为一个大手笔合同,可以将爱迪生学校公司从永不营利的困境中拯救出来,而现在看却可能是爱迪生公司首席执行官惠特尔遭遇的滑铁卢①"。[63]

爱迪生公司在费城的头几个月证实了布伦南的观点。很快就出现了负面消息,而且一个接一个:库存管理混乱;解雇非教学人员;瓦拉斯愤怒地撤销了一些解雇决定;几所学校在其管理下出现混乱和频发暴力事件;一位资深校长在年中辞职;未能按时提交财务报告;学区迟迟不支付拖延的款项,以及大手大脚的行政开支。此外,从邻近的切斯特阿普兰学区传来的关于爱迪生公司自 2001 年 9 月以来负责管理该区 9 所学校的负面消息,加深了人们对该公司能力的质疑。

爱迪生公司预期费城学区能够额外为每名学生拨付 1 500 美元经费,于是为接管的 20 所学校全部订购了新的乐器、体育设备、教科书、作业本、科学材料和艺术用品。尽管宾夕法尼亚州教育部长查尔斯·佐格比曾认可了这笔额外的经费,但需要得到学校改革委员会的批准。[64] 瓦拉斯和无数爱迪生公司的批评者,包括市长斯特里特、国会议员法塔和《费城日报》的专栏作家埃尔默·史密斯,让批准这笔经费变得困难重重。斯特里特、法塔和史密斯对这笔额外的经费质疑,用不同的说法表达了一个尖锐的观点:"如果爱迪生公司认为学区效率低下,那它就根本不该获得额外的生均经费。"[65] 史密斯写道:"这就是爱迪生学校集团。它们撰写了一份报告,声称改革与金钱无关。他们因这种智慧,赚取了 270 万美元。"[66] 佐格比反驳说,爱迪生公司和其他教育管理机构接管的是一直以来持续资金不足的学校,这些学校需要补偿资源。瓦拉斯和费城教育部长黛布拉·卡恩指责佐格比误解了学校的基本财务:被接管的学校的教职员工大多是初级职工,所以工资较低,但材料和服务方面的拨款并没有减。[67]

学校改革委员会听取了双方的意见,并在 7 月底一致同意给爱迪生公司额外增加生均经费 881 美元,而不是 1 500 美元。[68] 爱迪生公司对这一意外的资金削减做出了双重回应。在 8 月的最后一周,公司派出车辆装载着新购买的仪器、书籍、设备和材料,退还给了供应商。费城的爱迪生公司批评者对此举表示难以置信。该公司在哈里斯堡的支持者对此拒绝发表评论。《费城日报》的克里斯·布伦南认为,此举尴尬地体现了该公司财务的脆弱性。归根结底,此事与其资金遭

---

① 典出滑铁卢战役。这场战争结束了拿破仑帝国,也是拿破仑一世的最后一战。后人常用"滑铁卢"来形容在决定关头时失败,暗指由盛及衰的转折点,或诱发衰败的关键性事件。——译者注

到削减无关，而是与该公司市值的暴跌以及最近在佐治亚州、马萨诸塞州、密歇根州和得克萨斯州损失的 14 份合同有关。[69]

爱迪生公司的第二项成本削减措施招致了更多的争议和麻烦。就在其退还新购物资的同一周，爱迪生公司宣布裁员近 200 人，包括学校秘书、帮助教师管理陷入困境或不守规矩的学生的班级的辅助服务助理，以及负责监控走廊、图书馆和食堂以维持秩序的非教学助理。爱迪生公司声称，每所学校只需配备 1 名秘书，并不需要三四名秘书，并且将在费城学校中实施其在其他各地学校有效实施的纪律策略，来弥补解雇辅助服务助理和非教学助理所造成的影响。[70]

爱迪生公司的发言人亚当·塔克解释道："因为我们在全国各地的学校都这么做过，所以我们很清楚，当我们的人员配置模式、课程设置和专业发展能够与现有的成功学校战略结合在一起时，我们就不需要非教学助理了。"一位遭到解雇的、拥有 10 年工作经验的非教学助理回应说，塔克对非教学助理所承担的职责或者费城学校的性质一无所知。费城教师工会副主席杰里·乔丹对孩子们的安全表示担忧，并发誓要与裁员抗争到底："孩子们需要监管。我们正在试图向政府部门，以及对任何愿意倾听的人解释，这不是一个好的模式，它会对孩子们有害。"[71] 塔克不顾这些反对意见："费城学区并不是雇用爱迪生公司来维持现状的。改革意味着改变。我们相信，我们正在实施的人员配置模式，将在提高学生成绩的同时，缓解学区财政压力。"[72] 根据爱迪生公司一位高管的说法，公司高管层的共识是，非教学助理和辅助服务助理只是"城市特权制造厂"的受益者①，没干什么实际的事儿：为了学校系统更有效地运作，必须做出这种安排。[73]

然而，瓦拉斯并不同意，也没有让塔克成为最终的决定者。瓦拉斯立即命令爱迪生公司为每所学校聘请一名全职非教学助理和两名兼职辅助服务助理。[74] 瓦拉斯说，"我想确保他们拥有足够的后备人员。"[75]

费城毕竟不是巴尔的摩。2001—2007 年间，爱迪生公司负责的学校作为巴尔的摩的一个微型学区，直接从州政府获得了额外的资金，并且在学校的运营上拥有很大的自主权。但在费城，爱迪生公司的额外资金来源是一个由州政府和市政府官员共同任命的委员会，并且在决定资源分配方面的自由度有限。2001—2007 年间，巴尔的摩学校的首席执行官不得不将爱迪生公司负责的区域视为学区内的学区，而费城学校的首席执行官则将爱迪生公司视为一个实验项目来管理，其拥有自己的课程体系和来自外部渠道的补充资金。如果瓦拉斯认为某些人事决定不够谨慎，他可以做出干预，也确实这么做了。

---

① 暗指这些职位主要用于安插"关系户"。——译者注

然而，在学年开始后的一个月内，显然瓦拉斯并没有进行足够的干预。爱迪生公司也没有充分的后援。在费城西部的肖中学，两周时间内，一名因打架而被停学的 13 岁女孩重返学校后又引发了另一起打斗；4 名十三四岁的男生在被开除后立即因打架而被警方以妨害治安罪起诉；两名女生因在女生浴室放火而被捕。爱迪生公司发言人塔克试图淡化这些事件的严重性，指出肖中学长期以来一直有纪律问题。但这一解释与爱迪生公司削减肖中学 4 名非教学助理和 2 名秘书职位的做法相违背。作为回应，瓦拉斯派遣了一位经验丰富的行政人员来指导肖中学校长的工作，并要求爱迪生公司重新雇用被解雇的非教学助理。[76]

就在肖中学爆发学生打斗事件的同时，在爱迪生公司管理的、位于舒伊尔基尔河对岸的华林小学，两名 4 年级学生也爆发了一场恶斗。课桌被掀翻了。同学们在呼喊起哄。一位刚大学毕业的 22 岁、身高 1 米 58 的老师，打电话向办公室寻求帮助，但无人接听。挑起这场打斗的学生，在同一周已经参与了两次教室冲突。他从老师的桌子上抓起一把剪刀，威胁要刺伤另一名学生的脸。邻近教室的两位老师听到了骚动，赶来维持秩序。更为糟糕的是，华林小学的校长 6 天后才向学区的管理人员报告这一事件，并且在她的报告中丝毫没有提及剪刀或学生的威胁。瓦拉斯对此事开展了调查。那名教师由于受到了惊吓，并未返回工作岗位，而是一周后辞职了。[77]

与此同时，爱迪生公司接管的、位于费城北部的吉莱斯皮中学，遭受着走廊骚乱和火灾的困扰。瓦拉斯在 10 月初做出了回应，临时增加 15 名非教学助理和 5 名校警。[78] 4 英里外，在离特拉华河只有几个街区的爱迪生宾州条约中学，老师们抱怨说，5 名非教学助理遭到解雇后，学校走廊里的秩序变得十分混乱。爱迪生公司的领导认为，该公司的核心价值观是尊重、同情和正直，加上更好的指导，将不再需要传统的监督。一位资深教师反思了这一主张，说道："克里斯·惠特尔在想什么？他们不希望我们花费精力来管理学生的纪律，因为他们并不认为纪律是个问题。我认为他们是在自欺欺人。"[79]

就连一位坚信该公司模式的爱迪生学校校长也得出结论，公司得不到最初预期的资金，就无法运作。贾尼斯·索尔科夫是一位资深的学校管理者，拥有博士学位和 30 年教育工作经验。她在担任位于费城西部的爱迪生莫顿·麦克迈克尔小学校长期间感到不堪重负，并在 11 月中旬通知公司，她将于 12 月底辞职。索尔科夫在《纽约时报》上发表了一篇长文，又在《华盛顿邮报》发表了另一篇专栏文章，来表达自己的失败感。[80]

索尔科夫说，没有爱迪生公司承诺的业务经理和被其解雇的第二位学校秘书，她无法完成文书工作。使这种管理工作更具挑战的是，她必须同时向学区官员和公司主管汇报,这就意味着参加会议的次数和填写表格的次数都要翻一倍。对于这些多余的工作,索尔科夫指责是学区没有给予爱迪生公司足够的自主权所致。由此可见,一个教育管理机构要在学区内运作是有多难。此外,由于资金短缺,索尔科夫无法开设学校图书馆。该公司为所有 3 年级及以上的学生提供家用电脑,以及为所有教师配备笔记本电脑的标志性措施也无法实施。这使得爱迪生公司的课程实施变得愈加困难。[81]

更为严重的是,索尔科夫手下的老师们也不堪重负。在新学年的头两周,一名第一年从事 6 年级教学的教师辞职了;一名患有多发性硬化症、使用拐杖的 5 年级老教师遭到学生撞击,被救护车送往医院。由于该学区教师短缺,索尔科夫不得不接二连三地用代课教师来维持正常教学。"我觉得自己快要被这些困难和压力淹没了。我找不到什么办法能让我维持下去。"索尔科夫向《泰晤士报》记者坦言,"它(爱迪生公司模式)也许在其他的现实世界中能达到效果,但我不确定它能不能在费城的现实世界中发挥作用。"爱迪生公司费城地区高级副总裁理查德·巴斯向同一名记者讲述了运营爱迪生学校的负担:"这是一项艰巨的工作。这并不适合所有人。"[82] 3 年后,巴斯离开爱迪生公司,成为非营利性特许网络"知识就是力量"项目的首席执行官。[83]

•

虽然爱迪生公司没有雇用比瓦拉斯要求的更多的非教学助理和辅助服务助理,但该公司最终还是承认其学校需要更多的成年工作人员。爱迪生公司和瓦拉斯一起设计了一种变通办法。在学区的支持下,爱迪生公司获准雇用 8 名当地社区组织的雇员,如"我们战胜"、西费城社区和企业联盟以及"通用安全",担任大厅监测员。所需薪酬是加入工会的非教学助理的一半。[84]

降低成本并不是爱迪生公司遇到的唯一账务问题。该公司拖延了 7 周提交了三份必需文件:经审计后的上一财年的财务报表;一旦公司宣布破产,市政府有权获得公司资产(如电脑和教科书)的担保书;以及公司债权人提供的借款证明。[85] 瓦拉斯以管理严格著称。在成为芝加哥公立学校的首席执行官之前,他曾在伊利诺伊州议会担任了 15 年的预算分析师。直到 10 月 28 日,也就是爱迪生公司交齐所有必要文件一周后,他才向其支付了 530 万美元的定期付款。[86]

此外,爱迪生公司还因当月早些时候邀请了 175 名校长在科罗拉多斯普林斯奢华的布罗德穆尔度假村举行了为期 3 天的会议,而遭受更多的负面评价。同时,公司在财务文书工作方面落后,并借钱来维持生计。10 名来自费城的校长和 9 名来自切斯特阿普兰的校长参加了这场价值 30 万美元的务虚会。在一场关于一项新的课后活动的新闻发布会上，瓦拉斯痛斥爱迪生公司挥金如土。瓦拉斯说，"如果一家公司陷入困境，它就不应该再在遥远的地方举行昂贵的招待会或推介活动。"爱迪生公司发言人塔克避而不谈每名校长每天大约耗费 550 美元（不包括旅费）的问题，而是试图转移瓦拉斯的责难："任何不在校长发展上投入时间、金钱和资源的学校系统，都永远不会发挥出全部潜力。"[87]

然而，《费城问讯报》和《费城日报》报道这次会议并不全是因为其成本高得不合理。同样令人震惊的是，惠特尔在会议主旨演讲中建议，应该让学生在学校中担任办公室助理或技术助理，以培养其责任感并削减学校运营成本。惠特尔说："我们可以减少成人员工的数量。"此次演讲中提及的观点，为前文提到的他在 3 年后出版的关于学校改革的书籍《速成课程：想象公共教育更美好的未来》中的论点奠定了基础。[88] "我认为，对于教育和经济来说，这是一个重要的概念。爱迪生公司需要把它提升到另一个水平。"[89]

针对人们对爱迪生公司 8 月份解雇非教学助理和辅助服务助理的意图的质疑，惠特尔明确表示，他认为这些人的人事成本超过了他们的价值。惠特尔说，如果在一所 600 人的学校里，每个学生每周工作 5 个小时，就可以替换 75 个成年人。他预测，到 2004 年，这一体系将得以实施。瓦拉斯回击道："在我们眼皮底下，这是不可能的……健康的工作不会伤害任何人，但孩子们在校时需要待在教室里。"[90]

即使肖中学、华林小学、吉莱斯皮中学、爱迪生宾州条约中学和莫顿·麦迈克尔小学在学年开始时发生的骚乱，都不足以拿来反对惠特尔关于减少校舍中成人员工的提议，那么来自邻近的切斯特阿普兰学区的负面消息则表明，将惠特尔的理论付诸实践是多么的困难。如同在费城一样，爱迪生公司在切斯特阿普兰也因学校管理不善而受到指责：学生的行为问题增加；停课和旷课率上升；特别是切斯特高中暴力事件增多。[91] 2002 年 3 月，布伦特·斯特普尔斯在《纽约时报》的一篇专栏文章中写道，该学年爱迪生公司在切斯特阿普兰发出了 3 000 份停课通知，相当于在其管理的 9 所学校中，每两名学生就会有一份停课通知。州政府任命的切斯特阿普兰控制委员会主席、美国海军陆战队退役军人汤姆·珀辛对爱迪生公司提出了指责："这不是在解决问题，而是在掩盖问题。"[92]

此外，切斯特阿普兰学校当局还在 2002 年 10 月指责爱迪生公司没有按照承诺建立计算机实验室以及向教师提供笔记本电脑，并威胁要终止与该公司的合同。[93] 更糟糕的是，一周后，爱迪生公司在哈里斯堡得到了关于其在切斯特的学校的坏消息：在爱迪生公司管理下的第一年，切斯特阿普兰学区 9 所学校的 5 年级、8 年级和 11 年级学生在前一年的春季州统一阅读和数学考试中，几乎所有年级的成绩都有所下降。一所中学公布 8 年级学生的阅读成绩有所提高，但它 5 年级和 8 年级学生的数学成绩下滑幅度要大得多；切斯特高中公布 11 年级的数学成绩有所提高。而该地区的第 10 所学校，也是唯一不由爱迪生公司管理的学校，同一时期的学生阅读和数学成绩都取得了进步。爱迪生公司发言人塔克对于成绩下滑问题轻描淡写，声称第一年通常是爱迪生公司领导下的学校的过渡期，这并没有说服珀辛。2002 年 10 月，珀辛在接受《费城问讯报》采访时说道："我感到失望和幻灭。我知道这是一个艰难的局面，但我之前仍期望成绩会逐步提高。"[94]

·

随着切斯特阿普兰当局威胁要终止与爱迪生公司的合同，该公司管辖的学校的考试成绩不升反降，费城在公司没有正确提交文件之前扣留付款，爱迪生公司的股价在 10 月 10 日创历史新低。跌至每股 14 美分。接下来的 3 周里，爱迪生公司在《纽约时报》上刊登了三篇相同的整版广告，庆祝它的第一个十年，以此作为回击。爱迪生公司在广告中宣称，该公司"以历史性的速度"提高了学生的成绩；赢得了家长们的大力支持；迅速发展成为美国第 36 大学区，拥有 8 万多名学生；终于开始营利；尽管是"全美受到无人可及的最严格审查的学校系统"，但它还是努力做到了这一切。[95]

公司的股价得以小幅上涨。然而，若纳斯达克依旧坚持其 8 月发出的警告，即如果该公司的股价在 11 月 25 日之前连续 10 个交易日未能收于 1 美元以上，该公司将被摘牌，其股票代码将从电脑屏幕上消失。仁慈获得了胜利。在严峻的日子到来之前，11 月 11 日，随着收购量急剧上升，股价攀升至 68 美分。[96] 两天后，也是 4 个月来的第一次，该股收于 1 美元以上，且一直持续到第二年春天的头几天。[97] 无论是该公司在《纽约时报》的整版广告的推动，还是它为保住上市而精心策划的，此番收购狂潮让爱迪生公司避免了又一次尴尬的失败。

然而，广告宣传也好，公司保住纳斯达克上市也罢，对费城的报纸编辑或学校官员来说，都没有多大意义。据《费城日报》的编辑委员会说，爱迪生公司在费城的时间到 2003 年 3 月结束。[98] 瓦拉斯对爱迪生公司表示支持，但要求将生均额外拨款下调 49%，从 881 美元降至 450 美元。[99] 哈里斯堡的爱迪生公司倡导者们予以了回击，并为公司赢得了未来两年生均 750 美元的额外经费。[100]

另一家教育管理机构在哈里斯堡并没有获得这样的支持，瓦拉斯终止了该学区与校长灯塔学院公司的合同。该公司当时运营着费城 5 所学校，且没有引发

第六章 滑铁卢

任何反对意见。瓦拉斯认为，校长灯塔学院公司（一年后将与特许学校经营者想象学校公司合并）对该学区没有产生任何积极影响，并坦言将会发生简单的转型。瓦拉斯在一次新闻发布会上说："由于校长灯塔学院公司起初并没有实施太多的管理工作，我认为转型将非常简单。"校长灯塔学院公司的首席执行官、迈阿密－戴德县前学监奥克塔维奥·维西多对瓦拉斯的决定和语气表示失望，并称他的公司不仅履行了合同的所有条款，而且"远远超过了这些条款"。[101] 由于在哈里斯堡没有强大的盟友，校长灯塔学院公司的命运暗示了教育管理机构模式固有的脆弱性。

尽管爱迪生公司取得了这场胜利，但公司高管并没有理由重拾分析师和投资者们的信心，爱迪生公司在全国各学区所面临的挑战依旧严峻。尤其是爱迪生公司的忠实员工、资深的管理者贾尼斯·索尔科夫在年中的辞职让这一点显而易见。费城和纽约的新闻报道都十分尖锐。瓦拉斯对校长灯塔学院公司的态度也传达了直接的信号。

2003年5月，惠特尔提议他和他的管理团队将该公司私有化。[102] 当年7月，爱迪生公司董事会同意了惠特尔与总部位于纽约的私募股权公司自由合伙人策划的价值9 500万美元的收购交易，后者管理着佛罗里达州警察、教师、州政府和县政府公务员的部分养老基金。[103] 爱迪生公司的投资者以每股1.76美元持股，不及1999年11月首次公开募股时18美元价格的十分之一。惠特尔获得了公司3.7%的股份（以及承诺的最低60万美元的薪酬），而自由合伙人公司占有公司其余股份。[104] 为了将更多公立学校的管理私有化而上市的教育管理机构，在公开市场遭受重创后私有化了。

《费城日报》的克里斯·布伦南是对的，费城学校委员会主席佩德罗·拉莫斯也是对的。后者曾在一年半前警告惠特尔，他和他的股东们会后悔参与了对学校系统的敌意收购。费城可以而且将成为惠特尔的滑铁卢，而纽约相应地可以再回过头来看成是他的莱比锡①。一场毁灭性的损失预示着更糟糕的局面。惠特尔高估了他公司的实力，扩张得过快。失败将会分阶段出现，但将会是决定性的。爱迪生公司再也不会重现它早日的辉煌。

---

① 典故出自1813年的莱比锡战役。这是拿破仑战争中最激烈的一场战役，直接结果是拿破仑在德意志的统治最终崩溃，莱茵联邦解体。——译者注

第七章

重新定义

> 我们现在能够营利是因为我们没有做什么，而不是因为我们做了什么。
>
> ——杰夫·沃尔，爱迪生学习公司首席执行官兼总裁

爱迪生公司再度成为私人公司，尽管这次是在一家专注于回报的投资公司而非一帮致力于改革美国教育的高管的领导下。爱迪生公司完全转型为一家提供多种服务的供应商，缩减了学校管理业务，并推广了1999年开始提供的一系列辅助服务。2003年，提供课后和暑期课程的爱迪生补充教育公司更名为牛顿学习公司；为学区提供专业发展服务、课程指导和评估学生进步的计算机软件的爱迪生分支公司更名为汤斯敦教育公司；爱迪生英国公司是作为一家与英国学区合作的咨询机构发展起来的。[1] 次年，公司将汤斯敦学习公司的咨询业务剥离出来，并将其称作爱迪生联盟。[2]

爱迪生联盟，也被称为"爱迪生之光"，很快便成为该公司最赚钱的部门。这个机构专门负责应对《不让一个孩子掉队》法案所提出的挑战。爱迪生联盟的工作人员协助学校校长和教师，将其课程与州立标准统一起来，并建立月度测评制度，以帮助学生为参加《不让一个孩子掉队》法案规定的年度州统一阅读和数学考试做准备。爱迪生联盟于2004年夏天在南卡罗来纳州的13所学校开始运营。州政府支付了40万美元作为初始费用，每所学校每年还要支付32.7万美元（且每年增长3%）。2005年春天，夏威夷与爱迪生联盟签订了一份为期两年的合同，让其为7所学校提供服务，每年的费用是390万美元。爱迪生联盟与南卡罗来纳州的合同预计至少为期5年，但在3年后终止了。[3] 然而，爱迪生公司在夏威夷的合同却在不断扩大。到2010年，已经有38所夏威夷的学校成为爱迪生联盟的

客户。爱迪生联盟拥有 24 名全职员工，为小学、中学和高中的管理人员和教师提供指导。⁴ 根据合同，2010 年，为夏威夷的小学提供服务的年度费用为 30 万美元，初中 35 万美元，高中 45 万美元。⁵ 爱迪生联盟的员工人数少，没有实体成本，不对负面事件负责，而且行事低调。事实证明，爱迪生联盟是可扩张的，与该公司最初的学校管理模式形成了鲜明的对比。

在爱迪生公司担任了 7 年高管的理查德·巴斯说，"爱迪生联盟是一家收入少得多的企业，但其利润丰厚，且没有冲突。"他在 2006 年 1 月离开了爱迪生公司，出任"知识就是力量"项目的首席执行官。这个项目是一个非营利性的特许网络，后来被证明是爱迪生公司管理模式的替代方案。⁶ 在反思爱迪生联盟的成功时，巴斯说："如果你能够成为'内部信息渠道'，那可以说，一家营利型教育公司就很有可能会取得成功。麦肯锡可能会帮助通用磨坊进行重组，但要由通用磨坊来发布新闻稿。让教育管理机构负责一所学校全部管理事务的问题在于，它扮演的角色过大了。"⁷

出于相似的原因，牛顿学习公司也发展成为一个强大的机构，但它的成功将会是短暂的。牛顿学习公司始于 2001 年，当时有 2 万名学生参加了其举办的课后和暑期课程。2005 年，牛顿学习公司为 11.5 万名学生提供了服务：5 万名学生参加了课后课程，6.5 万名学生参加了暑期课程。⁸《不让一个孩子掉队》法案为这项业务提供了动力。《不让一个孩子掉队》法案授权地方教育当局可以使用部分第一章经费（即联邦政府拨给处境不利学生的资金）与外部组织签订合同，为连续 3 年没有取得适当年度进步的学校学生提供补充教育服务。⁹ 然而，各学区很快就找到办法来规避这项规定，即没有用他们的第一章经费来聘请外部人士，而是自己提供了大部分补充教育工作。尽管许多人认为这一规定并不合理，但其背后的逻辑是清晰的：如果学校教学不能让学生取得适当年度进步，就不应该继续雇用相关的行政人员和教师来帮助表现不佳的学生；相反，这些工作应该外包给那些可能做得更好且如果成效不佳更容易遭到解雇的私营实体。¹⁰

2005 年，芝加哥公立学校的首席执行官阿恩·邓肯领导了这场针对美国教育部的反抗。而 4 年后，邓肯将出任美国教育部部长。在芝加哥接受补充教育服务的 8.2 万名学生中，有 4 万人参加的是该市自己负责的项目，而根据《不让一个孩子掉队》法案，他们所有人都应该参加外部供应商运营的项目。邓肯蔑视联邦政府，在一次相关活动中指出了私营部门如何遭遇强烈反对，以及在政治上剥夺权力是如何导致法律的松散的。邓肯在 2005 年接受《教育周刊》采访时说道："这项法律的制定者肯定是为了孩子们好，但你们不能盲目地遵从那些会伤害孩子们的无逻辑规则。"¹¹ 邓肯通过改变暑期学校经费的用途赢得了这场斗争，其他学区也找到了不同的变通方法来保障自己对补充教育服务的掌控：费城学区在系统内创建了一个"中间单元"，以提供补充教育服务；一些较小的学区在已取得适当年度进步的学校提供辅导服务①。12 当地对爱迪生公司作为教育管理机构的抵制，也同样阻碍了该公司和其他公司提供补充教育服务。

除了这些变通办法之外，地方学区还禁止外部供应商在校内的建筑工作；要求家长填写多份表格，使这些机构的辅导课程报名流程变得十分烦琐；对外部供应商为每个学生提供服务的费用补贴标准规定了较低的上限（例如，芝加哥规定给外部供应商的生均补习费补贴不超过1 500美元，而州政府为此的生均拨款实为2 200美元）。到2006年，在250万名有资格接受辅导的学生中，只有23%，即58.5万人接受了辅导。在这些学生中，大约60%的学生接受的是学区的辅导，而不是像《不让一个孩子掉队》法案规定的那样接受外部供应商的辅导。从财政角度来看，结果更是明显：2005—2006年，《不让一个孩子掉队》法案授权了25亿美元的联邦基金专门用于补充教育服务，而其中只有4亿美元给了私营组织，包括营利性组织和非营利性组织。13 爱迪生公司和其他许多在补充教育服务市场占有很大份额的公司都被挤了出去。14

汤斯敦学习公司的增长也是短暂的。这个机构也发展得很快，但却遭遇了不同的困难。起初，在2001年，汤斯敦学习公司开发的基准评估软件仅在爱迪生公司管理的88所学校中使用，涉及5.7万名学生。到了2005年，该公司的软件已在美国的377所学校使用，用户量达13.5万名学生，英国也有40所学校的2.2万名学生使用该软件。然而，受到自由合伙人公司的压力，爱迪生公司停止了对汤斯敦学习公司的营销推广活动。爱迪生教育服务集团的首席执行官吉姆·豪兰德在2005年说道："我们正在履行我们的合同，但我们没有向前迈进，尽管我们可能会继续前进。这是个成本问题，我们很快发展成为形成性评估领域的第一大公司，但我们无法与那些将软件和教科书交叉出售从而降低成本的出版社竞争。我们需要集中精力，对于一家价值4亿美元的公司来说，自由合伙人公司认为我们拥有过多的分支机构。"15

---

① 按照《不让一个孩子掉队》法案的要求，达不到适当年度进步目标的学校本应将辅导服务外包，但学区为了将这笔资金掌握在自己手里，便在达成了适当年度进步目标的学校办补习教育，然后将那些没有达到适当年度进步目标的学校的学生送到这些学校接受辅导。——译者注

教育市场化的边界

·

随着汤斯敦学习公司受到主流教科书出版商的排挤，牛顿学习公司在政治上受到限制，爱迪生公司的核心业务也受到低利润率和政治限制的影响，自由合伙人公司采取了果断的措施来重组公司。重组工作从公司的高层入手。惠特尔和贝诺·施密德特在 2006 年 12 月被免去了行政职务，尽管他们在公司董事会的席位得以保留。[16] 泰瑞·斯泰茨于 2004 年加入爱迪生公司，担任首席运营官。在此之前他在制药行业担任了 20 年的高管。此番重组后他成为公司的首席执行官。在斯泰茨的领导下，爱迪生学校公司于 2008 年 6 月更名为爱迪生学习公司，并以收购位于加州圣克拉拉的在线教育软件开发商教务长系统公司，作为这一转型的标志。[17]

在学校管理和课后与暑期补充教育服务业务的前景不乐观的情况下，在线教育成为一种有前景的替代选择。与爱迪生联盟相似，在线教育机构既不需要耗费大量人力，也不会对打算保留学校日常管理权的地方学校委员会造成威胁；此外，在线教育产品本身也远比日常教学更容易评估，因为在线课程，最终构成的是与教科书没什么区别的独立商品，而且人们对在线教育服务的需求也在不断增长。

其中一个潜在的市场是在家上学的儿童。即使不是全部，他们也会有部分功课在网上学习。根据美国国家教育统计中心的数据，2007 年，美国 5 100 万学龄人口中，有 150 万的儿童在家上学。1999 年这一数字为 85 万，2003 年为 110 万。[18] 因此，1999—2003 年的年增长率为 6.7%，2003—2007 年的年增长率为 8.1%。到 2012 年，即有数据可查的最近一年，这一数字增长到 180 万。虽然年增长率已降至 3.7%，但仍然很可观。[19] 另外一个市场是一些学校有部分课程无法线下开设，便会转为开设在线课程。例如，无法聘请教师教授中文、俄语或高等数学的学校可以开设这些课程的虚拟版本。此外，希望控制成本的学校同样可以使用在线课程取代教师。据估计，在线教学的生均成本要比传统教学少 36%。[20]

爱迪生学习公司将会奋起直追。在这一新兴领域遥遥领先的是 K12 公司和关联学院。K12 公司由麦肯锡公司的前顾问罗恩·J. 帕卡德在 1999 年创立，由甲骨文公司的首席执行官拉里·埃里森、前债券交易员迈克尔·米尔肯和洛兹公司的联席主席安德鲁·蒂施出资 4 000 万美元。2008 年 6 月，当爱迪生学习学习公司宣布收购教务长系统公司时，总部位于弗吉尼亚的 K12 公司已经在 15 个州运营了 24 所网络学校，拥有 31 355 名学生，并且下个学年的注册人数将增至 37 542 人。关联学院于 2001 年成立，是总部设在巴尔的摩的西尔万学习系统公司的子公司，当爱迪生学习公司宣布收购教务长系统公司时，关联学院已经在11个州开办了12所网络学校，拥有8 615名学生，并且下个学年的注册人数将增至13 278人。[21]

到2011年，K12公司和关联学院已经遥遥领先。爱迪生学习公司于2009年在南卡罗来纳州开办了一所网络学校，2010年在科罗拉多州开办了另一所网络学校。总注册人数为1 293人。当时，K12公司已经在23个州运营着49所网络学校，拥有87 091名学生。关联学院在18个州运营着19所网络学校，拥有29 028名学生。2011年9月，该公司被总部位于伦敦的跨国传媒巨头培生集团以4亿美元收购。消息一出，发展势头如日中天。[22]

·

与此同时，惠特尔和施密德特再次转向通过运营学校追求盈利的模式。惠特尔和施密德特没有采用最初的专门通过教育券筹集资金、以低预算运营私立学校的计划，也没有采用后来作为分包商管理学区学校和特许学校的策略，而是着手建立一个遍布全球各大城市的优质私立学校网络。

这些学校将共享同样的全球精神和双语课程，和成熟的私立学校竞争，收取相同甚至是更高的费用，并为家长会在纽约、伦敦、巴黎、阿布扎比、孟买、上海、新加坡、悉尼、墨西哥城和里约之间穿梭的儿童提供服务。惠特尔和施密德特将他们的公司命名为"国度学院"。2008年，他们与之前介绍过的迪拜教育企业家桑尼·沃尔基合作。后者的全球伙伴关系学校公司由前爱迪生公司高管曼尼·里维拉和前学监鲁迪·克鲁共同领导。惠特尔和施密德特预测，到2021年，国度学院将在全世界开办60所学校。[23]

2008—2009年的市场崩盘导致资金枯竭。惠特尔和施密德特与沃尔基之间出现了不可调和的矛盾。2011年，他们将公司更名为"大道公司"，并从自由合伙人公司获得了3 750万美元的资金。总部位于费城的私募股权投资集团LLR也注入了相同数额的资金。[24]爱迪生公司的早期投资者约翰·费舍尔还投入了一笔未公开数额的资金。他还是"知识就是力量"项目的董事会主席、特许学校增长基金的联席主席、费舍尔家族（休闲服饰零售商盖璞公司创始人）的财务管理机构双鱼座公司的总裁。[25]

与之前的做法相同，惠特尔开始大肆招兵买马，并进行了铺天盖地的广告宣传活动。他聘用了3所精英私立学校的前任校长——菲利普斯·埃克塞特、霍奇基斯和道尔顿——以及声名显赫的92街Y幼儿园的园长。[26]和之前宣传第一频道和"爱迪生计划"一样,惠特尔从 2011 年 2 月开始每周在《纽约时报》上刊登一次整版广告宣传大道公司,连续刊登 5 周。[27] 此外,在互联网上、《华尔街日报》、《纽约客》和《纽约时报》杂志上以及《市中心快报》、《我们的城市》和《西区精神》等社区小报也刊登了关于这个新学校计划的详细介绍。[28]

截至 2012 年 9 月该公司在曼哈顿切尔西区开办第一所学校,这场广告宣传活动包括了 46 个报纸广告、7 个杂志广告,以及无数互联网广告。在开办第一所学校后,广告宣传继续开展。在接下来的 16 个月里,公司又发布了 36 个报纸广告和 5 个杂志广告。根据一个广告数据库的统计,这些广告的总费用为 300 万美元。[29] 有些广告是一些简单的宣传,画面设计巧妙:将笔记本设计成护照,地球仪打开后成为书籍,上面布满公司标志;另一些广告则让人想起爱迪生公司 2004—2007 年间几乎在每一期的《教育周刊》上刊登的广告,内容是学校工作人员或顾问对一些问题的简短回答,例如:"成功可以教吗?""孩子们能像学音乐那样学语言吗?""是时候重新设计课程表了吗?"以及"学校里的科技是否没有极限?"[30] 该公司在其网站上发表了题为"一种新的思想流派/一所新的思想学校"的使命宣言,使人想起了 20 年前"爱迪生计划"的主张。[31]

此外,惠特尔和施密德特还在市中心富丽堂皇的哈佛俱乐部和苏荷区豪华的克罗斯比街酒店等场所,为未来可能选择其学校的家长们举办了 50 多场信息发布会,并以优质葡萄酒和奶酪款待。[32] 尽管做出了如此非凡的努力,第一年的入学人数还是远远低于预期。2011 年 7 月,大道公司的学术院长加德纳·P. 邓南预测,从幼儿园到 9 年级将总共招收 1 320 名学生。[33] 邓南对纽约私立学校的情况了如指掌。他曾在上东区著名的进步主义学校道尔顿学校当了 23 年校长,后来创办了哥伦比亚学校并担任了 10 年校长。哥伦比亚学校复制了道尔顿的模式,是哥伦比亚大学为了招募和留住人才在晨边高地为教授们的子女建造的一所学校。2012 年 2 月,邓南预测将有 800~1 100 名学生入学。[34] 第一个学年开学当天,大道公司在《纽约时报》和《华尔街日报》的整版广告中写道,注册学生数"超过 700 人"。不久后,同样的整版广告还出现在了《纽约客》和《纽约时报》杂志上。[35]

最初的校园位于第 10 大道与 25 街、26 街之间。正如该公司在广告中承诺的那样,它是高科技化的国际学校的完美典范。该建筑是由一个杂货仓库耗费 6 000 万美元改建而成的,占地 21.5 万平方英尺,共有 10 层。这座建筑与高线毗邻。后者曾是一条工业高架铁路的支线,后由纽约市政府和慈善家耗资 1.52 亿美元改建成一条蜿蜒的空中步道,其间点缀着花园和引人入胜的景观。[36] 在校内,中央楼梯的顶部有一面由 16 个相邻的矩形等离子屏幕组成的屏幕墙,上面播放着地图和新闻来迎接学生;每一层楼的走廊也设有等离子屏,展示学生的艺术和科学项目成果;所有楼层都有宽敞的公共区域,自然采光良好;自助餐厅占地2万平方英尺,可以俯瞰整个高线的风景,像是一家现代酒店中的时尚简约餐厅;洗手间几乎完全复制高档餐厅的设计;所有的标识都有英语、西班牙语和汉语三种表达,与学校的双语课程保持一致,幼儿园到4年级的学生每天要花一半的时间学习英语,另一半的时间学习西班牙语或汉语;一楼的黑匣子剧场两侧,是为学习音乐的学生设立的隔音练习室。

2014年3月,一位一个儿子在上托儿所,另一个儿子在上幼儿园的家长,在一次参观中对大道公司大为赞赏。他是一位高科技领域的企业高管,几十年前曾在道尔顿学校上学。他说,他和妻子之所以选择这所学校,是因为它令人印象深刻的行政人员招聘、双语项目、建构主义课程和普遍的技术融合。但他坦言,学校在学生构成多样性方面的不足令他担忧。

这种缺乏多样性的现象在3月份的那天早晨家长送孩子上学时表现得尤为突出。三名安保人员打着领带,佩戴着公司的身份证件,穿着四分之三身长的黑色外套,顶着严寒,在第10大道走进走出,在学校门前拥堵着路虎揽胜、黄色出租车、凯迪拉克凯雷德、宝马和林肯领航者等汽车的道路上指挥交通,帮乘客打开车门,把孩子们护送到路边,像花样滑冰运动员练习双人赛的基本动作一样频繁地把他们从车里抱到人行道上。如果车速慢些,工作人员戴着帽子,乘客是成年人而不是儿童,这一幕情景可能会出现在华尔道夫酒店或广场酒店。更奇怪的是,除了纽约以外,美国很少有城市会出现这样的情况。这种在上午和下午固定出现的情景就发生在跨越两个街区的住宅项目的对面,这个住宅项目有7座塔楼,供2 400名低收入居民居住。[37]

·

即使大道公司成功了,那也是微乎其微的概率。与爱迪生公司的管理者不同,大道公司的管理者不必与纳税人、政策制定者、工会教师和报纸专栏作家的质疑和尖酸刻薄做斗争。但他们必须与一个众所周知的警惕性很高的利益团体打交道,那便是私立学校的家长们。这一群体在自己孩子的教育上花费重金,并期望能得到最好的回报时,自然会向大道公司的管理者施压,要求他们拥有与其他昂贵的私立学校一样的优势,从小班教学和大量的科学实验室,到在艺术、音乐、戏剧和体育方面健全的课程。然而,作为一个营利性实体,大道公司在满足这些需求方面处于明显劣势。除了少数私立学校外,在美国与之竞争的都是非营利机构。事实上,私立学校特许组织全美独立学校协会禁止营利性经营者成为会

员。³⁸ 在选择域名时以".org"而不是".com"结尾，已经暗示了大道公司的管理者对学校的营利性质感到不安。³⁹

作为一家营利性机构，大道公司不能像其他非营利性私立学校那样，获得可抵税额度的捐赠来补贴成本；⁴⁰ 此外，它还必须缴纳非营利性私立学校并不需要缴纳的企业所得税。在这样的情况下，大道公司别无选择，只能收取更多的费用，减少向学生提供经济援助，并扩大班级规模。该校运营的第二个学年，即 2013—2014 年，从幼儿园到高中各年级学生的学杂费相当于人均 43 750 美元。其数额比曼哈顿 5 所作为竞争对手的知名私立学校的收费高出了 8.4%，即 3 383 美元。⁴¹

在 2012 年的一次采访中，当被问及经济援助时，邓南表示，考虑到预计入学人数为 1 100 人，下一年的援助目标是 200 万美元。这意味着生均减免额为 1 818 美元。然而，即使大道公司提供了这些援助，数额也远远低于相互竞争和比较的其他 5 所私立学校。根据最新向美国国税局申报的数据，这 5 所学校在 2012—2013 年的生均减免额为 6 091 美元。⁴² 这种差异使得许多家庭承受不了大道公司学校的经济负担，也就必然会降低学校的多样性，而在家长（比如那位参观了大道公司的家长）和教育工作者（特别是全美独立学校协会领导人）看来，这种多样性是决定学习环境活力的一个关键因素。⁴³ 最后，大道公司的管理人承认，班级的规模会扩大。邓南说，一个班将有 18 名学生，而不是道尔顿学校和其他类似学校的每班 14 名或 12 名学生，但他认为，研究表明，他个人的经验也证实，这样的差异不会对学生的成绩产生影响。⁴⁴

在其他一些国家，税收政策不同，来自成熟的私立学校的竞争压力不那么激烈，更多的家长没有预算方面的顾虑，人们对多样性的关注也更少，大道公司可能会有更大的市场需求。在 2014 年 1 月发表的关于大道公司状况的年度报告中，惠特尔流露出了他标志性的热情：第一所学校第一年的入学人数刚刚达到 1 100 人，预计第二年将超过 1 300 人；第二所学校将与北京著名的人大附中合办，计划于 2016 年秋季在占地 25 英亩的全新校区开学；并正在探索在上海、旧金山、洛杉矶、圣保罗、伦敦和新德里建校。为了领导这种发展，曾在 2005—2012 年担任美国最大的特许管理组织国家遗产研究院首席执行官和总裁的杰夫·克拉克出任公司的总裁和首席运营官；为了给这种发展供资，约翰·费舍尔买下了自由合伙人公司在大道公司的股份，并向该公司投资了更多资金，使其成为公司的大股东。⁴⁵

然而，这样的期望并未实现。据一位直接了解谈判情况的公司官员称，公司与人大附中的合作于 2015 年 2 月结束。惠特尔在北京花了几个月的时间试图落实这项安排，但还是失败了。《华尔街日报》在当年 3 月报道称，惠特尔已经辞职，但该报道传达的信息是，他的离职并非是自愿的。上述公司官员也证实了这一点。就像惠特尔在 2006 年被迫离开爱迪生公司一样,9 年后他又被迫离开了大道公司。《华尔街日报》报道称,该公司仍计划在北京开办一所学校,但这一计划最早要到 2017 年才能实现。[46] 美国消费者新闻与商业频道 11 月报道称,大道公司在北京"宽敞而时髦"的办公室里几乎空无一人,而且没有公司管理人员愿意承诺在北京开办学校的具体日期。[47]

除了在国外建立商业化学校的难度外,大道公司还面临着比自己早到一步的同类公司的竞争。[48] 截至 2014—2015 学年,总部位于中国香港的诺德安格利亚教育公司已在美国开办了 6 所学校(其中一所在纽约),在中国也有 6 所(北京和上海各两所),在世界其他地方还有 23 所学校。总部位于伊利诺伊州的梅里塔斯公司在美国开办了 7 所学校(其中一所学校在纽约),在瑞士、墨西哥和中国还各有一所学校。总部位于迪拜、由施密特和惠特尔之前短暂的合作伙伴桑尼·沃尔基运营的全球教育管理系统公司,在芝加哥有一所学校,在其他 13 个国家还拥有 68 所学校。[49]

到目前为止,对一些运营商来说,这个领域的利润似乎相当丰厚。事实上,2015 年 6 月,诺德安格利亚教育公司以 5.59 亿美元收购了梅里塔斯公司的 6 所学校(共招收 8 083 名学生),并在同月以每股 24 美元的价格上市,发行了 1.04 亿股股票。这意味着该公司市值达到 25 亿美元。[50] 然而,即使大道公司出现转机,加入这个队伍,其影响力也将与惠特尔改革美国教育的初心无关了。每名学生每年 4.5 万美元的费用的模式难以扩展。此外,从 2000 年在圣地亚哥成立的高科技高中,到 2006 年在费城成立的科学领导学院,全美各地与科技融合的可扩展公立学校比比皆是。虽然大道公司和同类公司可能会增加高中赴外交流项目的私有化,但空间有限,只能是在边缘上努力争取那些原本可能通过美国海外服务社(AFS,前身为美国战地服务团)和国际学生交流协会等成熟的非营利项目出国留学的学生。

•

爱迪生学习公司远离了这个利基市场①,继续挣扎。斯泰茨担任了两年的首席

---

① 指那些高度专门化的需求市场,是在较大的细分市场中具有相似兴趣或需求的一小群顾客所占有的市场空间。创业型企业为了避免在市场上与强大的竞争对手发生正面冲突而受其攻击,往往会选取被大企业忽略、需求尚未得到满足、力量薄弱、有获利基础的小市场作为其目标市场。在营销学中这被称作利基市场战略。——译者注

执行官后，遭到解雇。正如 2006 年斯泰茨接替惠特尔从首席运营官升任首席执行官，2008 年杰夫·沃尔也从首席运营官升任首席执行官以接替斯泰茨。而且同斯泰茨在加入该公司之前并没有从事过教育领域的工作而是在消费医疗保健营销领域工作了 20 多年一样，沃尔在加入公司之前从事了 20 多年的金融管理工作。

沃尔在俄亥俄州长大，在家乡一所天主教学校沃尔什大学主修了会计、财务和管理三个专业，毕业后在毕马威当了几年会计，然后在杰克·韦尔奇的培养和指导下，在通用电气平步青云，升任通用资本大湖区总裁和首席运营官。对于沃尔来说，爱迪生学习公司急需建立财务制度。沃尔效仿韦尔奇的做法，通过各种方式削减成本。

2009 年 8 月，沃尔把爱迪生学习公司的总部从位于第 43 街拐角处的第 5 大道 521 号，搬到了向东 3 个街区的列克星敦大街 485 号。这是他最引人注目的举措之一。2010 年 5 月，沃尔在新总部接受采访时表示，此举将为公司每年节省逾 200 万美元的租金，此外还会展现出一种不同的形象。沃尔说："我们已经因为作为一家营利性组织而遭受了足够多的痛苦，我们也不需要待在第 5 大道上了。"而且，沃尔还免费接收了办公区前租户《高尔夫文摘》杂志的家具，从办公桌、桌子到他位于角落的办公室里的一套白色皮革的密斯·凡德罗巴塞罗那椅①。沃尔保留了原来的布局，只做了一处修改：在公司新总部的中心草坪上插了几面旗帜，上面写着爱迪生学习公司。[51]

沃尔还将财务服务部门的工作人员迁至该公司位于田纳西州诺克斯维尔的运营办公室；终止了该公司与五家营销公司和多家咨询公司的合作关系；并通过将行政人员从总部调到各自负责的区域，实行差旅预先审批制度，用自助预订系统取代旅行社合同，以及仅使用服务有限的连锁酒店等多重措施，削减差旅费用和间接成本。沃尔称，仅通过后面这些措施，就已经将每年在机票、住宿和餐饮方面的开销从 2007 年的 630 万美元降低到 2010 年的 390 万美元。[52]

沃尔补充道，公司不再签订不能保证良好回报的学校管理合同，并列举了其最近拒绝接管弗吉尼亚州农村的一所特许学校的例子。沃尔说："我们现在能够营利是因为我们没有做什么，而不是因为我们做了什么。"[53]

沃尔预计，爱迪生学习公司在精简后会出现显著的增长，尤其是在与各州合作争取奥巴马总统的"力争上游"计划的 43.5 亿美元中的部分资金方面。2009 年 11 月国会通过了授权"力争上游"计划的《美国复苏和再投资法》。一个月

---

① 巴塞罗那椅是由密斯·凡德罗在 1929 年为巴塞罗那世博会设计的作品，开创了现代设计先河，被视为 20 世纪最经典的椅子，并流行至今。——译者注

第七章 重新定义

后，沃尔在给爱迪生学习公司员工的第一份年终信件中强调，新的立法能让公司的优势得以发挥。沃尔写道，"力争上游"计划的重点是实施数据系统、提高教师质量和扭转失败的学校，这与爱迪生学习公司所做的工作是完全一致的。他提到，针对这些内容，已经与伊利诺伊州、弗吉尼亚州、科罗拉多州以及华盛顿特区的教育官员展开了有希望的讨论。[54]

沃尔还将"力争上游"计划的基调和目标解读为，既印证了公司长期以来的宗旨，也证明了其保持乐观态度的理由。他写道："当我展望未来时，我看到这家公司所拥有的机会比以往任何时候都多。好像我们的十字军东征终于胜利了。当我们公司的创始人和前辈在 20 世纪 90 年代建立这个机构时，他们主张……选择、竞争、问责和透明——当时许多教育工作者并不接受这些想法。我们成长得很快，但在每一个转折点上都遭遇过阻力。"[55]

沃尔将爱迪生学习公司与四个领导美国学校改革的著名组织组成了一个紧密的、相互联系的圈子："为美国而教"（1989 年由温迪·科普创建）；"知识就是力量"项目（1994 年由"为美国而教"的校友迈克·芬伯格和戴夫·莱文创建，2006 年以来由"为美国而教"的校友和前爱迪生公司高管理查德·巴斯领导，他是科普的丈夫）；"新教师计划"（1997 年由"为美国而教"的校友和前华盛顿特区教育局长米歇尔·瑞熙创建）；"新学校的新领袖"（2000 年由"力争上游"计划的设计者乔恩·舒纳与他人共同创建，他是科普在普林斯顿的 1989 级的同学）。沃尔继续说道："这可能看起来有些不谦虚，但我确实认为我们……正在赢得这场思想之战，学校改革正朝着正确的方向前进。现在，我们面临的挑战是，使这些思想能够在更多的学生、学校和社区中真正发挥作用。"[56]

私下里，沃尔预测，公司很快会在目前在科罗拉多州和南卡罗来纳州经营的两所网络特许学校的基础上，再增加 8 所；除了目前在全国范围内管理的 62 所学校之外，再与 27 所学校签约；并与从名人堂篮球运动员转型为企业家的魔术师约翰逊合作，建立一个全国性的学分恢复中心网络，为高中辍学生提供一系列在线和传统课程，帮助他们获得文凭。[57]

除了与约翰逊合作之外，沃尔还试图通过使公司领导团队和信息多样化来接触更多的受众。沃尔在 2010 年 5 月回忆说，当他 2007 年加入爱迪生公司时，公司的 7 名高管包括 6 名白人男性和 1 名黑人男性。沃尔说，在他的领导团队的 15 名成员中，有 13 人是妇女和/或有色人种。[58] 两个月后，公司在圣地亚哥加斯兰普区的威斯汀酒店举办的夏季峰会印证了这种新的定位。300 名公司高管、财务支持人员和学校管理人员参加了这场为期 4 天的会议。该公司多年来一直举办秋季和夏季峰会，称为爱迪生领导力发展学院。2010 年夏季峰会的重点是三个 R：不是传统的读、写、算的三个 R，而是指严谨、适切性和关系。

在欢迎演讲中，沃尔谈到了市中心学生的高中毕业率很低，以及迫切需要提高学校的严谨性，增加课程的相关性，并增强学生与老师的关系。沃尔以自己最喜欢的一首哈罗德·梅尔文和蓝色音符乐队的蓝调音乐《大家醒醒吧》作为结语。沃尔解释说，之所以喜欢这首歌，部分原因是因为第二部分，敦促教师要激励学生。当沃尔走下演讲台时，这首歌的旋律在酒店的会场中响起。[59]

峰会第二天的主旨发言人是普林斯顿大学非裔美国人研究领域教授、美国社会民主党资深领袖科内尔·韦斯特。他一年后将参与在波士顿、纽约、华盛顿特区和洛杉矶举行的占领华尔街示威游行。[60]在沃尔时代之前，夏季和秋季峰会的主旨演讲通常由公司高管发表。有时也会邀请局外人进行主旨演讲，比如来自俄亥俄州的励志演讲家和电台音乐节目主持人莱斯·布朗，以及密尔沃基的马凯特大学教授霍华德·富勒。后者是教育券和特许学校的倡导者。邀请韦斯特这样的进步主义的、言语直率的评论家做主旨演讲是一种新的发展，并且这种趋势也并没有止步于韦斯特。4 个月后，在加州棕榈泉举行的爱迪生领导力发展学院秋季峰会，同样邀请了两位进步主义的、直率的非裔美国学者发表主旨演讲：乔治敦大学的社会学教授迈克尔·埃里克·戴森和普林斯顿大学的政治学教授梅丽莎·哈里斯–佩里。[61]

虽然韦斯特出现在一家营利性学校管理公司于大酒店宴会厅举行的峰会上显得很突兀，但他很快就尝试让自己迎合听众，把自己当作爱迪生学习公司的朋友。韦斯特一开场就引用爵士乐作曲家和萨克斯管演奏家约翰·科尔特兰纳的话，称该公司是"一股真正有益的力量"，并称赞沃尔是一位"勇敢且有远见的领导人"。随后，他开始了一场长达 65 分钟、漫无边际的演讲，一会儿将派代亚解释为对灵魂和心灵的教育，一会儿沉思音乐天才，一会儿又谴责"里根时代""市场价值""超级赚钱大亨"和"对穷人的冷漠"。[62]

4 个月后，戴森和哈里斯–佩里发表了更为直白的演讲，但也同样抨击了企业的贪婪和种族主义制度安排。[63]和韦斯特一样，戴森一开始就试图讨好观众。戴森说，他很荣幸能与"一群非凡的朝圣者一起走向教育启蒙的应许之地"，并继续称赞爱迪生学习公司在市中心学校的工作和对数据的密切关注。[64]但戴森、韦斯特和哈里斯–佩里希望传递出的明确信息是，择校或管理方法对于美国贫困儿童教育机会的影响，远不如经济和种族公正的作用。

其实，哈里斯–佩里甚至认为，择校运动的根源是集体未能为所有儿童提供良好的教育。哈里斯–佩里指出，在她当时居住的普林斯顿地区，人们并不需要精心挑选自己孩子要上的小学，因为附近的学校都很优秀。但在像新奥尔良这样

第七章　重新定义

的地方，人们不得不货比三家，因为学校系统一直都没能获得足够的资金支持。事实上，这是政治学家杰弗里·海尼格在20年前，针对约翰·查布和特里·莫伊支持择校所提出的对抗性论点。[65]

•

2011年2月，在爱迪生学习公司总部进行的后续采访中，被问及对这样的坦率的看法时，沃尔说，他曾希望韦斯特、戴森和哈里斯-佩里能够继续深化认识，并激发出富有成效的辩论。[66] 尽管三位主旨演讲者可能已经做到了这一点，沃尔精简公司的努力可能会带来更多的利润，但爱迪生学习公司却继续失势。

沃尔对"力争上游"计划的看法是正确的。它的确印证了公司的使命。"爱迪生计划"、爱迪生学校公司或爱迪生学习公司，最终并不一定非要获得蓬勃发展才能产生影响。惠特尔和施密德特通过强调竞争、选择和结果，在转变公共教育讨论焦点方面发挥了重要作用。其在这场运动中的盟友，"为美国而教"、"知识就是力量"项目、"新教师计划"和"新学校的新领袖"——所有力挺商业原则的非营利性组织——都将蓬勃发展。但是爱迪生学习公司却不会。

公司最大的损失出现在费城。沃尔于2006年加入爱迪生学校公司担任公司首席运营官时，公司在全国管理着101所学校，仅在费城就有22所。在合作不力的指责声中，爱迪生公司与切斯特高地学区在前一年分道扬镳。但与此同时，在2002年分配的20所学校的基础上，公司在费城又获得了两所新的学校。[67] 2007年，这一数字又降回20所，而且生均经费也从750美元降至500美元。保罗·瓦拉斯离开了费城，开始负责管理新奥尔良的学校系统。2008年，在费城的爱迪生学校降至16所；[68] 2009年，这一数字进一步降低至4所；[69] 到了2011年，正如《费城公立学校笔记本》2009年在巴尔的摩学校委员会决定终止与爱迪生公司的三份合同中的两份后的第二天所预测的那样，该公司撤出了费城。[70]

虽然爱迪生公司进驻费城时曾引发了广泛的新闻报道，但9年后它的退出却无人问津。两年后，当爱迪生公司从它在巴尔的摩管理的最后一所学校蒙特贝洛小学撤出时，即使是10年前曾因扭转该校局面而闻名的萨拉·霍西校长返校做毕业典礼演讲，也没能引来人们的关注。[71] 到2013年，爱迪生公司总共管理着11所学校，而非沃尔在2010年预测的89所，以及4所网络特许学校，也不是沃尔在当年预测的10所。

剩下的11所学校包括2所传统的学区学校（印第安纳州加里市的1所高中和爱荷华州达文波特的1所小学），以及9所特许小学/中学（1所在纽约布朗克斯，3所在亚特兰大，1所在邻近的科利奇帕克，2所在明尼苏达州的德卢斯，1所在科罗拉多斯普林斯，1所在丹佛）。除了2009年在南卡罗来纳州和2010年在科罗拉多州开办的两所网络特许学校外，爱迪生学习公司还在佐治亚州和俄亥俄州拥有网络特许学校。正如沃尔所预测的那样，与魔术师约翰逊关于经营学分恢复网络的合作取得了进展，但是增长缓慢。这个名为魔术师约翰逊桥梁景观的新机构，到2013年已经拥有13个中心：俄亥俄州8个，伊利诺伊州2个，佐治亚州、新泽西州和北卡罗来纳州各1个。公司官员曾预测在2013年夏天，将在佛罗里达、弗洛里达、得克萨斯和弗吉尼亚四个州再开50家中心，但没有达成任何协议。[72]

该公司的一个亮点是爱迪生分支公司这个机构。它帮助学校根据州政府规定的考试调整课程，并评估学生的年度进步。到2013年，爱迪生学习公司共有81所学校，每所学校每年支付约35万美元：夏威夷州55所，弗吉尼亚州11所，内华达州7所，印第安纳州3所，特拉华州2所，宾夕法尼亚州2所，加利福尼亚州1所。[73]

据沃尔介绍，由于利润率逐年下降，爱迪生学习公司不得不从管理学校的业务中撤退。沃尔认为这是教育预算削减所造成的结果。在2011年2月的采访中，沃尔分享了一张记录有全美各州教育预算缩减情况的图表：俄亥俄州削减了17亿美元，内华达州克拉克县削减了3亿美元，南卡罗来纳州削减了8亿美元，密苏里州削减了5亿美元。[74]

就像爱迪生公司在2002年进驻费城时预期生均经费为1 500美元，结果却只得到了881美元，2003年的经费又降至750美元，2007年进一步缩减到500美元。该公司的销售人员再也找不到有价值的机会了。沃尔说，无论是由学区管理还是由特许委员会管理，是网络特许学校还是实体学校，情况都是如此。

当谈及公司在争取的一家网络特许学校合同时，沃尔说："当我们与东南部的一位州长首次会谈时，我们希望能收到的生均经费额度是6 500美元。而到他任期结束时，这一数字降到了2 400美元。如果我们收到的经费低于这个数字的两倍，我们就会赔钱。"[75]

托德·麦金太尔从2001年开始在公司担任校长，到2011年升迁到了负责美东区域运营的高级副总裁。对于他来说，利润率的下降构成了一个不可回避的障碍。但在麦金太尔看来，尤其是在运营学区学校时，更根本的问题是，既要坚持公司内部的方法和目标，又要向学区当局负责，而遇到像费城这种地方领导层出现重大更替的更是如此。此外，麦金太尔说，教育管理机构需要在特定学科上获得显著成就的压力，可能会使其偏离提供全面教育的使命，从而引发不信任。

第七章 重新定义

就像 2002 年，贾尼斯·索尔科夫在任职 4 个月后，因面临要同时向公司主管和学区官员汇报工作的挑战而辞去了爱迪生莫顿·麦克迈克尔小学的校长一职一样，麦金太尔发现，公司在费城的规程和人员的持续波动，会削弱公司胜任其职责的能力。麦金太尔在 2009 年 1 月回忆说："2003—2008 年，我们共与 5 位不同的学区主管建立过合作伙伴关系。另外，其间，这种关系结构变化了三次。2003 年，所有学校按地理位置分派给 6 位主管中相应的一位管理；2004 年，变成了一位主管负责一个教育管理机构；2005 年，这一职位进行了新的人事任命；次年，该职位再度换人；2008 年，又改回由 6 位主管按地理位置各自分管。这样是很难建立起信任的。"[76] 几个月后，这种关系将再次发生变化。爱迪生公司将被指派一名战略合作伙伴，而非学校主管。这意味着责任和汇报结构会再次发生转变。[77]

在 2009 年 2 月访问费城东北部的爱迪生勒德洛小学时，规程和人员的不稳定问题，以及索尔科夫所面临的同时向两位不同的领导汇报工作的问题显得十分突出。从西吉拉德大街和北布道街的地铁站步行 15 分钟，让人想到西巴尔的摩。一个又一个街区，到处都是废弃的土地和满是涂鸦的空置建筑。人行道堆满了垃圾，毫无生气。勒德洛小学就处在这样的颓败环境中，其校舍是一座 1927 年建造的带有哥特风格的四层砖楼，有着一个灰色石材的拱形入口，让人联想到一个早已远去的繁荣时代。

一天早上，夏洛特·博纳西西坐在办公桌前，一边咀嚼着费城的特色软脆饼，一边说道，她已经筋疲力尽了。这是她在费城从事教育工作的第 31 个年头，也是出任勒德洛小学校长的第四年。博纳西西解释说，在她负责管理勒德洛小学期间，曾与 4 位不同的区域学监打交道。学区和爱迪生公司组织的行政会议她都必须要参加，而且要向两头提交文件。博纳西西说，"我没有时间处理所有这些信息。"事实上，在她任职期间，有一位爱迪生公司负责教育服务的区域副总裁和两位来自学区的官员每周召开一次会议，协调差异化教学工作（以便教师能够照顾到不同的学生），并讨论取得的成果。[78]

与我访问过的所有爱迪生学校一样，勒德洛小学也有专门的数据室负责统计学生成绩。除了用来标识成绩水平的颜色不同之外，这里与其他学校的数据室没有什么区别。此外，宾夕法尼亚州标识成绩的颜色比马里兰州的多。马里兰州学生的成绩水平分为三个级别（高级、熟练和基础），而宾夕法尼亚州有四个级别（高级、熟练、基础和不及格）。

和巴尔的摩、费城的情况一样，尽管这间数据室看起来色彩斑斓，但屋里的气氛是严肃的。我在前一天访问过的爱迪生肖中学，以及后一周即将访问的华林小学、勒德洛小学都是如此。事实上，肖中学的气氛十分紧张，校长和另一位爱迪生公司负责教育服务的区域副总裁正在质问一位中年的数学教师，为什么他的学生在基准评估中一直成绩较低？基准评估是每月一次的标准化考试，旨在为学生参加一年一度的州统一考试——宾夕法尼亚学校评估系统做准备。

数学老师用浓重的巴尔干口音反驳道："你不能以基准评估的成绩为准，因为学生们根本不把它当回事。"36 岁的肖中学校长夸德·朗，在爱迪生公司工作了 13 年。他摇摇头并解释道，老师有责任确保他的学生非常认真地对待基准评估。这位 59 岁的教师乔治·普里夫蒂，在肖中学当了 10 年的数学教师。此前，他在自己的祖国阿尔巴尼亚当了 25 年的数学和物理教师，他说他会尽力而为。[79]

在与勒德洛小学两位老师的谈话中，我听到了这样的担忧：对宾夕法尼亚学校评估系统阅读和数学成绩的关注，已经让科学和社会研究成为边缘科目。一位老师说："我们几乎已经不再上科学和社会研究课了。"学校痴迷于完成适当年度进步目标。我观察到，一位 7 年级的教师为了提醒她的学生和她自己今年阅读和数学要达到的熟练率目标，在她的办公桌上方的墙上挂着一张海报：适当年度进步：阅读，63%；数学，56%。在她当天给学生讲解"分数"这一知识点时，她使用了宾夕法尼亚学校评估系统的样题。我观察到一位 3 年级的教师，在她的课上带着学生们练习围绕宾夕法尼亚学校评估系统设计的阅读练习题。在从一套题转向另一套题时，她带着学生喊出一贯的填空口号："我们必须作为一个团队实现适当年度进步！"① 她的学生们配合得很好。后来，我在观摩一节 4 年级的阅读课和一节 5 年级的数学课时，看到了类似的做法。[80]

在勒德洛小学，唯一没有博纳西西的办公室、数据室、阅读课堂和数学课堂中那种明显压力的地方，就是位于学校顶层的那间完美的艺术工作室。室内充满了朝东和朝北窗户照进来的自然光。工作室里那位系着围裙的教师是一位艺术家，她与丈夫和年幼的孩子们就住在学校附近。她穿梭在学生之间耐心地进行指导，学生们则沉浸在制作自己喜爱的纸艺作品之中，有的在建造飞机，有的在建造梦想的房子。[81]

·

两天后，我站在费城以西 100 英里的约克市爱迪生林肯特许学校的两层八角

---

① 教师喊"我们必须作为一个"，学生接"团队"，教师喊"实现"，学生接"适当年度进步"！——译者注

形中庭的中央，发现周围到处都贴着海报，上面列出了每个班级在月度基准评估中的阅读和数学达标率。对于这种关注阅读和数学成绩的现象，我问了问那天一早与我一起从费城搭车过来的麦金太尔的看法。麦金太尔说这令人感到遗憾。他说，毕竟，他原本是一位科学老师。麦金太尔在家乡爱荷华州的格林内尔学院获得物理学学士学位后，教了9年的科学课：作为和平队①志愿者在伯利兹工作了两年；在冈比亚的美国大使馆学校工作了两年；在纽约的理查德·R. 格林高中工作了两年，其间还作为和平队研究员在教师学院获得了教育硕士学位②，之后在灯塔学校工作了3年，也就是作为本书缘起的那所纽约高中，不过那是麦金太尔离开几年以后的事儿了（我和麦金太尔在灯塔学校工作的时间没有交集，但我们通过一些共同相识的该校教职人员对彼此有所了解）。离开灯塔学校之后，麦金太尔在怀特普莱恩斯市学区担任了4年的技术总监。麦金太尔深信商业化模式可以使学校的管理合理化。2000年他离开怀特普莱恩斯市，出任现在的爱迪生公司的技术总监。这家教育管理机构在2001年被爱迪生公司收购，在此前不久它刚刚签下了一份合同，负责运营切斯特阿普兰10所学校中的一所。

麦金太尔解释道，随着2003年《不让一个孩子掉队》法案的颁布，爱迪生公司面临的要在阅读和数学两个科目取得优异成绩的压力变得越来越大，以至该公司得出结论，它所制订并引以为豪的全面发展方式将不得不受到限制。他说道："阅读和数学成绩成了公司的通货。"麦金太尔说，不仅外语、艺术和音乐得不到重视，就连科学、社会研究甚至写作也一样。其实，爱迪生公司开发了一套全面的写作课程，并曾对科学和社会研究科目进行了月度基准评估。但他说，写作课程以及科学和社会研究科目的基准评估都被搁置了。[82]

麦金太尔说，他认为这种妥协令人失望，并承认这让爱迪生公司招致批评，因为它只关注得到评估的内容，而这反过来又可能阻碍公司的发展。但他又反过来说，尽管如此，阅读和数学确实是提高贫困儿童整体学业成就的最基本科目。麦金太尔补充说，爱迪生公司已经开发了系统化的方法来进行阅读和数学教

---

① 美国政府为在发展中国家推行其外交政策而组建的组织，由具有专业技能的志愿者组成。基本目标是"促进世界和平与友谊""帮助所在国满足对专业人才的需要，促进当地人民对美国人民的了解以及美国人民对所在国人民的了解"。志愿者中有相当一批大学生。他们要接受10~14周的训练，特别是外语训练，然后到一个发展中国家或地区服务两年。——译者注

② 1985年，哥伦比亚大学教师学院设立"和平队研究员项目"，专门招收优秀的归国和平队志愿者攻读两年制教育硕士项目。其间，他们一边从事全职教学工作，一边修学研究生课程，毕业后须承诺在纽约市高需求公立学校任教至少3年。——译者注

学，并监测学生的进步。但他重申，实施这些方法往往因与像费城这样的变化无常又控制性较强的学区合作而变得复杂。[83] 在特许学校实施这些方法就会容易得多，就像我那天在约克观摩课堂时看到的那样，但通过管理特许学校赚钱仍然有困难，就像那天晚上我在参加林肯特许学校委员会的月度例会时，正吃着烤宽面条和拌沙拉，听到委员们施压爱迪生公司要以更低的成本取得更好的成绩。[84]

尽管爱迪生公司在费城面临着组织方面的挑战①，但麦金太尔认为该公司在阅读和数学方面取得了显著的进步。这也是哈佛大学的两位学者保罗·E. 彼得森和马修·M. 钦戈斯持有的观点。他们在 2007 年和 2009 年共同撰写了一些研究报告，这些研究得到了爱迪生公司的部分资助。[85]

多年来，爱迪生公司对学生成绩的影响一直是严格评估类研究的主题。继前文提及的西密歇根大学的加里·米隆和布鲁克斯·阿普盖特 2000 年对此发表的批判性分析报告之后，兰德公司又在 2005 年发表了一份长达 250 页的研究报告《灵感、汗水和时间：爱迪生学校的运营和成就》。兰德公司于 2000 年受爱迪生公司的委托开展了这项耗资 140 万美元的详尽研究，探访了全美各地的爱迪生学校并进行了复杂的统计分析。[86]

对学生群体相似的爱迪生学校和非爱迪生学校作比较后，兰德公司的作者得出了以下结论：首先，爱迪生公司管理的学校花了 4 年时间在阅读和数学方面取得了与比较组学校同样好或更好的成绩；其次，5 年后，爱迪生公司管理的学校在阅读方面与比较组的学校成绩相当，在数学方面超过了比较组的学校，但其在数学方面的优势被认为没有统计学意义。[87]

该统计学意义问题需要限定条件，并且这个问题将在随后发表的竞争性学术主张中再三出现。兰德公司的作者发现，如果比较的基线是这些学校处于新的管理模式之下第一年（Y1）的春季州统一考试的成绩，那么爱迪生公司在数学方面取得的进步在统计学上是显著的。[88] 为了宣传爱迪生公司，惠特尔引用了这个结论。[89] 然而，兰德公司的作者也发现，如果像这类调查的常规做法一样，比较的基线设定为管理模式改变前一年（Y0）的结果——因此捕捉到了第一年的影响，而对许多爱迪生学校而言这一年的影响是负向的——统计学意义就消失了。[90]

不过，兰德公司的作者提醒，虽然后一种方法从时间顺序的角度来说是合理的，但它没有考虑到两个潜在的重要因素：当爱迪生公司接管学校时，学生人数发生了突然的变化；以及一些爱迪生学校（通常为特许学校）是新开办的，缺失 Y0 数据。[91] 费城智库行动研究同年发表的一项关于教师留任情况的研究还指

---

① 指前文所述的学区报告规程朝令夕改和工作人员不稳定等问题。——译者注

第七章 重新定义

出了另一个潜在的重要因素：当爱迪生公司或其他教育管理机构接管学校时，教职员工数量的突变。[92] 的确，根据《费城公立学校笔记本》2003 年发表的一篇报道，爱迪生公司和胜利学校公司接管学校的前后两年的教师流失率分别从 19% 上升到 40%，从 17% 上升到 40%。[93]

撇开所有这些澄清不谈，兰德公司的作者们承认了麦金太尔反复提出的观点："地方政府的约束（有时是地方合同要求的妥协所造成的）破坏了爱迪生公司在一些学校建设它所青睐的专业环境。"[94] 对此，爱迪生公司的首席教育官约翰·查布认为，兰德公司的研究说明，在恰当的环境下，爱迪生公司是能成功的。[95]

2006 年，约翰霍普金斯大学的研究人员道格拉斯·J. 麦克利弗和玛莎·阿贝尔·麦克利弗发表了另一项比较研究。然而，他们的研究受国家科学基金会资助，研究范围仅限于费城。麦克利弗夫妇的研究比较了费城地区由学区运营的学校和由外部团体运营的学校，使用和分析了 Y0 及更早之前的测试数据，得出的结论是，从整体来看，爱迪生公司的学校的成绩并不理想。具体而言，虽然爱迪生公司的 K8 学校在阅读和数学方面取得了更大的成绩进步，但其管理的初中学校的数学成绩并不比同类学校的好，而阅读成绩还更差。[96]

2007 年，在当地基金会的资助下，兰德公司与行动研究合作发表了一份类似的研究报告。[97] 但这一次，研究人员将费城所有由 7 家私人管理机构负责的 45 所学校作为一个组，与三类学区学校进行了比较：21 所得到重组的问题学校，这些学校获得了强化的专业发展辅导，以及额外 550 美元的生均经费；16 所成绩不佳但被认定为正在改进的学校，这些学校也获得了额外 550 美元的生均经费；该市其余的公立学校。[98] 后三组的所有学校都采用了新的 K8 课程，包括阅读、写作、数学、科学和社会研究。除社会研究外，其余科目每 6 周进行一次基准评估。[99]

研究人员对这 4 组学校 5 年级和 8 年级学生 6 年来（2000—2001 年为 Y0 到 2005—2006 年为 Y5）的阅读和数学成绩进行了分析。结果发现，该市所谓的多样化供应商模式并没有合理依据：虽然所有组别的学校成绩都有所改善，但只有 21 所重组后的学校取得了显著的积极效果。此外，研究人员得出结论，没有证据表明来自外部学校管理者的竞争会对整个学区产生催化影响。[100]

彼得森和钦戈斯对兰德公司与行动研究所采用的研究方法提出异议。他们采用了不同的方法，将费城营利性和非营利性外部办学方所运营学校的成绩进行了分类，只让这些结果与受到干预前的其他低水平学校成绩进行比较，并对学生流入和流出学校的情况进行了控制。他们在 2007 年底发表的一项研究中，采用了与兰德公司与行动研究的研究者们一样的时间框架，得出的结论是，非营利性办学方对学生的阅读和数学成绩产生了很大的负面影响，而营利性办学方产生了积极的影响，且数学成绩的进步具有很强的统计学意义。[101] 两年后，彼得森和钦戈斯基于之后的测试结果又进行了一项后续研究，得出了相同的结论。[102]

但是，争论仍在继续。约翰霍普金斯大学的研究员沃恩·伯恩斯在 2009 年发表的一篇文章中，就彼得森和钦戈斯的第一篇文章反驳道，应该使用干预前 5 年的测试数据作为基线，而不是仅用一年的数据，以此来规避选择成熟或回归均值效应。此外，伯恩斯认为，仅将由教育管理机构运营的学校与干预前的低水平学校相比，回避了这样一个现实：干预后表现最好的学校中有些属于 21 所问题学校那组，这些学校获得了强化的专业发展辅导，以及额外 550 美元的生均经费。[103]

●

无论彼得森和钦戈斯、兰德公司和行动研究、麦克利弗和伯恩斯是否正确，他们都狭隘地仅从阅读和数学的成绩来考量学校管理的有效性。2006 年以前，所有可获得的测试数据只有阅读和数学两个科目。但在 2006 年，宾夕法尼亚州开始对 5 年级和 8 年级的学生进行写作科目的年度测试。2008 年，州政府开始要求 4 年级和 8 年级的学生参加科学方面的年度考试。2009 年爱迪生公司在费城运营着 16 所学校，到 2011 年还运营着其中的 4 所学校，因此，有 6 年的写作成绩也可以用来分析公司的管理效果。这样的分析提供的不仅仅是直接的分数，也为一家公司的运营拉开了帷幕，该公司的目标是提供必要的乃至更多的服务。

阅读和数学成绩决定了一所学校是否取得适当年度进步。这是自《不让一个孩子掉队》法案颁布以来，联邦政府衡量学校效益的标准，因此也决定着像爱迪生公司这样的公司的合同能否获得续签。写作或科学等科目的成绩并不重要，它们对学校的评估无关紧要，基本得不到媒体的关注。因此，写作和科学的分数是不会被考量的标准。而正是出于这一原因，它们也成为衡量很多东西的标准。

如果费城的爱迪生学校的阅读分数比写作分数高，数学分数比科学分数高，而且这种差异高于学区内其他学生人口构成相似的学校，那我们就可以公平地将这种差异视为将教育这样的复杂服务私有化所潜在的风险的证据：服务供应商有充分的理由将精力集中在完成重要的指标上，而在其他方面欺瞒消费者。在此情境下，写作和科学的低分不仅表明这两个科目没有得到足够的重视，也意味着其他没得到正式评估的学科——从社会研究和外语到艺术、音乐和体育——也得不到应有的关注。

由于宾夕法尼亚州直到 2008 年才开始进行科学测试，而一些资金不足的学校无法负担适当的科学教学所需的实验设备,因此,考虑到 6 年的数据和写作教学成本较低等因素,出于分析的目的,仅关注写作的分数是合理的。爱迪生公司服务的是费城最贫困的学生,而宾夕法尼亚州对许多类别的学生,包括经济困难的学生的分数进行了分类,因此爱迪生学校中这一类学生的分数可以与学区中其他同类别学生的分数进行比较。虽然当时费城学区的大多数学生都被归类为经济困难,但爱迪生学校中这一类的学生更多。例如,2006 年,该学区中 86% 的 5 年级学生和 82% 的 8 年级学生被定义为经济困难,而该区的爱迪生学校中的 5 年级和 8 年级学生全部被归为这一类;5 年后,这些比例也基本没有发生变化。[104]

从这一分析中可以看出两点:整个学区的状况就是坎贝尔定律的经典例证,以及爱迪生公司的学校的市场失灵在教室中的体现。正如唐纳德·坎贝尔所说的一句名言,"任何定量的社会指标越是被用于社会决策,也就越容易受到腐败的压力。"[105] 对于适当年度进步至关重要的阅读分数,远远超过了不那么重要的写作分数;这一发现与布莱恩·雅各布对 20 世纪 90 年代芝加哥公立学校高利害测试影响的研究得出的结论相一致。[106] 就像营利动机自然会更为强调结果一样,在爱迪生公司管理的学校中,阅读和写作的成绩差异甚至更明显。

然而,营利动机也并不一定会产生这样的压力。事实上,当时费城的另一家营利性学校运营商胜利学校公司并没有屈服。2002 年,胜利学校公司与学校改革委员会签署了运营 5 所学校的合同,合同一直持续到 2010 年;与费城的爱迪生学校一样,胜利学校公司运营的学校所有 5 年级和 8 年级学生也都属于经济困难学生。2007 年,兰德公司与行动研究的报告作者指出,不管是非营利性的还是营利性的,胜利学校公司是学校改革委员会雇用的唯一将综合写作课程纳入其课程体系的外部供应商。[107] 这种不过分专注于阅读和数学的做法所产生的影响是显而易见的:胜利学校公司的学生的阅读和写作成绩的差异要比爱迪生学校的学生小得多(见表 7.1)。[108]

表7.1　2006—2007年在宾夕法尼亚学校评估系统的阅读和写作考试中,获得熟练等级的学生所占百分比,以及在这些科目上的熟练率的差异

年度 课程	2006 年	2007 年	2008 年	2009 年	2010 年	2011 年	平均
5 年级							
爱迪生学校阅读成绩	17.2	14.7	34.0	27.3	21.4	37.1	25.3
爱迪生学校写作成绩	16.8	14.2	12.8	21.1	17.9	25.7	18.1
阅读—写作	0.4	0.5	21.2	6.2	3.5	11.4	7.2

续表

年度 课程	2006年	2007年	2008年	2009年	2010年	2011年	平均
胜利学校公司阅读成绩	14.3	13.3	17.8	20.9	22.4	n/a	17.7
胜利学校公司写作成绩	21.6	16.9	17.9	24.9	24.8	n/a	21.2
阅读—写作	−7.3	−3.6	−0.1	−4.0	−2.4	n/a	−3.5
费城学区阅读成绩	30.0	30.2	33.3	38.1	38.4	43.0	35.5
费城学区写作成绩	30.7	24.0	26.0	30.0	33.0	37.1	30.1
阅读—写作	−0.7	6.2	7.3	8.1	5.4	5.9	5.4
8年级							
爱迪生学校阅读成绩	32.5	35.0	48.8	53.1	65.5	51.0	47.7
爱迪生学校写作成绩	28.5	34.4	26.1	30.2	36.5	32.1	31.3
阅读—写作	4.0	0.6	22.7	22.9	28.9	18.9	16.4
胜利学校公司阅读成绩	27.6	31.5	43.6	47.7	56.0	n/a	41.3
胜利学校公司写作成绩	34.4	33.1	35.5	37.4	42.5	n/a	36.6
阅读—写作	−6.8	−1.6	8.1	10.3	13.5	n/a	4.7
费城学区阅读成绩	41.8	47.4	54.1	60.0	64.2	59.2	54.5
费城学区写作成绩	39.1	44.2	39.4	44.6	50.1	46.9	44.1
阅读—写作	2.7	3.2	14.7	15.4	14.1	12.3	10.4

数据来源：宾夕法尼亚州教育部，2005—2006学年到2010—2011学年宾夕法尼亚学校评估系统和适当年度进步成绩，http://www.portal.state.pa.us/portal/server.pt/community/school_assessments/7442.

注：上述所有组别中的学生都属于经济困难的学生。

  费城整个学区的阅读和写作分数，除去由爱迪生公司和胜利学校公司负责的学校之外，在2006年和2007年的差距并不大，此后逐渐拉开了差距。此外，8年级学生的差距比5年级学生的差距更大，这体现出重阅读而轻写作做法的累积效应。2008—2010年，8年级学生两个科目熟练率上的差异十分惊人，尤其是爱迪生公司负责的学校（见图7.1）。在这3年里，这些学生的阅读平均熟练率接近，尤其是爱迪生学校的学生和该学区的其他学生：爱迪生学校学生的熟练率是

56%，胜利学校公司学生是 49%，该学区的其他学生是 59%。但同一时期的写作平均熟练率却呈现出不同的情况：爱迪生学校学生为 31%，胜利学校公司学生为 39%，该学区其他学生为 45%。

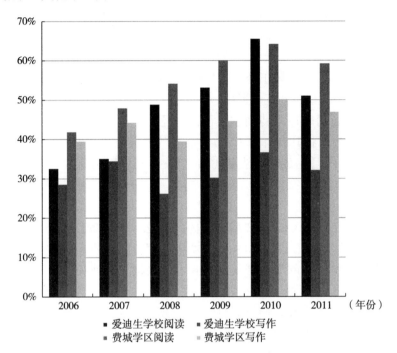

图7.1　2006—2011年在宾夕法尼亚学校评估系统的阅读和写作测试中获得熟练等级的8年级学生的比例

数据来源：宾夕法尼亚州教育部，2005—2006 学年到 2010—2011 学年宾夕法尼亚学校评估系统和适当年度进步成绩，http://www.portal.state.pa.us/portal/server.pt/community/school_assessments/7442.

注：上述所有组别中的学生都属于经济困难学生。

对学校营利性管理进行抵制的核心是人们怀疑管理机构会为了增加收入而削减开支。虽然爱迪生公司的阅读和写作分数差异并不能作为其有这种做法的明确证据，但它的确暗示了一种许多反对者所不赞成的满足于底线的教育方法。就像麦金太尔在约克的林肯特许学校大厅里所承认的那样，在利润率不断下降、地方领土戒备和官僚主义障碍之上，对一家专注于阅读和数学分数的营利性公司的不信任，构成了一种重要障碍。一般而言，这种不信任感在打击爱迪生公司和营利性学校管理部门过程中所起到的作用很难量化，但这种打击却是决定性的。

惠特尔和上述的华尔街分析师严重地误判了学校营利性管理的吸引力。惠特尔曾在 1991 年预测爱迪生公司将在 2010 年之前开办 1 000 所学校，拥有 200 万名学生。回头来看，这似乎是超乎现实的。[109] 在看好教育管理机构的华尔街分析师中，美林证券的迈克尔·T.莫伊十分突出。莫伊曾于1999年预测，10年后，营利性公司将会管理全国10%的K12学校。[110] 如果莫伊的预测是正确的，那么2009年教育管理机构将总共负责管理1万所学校。而现实是，他们只运营着774所。[111]

2013年9月，爱迪生学习公司将其总部从纽约迁回诺克斯维尔。20年前该公司的总部最初就设于此。沃尔在俄亥俄州坎顿市一个办公园区内，在一名秘书的协助下独自工作。该公司正处于出售中，2003年收购爱迪生公司的私人股本集团自由合伙人公司也正在逐步退出。

自由合伙人公司聘请蒙特利尔银行，为爱迪生学习公司寻找买家。如前所述，自由合伙人公司将其持有的3 750万美元的大道公司股份卖给了约翰·费舍尔，这笔交易于11月完成。[112] 当年12月，蒙特利尔银行将爱迪生学习公司的绝大部分股权出售给一家位于新泽西州卡姆登的补充教育服务公司，名为弹射学习。[113]

蒙特利尔银行未能找到完全收购爱迪生学习公司的买家。据公司的一位高管说，弹射学习公司对接管该公司的11份学校管理合同、4个在线学院和13个与魔术师约翰逊合作经营的学分恢复中心并不感兴趣。其他买家也均对此不感兴趣。弹射学习公司只想收购爱迪生联盟，这个机构能够帮助学区根据国家统一标准调整课程；一款用于基准评估的软件，"在线评估"；一个旨在为在阅读和数学方面存在学习困难的学生提供干预的项目，"学习力量"；以及在密苏里州和伊利诺伊州开办暑期学校项目的合同。

出售的价格没有公之于众，这样做是有充分理由的。2003年，自由合伙人公司收购爱迪生公司的价格为9 100万美元，比该公司在1999年的初始估值低了90%。10年后，自由合伙人公司又出现了85%的亏损。据一位知晓这笔交易的相关细节的银行家透露，弹射学习公司以1 800万美元从自由合伙人公司那里购得爱迪生学习公司的大部分股份。自由合伙人公司则支付给爱迪生学习公司的首席运营官托姆·杰克逊300万美元，让他接管该公司的其余业务并继续维持运营，以履行公司先前的承诺，避免违约责任。虽然后一项安排可能听起来令人难以置信，但与2013年营利性的科林斯学院的做法异曲同工：在濒临破产期间，科林斯学院向另一家公司支付费用，让其负责接管自己在加州的4个校区。[114]

这就像科尔伯格-克拉维斯-罗伯茨集团在1994年斥资2.4亿美元收购第一频道，但在2007年近乎拱手送给了同盟公司而只是让它承担债务一样，[115] 自由合伙人公司若把资金投进一只标普500指数基金，将能够更好地服务于它的客户——佛罗里达州警察、教师、州政府和县政府公务员的养老基金；10年后，这笔投资的价值将近 2 亿美元。尽管自由合伙人公司可能保留了 2003—2013 年的收益，但很明显，这家私人股本集团为收购爱迪生公司付出的代价，远高于其 10 年后出售该公司获得的收益。[116] 就像之前的沃尔和斯泰茨一样，杰克逊也从首席运营官升为首席执行官兼总裁。[117] 麦金太尔和其他许多人后来转到弹射学习公司任职，其中包括爱迪生学习公司的首席发展官马特·吉文。他此前曾担任卡普兰虚拟教育公司负责发展和政府关系的副总裁。

1971 年上市、1974 年关闭的行为研究实验室和 1991 年上市、2000 年关闭的教育备选公司，都重复着高涨的希望和破灭的梦想的轨迹。爱迪生公司的历程持续时间更长，但沉浮轨迹并无二致。就像该公司 2011 年从费城和 2013 年从巴尔的摩撒出时无人问津一样，这家曾经红极一时的公司的出售消息也没有引起媒体的报道。在弹射学习公司题为《合并创建最大的干预服务和专业发展供应商》的新闻稿中，甚至没有提及爱迪生学习公司。弹射学习公司只是说其收购了牛顿联盟公司，包括爱迪生联盟、"网络评估"软件、"学习力量"项目和"暑期之旅"。[118] 在宣布杰克逊升职的新闻稿中，也没有提到与爱迪生学习公司的这笔交易。[119]

历史也在费城重演。尽管 10 年前，哈里斯堡的议员们，如华莱士·纳恩、詹姆斯·罗兹、马里奥·赛维拉和尼古拉斯·米科齐努力争取在全州范围内平衡学校经费，[120] 但费城仍然在经费少得多的情况下艰难度日。例如，费城和主线附近的五个学区（大谷地学区、哈弗福德学区、劳尔梅里恩学区、拉德诺和特雷德夫林-伊斯特教学区）的生均支出差距几乎保持不变（见图 5.1 和图 7.2）。爱迪生教育集团 2002 年进入费城时，该学区的生均支出是主线学区的 71%。爱迪生教育集团在 2011 年离开费城时，该学区的生均支出是主线学区的 76%。第二年，这一比例下降到 73%，并在接下来的一年里保持不变。[121]

就像 2001 年州政府向爱迪生公司支付 270 万美元，请其对费城学区开展研究一样，费城学校改革委员会在 2012 年聘请波士顿咨询集团对学区进行研究，并向该公司支付了 440 万美元，所有资金均来自私人。[122] 波士顿咨询公司的报告标题"费城公立学校转型"，呼应了爱迪生公司的报告"强化费城学区的表现"。爱迪生公司当时批评学区表现不佳，并建议将中央办公室移交给一家私营公司负责管理，与外部运营商签订合同负责运营 60~80 所落后学校，整合课程，赋予校长更多的人事任免和管理自主权，并将交通和学校维护工作外包。[123] 波士顿咨询公司如出一辙地也指责该学区表现不佳，并建议精简中央办公室，关闭 29~57 所未获得充分利用的学校，将该学区按区域划分为 8~10 个由特许学校和学区学校组成的所谓"成就网络"组合，赋予校长更多的人事任免和管理自主权，并将更多的交通和学校维护工作外包。[124] 但是，波士顿咨询公司的报告在一个关键方面

教育市场化的边界

与爱迪生公司的报告不同。在报告中,波士顿咨询公司用斜体字规定,有一类群体不准参与"成就网络":"营利性组织没有资格"。[125]

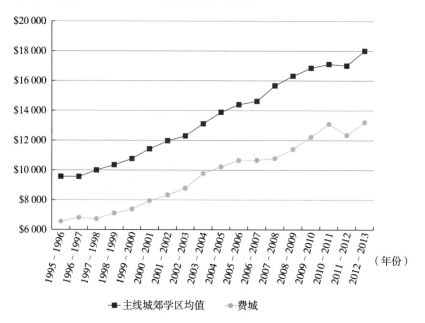

图7.2 费城学区和主线城郊学区的生均支出

数据来源:所有信息来自宾夕法尼亚州教育部,所有地方教育当局的支出数据,网址:http://www.portal.state.pa.us。
注:主线附近的5个学区的平均数是加权平均数。

第八章

市场失灵

在人们普遍认识之外，以内部组织取代市场交换之所以具有吸引力，与其说是源于与生产有关的技术经济，不如说是因为可以笼统地称为中间产品市场运作中的"交易失败"。

——奥利弗·E. 威廉姆森，诺贝尔经济学奖获得者

作为波士顿咨询集团为费城提出的教育改革计划的一部分，它在2012年的报告中规定，凡是营利性组织，即教育管理机构，均没有资格运营学校，但未对此给出解释。或许，对爱迪生公司长达10年的实验感到失望就是其中的原因。本书第七章结尾引用的禁令，表达了不重蹈覆辙的承诺。事实上，两年前纽约州的立法机关已经对教育法进行了修改，用下划线和黑体字写明，不再考虑由教育管理机构管理特许学校的申请。[1] 然而，从爱迪生公司在费城、巴尔的摩、切斯特以及其他几个城市的艰难历程中可以看出，商人们既低估了在贫困社区扭转学校局面要面临的挑战，又因其商业的目的招致了人们严重的不信任。

翻新的设施、成熟的管理人员、研究导向的课程设置和尖端的数据系统，在这些社区却只能取得如此的成绩。如前所述，爱迪生公司聘请来管理巴尔的摩和费城的学校的成功校长们都坦言很困惑。有些人无法留住工作人员或管理好学生的纪律，或两者兼而有之；还有些则没能带领学校在州统一考试中一直取得较好的成绩。在切斯特，爱迪生公司以惊人的速度让学生停学来维持秩序。此举不仅激怒了州政府任命的学区控制委员会主席，还激怒了《纽约时报》的一名专栏作家。[2]

即使获得更多的生均经费，爱迪生公司还是举步维艰。正如本书开头所解释的那样，因为从技术上讲，学生自身也构成了教育生产中的一种投入。学校教

育就像医疗保健一样，与传统的商业模式存在很大的不同。正如医生很难让来自低收入社区的患者获得与来自中高收入社区的患者一样的医疗结果，教育工作者在这种情况下也是力不从心。爱迪生公司几乎没有对招生条件做出任何限制，它的使命是弥补家庭背景的不足和抵抗同伴群体效应。更为糟糕的是，由于用于营销、销售和高管薪酬的开支极大，用于监督学生行为的教师助理的经费频频遭到削减。爱迪生公司 2002 年在费城的灾难性开局，就是这种经费削减的突出例证。

对同伴群体效应的研究充分表明，问题学生会分散其他学生的学习注意力，给他们带来麻烦。例如，斯科特·卡雷尔和马克·霍克斯特拉在 2010 年的一项研究中估计，"在一个有 20 名学生的班级里，增加一名问题男生，会使男生的考试成绩降低近 2 个百分点（1/15 个标准差），并使男生违纪行为的数量增加 40%。"[3] 卡雷尔和霍克斯特拉没有足够的数据来估计两个或更多的问题男生的复合效应，因为这种影响是非线性的：也就是说，一个班级中三个问题男生所产生的影响可能远远大于一个问题男生的影响的三倍。[4] 然而，很明显，不良行为的负外部性对于任何一位学校管理者来说都是一个很大的问题。

像经营高效的企业一样运营学校并不能够解决这个问题，因为高效的管理不是问题的核心。且不说不同区域数十年来的生均拨款差异，比如前文所说的费城学区和邻近城郊学区之间，来自低收入社区的儿童从入学时就处于非常弱势的地位。[5] 非营利性特许学校网络之所以能在贫困社区取得成功，是由于其对招生进行了严格的控制，并且通过接受慈善捐赠，获得更多的生均经费。此外，作为非营利性组织，它们能以更低的管理费用运作。而且，他们还规避了教育管理机构所招致的不信任和抵触。

正是由于这些原因，2003 年，有传言称，爱迪生公司要转型为一家非营利性公司，而不是从一家上市公司转变为由私人股本集团自由合伙人公司控股的公司。1996 年，董乐从哈佛大学毕业后直接加入爱迪生公司，在波士顿文艺复兴特许学校任教，后升任该公司负责研究和问责的高级副总裁。董乐一直在爱迪生公司工作，直到 2012 年出任印第安纳波利斯的 K12 学校海瑞特基督教学校校长。他在反思 2009 年爱迪生公司总部的关闭时表示，他希望爱迪生公司成为一家非营利性组织，"这会让我们的日子变得更加轻松"。据他说，爱迪生公司的高管过于执着于商业野心，以至无法减少损失、重塑目标。在董乐看来，爱迪生公司本可以作为一家非营利性组织，用固定的薪水留住高管，得到繁荣发展而不会一次又一次引发公众猜疑其目的。[6]

第八章 市场失灵

如前所述，对爱迪生公司在巴尔的摩和费城的猜忌从未消退。对此，早在爱迪生公司以及教育备选公司未能如预期般蓬勃发展之前，理论就已经未卜先知。在研究信息不对称、交易成本和使命一致性以及过时的有用性和领土戒备时，一位又一位经济学家揭示了商业模式的清晰边界。

肯尼斯·J. 阿罗于1963年发表在《美国经济评论》上的一篇关于医疗保健经济学的文章指出，由于医生和病人之间的信息不对称，"医疗服务销售者的预期行为会与一般商人的行为不同。"[7] 阿罗解释道："由于医学知识十分复杂，医生所掌握的关于治疗的后果和可能性的信息必然比病人要多得多，或者至少双方都是这么认为的。"阿罗写道，相比之下，关于传统商品"生产方式"的信息差距要小得多。[8]

阿罗引用了社会学家塔尔科特·帕森斯创造的一个术语并写道，相应地，医学上有一种"集体取向"，将它与其他职业，区别于标准的商业，"在这里，参与者的自身利益是公认的准则。"[9] 为了说明医生的行为和标准的商人行为之间的这种区别，阿罗写道：

（1）医生群体中几乎不存在广告和公开的价格竞争。（2）医生给出的由自己或他人进行进一步治疗的建议应该是完全脱离自身利益的。（3）至少治疗应该是由病人的客观需要决定的，而不受经济条件的限制。虽然实际中这种伦理冲动肯定不像理论上那么绝对，但我们很难认为它对这一领域的资源配置没有任何影响。由于关于人类享有适当医疗权利的传统，各种形式的慈善治疗确实存在。（4）在出于各种法律和其他目的证明存在疾病和伤害时，人们依赖医生作为鉴定专家。在适当的时候，社会期望医生更关注传递正确的信息而不是取悦客户。[10]

自阿罗的文章发表以来，时代显然发生了变化。如今，癌症中心、皮肤科诊所和骨科医院就像酒店、水疗中心和滑雪场一样宣传他们的服务。最近，各地的医院都被曝出乱收费。[11] 尽管如此，阿罗的中心论点依旧是，由于医生和患者之间的信息不对称，医生不应像传统商人那样行事。阿罗的论点确实有助于解释公众近期对医院乱收费的愤怒。

正如阿罗指出的那样，就日常的商品和服务而言，提供者和购买者之间的信息鸿沟虽然肯定存在但并不是那么大。乔治·阿克洛夫在1970年的《经济学季刊》上发表的题为《"柠檬"的市场：质量的不确定性和市场机制》的文章中明确阐述了这一现象及其后果。[12] 最近有消息披露，新泽西州酒精饮料控制部发现八家隶属于跨国连锁餐饮企业"星期五"的餐厅，用廉价酒冒充顾客点的高级酒。这提供了一个供应商和购买者之间信息鸿沟的具体例证。[13] 既然阿克洛夫的二手车经销商可能会出售柠檬，一家知名餐厅也就可能会出售假冒的孟买蓝宝石或亨德里克斯等品牌的优质杜松子酒。

由于这样的信息不对称，像新泽西州酒精饮料控制部这样的政府机构，以及消费者团体会介入交易。食品和药物管理局致力于确保我们的餐饮、药物安全，并贴上了获准的标签；地方的卫生部门同样也会定期检查餐厅的厨房。美国证券交易委员会旨在通过要求上市公司提供及时且详细的报告以及调查异常交易活动来保护投资者。美国国家公路交通安全管理局致力于确保汽车设计合理。此外，像《消费者报告》这样的私人出版物会发布关于汽车和其他各类产品的综合评估，告诉买家什么好，什么不好，以及为什么。

虽然学校会受到州和地方教育当局的监督，报纸、杂志和网站会对学校进行排名，家长也会偶尔参观学校，但这些参与者获得的信息仍然是有限的。此外，正如诊断和治疗疾病十分紧迫一样，识别和补救学习障碍也同样紧迫，以避免认知缺陷在此过程中演变并产生情绪困难。购买股票或债券、汽车、洗碗机或割草机并没有这样的紧迫性；这些交易能够让消费者有机会货比三家。因此，教育者和学生之间的信息差异，类似于阿罗描述的医生和患者之间的差异。知识鸿沟相似，且时间因素都是至关重要的。

正是因为我意识到了教育领域中存在这种信息不对称，所以从一开始我就对营利性教育管理的潜力持怀疑态度。撇开教师对外部管理者强加的课程的抵制和反对交出学校控制权的市政领导人的敌意不谈——早在20世纪70年代，在印第安纳州的加里，作为对行为研究实验室管理角色的回应——当10年前开始研究这个问题时，我发现这种外包存在问题的根本原因是，作为一名教师，我太清楚，教育过程缺乏适当执行合同所必需的透明度。用委托代理理论的话来说，作为代理人的学校运营商拥有太多动机和自由来自私行事，损害作为委托人的纳税人的利益。

归根结底，如本书第二章所述，学校教育直接的消费者是儿童或青少年。就像阿罗描述的医疗患者一样，他们几乎无法判断学校提供的服务的质量。即使消费者是成年人，就像在有争议的营利性高等教育管理领域所出现的情况那样，教师和学生之间的信息差距仍然不够透明，例如生涯教育公司、科林斯学院、德锐大学、教育管理公司、大峡谷大学、ITT技术学院、斯特雷耶大学和菲尼克斯大学。

这种以营利为目的的高等教育能够发展，并在一段时间内像教育管理机构的创始人和分析师曾对K12阶段教育做出的预测那样得到蓬勃发展。这种发展轨迹差异是有道理的。首先，高等教育阶段的消费者是成年人，他们可能在晚上下班后去上课，也可能在家在线学习；其次，这些机构满足了社区学院和大学不能满足的需求，即扩大招生规模或灵活安排课程。从这个角度看，联邦政府实际上已经将高等教育中相当大的一部分外包给私人经营者，用联邦学生贷款为其教学提供资金，让企业家负责管理运营，而不是建立更多的社区学院和大学。

美国教育部允许营利性高等教育机构收取的学费中的90%可以以联邦学生贷款的形式支付（退伍军人、服役人员和配偶最高可达100%）。[14] 这些机构在财务方面与教育管理机构没有太大差异，后者可获得学区生均经费的大约90%用于为中小学校学生提供教育服务。除了高等教育阶段的学生必须偿还其申请的贷款之外，二者在支付方式和管理范围上也有所区别，但比例是差不多的。① 然而，由于许多学生在这些营利性高等教育机构无法顺利毕业，还有许多学生毕业后没能找到理想的工作，他们的贷款拖欠率是公立或私立非营利性学校学生的两倍多。[15] 因此在高等教育阶段，成人学生并非唯一的消费者，纳税人也是交易中的一方，而作为局外人，必然对所提供的服务质量知之甚少。

高辍学率和违约率最终引发了强烈抵制。到2014年，37个州的检察长对营利性大学展开欺诈调查。[16] 到2015年，上述8家公司中只有德锐大学和大峡谷大学依旧稳定发展。10年前作为华尔街宠儿的柯林斯学院早已宣布破产，[17] 教育管理公司的股票只值几便士。职业教育公司的股价较2010年下跌了88%；ITT技术学院下跌了98%；斯特雷耶大学下跌了81%；菲尼克斯大学下跌了75%。[18]

•

1980年，亨利·汉斯曼在《耶鲁法律杂志》上发表了一篇关于非营利性组织经济学的长文，他以阿罗的论点为基础，将提供者和接受者之间的鸿沟作为分析的核心。[19] 汉斯曼认为，由于存在一种特殊类型的"市场失灵"，学校、养老院、医院和像美国红十字会或美国援外合作署这样的救济机构不适合商业模式。[20]

就学校和救济机构而言，接受者不是购买者。汉斯曼写道，就像人们不会向营利性的美国援外合作署捐资，因为人们很难知道难民或饥荒受害者是否如约受益一样，人们也应该会反感由营利性的学校来为自己的孩子提供教育，因为人们同样很难知道服务是否如约提供（汉斯曼的分析发表于营利性高等教育机构蓬勃发展之前）。就养老院和医院而言，虽然接受者有可能是购买者，但无论如何他

---

① 即对于营利性高等教育机构和基础教育阶段的营利性教育管理机构，政府都提供90%的资金，但给前者的是需要学生偿还的贷款，给后者的是无须偿还的拨款。——译者注

们都没有能力评估自己的需求。[21] 汉斯曼的结论是，在所有这些情景下，结果都是"合同失败"，因为生产者或供应商不能"通过普通的合同手段"受到监管。[22]

尽管如此，还是有很多医院和养老院作为营利性企业发展运营，监狱也如此。在汉斯曼的文章发表后不久，私营公司就开始涉足监狱管理。事实上，美国养老院的管理早就是专营的。1974年的一项调查显示，76%的养老院由营利性实体负责经营；到2013年，这一比例有所下降，但仍保持在68%的强劲水平。[23] 自从汉斯曼的文章发表以来，全美由营利性组织运营的社区医院的比例大幅攀升，从1980年的13%上升到2013年的19%。[24] 1983年，伴随着美国惩教公司的成立，监狱的公司化管理应运而生。到1990年，美国惩教公司及其竞争对手管理着全国5%的州和联邦监狱；1995年为8%；2000年为16%；到2005年，这一数字达到了23%。[25]

在这三个领域，透明度不足阻碍了合同的恰当执行，从而为严重违反协议开辟了道路。报纸、杂志、学术期刊和监督组织一直在记录此类违规行为。[26] 有几项研究关注了老年护理领域。虽然非营利性的养老院也很难做到无可挑剔，[27] 但是营利性养老院在保健护理方面存在的缺陷率明显高于非营利性养老院。这一点已经被美国卫生和公共服务部以及许多学者证实。[28] 例如，2002年，经济学家周信义在《健康经济学杂志》上发表了一项设计严谨的研究，认定在营利性养老院居住的没有亲属监护的老年人（定义为入住养老院后的第一个月内没有配偶或孩子前来探视）出现脱水和尿路感染的可能性比非营利性养老院的同龄人更高。周信义发现，如果这些老年人"在认知上无意识"，那情况就更明显了。[29]

虽然营利性医院、养老院和监狱不能通过传统的合同手段进行监管，但它们在经济上的成功也并不神秘。这并不是源于合同稳定，而是得益于不充分的审查和缺乏抗衡力量。正是出于阿罗提出的观点，就像所有医院一样，营利性医院很难受到监管和质疑。至于养老院和监狱的营利化管理，汉斯曼所持的批评依然存在。然而，年老体弱的人是边缘化群体，而被监禁的人是被谴责的群体。这两个群体都没有激起有效宣传所需的同情，对囚犯权利的关注尤为淡漠。一个很好的例证是，2009年，在纽约的万豪马奎斯酒店举办的一次投资者会议上，一位对冲基金的首席执行官在听众面前解释他看涨美国惩教公司的理由时，提到了监狱管理行业的一个基本优势：如果你的客户试图逃跑，你可以向他们开枪。[30]

·

在教育的情景中，正如我在担任灯塔学校的排课员期间所了解到的那样，高中生的确可能一直都认为某些老师不合格，但他们也可能会抱怨某些优秀但要求苛刻的教师，而且他们对学习内容的了解不够，不知道某些教学环节或设施是否被缩减，例如化学或语言实验室；小学生作为服务接受者则更弱势。2013 年 6 月，在灯塔学校 20 周年校庆上的一幕让我想到这个问题，一位 2008 届毕业生感谢我很早之前曾鼓励他坚持上某位老师的课，当时他在高 1 年级的前几个月里一直想调离这位老师的班级。这位校友说，随着时间的推移，他不仅很快就如我所预想的那样喜欢上了这位老师，而且还从这段经历中学到了如何适应大学的课堂，以及起初会让他觉得沮丧的工作环境。

对于家长、纳税人和政策制定者而言，他们对学校内部发生的事情知之甚少。"家长—教师之夜"只是作秀，而且既不常见还十分短暂。学校收拾得整洁：物业人员给地板打蜡；美术老师带着学生们重新装饰大厅和走廊里的布告牌；老师用学生的项目成果装点教室的墙壁。当帷幕拉开时，管理人员和教师都精心打扮，散发出一种不同寻常的温暖。当天晚上，家长们与个别老师交谈很少超过 5 分钟，不到两小时活动就落下了帷幕，四五个月内再也不会重现这一幕。

测试同样也仅仅是模糊地展示出当前的状况。在本书引言中描述的那个臭名昭著的事件，即 1970 年在阿肯色州的特克斯卡尔卡纳，一项绩效合同实验发现，该学区雇用的一家公司在实施补习计划时，允许学生提前预览考试题目，展现了测试结果反常的一种情况。布莱恩·雅各布和史蒂文·莱维特在 2003 年进行的芝加哥公立学校作弊研究中记录的，受雇进行篡改研究的鉴证公司发现教师或校长们厚颜无耻地修改答卷，说明了另一种情况。[31] 2011 年在亚特兰大、纽约、费城和华盛顿特区发现的教师或校长普遍篡改答卷的现象，使这一担忧引发了更多关注。[32]

然而，比事先透露题目或事后修正答案更为普遍的是前文所提到的巴尔的摩和费城的僵化应试教学。这种做法可以让家长、纳税人和政策制定者从报纸上看到更高的分数，但通常会限制课程、扼杀想象力和剥夺课堂活力。

●

从技术上讲，学校管理外包是一个可归结为交易成本的购买决策问题。正如罗纳德·科斯于 1937 年发表在《经济学刊》杂志上的题为《公司的属性》的开创性文章中所指出的那样，如果从外部供应商购买商品或服务所涉及的定价、谈判、运输和质检成本被认定为过高，那么买方应该将该商品或服务的生产内部化。[33]

在服务或制造流程特别复杂的情况下，编写具有很强特殊性的合同通常是异常困难和昂贵的。在阐述科斯的研究时，奥利弗·E. 威廉姆森 1971 年在《美国经济评论》发表的一篇关于生产垂直一体化①的文章中明确指出了这一点，并在 1985 年出版的一本名为《资本主义的经济体制》的书中对此做了进一步的说明。[34]"在比人们普遍认识到的更多方面，"威廉姆森写道，"以内部组织取代市场交换之所以具有吸引力，与其说是源于与生产有关的技术经济，不如说是因为可以笼统地称为中间产品市场运作中的'交易失败'"。[35]

换言之，供应商之间的竞争在理论上看起来很好，但在实践中往往涉及代价高昂的低效问题。正如约翰·D. 多纳休后来在他的《私有化决定》一书中所说的那样，"对竞争永远充满希望的呼声来自于经济理论的强大知识美学，来自于美国人对竞争混乱的良性效应的一种深刻而近乎神话般的信念……然而，认为竞争是可取的这种积极信念，往往与认为竞争是很容易安排的这种毫无根据的推断联系在一起。"[36]

造成这种困难的根本原因是不信任。威廉姆森举了一个日本商人的例子，由于日本通过几代人建立起的公司间关系，日本商人相比美国同行会更多地从事分包业务："文化和制度上对机会主义的制衡"减少了"交易的危害"。[37]当没有形成这种信任时，就必须放弃市场机制，转而支持商品或服务的内部生产。这一决定往往会导致分包商被收购，就像 1926 年通用汽车收购费希博德公司这一经典案例所说明的那样。[38]

此外，使分包变得如此昂贵的不仅仅是虚高的支出成本，还包括为防止和揭露这种虚报行为而编写和监管合同的成本。适用于企业的东西同样适用于市、州和联邦政府。拉菲·Q. 艾哈迈德和路易·T. 威尔斯在评价 20 世纪 90 年代世界银行发起的私有化运动时，驳斥了这一观点。他们在一本关于发展中国家政府与跨国公司签约的书中写道："私有化狂热者的核心假设——政府技能的匮乏意味着将政府管控的基础设施私有化会比改善它更容易——已经被证明过于简单。""与经营好国有企业这样的艰巨任务相比，私有化和管理私有化的基础设施甚至可能需要更多的政府技能。"[39]市场失灵的决定性因素确实超越了行业，从制造业到医疗保健、惩戒、教育和外商直接投资皆是如此。

鉴于教育过程的复杂性和不透明性，当一个学区将学校管理外包出去时，信任就显得至关重要。购买而非制造诸如排课软件和教科书等离散商品②，或如校

---

① 亦称"纵向一体化"或"纵向联合"，指生产、加工和运销过程中，两个或两个以上前后不同阶段的部门或企业所实行的紧密结合。——译者注

② 指完整一单位的商品，这种商品不可分割，计算时必须是绝对的数量。——译者注

车和备餐等独特服务，涉及直接的合同，因此可以证明具有很高的成本效益。全国各地方政府经常外包的一系列具体任务也是如此。在里根总统在任期间，住房和城市发展部委托进行的一项严格分析中，经济学家芭芭拉·J. 史蒂文斯将南加利福尼亚州 10 个城市使用承包商运行 8 项基本职能的成本，与同一地区 10 个城市由市政机构自己负责相同职能的成本进行了比较。这些职能包括工资单编制、树木养护、草坪养护、垃圾收集、街道保洁、交通信号灯养护、门卫服务和街道铺设。在控制质量的前提下，史蒂文斯发现，虽然工资单编制这一项的成本没有差异，但城市使用承包商提供其他 7 项服务的成本明显减少，从树木养护费用减少了 27% 到道路铺设费用减少了 49%。[40] 设备高昂的固定成本解释了这种差异。当然，对于一个小城市来说，购买日常并不会使用的沥青分配车和铺路机意义不大。

然而，将一个城市的学校管理工作外包并不是如此简单的承包。教育的过程和目的都远不如垃圾收集和道路铺设能进行客观评估。[41] 1994 年，美国教师联合会主席艾伯特·尚克在由其工会主办的《纽约时报》周刊专栏中反对爱迪生公司时，正是提出了这一点："一个学区如果是与一家营利性公司签约建造一座新的体育馆，那么确保该学区花的钱物有所值是相对容易的。但如果是聘请一家营利性公司来管理学校，就像现在许多学区所做的那样，那就完全是另一回事。评估这类服务的质量是非常困难的，尤其是在没有什么经验可循的情况下。"[42]

对于爱迪生公司和其他与之竞争的教育管理机构来说，这种合同上的差异给其作为局外人来运营学校的业务又多增加了一重障碍。除了市场营销、合同谈判、差旅、投资者关系和专业发展等方面的巨额成本，爱迪生公司及其同行还面临着在一个必然不完整的合同框架下赢得信任的持续性挑战。

更为糟糕的是，即使教育管理机构赢得了这样的信任，可能也无法保证合同得以长期签订。艾哈迈德和威尔斯解释道，许多跨国公司在外国投资矿产业或基础设施项目（如电信网络、水过滤系统、能源工厂或公用事业电网）时，进行的都是所谓的过时交易，因为他们深知，客户国家能很快掌握技术，并渴望获得控制权。[43] 正如雷蒙德·弗农 1967 年在题为"特许经营合同的长期趋势"的演讲中所说，客户政府和外国特许经营者都明白，"一旦达成了交易，一旦外国特许经营者的资本受损，他的谈判地位就必然会被突然削弱。"[44]

依照艾哈迈德和威尔斯的观点，国际电话电报公司在印度尼西亚的子公司印尼卫星公司的发展历程，就是特许经营商杠杆作用衰减的一个突出例证。1979 年，印尼卫星公司拒绝了苏哈托总统提出的横跨马六甲海峡铺设海底电缆的请求。理由是这将会是一项糟糕的投资，随后政府将该公司国有化，并提前 7 年取消了一份为期20年的租约。[45] 13年后，印尼工程师已经掌握了独立运营网络的技能。政府也可以相应地退出与国际电话电报公司的协议，让本国公民不必再向外国公司支付额外的费用。[46]

教育管理机构同样不得不承认他们的吸引力是短暂的。客户学区或特许委员会在几年后得出结论，他们可以断绝与教育管理机构的合作关系，但保留其最佳实践，从而在不牺牲质量的情况下节省资金。当2002年作为堪萨斯州威奇托市学监的温斯顿·布鲁克斯在解释为什么该市的学校委员会终止了与爱迪生公司的合同，自行运营4所爱迪生学校中的2所时，他准确地阐述了这一推理。布鲁克斯指出，在与爱迪生公司合作了7年之后，威奇托市从该公司学到了很多重要的教学策略，并可以继续独立地实施这些策略，而无须支付额外的费用。布鲁克斯说，该学区预计每年可因此节省50万美元。[47] 爱迪生公司1995年的4个初始客户之一——波士顿文艺复兴特许学校的校长达德利·布洛吉特在2002年结束与爱迪生公司的合作关系后，也同样认为其不再需要该公司的帮助。布洛吉特说："我们现在拥有更独立的内在力量。爱迪生公司提供了一种很好的初创模式，没有他们我们根本无法取得进展，但是现在我们想自己管理学校。"[48] 在这两个案例中，布鲁克斯和布洛杰特，与科斯、威廉姆森、弗农、艾哈迈德和威尔斯的观点一致，即将生产内部化。

•

吸引力过时、信息不对称、交易成本和地域性构成了阻碍营利性教育管理发展的四大突出障碍。另外一个不太明显但同样影响深远的障碍是教育中的"集体取向"，阿罗在医学领域提过这个概念。这种取向正是教育管理机构难以赢得教师支持的原因。教师的服务认同与教育管理机构的商业目的背道而驰。[49]

就像模范军人是在为荣誉而工作，而不是经济补偿，并因此受到士兵身份的驱动，优秀教师也同样是在为公民身份而工作，并受到教育工作者身份的驱动。[50] 这一结论与英国社会学家理查德·M.提特姆斯关于献血的开创性研究所得出的结论是一致的。在提特姆斯看来，对献血的金钱补偿似乎会削减人们感到自己在为社区做贡献所获得的心理回报，从而减少，或如经济学家之后的说法，"排挤"其献血的内在欲望。[51] 法国经济学家罗兰·贝纳布和让·梯若尔以提特姆斯的研究为基础，解释了为什么在许多情况下个人会选择利他行为而不是经济利益来赢得社会尊重。[52] 瑞典经济学家卡尔·梅尔斯特伦和马格努斯·约翰内森在贝纳布和梯若尔的基础上，再次探讨了提特姆斯的研究，对其进行了更为严格的实证分

第八章 市场失灵

析,并得出结论:金钱激励的确可能排挤利他行为。[53]

认同领导使命的员工会无私地致力于他们的工作,而持对立态度的员工则只做最低要求的工作,而且这些人通常会去寻找其他的工作。[54]这样的框架清晰地阐明了教育管理机构在吸引和留住有才华的教师时所面临的挑战。此外,这种服务认同或集体取向也部分地解释了为何教育管理机构难以实现规模经济。如本书第一章和第二章所述,所有劳动密集型部门都会受到鲍莫尔定律的约束。[55]然而,在一些没有这种服务认同或集体取向的劳动密集型部门,例如广告、咨询、保险和法律,就的确实现了规模经济。

根据美国国家教育统计中心的数据,2009财年(数据可查的最近一年),全国各地学区平均将预算的81%用于薪资和福利(见表2.1)。[56]同年,广告公司IPG将70%的运营费用用于薪资和福利;咨询公司埃森哲为80%;保险公司怡安为70%;美国主要的律师事务所为78%。[57]然而,广告公司、咨询公司、保险公司和律师事务所通过在强大部门或业务中增加文案编辑、分析师、精算师和受雇律师,为高管、合伙人和股东实现了超高的回报。虽然这些回报不像制造业那样呈指数型增长,但表现出明显的线性关系,因为在制造业领域,大规模生产的单位成本与启动成本或固定成本相比不值一提。

例如,根据2012年的一项研究,大型律师事务所每年能从每个新加入的受雇律师的工作中赚取14.1万美元的利润。在这种情况下,事务所总收入46.8万美元,在工资、福利、培训、招聘、计算机、办公空间和秘书协助方面花费32.7万美元,总共可以为其合伙人带来43%的回报。[58]但与教育相比,在这一领域以及其他类似的领域中,人们不会因超额回报而感到不适,原因有二。第一,对所需完成的工作并不存在集体取向或服务认同。第二,由于商品或服务的购买者就是接受者,因此有足够的透明度来恰当执行合同。

埃森哲在为波音、卡夫食品或辉瑞制定新的分销战略时,专门服务于该公司高管和股东的利益,而不是为大众服务,尽管大众也会通过更好的服务而间接受益。埃森哲也同样是将服务提供给与它谈判合同的高管。就像在教育、儿童保育或救济工作中一样,这其中并不存在第三方。

在对比公共产品与私人产品中,教育的服务认同或集体取向更加突出。虽然高质量的学校教育和医疗服务通常服务于私人目的,但它们同时也有基本的公共目的。像手表或音乐会门票这样的私人产品,如果人人都享用,就谁也享用不了。相比之下,如清洁的空气和水等公共产品,如果不让每个人都受益,那就不可能让任何一个人受益。[59]人们普遍认为受过教育的公民会构建一个更有趣、更有生产力和更安全的社会,因此教育在一般意义上非常类似于清洁的空气和水。

共享成果相应地需要共同投资,而共同投资又需要精打细算和个人牺牲。对于学校来说,这样的精打细算就意味着削减预算,如果出现盈余,则会再投入机构发展之中,而这样的个人牺牲则意味着一种违背商业利益的精神。

尤其是天主教学校,可以称作受集体使命驱动的机构的典范。这些学校的领导以开销降至最低为荣,并依赖于教师的无私奉献。直到最近,大多数的教师都还是牧师、兄弟和修女。虽然不是那么特别的任务驱动,但公立学校和独立学校同样带有这种倾向,并为预算而挣扎。事实上,这种取向在美国独立学校中非常强烈,以至其特许组织——全国独立学校协会禁止营利性运营商的加入。[60] 学校在这方面的规则同样适用于警察和消防部门,也适用于武装部队。在这一问题上,公共安全的共享成果需要共同投资,因此同样需要精打细算和个人牺牲。

●

教育管理和不信任感的问题,可以通过学术领袖所驾驶的汽车(或他/她乘坐的汽车),在视觉或表象上来生动地观察。[61] 汽车作为一个分形,就像显微镜下的一粒沙子,反映出海岸线的轮廓,是一个强有力的形象,不仅传达了使用者的尊严,而且传达了他/她的可支配财富。根据贝诺伊特·曼德勃罗关于嵌入式相似性的论述,汽车和用户的自相似性往往是截然不同的。[62]

如果一位学术领袖有可支配财富来购买一辆豪车,或者如果一家学术机构有预算为其领袖购买一辆豪车,那么承受着经济压力的家长、教职员工、纳税人和学生就有理由质疑该机构的资源分配。由于教育的服务认同或集体取向,以及学校教育固有的信息不对称,学术领袖必须向他们的选民保证,经费开支合理。因此豪车会播下猜疑的种子。相比之下,正如之前阐述的原因,如果埃森哲、波音、卡夫食品或辉瑞的高管开豪车或乘坐豪车,可能没有人会质疑。

哈佛大学的原校长、经济学家拉里·萨默斯因乘坐凯迪拉克豪车而受到师生嘲笑,而其前任、法律学者德里克·博克则因驾驶一辆老款的大众甲壳虫汽车,将它停在大学的车库里,然后步行穿过校园到他的办公室而备受称赞。[63] 虽然严格的成本效益分析可能会证明萨默斯决定乘车而不是开车是合理的(因为他可以在后座上完成重要的工作,而不是把时间花在方向盘上),但是松散的评估却导致了不同的结论,特别是在面对的是凯迪拉克豪车而不是普通轿车的情况下。在这方面,哈佛大学早期的经济学家亨利·罗索夫斯基在他1990年出版的关于大学治理的书中阐述了对成本和收益的不同看法。罗索夫斯基曾担任哈佛大学文理学院院长多年,还担任过两年的代理校长。罗索夫斯基很快就发现了视觉和信托责任的问题,他警告说,大学领导必须敏锐地意识到经费开支和表象的关系。罗索夫斯基特别指出,在他那个时代,哈佛大学的政策禁止其行政人员乘坐豪华头等舱出差,"这是对的"。[64]

与萨默斯的情况相似,20世纪90年代,我曾在一所独立K12学校任教。一位和蔼可亲的、开朗的校长,因为开着一辆保时捷911 Carrera 敞篷车而被无情地嘲讽。这辆车是他妻子送给他的50岁生日礼物。最终他决定把这辆车停在他周末居住的家里。虽然是私人购买,但这辆保时捷还是向努力支付学费的家长和预算紧张的教职人员传递出一种令人不安、不负责任的信号。毕竟,校长的工资远远高于教师,并且可以在校园里享有免费却宽敞优雅的住房。

1992年的电影《闻香识女人》中的一个经典场景,凸显了教育管理和高管安逸间的失调。当一所豪华预科学校的学生们决定羞辱他们专横的校长时,他们选择将其崭新的深色捷豹 XJS 汽车作为攻击目标,他们恶意发挥自己在学校所学的科学和艺术技能。当校长有一天清晨从车里走出来时,他们使用遥控装置对悬挂在校园中心的校长固定停车位旁的路灯柱上的一个巨大气球充气。一幅带有亵渎意味的插图在不断膨胀的气球上徐徐展开,描绘了校长对受托人卑躬屈膝的样子。在逐渐聚集的迷惑不解的围观者面前,愤怒的校长掏出他的汽车钥匙,刺向气球。随后,校长和他的车都被淋满了白色油漆。[65]

这位虚构的校长、那位真正的校长和萨默斯都没有领会到潜台词和潜意识所传达的信息,就像教育管理机构的主管们未能理解营利性学校管理的一般含义一样。事实上,惠特尔坚持要拥有自己的汽车和司机。惠特尔在20世纪80年代担任《时尚先生》杂志出版人时如此,让和他共同收购该杂志的大学同学菲利普·莫菲特感到惊愕,而在他经营爱迪生公司的时候也是如此。任《时尚先生》编辑的莫菲特抱怨说,这样的开支太过奢侈,尤其是在一个出租车行业发达的城市;20年后,爱迪生公司的一名员工律师也发表了同样的评论。[66]

无论是对是错,民众都认为一个人的做派就是他的品质,这种心理效应尤其适用于前面提到的教师认可问题。教育管理机构对经济的关注挤掉了教师的基本利他精神。这并不是说教师不在乎钱;有记录表明,更高的工资能够吸引更多的人从事教学工作。[67]但我想说的是,教育管理机构高管的高薪和奖金会疏远受公民理想驱使的教师。在这方面,没有一个教育管理机构的教师或管理者拥有像"为美国而教"或"知识就是力量"项目这样的非营利性组织中的教师那样的热情。

虽然"为美国而教"可能会因只要求申请者承诺从事教师职业两年,而激怒政策制定者和生涯教育工作者。为新教师设立的暑期学院可能不足以使他们做

教育市场化的边界

好课堂教育教学准备,但是 2011 年还是有超过 5 万名大学生竞争其提供的 5 000 个名额。那些成功通过选拔的人在暑假花了 5 周的时间无薪学习教育学理论和实践。[68] 虽然最近一段时间"为美国而教"的受欢迎程度有所下滑,但它仍然是全美各大校园中最受欢迎的招聘单位。[69] 此外,数以千计的"为美国而教"成员和校友还会定期无偿参加区域会议,讨论教育政策。[70] 虽然"知识就是力量"项目面临着教师职业倦怠和大量流失等困境,但每年还是有 3 000 多名"知识就是力量"项目的教师和管理人员参加该组织在 7 月底举行的年度学校峰会,并无薪参与为期 4 天的专业发展活动。[71] 这些非营利性组织虽然会用高薪来补偿其领导,这将在本书第九章中详细说明,但是其工资是固定的,符合非营利性的做法。相比之下,教育管理机构除了高薪之外,还会向高管发放高额奖金。事实上,一些教育管理机构的高管收入远高于规模和复杂性大得多的学区的学监。

例如,2003 年,爱迪生公司运营着 133 所学校(共招收 8 万名学生)及其旗下的教育服务集团,包括牛顿学习公司(提供课后和暑期课程)、汤斯敦学习公司(提供专业发展服务和评测软件)和爱迪生英国公司(一家为英国学区服务的教育咨询公司)。相比之下,纽约市教育局在 2003 年管理着 1 429 所学校(共招收 110 万名学生)以及琳琅满目的补充教育项目。[72]

乔尔·克莱因 2003 年担任纽约市教育局局长时的固定工资为 24.5 万美元。[73] 撇开可能从公司早期股份分配中获得的利润,爱迪生公司的高管们的收入也很可观。克里斯·惠特尔作为爱迪生公司的首席执行官的基本工资为 20.7 万美元,奖金为 62.5 万美元;克里斯·瑟夫作为总裁兼首席运营官的基本工资为 293 269 美元,奖金为 42.5 万美元;约翰·查布作为首席教育官和执行副总裁的基本工资为 286 539 美元,奖金为 28.5 万美元;查尔斯·J. 德莱尼作为负责商业和财务的副董事长的基本工资为 288 192 美元,奖金为 45 万美元,而且作为公司新人,他还获得了价值 33 万美元的限制性股票奖励。[74] 总而言之,尽管克莱恩管理的学校系统规模是爱迪生公司的 14 倍,但他的收入却不及该公司薪酬最高的四位高管中任何一位的一半,不及公司负责商业和财务的副董事长的四分之一。

对于爱迪生公司管理的学校的许多教师来说,其高管的高薪和奖金与他们的日常教学需求不相匹配。梅根·佐尔曾于 2004—2006 年在费城北部的吉莱斯皮中学教社会课,这所中学是 2002 年被州政府移交给爱迪生公司的 20 所费城学校中的一所。她对高管的薪酬与吉莱斯皮中学的境况之间的反差感到愤怒。3 年后,佐尔质疑道:"我们学校的洗手间里都没有肥皂用了。顶层的高管怎么还能赚那么多钱?我们的学校在两年内换了 6 位校长。我们没有阅读专家。除了那些'泡沫孩子'(那些即将参加州统一考试的学生),我们没有资源为成绩最差的学生提

第八章 市场失灵

供辅导。顶层的高管怎么还能赚那么多钱？"[75]

佐尔从密苏里大学毕业后被"为美国而教"分配到吉莱斯皮中学。在吉莱斯皮中学完成了"为美国而教"要求的两年从业期后，佐尔前往位于城镇另一侧的卓越特许学校的舒梅克校区，继续担任教师。舒梅克校区的校长谢里夫·埃尔-梅基曾是附近的肖中学的校长，这是2002年由州政府移交给爱迪生公司的20所费城学校中的另一所；同时，舒梅克校区还是2002年被州政府移交给另一家营利性公司校长灯塔学院的5所费城学校之一。在佐尔和埃尔-梅基之前，从爱迪生公司跳槽到非营利性特许学校领域的是理查德·巴斯，他于2006年1月从该公司在费城的学校运营主管和学区合作伙伴部总裁职位上离任，出任"知识就是力量"项目的首席执行官。[76]

在巴思之前从爱迪生公司转投到"知识就是力量"项目的是盖璞的创始人兼董事长唐纳德·费舍尔，他曾在1998年捐赠了180万美元，资助爱迪生公司在旧金山开办一所特许学校，并承诺向与爱迪生公司签约的加利福尼亚州学区再捐2 500万美元。[77] 1999年，这位牛仔大亨和他的妻子多丽丝在观看了《60分钟》关于介绍"知识就是力量"项目的两所中学（一所位于休斯敦，另一所位于布朗克斯）的片段后，开出了一张1 500万美元的支票，以资助推广这种特许学校模式。[78] 到2013年，得益于最初的捐赠和后来来自费舍尔和其他慈善家的支持，"知识就是力量"项目在全国20个州和哥伦比亚特区拥有141所学校。[79] 与多丽丝和唐纳德·费舍尔一起从事这项事业的还有前文提到的他们的儿子约翰，他也是爱迪生公司的主要投资者之一，之后成为"知识就是力量"项目的董事会主席。在费舍尔夫妇之前的是斯科特·汉密尔顿，他在"爱迪生计划"成立之初便任其高管，后来他成为马萨诸塞州特许学校教育副专员，之后又成为费舍尔家族基金会的常务董事。正是汉密尔顿说服费舍尔观看了《60分钟》节目的录像带。

第九章

第四条道路

在管理一所学校时，你只能遵循一种节奏。你无法同时兼顾利润和学业成绩，我们唯一关注的就是学生的成绩。

——戴夫·莱文，"知识就是力量"项目联合创始人

爱迪生公司和"知识就是力量"项目是同时孕育和诞生的。从教育理念上看，他们可以被称为异卵双胞胎，都是挑战传统公共教育运动的产物，但在外部特征和行为上却截然不同。

1992—1994年，当克里斯·惠特尔与贝诺·施密德特、约翰·查布、切斯特·芬恩、多米尼克·布朗宁、西尔维亚·彼得斯、丹尼尔·比德曼和南希·赫金杰，在位于诺克斯维尔的惠特尔通信公司总部规划其学校网络时，"为美国而教"项目年轻成员的迈克·芬伯格和戴夫·莱文正在休斯敦的小学教书。作为室友，他们晚上会进行头脑风暴，讨论如何更好地为学生服务。当惠特尔和施密德特从时代华纳公司、飞利浦电子公司和英国联合报业集团筹集了数百万美元时，芬伯格和莱文从吉姆·麦克英格威尔（又称"床垫麦克"）这类人那里募得了数千美元的资金。麦克英格威尔是位于休斯敦北侧一家繁华的家具店的老板。1994年，芬伯格和莱文在休斯敦创建了"知识就是力量"项目。他们在加西亚小学的一间教室里管理着47名5年级学生。一年后，也就是1995年，惠特尔开设了4所小学，分别在马萨诸塞州、密歇根州、堪萨斯州和得克萨斯州各有一所，总共招收了2 250名学生。到1999年，"知识就是力量"项目拥有两所学校：第一所位于休斯敦，第二所位于布朗克斯。总招生数接近500人。相比之下，爱迪生公司在17个州和哥伦比亚特区拥有61所学校，共有37 500名学生。[1]

虽然爱迪生公司和"知识就是力量"项目从来没有过正式的竞争，但如果有竞争的话，爱迪生公司最终会变成那只众所周知的兔子，而"知识就是力量"项目则是那只乌龟。到 2014 年，爱迪生公司管理的学校从上一年的 11 所减少到 10 所，还有 4 所虚拟学校和 13 个学分恢复中心。[2] 与此同时，"知识就是力量"项目管理着 162 所学校，相比上一年的 141 所有所增加（见图 9.1）。2004 年之前，"知识就是力量"项目只负责管理中学。2014 年，该组织管理着 60 所小学、22 所高中，以及 80 所初中。[3]

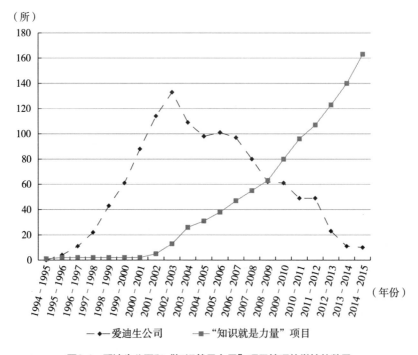

图9.1　爱迪生公司和"知识就是力量"项目管理的学校的数量

1995—2003 年的爱迪生公司学校数量来自：Brian Gill et al., *Inspiration, Perspiration, and Time: Operations and Achievement in Edison Schools*（Santa Monica：RAND，2005），13；随后几年的统计数字来自与爱迪生公司官员的通信。2011 年前的"知识就是力量"项目学校统计数字来自与"知识就是力量"项目官员的通信；2012—2014 年的统计数字来自该组织的网站。

此外，"知识就是力量"项目还催生了许多相似的非营利性组织。这些组织旨在通过延长在校时间，实施严格的行为准则，高度重视标准化测试，以及与家长签订合同让其协助检查作业、支持学校规定和参加家长会等方式，来缩小优势儿童和劣势儿童之间的成绩差距。这些组织统称为特许管理组织，它们与营利性教育管理机构有所不同，并且把上大学作为所有学生的奋斗目标。最后，特许管理组织与麦隆·利伯曼持相似观点，认为工会教师是合作和效率的障碍，所以像爱迪生公司及其管理特许学校的教育管理机构竞争对手一样，采用灵活合同制，保留学校管理者解雇教师的权力。到 2014 年，有 10 家此类特许管理组织与"知识就是力量"项目共同受到关注，总共管理着其他 242 所学校（见表 9.1）。

表9.1　与"知识就是力量"项目信仰相同教育哲学的10家特许管理组织

特许管理组织	起源	2014 年的学校数和地址	数量
成就优先	康涅狄格州纽黑文市，1999 年	17 所学校位于布鲁克林；11 所学校位于康涅狄格（5 所位于纽黑文，4 所学校位于哈特福德，2 所位于布里奇波特）；1 所学校位于罗得岛州普罗维登斯	29
立志公立学校	奥克兰，1999 年	35 所学校遍布加拿大，3 所学校位于孟菲斯	38
民主预科	曼哈顿，2006 年	8 所学校位于曼哈顿；2 所学校位于布朗克斯；2 所学校位于新泽西州卡姆顿；1 所学校位于华盛顿	13
IDEA 公立学校	得克萨斯州唐娜市，2000 年	30 所学校遍布得克萨斯州	30
卓越特许学校	费城，2001 年	15 所学校位于费城；2 所学校位于新泽西州卡姆顿	17
特许学校高尚网络	芝加哥，1999 年	17 所学校位于芝加哥	17
火箭船公立学校	圣何塞，2007 年	9 所学校位于圣何塞；1 所学校位于密尔沃基；1 所学校位于纳什维尔	11
成功学院	曼哈顿，2006 年	15 所学校位于曼哈顿；9 所学校位于布鲁克林；6 所学校位于布朗克斯；2 所学校位于皇后区	32
非凡学校	纽瓦克，1997 年	21 所学校位于布鲁克林；10 所学校位于纽瓦克；4 所学校位于罗切斯特；3 所学校位于波士顿；2 所学校位于纽约州特洛伊市；2 所学校位于新泽西州卡姆顿	42
"是的"预科	休斯敦，1998 年	13 所学校位于休斯敦	13

数据来源：2014 年 9 月各个特许网络的官网。

虽然爱迪生公司的主要教育管理机构竞争对手都没有经历与其相似的命运，但也没有一个经历了"知识就是力量"项目所经历的增长。此外，教育管理机构整体上逐渐败给了特许管理组织。2001 年，与爱迪生公司竞争的 3 个教育管理机构是利奥纳集团，拥有 33 所学校（亚利桑那州 14 所、密歇根州 19 所）；莫萨伊卡公司，从马萨诸塞州到亚利桑那州在 11 个州共拥有 22 所学校；国家遗产学院，拥有 28 所学校（密歇根州 23 所、北卡罗来纳州 4 所、纽约州罗切斯特 1 所）。到 2014 年，利奥纳集团在 5 个州运营着 65 所学校；莫萨伊卡公司在 7 个州运营着 28 所学校以及几个在线学院；国家遗产学院在 9 个州运营着 82 所学校。[4]

教育市场化的边界

只有专注于在线教育的教育管理机构，如 K12 公司和关联学院，才表现出如"知识就是力量"项目那样的指数级增长。正如在本书第七章中解释的那样，这个虚拟的部门对打算保留学校日常管理权的地方学校委员会几乎没有构成任何威胁。对于学校委员会来说，将学校建筑以及生均经费交给教育管理机构是一回事。将资金拨给教育管理机构，为在家学习的学生或对汉语、俄语或高等数学等常规学校无法提供的课程感兴趣的学生进行在线教育则是另一回事。此外，作为非劳动密集型企业，虚拟教育管理机构增长所需的成本比传统的实体教育管理机构要低得多。

因此，这种更为低调、更为精简的教育外包形式得到了迅猛的发展。虚拟学校的数量看起来很少，是因为有几所学校招收了数千名学生。例如，俄勒冈州波特兰市的洞见学校 2011—2012 学年在华盛顿州的虚拟高中招收了 3 200 名学生；俄亥俄州哥伦布市的阿尔塔学习公司同年在俄亥俄州的 K12 项目中招收了 12 304 名学生。[5] 但是，教育管理机构运营的虚拟学校招收的学生数量同样十分庞大。2003—2004 学年这一数字仅为 10 325，而到 2011—2012 学年这一数字已攀升至 142 386（见图 9.2 和 9.3）。[6]

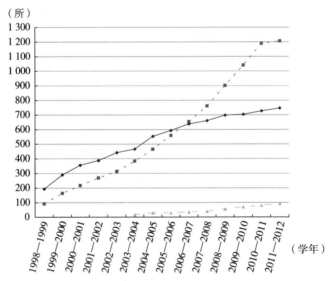

图9.2 教育管理机构学校、特许管理组织实体学校，以及教育管理机构虚拟学校的数量

数据来源：Gary Miron and Charisse Gulosino, *Profiles of For-Profit and Nonprofit Education Management Organizations: Fourteenth Edition*, 2011—2012（Boulder, CO：National Education Policy Center, 2013）, http://nepc.colorado.edu/publication/EMO-profiles-11-12.

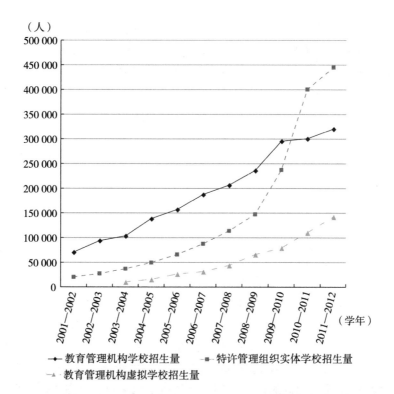

图9.3 教育管理机构学校、特许管理组织实体学校,以及教育管理机构虚拟学校的招生量

数据来源:Gary Miron and Charisse Gulosino, *Profiles of For-Profit and Nonprofit Education Management Organizations: Fourteenth Edition*, 2011—2012 (Boulder, CO: National Education Policy Center, 2013), http://nepc.colorado.edu/publication/EMO-profiles-11-12.

总而言之,到2011—2012学年(数据可查的最近一年),由教育管理机构管理的学校中,近三分之一的学生是在线学生;特许管理组织的学校数量远远超过教育管理机构的学校数量;而且特许管理组织学校的学生数量也远远超过了教育管理机构负责的实体学校的学生数量。如果这一趋势持续下去,到2020年,教育管理机构虚拟学校的学生人数将突破50万;[7]特许管理组织学校的招生人数将超过70万;[8]"知识就是力量"项目管理的学校数量将超过275所,按照其现在平均每所学校360名学生计算,届时总招生数将超过9万人。[9]

然而显而易见的是,正是爱迪生公司受的伤及其竞争对手遇到的障碍,促进了"知识就是力量"项目及其同类组织的发展。其结果就是产生了供给公共教育的"第四条道路",传统的社区公立学校构成了有待改革的典型。20世纪70年代以来,由西摩·弗利格尔、黛博拉·梅尔和泰德·西泽等人在公立学校系统内发展起来的择校构成了第二种道路：校长们获得了地方和州当局的豁免，可以提供更为灵活的课程，以更好地满足学生的学术、情感和兴趣需求；教师仍然是工会的成员，但同意为了达到这一目的，在合同规定的范围之外从事一些工作。

作为本书缘起的灯塔学校成立于1993年，是公立学校系统内部择校运动的一部分。为了扩大这种选择，并使学校在脱离中央办公室的束缚下享有更大的自由，教育管理机构引入了第三种方式：借助大型企业的管理和营销模式，像爱迪生公司这样的外部运营商尽可能使用灵活雇佣合同，尽可能地提供更丰富的课程，提高考试成绩，并在此过程中赚取利润。"知识就是力量"项目及其他相似的特许管理组织则引入了第四种方式。他们同样借鉴大企业的管理和营销模式，使用相同的灵活雇佣合同，追求与教育管理机构相同的目标，但是用"不找借口"的共同信条所定义的改进热情取代了追求利润。

特别是在"知识就是力量"项目中，该组织无处不在的座右铭"努力工作，心存善意"及其所谓的五大支柱表达了这种坚定：第一，"高期望"；第二，"选择和承诺"（选择加入"知识就是力量"项目的学生、家长和教师要坚持他们的高期望）；第三，"更多的时间"（意味着更长的在校时间和学年）；第四，"领导的权力"（意味着学校领导可根据需要自主管理人事和预算）；第五，"注重结果"。[10]

"知识就是力量"项目在其章程的"追求卓越的承诺"部分明确描述了父母的义务："我们将确保我们的孩子（周一至周五）每天早上7点25分到达'知识就是力量'项目的学校，或者在规定时间登上'知识就是力量'项目的校车……我们会每天晚上检查孩子的作业。如果作业有问题，会让他/她给老师打电话，并努力每天晚上和他/她一起阅读。我们将时刻为我们的孩子及其学校提供帮助，并解决他们可能存在的任何疑虑。"用来描述对结果的重视的语言也同样直白："'知识就是力量'项目的学校会持续不断地关注学生在标准化考试和其他客观测量中的良好表现。就像没有捷径一样，也没有借口。期望学生们在学业上取得一定的成就，使他们能够成功进入全国最好的高中和大学。"[11]

"知识就是力量"项目对结果的强调不亚于爱迪生公司。这有助于解释为什么爱迪生公司的主要人员为什么会转投到"知识就是力量"项目，从作为支持者的斯科特·汉密尔顿，唐纳德·费舍尔和约翰·费舍尔，到作为高管的理查德·巴斯。特许管理组织这种对结果的强调也有助于解释为何他们可以从金融界和企业界领袖那里得到重要的支持和指导。银行家、基金经理和公司高管都靠数字和指标活着，这些人掌管着像"知识就是力量"项目这样的特许管理组织的董事会。

例如，"知识就是力量"项目2014年的董事会主席是投资集团桑瑟姆合作伙伴的负责人约翰·费舍尔，成员包括奈飞公司和维亚康姆集团的首席执行官以及贝恩资本的一名高级董事总经理。同年，成功学院的董事会由特立独行的对冲基金首席执行官丹尼尔·勒布担任主席，成员中还有其他 9 名投资高管。费城的卓越特许学校的委员会由康卡斯特公司负责财务和商业运营的高级副总裁担任主席，成员中还包括两名私募股权高管和安永的一名合伙人。对于他们在慈善领域所做的努力，这些捐赠者自然也倾向于与用评价他们日常工作成功与否的相同数字术语来评判进展。鉴于他们在日常生活中无处不在的竞争精神，他们也会倾向于支持"不找借口"这样的理念。

特许管理机构与大型公司的组织相似性也可以用这种密切关系来解释。"知识就是力量"项目和类似的特许管理组织的领导人都有企业中的头衔，从首席执行官、首席财务官、首席运营官和常务董事，到教育领域特有的，如首席学习官、首席学术官、首席研究、设计和创新官等。"知识就是力量"项目基金会的纽约总部，位于麦迪逊广场花园以北两个街区的第 8 大道上的一栋办公楼的第 20 层。事实上它给人的感觉很像一家企业，除了颜色更为鲜艳，以及会议室被命名为"坚韧""乐观"和"热情"。这与该组织的进取精神及 2011 年采纳的 8 种特质相一致。后者是其 2011 年开始的一项以品格教育为重点的动议的核心（其他特质包括学业自我控制、人际自我控制、感恩、社会智力和好奇心）。[12]

特许管理组织高管的薪酬同样体现出企业的薪酬特征。以 2012—2013 学年为例，巴斯担任"知识就是力量"项目首席执行官的收入为 381 819 美元；伊娃·莫斯科维茨担任成功学院首席执行官的收入为 567 500 美元；布雷特·佩瑟担任非凡学校首席执行官的收入为 267 396 美元；托马斯·E. 托克尔森担任 IDEA 公立学校首席执行官的收入为 326 890 美元；道格拉斯·S. 麦柯里和达西亚·托尔担任成就优先联席首席执行官的收入分别为 222 979 美元和 234 565 美元；詹姆斯·R. 威尔科克斯担任立志公立学校的首席执行官的收入为 266 587 美元。[13] 然而，与教育管理机构高管不同的是，这些薪酬通常是固定的。即使特许管理组织的高管获得了奖金，数额也微不足道。[14] 因此，特许管理组织的高管无法像教育管理机构的高管那样从偷工减料中获益。

这种区别也在一定程度上特别解释了莫斯科维茨的崛起与顺应力。虽然莫斯科维茨曾因其薪酬引发了公愤，[15] 但她依旧成为特许学校家长心目中的民间英雄，带领着他们在布鲁克林大桥上进行抗议游行，在弗利广场、市政厅和州议会大厦的台阶上举行集会。[16] 相比之下，10 年前，纽约的家长们不让爱迪生公司有机会运营哪怕一所公立学校。爱迪生公司的领导人遭到贬低，被视为牟取暴利者。

爱迪生公司和成功学院、"知识就是力量"项目以及大多数特许管理机构之间的另一个区别是，前者主要开展接管公立学校的业务，而后者开展的几乎全部是开创性业务——开办新学校，每次增加一个新年级。成功学院、"知识就是力量"项目以及其他特许管理机构在公立学校也占有一席之地，但他们很少会像爱迪生公司在纽约和全美其他城市所做的那样去接管公立学校的运营。

尽管特许管理机构具有公司性质，但由于这些原因，它们没有引起教育管理机构所招致的猜疑和抵制。他们的非营利性身份和灵活的发展战略在很大程度上免于公众的责难；获得了网络广播公司、脱口秀主持人、专栏作家、电台评论员和学者的赞扬；吸引了大量的慈善支持；使理想主义的教师能与管理层保持一致；并使高管们能专注于教学而不是财务问题。随之而来的便是稳定的增长。然而，推动这种增长的因素也必然会限制它的发展，因为用于资助发展的慈善资金数量有限，能够如此努力工作的无私的教师数量有限，适合"不找借口"环境所要求的漫长在校时间、严格的纪律和严谨的学术态度的学生也是有限的。

·

有一个人对特许管理组织和教育管理机构之间的差异持特殊观点，那便是理查德·巴斯。他自2006年起担任"知识就是力量"项目的首席执行官，之前7年一直是爱迪生公司的高管。对巴斯来说，经营教育管理机构的挑战与其说是平衡商业和学术议程，不如说是如何在经常性的政治炮火下做到这一点。因此，巴斯一开始在费城运营爱迪生学校时，经常有一名武装保镖陪同。[17] 巴斯在"知识就是力量"项目开始新工作6个月后说："如果'知识就是力量'项目是一个营利性组织，我们将更难发展。营利性的方式会增加一层政治因素，这可能会大量分散我们对必须完成的工作的注意力。"[18]

在戴夫·莱文看来，二者之间的区别更为深刻：它不仅是观念上的，也是操作上的，这最终解释了公众反应的差异。2008年，莱文在西哈莱姆区一所名为"知识就是力量"项目无限的中学接受采访时表示，教育管理机构和特许管理组织的日常目标在本质上是不可调和的。莱文说："在管理一所学校时，你只能遵循一种节奏，你无法同时兼顾利润和学业成绩。我们唯一关注的就是学生的成绩，而且从一开始就是如此。'知识就是力量'项目是在教师的努力下成长起来的。我们不是商人。"[19]

另一位对特许管理组织和教育管理机构之间的差异持特殊观点的人是谢里夫·埃尔-梅基。他在2003—2008年曾担任位于费城西部的爱迪生肖中学的校长，此后他又担任附近的卓越特许学校舒梅克校区的校长。卓越特许学校是一个2001年在费城创办的特许管理组织网络。到2014年，该网络包括该市的15所学校,以及另外两所位于特拉华河对岸的新泽西州卡姆登市的学校。舒梅克校区开设了 7 至 12 年级。在舒梅克校区 2006 年被接管之前,它是一所由学区管理的中学,然后在 2002—2003 学年作为学校改革委员会私有化实验的一部分,由一家总部设在迈阿密的教育管理机构管理,之后又由学区负责管理。[20]

和"知识就是力量"项目一样,卓越特许学校也是从面向高年级学生起步的。该组织的前 4 所学校在 2001—2007 年间相继开学,从 6 年级或 7 年级开始。2010 年,卓越特许学校开办了第一批小学。2014—2015 学年,卓越特许学校在费城的 15 所学校中,有 8 所是小学,7 所是初中或高中或某种组合。卓越特许学校在卡姆登的两所学校于 2014 年开学,都是小学。[21] 与"知识就是力量"项目和大多数特许管理组织不同,除了其第一所学校是从零开始建造的,该组织其他的学校都是接管陷入困境的学区学校,并试图扭转它们的劣势。[22] 除了一个特例外,所有接管都是由学校管理人员授权的,而没有经过家长投票;其中只有一次,2014 年 5 月在钢铁小学,家长们要求进行投票,并以相当大的优势拒绝了该组织的接管,将学校留在了学区。[23] 与"知识就是力量"项目一样,卓越特许学校也抱有很高的期望;规定学生、家长和教师的选择权;要求更长的教学时间;给予学校领导更大的自由度,并重视结果。该网络的座右铭是"卓越,不找借口"。

谢里夫·埃尔–梅基是土生土长的费城人。他于 1988 年毕业于欧弗布鲁克高中,该校距离兰开斯特大道上的舒梅克校区只有几个街区。他曾在欧弗布鲁克高中橄榄球队担任防守后卫①,并以短跑运动员的身份带领该校田径队夺得市冠军。20 年后,埃尔–梅基看起来仍然可以参与这两个项目的比赛,只有浓密的胡须和后退的发际线暴露了他的年龄。埃尔–梅基在宾夕法尼亚印第安纳大学获得了刑事司法学士学位,在校期间继续参加田径比赛。毕业后他返回家乡但并不清楚自己未来该作何打算。他做快递员,和朋友们一起玩乐,周日下午在费城西南部的约翰·巴斯伦高中的操场上打橄榄球。[24]

埃尔–梅基差点在那个球场上丧命。在 1992 年 10 月的一场比赛中,他狠狠地击倒了一名对手,然后与他发生了一场混战。随后这名球员的 4 个朋友从看台上跳了出来,拿枪指着他。[25] 埃尔–梅基左腿被击中两次,右腿被击中一次,一颗子弹穿透了动脉。他在附近的宾夕法尼亚大学医院住了 6 个星期,并接受了 17 次手术。[26]

康复后,他在市青年学习中心担任青少年罪犯的导师,并找到了自己的人生方向。一年后,在了解到一个招募非裔美国人从事教学活动的项目后,埃尔–梅

---

① 防守后卫包括角卫和安全卫,司职此位置的运动员通常以速度见长。

基成为同样位于费城西部的特纳中学的一名教师。他在特纳中学担任了 7 年的教师和 3 年的助理校长。正是巴斯聘请埃尔-梅基到臭名昭著的肖中学担任校长。埃尔-梅基说，爱迪生公司的专业发展质量，以及课程与基准评估相协调并与州统一考试挂钩的做法吸引了他。[27]

埃尔-梅基说，他在肖中学的首要任务是恢复秩序。他在爱迪生公司管理肖中学第一年的 1 月接管该校。他回忆说，几年后，当他在 2002 年 9 月得知爱迪生公司解雇非教学助理时，感到震惊。埃尔-梅基说："我记得我是在特纳中学工作时从报纸上读到的这个消息。我觉得爱迪生公司的这些人都疯了。他们犯了一个大错。"[28]

他担任肖中学校长后做的第一件事，除了和保罗·瓦拉斯要求的一样让爱迪生公司重新雇用非教学助理外，还要求学区向学校派了三名警员。埃尔-梅基成功地帮助肖中学营造了安全、平和的校园环境，并实施了爱迪生公司模式。他说，爱迪生公司的专业发展和课程质量符合他的期望。而且 2004 年夏天，肖中学被学区认定为一所难以招募教职工的学校，因此被赋予"完全自主"地位。埃尔-梅基获得了直接雇用所有教职员工的权力，而不是按照惯例根据中央办公室的安排开展工作。然而，尽管埃尔-梅基拥有这样的优势并且对爱迪生公司的专业发展和课程颇为满意，但他说从来都没有感受到教职工对工作的承诺，也无法控制他所要的资源，从而无法把肖中学打造成为他认为可以成为的学校。[29]

埃尔-梅基说，他在卓越特许学校找到了自己要找的东西。在 2009 年掌管舒梅克校区的第一年，埃尔-梅基一边参观着校园，一边说道："卓越特许学校是爱迪生公司应该成为的样子。"这所学校一尘不染、安静祥和，地板闪闪发光，走廊和教室装饰着整齐的海报，标着离全州统一考试还有多少天，同时悬挂了玛雅·安杰卢、弗雷德里克·道格拉斯、阿尔伯特·爱因斯坦和埃莉诺·罗斯福等人关于辛勤工作及其回报的名言。学生们穿着印有卓越特许学校标志的统一的灰色衬衫、海军蓝长裤，看起来精神抖擞。埃尔-梅基说："在这里，我们与教职工的使命是一致的，我们对预算有完全的控制权。"[30]

•

埃尔-梅基并不认同企业利益。像芬伯格和莱文一样，他不是商人，也不认为自己是商人。他更认同他的父母哈米德·哈立德和艾莎·埃尔-梅基倡导的政治激进主义。他们在 20 世纪 60 年代加入了黑豹组织，抗议费城警察的暴行，并培养社区自豪感。事实上，埃尔-梅基曾在 2005 年因违抗警察而被捕。当时他和他的母亲、兄弟和儿子在市中心的一个会议厅外参加反战集会。布什总统正在那里发表演讲。埃尔－梅基很快就被洗脱了嫌疑,但当地媒体在关于其遭逮捕的文章中对他的政治立场进行了清晰的报道。[31] 几年后,埃尔－梅基在回顾他的政治和职业生涯时说,"我告诉我们的老师们,我们必须像自由战士、国家建设者一样工作。"[32]

然而,埃尔－梅基赞成许多商界人士的观点,认为教师工会将工作保护凌驾于提升教学质量和营造学校氛围之上。埃尔－梅基承认,像欧弗布鲁克高中、特纳中学、肖中学和舒梅克校区这样的市中心学校需要更多的资金,但他认为教师的职业承诺同样是一个紧迫的问题,因此他认同灵活的教师雇佣合同制。[33] 约瑟夫·弗格森自2009年起担任卓越特许学校首席运营官,之前4年曾在费城学区的中央办公室从事运营工作。对于他而言,特许管理组织与费城学区之间的根本区别,在于组织与教职人员在使命上的一致性。弗格森在卓越特许学校工作的第5个年头说道,学校领导需要自主性。"我接受集体谈判,"他说,"而且我非常赞成集体谈判!但你不可能在没有人事自由的情况下运营一所学校。"[34]

费城许多爱迪生学校的教师与埃尔－梅基一起转投到了卓越特许学校管理的学校。在2013—2014学年,仅在埃尔－梅基的学校里就有8名这样的老师。那一年,卓越特许学校管理的位于费城北部的西蒙·格拉茨高中也有两名这样的老师,其中包括来自阿尔巴尼亚的资深数学老师乔治·普里夫蒂。4年前,普里夫蒂曾在肖中学与埃尔－梅基的继任者就月度基准评估的作用发生过争执。[35]

肖中学在2014年也成为卓越特许学校管理的学校。这个过程印证了埃尔－梅基的观点,即卓越特许学校实现了爱迪生公司的愿景:以前平淡无奇的走廊和楼梯间如今闪耀着光芒;学生和教职员工可以相对轻松地学习和工作。[36] 在这个令人眼花缭乱但又很具有说服力的转折中,肖中学不仅成为卓越特许学校网络中的一员,它还成为卓越特许学校网络哈迪·威廉姆斯校区,作为原哈迪·威廉姆斯学院特许学校的所在地。① 卓越特许学校网络在2011年接管了哈迪·威廉姆斯学院特许学校。这所学校于1999年由爱迪生公司倡导者、州参议员安东尼·哈迪·威廉姆斯创办,被称为文艺复兴优势特许学校。[37] 这所学校最初是由波士顿的教育管理机构优势教育公司管理的。2001年,总部位于纽约的莫萨伊卡教育公司接管了优势学校公司,文艺复兴优势特许学校成为莫萨伊卡的又一所学校。2004年,文艺复兴优势特许学校剥离莫萨伊卡教育公司,转投爱迪生公司。5年后,参议员威

---

① 卓越特许学校网络接管肖中学后,将哈迪·威廉姆斯学院特许学校搬进了该校,并将肖中学更名为卓越特许学校网络哈迪·威廉姆斯校区。——译者注

廉姆斯辞去了学校委员会主席的职务。该学校随后与爱迪生公司切断了合作关系，学校更名以纪念这位参议员的父亲，即已故的州参议员哈迪·威廉姆斯。[38]

・

2014年，舒梅克校区、西蒙·格拉茨高中和卓越特许学校的第3所学校（位于费城南部的托马斯学校）的12名工作人员，匿名填写了一份长达4页的关于在爱迪生公司和卓越特许学校工作的差异的调查问卷。该调查既有封闭式问题也有开放性问题，调查结果显示，任务一致性成为两个组织的一个突出区别。这些受访者认为他们在卓越特许学校的经历更具协作性、更有效和更有价值。[39]虽然调查样本量很小，但它的定义很严格，结果本身也很严密和清晰。例如，要求对工作环境质量用1~10分进行评分。总体而言，受访者给爱迪生公司打了4.6分，给卓越特许学校打了7.9分（见表9.2）。

表9.2　2014年对12名曾在爱迪生公司管理的费城学校工作过的卓越特许学校工作人员进行的调查的结果与标准差（10分制）

样本来源 问题类别	爱迪生公司		卓越特许学校	
	平均数	标准差	平均数	标准差
资源获取	4.5	2.9	7.6	1.2
管理者的职业承诺	3.8	1.9	8.9	1.0
同事的职业承诺	5.7	1.4	8.9	0.7
学生的学习承诺	5.0	1.5	7.8	1.2
受访者个人的职业承诺	7.9	1.4	9.1	0.8
专业发展	4.6	2.5	8.0	1.0
领导力质量	3.8	2.4	8.8	0.7
工作环境的质量	4.6	2.4	7.9	1.2
成就感	5.2	2.1	8.0	1.0
综合	5.0	2.1	8.3	1.0

在回答开放性问题时，受访者给出了如下回答：

- "爱迪生公司感觉像是一家企业……我没有感受到爱迪生公司的使命感，这就是爱迪生公司和卓越特许学校之间的巨大区别。我们旨在营造的文化类型使我们的使命宣言得到了强化。"
- "在爱迪生公司的领导下，没有人为共同实现一个目标而努力工作。"
- "爱迪生公司没有建立一种文化，除了并不经常的专业发展外，似乎没有什么存在感……卓越特许学校的教育工作者都更为敬业。他们在工作上投入了大量的时间。"
- "我在爱迪生公司和卓越特许学校的经历截然不同。我把这归因于卓越特许学校所有成年人的团队精神、对学生和教育工作者的高期望，以及对学生成绩的优先关注。"
- "我们在爱迪生公司什么都没有：没有书，没有复写纸，没有书写纸，没有铅笔。我们需要根据一些教师指南来做计划，但是没有任何可以给学生的相关材料。"
- "从表面上看，（在爱迪生公司的领导下）所有的课程都受到重视，但就实质努力和支持而言，也就数学、阅读成绩获得了大量支持和跟进……在卓越特许学校，各个学科都受到支持，而不仅仅是数学和阅读。"
- "卓越特许学校的团队非常刻意地关注整体性问题，比如'我们是否在做对学生最好的事情？'在爱迪生公司，这种问题只会在同事间提出，但它从来都不是最重要的。"

除了教师的支持、行政自主权和学校氛围外，舒梅克校区和其他由卓越特许学校运营的学校的学生在年度州统一考试宾夕法尼亚州学校评估系统中取得的成绩也支持了埃尔-梅基的结论，即卓越特许学校满足了他和其他许多人对爱迪生公司的期望。这不仅仅是因为卓越特许学校的学生在阅读和数学考试中的表现远远好于在爱迪生公司管理的学校或城市中其他学校的同龄人，更为引人注目和更有说服力的是他们在写作考试中取得的成绩。

如本书第七章所述，除了2002年的《不让一个孩子掉队》法案要求3至8年级学生参加的阅读和数学考试外，宾夕法尼亚州从2006年开始还对5年级和8年级学生进行年度写作考试，2008年开始对4年级和8年级学生进行年度科学考试。因为只有阅读和数学考试的成绩决定了一所学校是否达到适当年度进步要求，也就是《不让一个孩子掉队》法案衡量学校有效性的标准，而科学和写作考试的成绩几乎无人过问。由于写作和科学的分数是不会被考量的标准，它们倒是成为衡量很多东西的标准，为了解宾夕法尼亚州的学校运行状况提供了一个难得的窗口。当没人关注时，学校所做的事情比大家都盯着时的所作所为更能说明问题。

整体来看，"知识就是力量"项目和卓越特许学校在费城开办的学校在这方面似乎提供了比爱迪生公司，特别是费城的公立学校，更为全面的教育。本书第七章中展示的 2008—2012 年宾夕法尼亚州学校评估系统的结果清晰地体现了这一显著特征。为便于比较，此处的分析只涉及被归类为经济困难的学生的分数。在这段时间里，所有类型的学校中的绝大多数学生都被归类为经济困难。例如，就费城学区整体而言，2008—2009 学年，82% 的 8 年级学生被归类为经济困难。同一年，费城的爱迪生学校中 99% 的学生属于这一类；"知识就是力量"项目的比例是 79%；卓越特许学校的比例是 79%。[40]

在"知识就是力量"项目和卓越特许学校开办的学校中，5 年级学生的阅读熟练率很低，有的甚至低于写作的熟练率，其他的也只是略高于写作熟练率。对于由爱迪生公司和费城学区管理的学校来说，5 年级学生的阅读的熟练率也很低，但始终高于写作熟练率。在"知识就是力量"项目和卓越特许学校开办的学校中，8 年级学生的阅读熟练率要高得多，同时也接近于写作熟练率。在爱迪生公司和费城学区管理的学校中，8 年级学生的成绩情况截然不同：阅读熟练率也在攀升，但写作熟练率却明显落后（见表 9.3 和图 9.4）。[41]

科学考试的结果似乎提供了一个同样有说服力的结论，但性质却截然不同。"知识就是力量"项目、卓越特许学校、爱迪生公司和整个费城学区的学校公布的科学考试成绩都远远低于数学考试的成绩。这似乎传达了一个令人不安的信号：无论"知识就是力量"项目和卓越特许学校所运营的学校的教师多么投入，要教好供资不足的科目也非易事。就像阅读和写作的成绩应相差不远，数学和科学的成绩本该是相近的。但是，优质的科学教学要比优质的写作教学需要更多的资金。最新的科学教科书价格不菲，科学课要进行有效的教学也得有常规的实验室，这需要指定的空间、专业的设备和仔细的监督，意味着班级规模要更小。

表9.3 在宾夕法尼亚州学校评估系统的阅读和写作考试中取得熟练等次的学生比例，以及两个学科熟练率的差异

课程 \ 年份	2008 年	2009 年	2010 年	2011 年	2012 年	平均
5 年级						
爱迪生学校阅读成绩	34.0	27.3	21.4	37.1	n/a	30.0
爱迪生学校写作成绩	12.8	21.1	17.9	25.7	n/a	19.4
阅读成绩—写作成绩	21.2	6.2	3.5	11.4	n/a	10.6
费城学区阅读成绩	33.3	38.1	38.4	43.0	31.1	36.8

续表

年份 课程	2008年	2009年	2010年	2011年	2012年	平均
费城写作成绩	26.0	30.0	33.0	37.1	28.3	30.9
阅读成绩—写作成绩	7.3	8.1	5.4	5.9	2.8	5.9
"知识就是力量"项目阅读成绩	26.9	36.5	30.3	38.7	25.0	31.5
"知识就是力量"项目写作成绩	27.7	34.4	30.1	37.5	29.8	31.9
阅读成绩—写作成绩	−0.8	2.1	0.2	1.2	−4.8	−0.4
卓越特许学校阅读成绩	n/a	n/a	n/a	29.5	33.3	31.4
卓越特许学校写作成绩	n/a	n/a	n/a	42.4	48.7	45.6
阅读成绩—写作成绩	n/a	n/a	n/a	−12.9	−15.4	−14.2
8年级						
爱迪生学校阅读成绩	48.8	53.1	65.5	51.0	n/a	54.6
爱迪生学校写作成绩	26.1	30.2	36.6	32.1	n/a	31.3
阅读成绩—写作成绩	22.7	22.9	28.9	18.9	n/a	23.4
费城阅读成绩	54.1	60.0	64.2	59.2	53.2	58.1
费城写作成绩	39.4	44.6	50.1	46.9	42.4	44.6
阅读成绩—写作成绩	14.7	15.4	14.1	12.3	11.0	13.5
"知识就是力量"项目阅读成绩	73.8	79.3	78.2	73.3	74.5	75.8
"知识就是力量"项目写作成绩	83.7	67.2	83.6	82.8	70.4	77.5
阅读成绩—写作成绩	−9.9	12.1	−5.4	−9.5	4.1	−1.7
卓越特许学校阅读成绩	65.6	78.8	78.2	66.8	72.6	72.4
卓越特许学校写作成绩	72.9	76.0	80.6	71.3	77.2	75.6
阅读成绩—写作成绩	−7.3	2.8	−2.4	−4.5	−4.6	−3.2

数据来源：宾夕法尼亚州教育部，2007—2008学年到2010—2011学年宾夕法尼亚州学校评估系统和适当年度进步成绩，http://www.portal.state.pa.us/portal/server.pt/community/school_assessments/7442.

注：上述所有组别中的学生都属于经济困难学生。

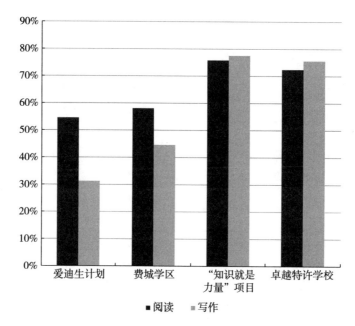

图9.4 在2008—2012年的宾夕法尼亚州学校评估系统的阅读和写作考试中费城不同类型的学校的8年级学生取得熟练等次的平均比例（爱迪生学校的数据是从2008—2011年）

数据来源：宾夕法尼亚州教育部，2007—2008 学年到 2010—2011 学年宾夕法尼亚州学校评估系统和适当年度进步成绩，http://www.portal.state.pa.us/portal/server.pt/community/school_assessments/7442.

注：上述所有组别中的学生都属于经济困难的学生。

在费城标志性的主线沿线城郊的 5 个资金雄厚的学区（大谷地学区、哈弗福德学区、劳尔梅里恩学区、拉德诺学区和特雷德夫林-伊斯特敦学区），8 年级学生在宾夕法尼亚州学校评估系统中的数学和科学考试成绩差距的确很小。例如，2009 年，这 5 个学区的 8 年级学生在宾夕法尼亚州学校评估系统的数学和科学考试中的综合熟练等级比例分别为 86% 和 79%。考虑到可比性，此处只拿这 5 个学区中有经济困难的学生的成绩来与费城学区学生作比对。在 2008—2009 学年，这 5 个学区中有 6% 的学生属于这一类。[42]

事实上，来自主线学区的经济困难学生的成绩远低于他们那些来自中高收入家庭的同学，但他们的数学和科学成绩的差距要远比"知识就是力量"项目、卓越特许学校、爱迪生公司和费城学区管理的学校中经济困难学生的小。宾夕法尼亚州学校评估系统 5 年科学考试的可用成绩数据也能体现这一点。然而在这 5 年中有 4 年，"知识就是力量"项目和卓越特许学校管理的学校的经济困难学生的数学成绩都高于主线学区有经济困难的同龄人（见表 9.4 和图 9.5）。[43]

很难说在多大程度上，规模更小的班级、更有经验的老师、设施更好的实验室和更频繁的实验课程，或者更有优势或更有动力的同学，促使主线学区经济困难的学生年复一年地取得好得多的科学成绩。但是规模更小的班级、更有经验的老师、设施更好的实验室和更频繁的实验课程所需资源的差异是显而易见的。例如，在2008—2009学年，主线学区的生均支出要比费城学区多43%（4 926美元）（见图7.2）。[44]

表9.4 费城学区和主线学区有经济困难的8年级学生在宾夕法尼亚州学校评估系统的数学和科学考试中取得熟练等次的学生比例，以及两科的熟练率差异

年份 科目	2008年	2009年	2010年	2011年	2012年	平均
爱迪生学校数学成绩	47.4	47.3	54.8	48.2	NA	49.4
爱迪生学校科学成绩	13.5	9.9	18.8	14.7	NA	14.2
数学成绩—科学成绩	33.9	37.4	36.0	33.5	NA	35.2
费城学区阅读成绩	46.2	47.6	57.6	53.5	48.7	50.7
费城学区写作成绩	18.8	18.7	21.4	21.7	19.4	20.2
数学成绩—科学成绩	27.4	28.9	36.2	31.8	29.3	30.7
"知识就是力量"项目数学成绩	64.3	74.6	72.4	71.7	78.0	72.2
"知识就是力量"项目科学成绩	17.1	20.3	26.8	25.0	2.5	23.3
数学成绩—科学成绩	47.2	54.3	45.6	46.7	50.5	48.9
卓越特许学校数学成绩	62.9	81.6	73.7	71.2	80.0	73.9
卓越特许学校科学成绩	11.1	31.5	20.1	24.9	30.6	25.6
数学成绩—科学成绩	51.8	50.1	43.6	46.3	49.4	48.2
主线学区数学成绩	63.2	61.2	72.3	64.9	74.7	67.3
主线学区科学成绩	43.1	49.2	57.2	50.4	58.7	51.7
数学成绩—科学成绩	20.1	12.0	15.1	14.5	16.0	15.5

数据来源：宾夕法尼亚州教育部，2007—2008学年到2010—2011学年宾夕法尼亚州学校评估系统和适当年度进步成绩，http://www.portal.state.pa.us/portal/server.pt/community/school_assessments/7442.

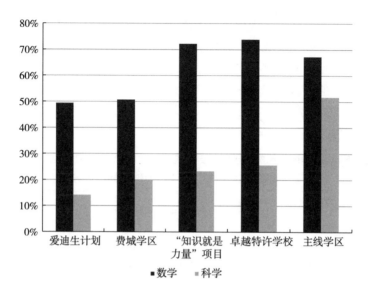

图9.5 在2008—2012年的宾夕法尼亚州学校评估系统的数学和科学考试中取得熟练等次的8年级学生平均比例（爱迪生学校的数据是从2008—2011年）

数据来源：宾夕法尼亚州教育部，2007—2008学年到2010—2011学年宾夕法尼亚州学校评估系统和适当年度进步成绩，http://www.portal.state.pa.us/portal/server.pt/community/school_assessments/7442.

注：上述所有组别中的学生都属于有经济困难的学生。

·

除了考试结果，教育管理机构和特许管理机构在日常运行方面的差异，与巴斯和莱文所评论的公众对这两种模式的看法反差是一致的。特许管理组织，特别是"知识就是力量"项目随之而来的优势十分明显。巴斯说，它即使不是诱导，也解除了那些倾向于反对学校外部管理的人的戒心。[45]莱文对此表示同意，并回忆道，就在1999年《60分钟》节目称赞"知识就是力量"项目的短片赢得了盖璞的联合创始人多丽丝和唐纳德·费舍尔的青睐后，"迈克·芬伯格接到一位学区官员的电话，他说，'我们想与"知识就是力量"项目签约，让其管理20所学校。'"与爱迪生公司不同，"知识就是力量"项目因此不需要雇用多位销售主管，也不需要投放一系列推销其模式的广告，单靠新闻报道就完成了这些任务。精明的品牌宣传，清晰、详细的年度报告，以及全国性组织和各地的敏锐的交互式网站都会及时跟进，但这些仅仅是起到了放大电视、广播和纸媒记者所传达的信息的作用而已。

事实上，早年对"知识就是力量"项目的新闻报道就一致持认可态度。除了1999年《60分钟》节目中的片段，哥伦比亚广播公司2000年的后续报道不吝赞美之词，大卫·格兰恩也在《新共和》上发表过赞美文章。各家报纸的文章都在持续夸赞"知识就是力量"项目。[46] 在"知识就是力量"项目扩张的第一年，即从2001年9月到2002年6月，在奈克斯数据库中搜索各大报纸有关该项目的文章，发现有17篇，且都持正面态度；相比之下，在爱迪生公司运行的第一年，即从1995年9月到1996年6月，在奈克斯数据库中对其相关文章进行搜索，共发现47篇，而其中有27篇持否定态度。此外，在奈克斯数据库中对4年后，即2005年9月到2006年6月，关于"知识就是力量"项目的文章再度进行搜索，共发现22篇，依旧都持积极态度；在奈克斯数据库中对爱迪生公司运作4年后，即2005年9月到2006年6月，其有关文章再度进行搜索，共发现26篇，其中有6篇持否定态度。[47]

"知识就是力量"项目管理的学校中，除了许多令人印象深刻的音乐教育项目、学生在阅读和数学科目的标准化考试中获得的优异成绩，以及毕业生同样令人印象深刻的较高大学入学率外，教师和校长们的无私奉献也引发了大量的积极报道，并持续吸引着人们的关注。"知识就是力量"项目的教职人员通常在早上7点开始工作，到下午5点结束，之后还会利用该组织发放的手机为学生提供家庭作业辅导，并且在每周的周六上午及暑假中的3个星期补课。

美国广播公司的《世界新闻》、哥伦比亚广播公司的《晚间新闻》、全国广播公司的《晚间新闻》、美国公共电视网的《前线》《奥普拉脱口秀》，甚至是《科尔伯特报告》，都对"知识就是力量"项目进行了如此的报道。[48] 鲍勃·赫伯特和托马斯·弗里德曼在《纽约时报》专栏评论中称赞了"知识就是力量"项目的理想和精神；斯坦利·克劳奇和莱纳德·皮茨也分别在《纽约每日新闻》和《迈阿密先驱报》的评论专栏中发表了类似的文章；而且《华盛顿邮报》的教育专栏作家杰伊·马修斯发表了一系列关于"知识就是力量"项目的教职员工的奉献精神的文章，并以这些文章为基础撰写了一本书，内容是关于该组织不可思议的演变。[49] 历史学家斯蒂芬·塞思托姆和政治学家阿比盖尔·塞思托姆组成的夫妻团队用特许管理组织的共同信条"不找借口"作为他们于2003年出版的关于缩小成绩差距的著作的标题，并在他们的分析中不时地赞扬"知识就是力量"项目的远见和决心。马尔科姆·格拉德威尔在他于2008年出版的著作《异类》的倒数第二章中，专门介绍了"知识就是力量"项目取得的优异成绩，并将这种成就与其要求教师和学生的额外工作学习时间联系起来。保罗·图赫同样在他于2012年出版的关于性格发展的著作《儿童如何成功：坚韧、好奇心和性格的隐藏力量》中，赞扬"知识就是力量"项目坚持不懈地致力于培养儿童更好的行为以及提高学生的学业成绩。[50]

这种宣传为"知识就是力量"项目的扩张铺平了道路，并吸引了更多的慈善资金来支持其发展。除了多丽丝和唐纳德·费舍尔基金在2000年向"知识就是力量"项目提供用于推广其模式的1 500万美元外，该基金会之后又向"知识就是力量"项目提供了8 500万美元。[51] 截至2013年，沃尔顿家庭基金会已经向"知识就是力量"项目提供了5 870万美元；[52] 比尔和梅林达·盖茨基金会提供了2 540万美元；[53] 罗宾汉基金会提供了2 130万美元；[54] 泰格基金会提供了310万美元。[55] 大西洋慈善总会在2006年一次性向"知识就是力量"项目捐款1 460万美元。[56] 为了表彰"知识就是力量"项目的独特方法，美国教育部在2010年一次性向其拨付了5 000万美元的创新投资拨款，以资助该组织的扩张。[57]

这种支持所产生的影响，以及"知识就是力量"项目的学生学业成绩，一直是激烈争论的主题。据西密歇根大学的研究人员2011年发表的一项关于"知识就是力量"项目成就的研究显示，以全美28所"知识就是力量"项目学校为样本，2007—2008学年，其平均每名学生获得的经费比其邻近的学区学校多50%，即6 500美元。西密歇根大学的研究团队由加里·米隆领导，他是之前介绍过的2000年发表的一份批评爱迪生学校公司的报告的合著者。该团队将其中5 760美元的差异归因于慈善捐赠。这项研究发现，这28所学校总共招收了6 461名学生，募集了3 720万美元的捐款。[58]

在得出每名学生额外获得6 500美元经费的结论时，西密歇根大学的研究人员只统计了这28所学校所属的"知识就是力量"项目区域办事处接受的捐赠，而没有考虑"知识就是力量"项目基金会所接受的捐赠。该基金会是该组织的全国性办公室，总部设在旧金山，为其整个网络提供专业发展和质量监测。研究人员指出，2007—2008年对"知识就是力量"项目基金会的慈善捐赠总额为1 530万美元。研究人员引用了"知识就是力量"项目基金会的年度报告，并指出，该基金会估计当年用于专业发展、学校启动成本和学校支持方面的生均支出为1 175美元。[59]

针对这份报告，"知识就是力量"项目的发言人史蒂夫·曼奇尼发布了一份新闻稿予以回应。曼奇尼绕开"知识就是力量"项目基金会所扮演的角色，认为如果西密歇根大学的研究人员收集了2007—2008学年该组织正在运营的全部58所学校的数据，他们得出的金额就会低得多。曼奇尼写道："这28所学校的样本包含了该网络71%的私人收入，但只用于为2007—2008学年45%的学生提供教学服务。"此外，曼奇尼声称，西密歇根大学的研究人员未能考虑到，特许学校通常会用很大一部分经费来建造或租赁设施，而学区学校的预算中并没有这样的费用；还忽略了"知识就是力量"项目较高的管理费用，因为其必须应对创建和运营每年新增一个年级的学校所产生的固定成本；最后，并不是研究人员的过错，但将660万美元的公共资金误列为"知识就是力量"项目纽瓦克办事处的私人收入。总体而言，曼奇尼的结论是，2007—2008学年的生均慈善资金达2 500美元。[60]

在《纽约时报》的版面上，这场辩论仍在继续。曼奇尼、米隆以及布鲁金斯学会和加州大学伯克利校区的学者们都发表了他们相反的观点。无论怎样，不管是生均2 500美元还是更多，显而易见的是，"知识就是力量"项目严重依赖于慈善资金。毕竟，正如曼奇尼在《泰晤士报》上解释的那样，"知识就是力量"项目每天的延时教学、周六课程和为期3周的暑期课程，需要该组织为每名学生花费1 200~1 600美元。[61] 光是支付这笔费用就需要大量的慈善帮助。这一直都是事实。

例如，在2011财年，即从2011年7月到2012年6月（数据可查的最近时段），"知识就是力量"项目基金会接受了3 390万美元的慈善捐款，不包括政府拨款。此外，"知识就是力量"项目区域办事处还接受了1.021亿美元的慈善捐款，也不包括政府拨款。扣除累计筹款费用660万美元后，"知识就是力量"项目总共获得了1.294亿美元的资金，作为对联邦、州和地方拨款的补充。2011—2012年，全美的"知识就是力量"项目学校共有34 074名学生。这笔额外的资金意味着，在一定条件下，生均额外拥有3 796美元的经费（见表9.5）。[62]

·

获得这笔额外资金的一个限定条件是所在位置。虽然所有区域都接受"知识就是力量"项目基金会的资助，但各地有自己的委员会，负责为其范围内学校筹集资金。就像大学里的一些部门从校友和外部捐赠者那里筹集的资金可能会比其他部门要多得多一样，"知识就是力量"项目在一些区域筹集的资金也会比其他区域多得多。这些委员会的效益范围很广。例如，"知识就是力量"项目纽约市委员会以及该地区各个学校的委员会在2010—2011学年净筹得2 170万美元，共招收1 736名学生；2011—2012学年净筹得880万美元，共招收2 301名学生。[63] 相比之下，"知识就是力量"项目奥尔巴尼市委员会在2010—2011学年没有筹到任何资金，共招收286名学生；2011—2012学年净筹得52 500美元，共招收283名学生（参见表9.5）。

在筹集到大量资金的案例中，例如"知识就是力量"项目纽约市委员会在

2010—2011学年筹到的款项，大部分资金可能来自用于资本项目的一次性大额捐赠或对未来支出的捐赠，这笔资金肯定不能全部用于年度日常运营。各地委员会的效益差异同样暴露了所有特许管理组织的局限性。在奥尔巴尼、印第安纳州的加里或北卡罗来纳州的加斯顿筹集资金肯定要比在纽约、休斯敦或洛杉矶困难得多，就连"知识就是力量"项目圣迭戈市委员会也遇到了筹集资金方面的困难。

表9.5 2010—2011学年和2011—2012学年不同区域的"知识就是力量"项目学校的招生人数、资金、占用成本和学区特许拨款

地区	学生数	净区域生均捐赠（美元）	"知识就是力量"项目基金会净生均捐赠（美元）	总净生均捐赠（美元）	生均占用成本（美元）	生均学区特许拨款（美元）
奥尔巴尼，2010—2011学年	286	0	1 208	1 208	n/a	11 712
奥尔巴尼，2011—2012学年	283	186	954	1 140	1 731	14 072
阿肯色州，2010—2011学年	646	1 541	1 208	2 749	448	7 031*
阿肯色州，2011—2012学年	860	1 615	954	2 569	528	6 665*
亚特兰大，2010—2011学年	905	4 348	1 208	5 556	278	9 275*
亚特兰大，2011—2012学年	1231	14 113	954	15 067	735	8 608*
奥斯丁，2010—2011学年	992	2 728	1 208	3 936	1 700	8 761
奥斯丁，2011—2012学年	1 480	1 475	954	2 429	1 658	8 033
巴尔的摩，2010—2011学年	631	1 328	1 208	2 536	507	605
巴尔的摩，2011—2012学年	816	2 729	954	3 683	605	9 264
夏洛特，2010—2011学年	343	1 661	1 208	2 869	470	6 700
夏洛特，2011—2012学年	355	1 380	954	2 334	309	4 361
芝加哥，2010—2011学年	425	2 262	1 208	3 470	809	7 447

续表

地区	学生数	净区域生均捐赠（美元）	"知识就是力量"项目基金会净生均捐赠（美元）	总净生均捐赠（美元）	生均占用成本（美元）	生均学区特许拨款（美元）
芝加哥，2011—2012学年	543	3 313	954	4 267	711	7 183
科罗拉多，2010—2011学年	594	1 599	1 208	2 807	487	7 260*
科罗拉多，2011—2012学年	826	1 629	954	2 583	404	6 904*
哥伦布，2010—2011学年	210	2 523	1 208	3 731	1 142	6 100
哥伦布，2011—2012学年	306	625	954	1 579	800	6 200
达拉斯，2010—2011学年	307	1 961	1 208	3 169	1 596	8 560
达拉斯，2011—2012学年	332	526	954	6 214	1 743	5 929
印第安纳州加里市，2010—2011学年	297	0	1 208	1 208	n/a	8 195
北卡罗来纳州加斯顿，2010—2011学年	701	0	1 208	1 208	n/a	8 042
北卡罗来纳州加斯顿，2011—2012学年	709	0	954	954	n/a	7 579
休斯敦，2010—2011学年	6 448	1 299	1 208	2 507	468	9 090
休斯敦，2011—2012学年	7 884	797	954	1 751	371	8 303*
印第安纳波利斯，2010—2011学年	238	0	1208	1 208	162	7 000
印第安纳波利斯，2011—2012学年	265	9 865	954	10 819	689	7 368
杰克逊维尔，2010—2011学年	91	27 660	1 208	28 868	n/a	n/a
杰克逊维尔，2011—2012学年	176	4 631	954	5 585	n/a	5 200
堪萨斯市，2010—2011学年	252	348	1 208	1 556	1 696	7 115
堪萨斯市，2011—2012学年	180	1 842	954	2 796	2 489	9 510

续表

地区	学生数	净区域生均捐赠（美元）	"知识就是力量"项目基金会净生均捐赠（美元）	总净生均捐赠（美元）	生均占用成本（美元）	生均学区特许拨款（美元）
洛杉矶，2010—2011学年	1 266	3 496	1 208	4 704	1 152	6 102*
洛杉矶，2011—2012学年	1 671	3 117	954	4 071	1 207	5 264*
马萨诸塞州林恩市，2010—2011学年	373	7 159	1 208	8 367	n/a	11 297
马萨诸塞州林恩市，2011—2012学年	471	5 183	954	6 137	n/a	11 517
孟菲斯，2010—2011学年	398	5 195	1 208	6 403	1 190	7 782
孟菲斯，2011—2012学年	516	1 943	954	2 897	696	7 721
明尼阿波利斯，2010—2011学年	153	4 740	1 208	5 948	3 182	11 580
明尼阿波利斯，2011—2012学年	158	3 298	954	4 252	3 172	12 575
纳什维尔，2010—2011学年	293	2 499	1 208	3 707	782	8 013
纳什维尔，2011—2012学年	313	2 587	954	3 541	1 004	8 100
纽瓦克，2010—2011学年	1 281	2 572	1 208	3 780	1 670	14 609
纽瓦克，2011—2012学年	1 497	5 810	954	6 764	1 546	15 406
新奥尔良，2010—2011学年	1 792	1 501	1 208	2 709	n/a	70 148
新奥尔良，2011—2012学年	2 462	971	954	1 925	n/a	7 895
纽约市，2010—2011学年	1 736	12 541	1 208	13 722	None	12 443
纽约市，2011—2012学年	2 301	3 846	954	4 800	None	13 527
俄克拉荷马市，2010—2011学年	277	1 511	1 208	2 719	n/a	5 384
俄克拉荷马市，2011—2012学年	272	1 683	954	2 637	n/a	4 680

续表

地区	学生数	净区域生均捐赠（美元）	"知识就是力量"项目基金会净生均捐赠（美元）	总净生均捐赠（美元）	生均占用成本（美元）	生均学区特许拨款（美元）
费城，2010—2011 学年	697	2 535	1 208	3 743	1 879	9 634*
费城，2011—2012 学年	947	1 839	954	1 793	1 631	10 273*
圣安东尼奥，2010—2011 学年	731	4 118	1 208	5 326	504	8 614*
圣安东尼奥，2011—2012 学年	883	362	954	1 316	252	7 771*
圣迭戈，2010—2011 学年	364	93	1 208	1 301	863	6 500
圣迭戈，2011—2012 学年	361	195	954	1 149	875	6 500
旧金山湾区，2010—2011 学年	2 288	2 713	1 208	3 921	458	6 016*
旧金山湾区，2011—2012 学年	2 459	7 398	954	9 352	367	5 936*
圣路易斯，2010—2011 学年	156	8 108	1 208	9 316	1 287	7 119
圣路易斯，2011—2012 学年	254	5 843	954	6 797	1 982	8 900
佐治亚州富尔顿市，2010—2011 学年	321	6 170	1 208	7 378	n/a	7 956
佐治亚州富尔顿市，2011—2012 学年	320	2 884	1 040	3 924	7 630	8 016
塔尔萨，2010—2011 学年	338	3 210	1 208	4 418	None	3 400
塔尔萨，2011—2012 学年	317	3 977	954	4 931	None	4 092
华盛顿，2010—2011 学年	2 078	2 269	1 208	3 477	2 598	13 600
华盛顿，2011—2012 学年	2 626	1 344	954	2 298	2 163	14 391
2010—2011 学年平均数	846	2 935*	1 208	4 142*	1 101	8 403
2010—2011 学年总数	27 909	81 909 159	33 702 615	115 611 774	n/a	n/a
2011—2012 学年平均数	1 065	2 843*	954	3 796*	1 137	8 367

续表

地区	学生数	净区域生均捐赠（美元）	"知识就是力量"项目基金会净生均捐赠（美元）	总净生均捐赠（美元）	生均占用成本（美元）	生均学区特许拨款（美元）
2011—2012学年总数	34 074	96 858 230	32 503 704	129 361 934	n/a	305 262 521

数据来源：慈善资金和占用成本的数据来自"知识就是力量"项目提交的"990表格"。学生人数和按区域划分的基本学区特许拨款数据来自"知识就是力量"项目的年度报告卡。2014年9月30日，在"知识就是力量"项目的总部，该组织的首席运营官杰克·乔洛夫斯基与"知识就是力量"项目纽约市财务和会计总经理查理兹玛·T. 威廉姆斯举行了一次会议，证实这些数字是正确的。

注： 学区特许拨款不一定包括学区为教科书、教室用品、交通和特殊教育评估等商品和服务提供的补充资金。2010—2011学年的总数没有列出，因为"知识就是力量"项目没有列出该年杰克逊维尔收到的拨款。如果当年杰克逊维尔为该地特许学校的生均拨款数额与次年相同，那么2010—2011学年的总额将为2.51亿美元。由于几个区域未列出费用，因此无法获得总占用成本。印第安纳州的加里只有2010—2011学年的数据，因为"知识就是力量"项目加里市办事处在该学年结束后关闭了。

带 * 的金额数据是加权平均数：有些区域不同的"知识就是力量"项目学校收到的生均学区特许拨款额度不同；计算区域和总体层面的净生均捐赠。净捐赠不包括筹款支出，反映的是年度捐款数额，而不是支出。2010—2011学年按区域划分的净生均捐赠的未加权平均数为3 626美元，2011—2012学年为3 147美元。有三个区域所获得的捐款来于当地多个"知识就是力量"项目机构：芝加哥的"知识就是力量"项目学校从一个监督学校的非营利性组织和一个负责整个区域的非营利性组织获得了资金；"知识就是力量"项目纽瓦克办事处（前身是团队学院特许学校）从团队学院特许学校之友那里获得了额外的资金；"知识就是力量"项目纽约办事处的小部分资金来自本地组织网络中各个学校委员会筹集到的资金。

关于这笔额外资金的第二个限定条件是学区学校无须承担的占用成本。例如，在2011—2012学年，"知识就是力量"项目仅在纽约和塔尔萨能免费使用学区建筑。在其开展业务的其他城市，该组织都建造或购买了建筑，或者从学区、商业地产经纪人那里租用场地，或者全美有8例从当地大主教那里租用场地。[64] 根据"知识就是力量"项目区域办事处提交给美国国税局的报告，2011—2012学年生均占用成本为1 137美元，从圣安东尼奥的生均252美元到明尼阿波利斯的3 172美元不等。后一数据说明了曼奇尼关于该组织管理学校开销很大的观点（虽然"知识就是力量"项目已经入驻明尼阿波利斯有4年时间，但招生人数只增长到158人，远远低于预期）。与慈善捐款一样，之前一年的占用成本也几乎相同。2010—2011学年的生均占用成本为1 101美元，从印第安纳波利斯的生均162美元到明尼阿波利斯的3 182美元不等。[65]

最近，"知识就是力量"项目的首席运营官杰克·乔洛夫斯基表示，该组织通过在慈善机构建造或拥有的建筑中以名义价格租赁空间，降低了占用成本。例如，前文提到的罗宾汉基金会为"知识就是力量"项目的大学预科高中在南布朗克斯建造了一栋新楼，这座建筑于 2013 年建成。"知识就是力量"项目每年只需花费 1 美元。乔洛夫斯基解释说，市政府在西哈莱姆区为这所高中分配的空间已经无法满足其发展需要。尽管多年来该校一直在努力寻找新的场地，但在体系内其他地方都没找到合适的。他说，罗宾汉基金会成为他们的救星，同类慈善机构在纽瓦克、费城、华盛顿特区、亚特兰大、休斯敦和洛杉矶也与"知识就是力量"项目就类似的租约开展了谈判。[66] 这种发展对该组织来说是一种无形的、受到欢迎的支持形式。然而，就像其效仿的慈善资金一样，这种形式只能在一定限度上存在，因为有这种实力的基金会是有限的。

因此，占用成本消耗了很大一部分慈善资金，成为阻碍"知识就是力量"项目和其他所有特许网络增长的主要障碍。例如，成就优先网络 2014 年在康涅狄格州纽黑文建造一所新高中需要 3 600 万美元，不得不从慈善家那里筹集 1 200 万美元。该组织负责发展的副总裁肯·保罗在 2015 年参观这所新学校时说："大家都在谈论特许网络的慈善优势，但慈善资助只能让我们勉强维生。"[67]

在一些"知识就是力量"项目、成就优先和其他特许网络不需要承担这些占用或建筑成本的地方，其学校就可以与邻近的学区学校在大致相同的基础上运营。多大程度上出现这种情况取决于区域，因为一些学区对特许学校比其他学区更为慷慨。纽约市独立预算办公室在 2010 年和 2011 年进行的研究显示，就像之前介绍的巴尔的摩的情况一样，能在纽约市免费使用场地的特许学校会比学区学校拥有更多的生均经费。这与普遍的说法相矛盾，比如《华尔街日报》的一名专栏作家在 2013 年纽约市市长竞选期间提出的观点，即纽约市的特许学校比邻近的传统公立学校的生均经费"少几千美元"。[68]

当比尔·白思豪作为市长候选人许诺要结束特许学校免费使用场地的状况时，特许学校的倡导者们，比如《华尔街日报》的专栏作家反驳，特许学校获得的资金已经少得可怜。一个特许学校倡导团体基于复杂的养老金债务问题提出了这一观点：由于传统公立学校的教师参加了与收入挂钩的退休金计划，并享有保证性的医疗福利，未来的成本可能远远超过目前缴纳的费用，因此在确定生均支出时必须考虑到这一点；相比之下，特许学校的教师通常参加的是固定缴费的退休金计划，这类计划就其本质而言，不可能出现资金不足的问题。[69]

独立预算办公室的官员称，他们的研究目的是对"布隆伯格政府财务计划所展示的特定学年支持特许学校和传统学校的实际公共支出"做出评估。他们针对前述观点反驳道，对未来债务的估计差异太大，无法纳入他们的分析范围。[70]

在独立预算办公室看来，不能免费使用场地的特许学校确实处于劣势。独立预算办公室在其 2010 年的报告中，引用纽约市教育局 2008—2009 学年的预算数据解释道，没能免费使用场地的特许学校得自付设施、水电、维护和安保费用，以及偿还建造教育局建筑所产生的债务。由此产生的对比是，传统公立学校获得的生均经费为15 672美元，2 215美元用于支付教职员工养老金，2 712美元用于设施、水电、维护、安保和偿债，而对于没有免费场地的特许学校而言，生均经费为13 661美元，少了12.8%。[71]

然而，独立预算办公室的报告显示，2008—2009学年，可免费使用场地的特许学校获得的生均经费比传统公立学校多了4.5%，即701美元，总计16 373美元。这笔款项包括三部分：生均普通教育支出12 444美元，包括支付教职人员养老金的费用；生均1 217美元的转账款项，从购买教科书、医疗保健服务到教室用品、图书馆设施；生均2 712美元用于设施、水电、维护、安保和偿债。[72]

此外，独立预算办公室还暗示，特许学校由于没有工会职工——大多数特许学校是在没有工会的情况下运营的——有自由不提供那么慷慨的养老金计划，因此可以将更多的经费用于日常运营。[73] 独立预算办公室在研究2009—2010学年的预算时也提出了相似的观点，即与学区学校相比，拥有免费校舍的特许学校生均多享有4%的经费，即649美元。[74]

在白思豪上任几个月后，在纽约教育局中央办公室审查特许学校财务状况的会议上，教育局特许学校问责处运营主任奥拉·杜鲁证实独立预算办公室的评估是准确的。和巴尔的摩公立学校的副主任长劳拉·韦尔德雷尔一样，杜鲁也是特许学校的倡导者。事实上，她曾是布鲁克林一家特许经营网络的创始运营主管。和韦尔德雷尔一样，杜鲁认为拥有免费校舍的特许学校在财务上没有任何劣势。[75]

到此为止，纽约市特许学校的占用成本问题已经变得毫无意义。安德鲁·库默州长站在特许学校倡导者一边，在3月份绕过白思豪市长，与奥尔巴尼的共和党议员达成协议，保证纽约市的特许学校获得全美最优厚的条件：教育局被要求为特许学校免费提供场地；如果教育局找不到这样的场地，必须每年提供高达4 000万美元的资金用于租赁私人场地。[76] 据独立预算办公室报告称，到2015年，特许学校和学区学校的资金水平基本持平。拥有免费校舍的特许学校获得的生均经费减少29美元，而租赁私人场所的特许学校则得到了规定的租金补贴，生均差额只剩下139美元。[77]

因此，对纽约市的"知识就是力量"项目和类似的特许网络而言，慈善捐款可以发挥很大作用。尽管如此，需求还是很多。在这方面，第3个关于慈善捐款给"知识就是力量"项目带来优势的限定条件，与"知识就是力量"项目通过学院有关。从"知识就是力量"项目毕业的初中生，如果未能进入该组织22所高中的任何一所，通过学院可为其提供大学指南、指导备考、举办经济资助座谈会，以及协调校园参观。此外，该机构还为所有曾属于"知识就是力量"项目的学生，在上大学期间提供指导，帮助他们顺利完成大学学业。通过学院的资金来自"知识就是力量"项目基金会以及各区域办事处。在一些区域，如纽约，资助该学院的资金约占总募集资金数的30%。2014年，纽约市的通过学院有17名员工，帮助了1 036名"知识就是力量"项目的校友。其年度预算为290万美元，即生均2 800美元。[78] 虽然通过学院因此能隐性地使"知识就是力量"项目的学校受益，向学生传达他们正在上大学的信息，但这只是一个校友项目，因此并不属于运营支出。

总而言之，一旦从慈善捐款中扣除占用成本和通过学院的成本，平均下来，也就剩下提供延时教学、周六课程和为期3周的暑期课程所必需的1 200~1 600美元的资金了。据曼奇尼说，到2014年，大多数区域的"知识就是力量"项目学校实际上已经取消了周六的课程，并将在校时间从9.5个小时减少到8.5个小时。曼奇尼表示，"知识就是力量"项目的联合创始人迈克·芬伯格极力倡导延长学生在校时间。他反对这一改变，但面对老师们越来越多地抱怨需要可控的时间安排，最终做出了让步。[79]

第十章

局　限

他们称之为"知识就是力量"项目枯竭了。

——基·阿德利,"知识就是力量"项目 AMP 学校创始校长

  除了消除或至少降低占用成本,使教师的时间安排更易于管理,对"知识就是力量"项目和其他类似的特许管理组织的未来同样至关重要。就像支持"知识就是力量"项目额外努力的慈善资金有限一样,能年复一年地在学校里每天工作10个小时,还在晚上和周末通过手机随时为学生提供家庭作业帮助的老师也是有限的。[1] 除了毅力,"知识就是力量"项目的教师,与所有在贫困社区任教的教师一样,还需要难得的耐心和敏锐的洞察力,来与学生沟通并指导他们与经济劣势做斗争。在"知识就是力量"项目 2013—2014 学年的 50 221 名学生中,88% 有资格享受免费或减价午餐。[2]

  因此,留住教师对"知识就是力量"项目和其他类似的特许管理组织来说一直都是一个主要的挑战。其代价不仅是招聘和培训替补人员所损失的时间、精力和金钱,还包括教学质量。斯坦福国际研究院在 2008 年发表的一项针对"知识就是力量"项目在旧金山湾区域的 5 所中学的研究中,阐明了这个问题的严重程度:2006—2007 学年的 84 名教师中,只有 51% 的教师在 2007—2008 学年继续留任;一年前,这一比例是 69%,两年前是 60%。[3] 相比之下,根据美国国家教育统计中心的数据,2008—2009 学年全国的特许学校和城市公立学校的教师留任率分别为 76% 和 84%。[4]

  这项由"知识就是力量"项目授权、威廉和弗洛拉·休利特基金会资助的研究报告还称,自 2003—2004 学年以来,这些学校总共聘用了 121 名教师,到

2007—2008学年，只有43人（36%）仍在课堂上从事教学工作，尽管有23人（30%）继续以不同的身份为该组织工作。斯坦福国际研究院认为，对于这5所学校的"知识就是力量"项目管理人员和教师来说，这种人员流动会淡化教职员工的教学责任，并破坏合作和创新。[5]

"知识就是力量"项目的国家级官员在2009年的年度报告中承认了这个问题。他们表示留住教师是一个核心优先事项，并承认该组织中那些教师流失率较低的学校表现更好。[6]这一结论，以及斯坦福国际研究院的报告中关于教师流失率的看法，与大量研究得出的结论相一致。近期的一个例子是《美国教育研究杂志》2013年刊登的一篇题为《教师流动如何损害学生的成绩》的文章。作者是马修·朗费尔特、苏珊娜·勒布和詹姆斯·威科夫。

朗费尔特与其合作者研究了8年来教师流动对纽约市85万名4年级和5年级学生的影响，发现教师流动对学生的数学和阅读成绩都有显著的负面影响，而且事实证明，在后进生比例较高的学校，这种负面影响更为明显。这项研究的作者和他们引用的其他许多学者的研究都认为，教师频繁流动带来负面影响似乎不只是源于新教师的经验不足，还源于制度的稳定性不足，而制度稳定性是促进同事间合作、培养新教师，以及构建师生间信任的基础。在朗费尔特与其合作者看来，重点不是教师个人是否会像一些学者所说的那样，在从事七八年的课堂教学后达到自己的专业能力巅峰，而是学生和年轻教师都能从资深教师的指导中受益。[7]

"知识就是力量"项目的官员在2009年的年度报告中指出，该组织自2006—2007学年以来取得了进展。全国范围内教师留任率从62%增加到69%，并且在2009年又增加了6%的教师继续留在"知识就是力量"项目的网络内。一些人在该组织不同的学校担任教学职位，另一些人则担任行政职务。[8]"知识就是力量"项目的一大优点是，该组织在这个问题上一直很坦诚。自2008年斯坦福国际研究院发表其研究以来，"知识就是力量"项目在其年度报告中几乎记录了所有区域的教师留任率。然而，"知识就是力量"项目的官员对提高留任率的承诺却遇到了一个残酷的现实，即在对教师要求如此之高的情况下，要想留住教师有多么困难。根据其年度报告给出的数据，2010—2011学年，"知识就是力量"项目学校的加权教师留任率为73%；2011—2012学年为69%；2012—2013学年为69%；2013—2014学年为68%（见表10.1）。[9]

"知识就是力量"项目的挣扎是其他雄心勃勃的特许管理组织奋力发展的一个缩影。这些特许管理组织都希望从根本上改善贫困儿童的生活。虽然其他特许管理组织没有如此详细地报告教师留任数据，[10]但纽约市特许学校中心公布了2006—2007学年至2010—2011学年间纽约市特许学校的教师留任率数据，也反映出了"知识就是力量"项目的情况：2006—2007学年为69%；2007—2008学年为73%；2008—2009学年为67%；2009—2010学年为74%；以及2010—2011学年为70%。为了便于比较，纽约市特许学校中心还公布了该市学区学校同年的教师留任率：2006—2007学年和2007—2008学年均为84%；2008—2009学年为86%；2009—2010学年和2010—2011学年均为87%。[11] 根据美国国家教育统计中心的数据，就全国整体而言，2012—2013学年间，特许学校和城市公立学校的教师留任率均为82%。[12]

虽然成就优先网络尚未公布其教师留任数据，但该特许管理组织应要求提供了2012—2014学年其管理的学校的相关数据（见表10.2）。和"知识就是力量"项目一样，成就优先同样采用了"不找借口"的模式，对老师和学生都提出了很高的要求。成就优先与"知识就是力量"项目不同，而是与卓越特许学校非常相似，即其发展要缓慢得多，管理的学校数量也少得多（2014—2015学年只有29所，而"知识就是力量"项目有162所），并集中在一个区域（从布鲁克林到罗得岛州的普罗维登斯），且实施的是更为严格的行政和课程理念。成员学校是作为该组织的子部门运作，而不是像"知识就是力量"项目那样是作为相对自主的附属机构。成就优先稍好的数据似乎既反映了其优势，也展现了其局限性。

表10.1 "知识就是力量"项目在各地的教师数量和第二年在同一所学校继续从事教学工作的教师比例

数据来源 \ 数据类别	2009—2010学年		2010—2011学年		2011—2012学年		2012—2013学年		2013—2014学年	
	教师数	留任比例	教师数	留任比例	教师数	留任比例	教师数	留任比例	教师数	留任比例
阿肯色州	41	71%	42	70%	61	69%	78	57%	80	59%
湾区，加利福尼亚州	122	71%	127	66%	134	74%	133	71%	150	69%
洛杉矶，加利福尼亚州	58	77%	79	80%	97	72%	129	85%	163	73%
科罗拉多州	31	64%	42	64%	56	70%	67	43%	72	67%
华盛顿哥伦比亚特区	129	58%	166	64%	222	64%	253	67%	311	70%
杰克逊维尔，佛罗里达州	n/a	n/a	n/a	n/a	12	71%	n/a	n/a	43	63%
亚特兰大，佐治亚州	47	69%	62	77%	77	72%	110	78%	140	67%
芝加哥，伊利诺伊州	37	57%	28	68%	35	58%	45	67%	61	82%
新奥尔良，路易斯安那州	84	86%	159	78%	186	75%	245	66%	252	65%
巴尔的摩，马里兰州	30	54%	48	84%	62	86%	74	73%	86	73%
马萨诸塞州	n/a	n/a	28	73%	40	78%	61	80%	81	83%
圣路易斯，密苏里州	n/a	n/a	12	100%	16	64%	n/a	n/a	n/a	n/a

续表

数据来源 \ 数据类别	2009—2010学年 教师数	2009—2010学年 留任比例	2010—2011学年 教师数	2010—2011学年 留任比例	2011—2012学年 教师数	2011—2012学年 留任比例	2012—2013学年 教师数	2012—2013学年 留任比例	2013—2014学年 教师数	2013—2014学年 留任比例
纽瓦克,新泽西州	93	79%	118	84%	130	84%	168	81%	195	85%
纽约,纽约州	106	790%	148	85%	186	74%	243	81%	286	73%
加斯顿,北卡罗来纳州	n/a	n/a	n/a	n/a	47	54%	53	61%	58	70%
费城,宾夕法尼亚州	27	43%	47	68%	72	75%	83	59%	99	72%
孟菲斯,田纳西州	27	71%	28	65%	31	48%	49	39%	79	42%
纳什维尔,田纳西州	n/a	n/a	n/a	n/a	22	42%	n/a	n/a	n/a	n/a
奥斯丁,得克萨斯州	64	69%	63	77%	85	74%	124	60%	180	63%
达拉斯,得克萨斯州	n/a	n/a	17	61%	16	78%	n/a	n/a	n/a	n/a
休斯敦,得克萨斯州	293	71%	366	68%	428	62%	507	65%	567	60%
圣安东尼奥,得克萨斯州	33	67%	46	59%	58	47%	82	76%	98	60%
教师总数	1 201		1 626		2 073		2 504		3 001	
留任人数	836		1 183		1 429		1 727		2 032	
地区平均留任率	67.4%		73.2%		67.8%		67.2%		68.2%	
加权留任率	69.6%		72.8%		68.9%		69.0%		67.7%	

数据来源:所有数据均是从"知识就是力量"项目的年度报告卡中导出,网址:http://www.kipp.org/reportcard。
注:平均留任率按区域进行计算。工作人员在组织内不同学校担任教师或以非教学身份留任的比率明显较高。2012—2014学年,只有拥有两所或以上学校的区域报告了教师留任数据。2009—2010学年网络内部留任的加权平均值为75.4%,2010—2011学年为79.7%,2011—2012学年为74.8%,2012—2013学年为74.9%,2013—2014学年为74.4%。

表10.2 成就优先网络在各地的教师数量和第二年在同一所学校继续从事教学工作的教师比例

区域 \ 学年	2012—2013学年		2013—2014学年	
布里奇皮特,康涅狄格州	52	83%	62	68%
哈特福德,康涅狄格州	69	75%	78	69%
纽黑文,康涅狄格州	125	74%	135	74%
布鲁克林,纽约州	346	77%	417	75%
普罗维登斯,罗得岛州	n/a	n/a	14	100%
教师总数	592		706	

续表

学年 区域	2012—2013 学年	2013—2014 学年
留任人数	454	522
地区平均留任率	76.1%	75.4%
加权留任率	76.7%	73.9%

数据来源：所有数据均于 2015 年 7 月 9 日，通过电子邮件从成就优先网络的人力资源总监特蕾西·盖勒处获得。
注：平均留任率按学校而非区域进行计算，因为其管理的区域数量较少（成就优先 2012—2013 学年管理了 22 所学校，2013—2014 学年管理了 25 所学校）。工作人员在组织内不同学校担任教师或以非教学身份留任的比率明显较高。2012—2014 学年，只有拥有两所或以上学校的区域报告了教师留任率。2012—2013 学年网络内部留任的加权平均值为 77%，2013—2014 学年是 76.6%。

然而，成就优先的数字仍然很低。例如，2013—2014 学年，这个特许管理组织的 25 所学校的平均留任率为 75.4%。按照这个比例，4 年后只有 32% 的教师留在同一所学校工作。对于"知识就是力量"项目来说，2013—2014 学年每所学校的平均留任率为 68.2%，4 年后这一比例将为 22%。[13]

·

对于"知识就是力量"项目来说，教师留任的困境因区域和年份而有所不同。此外，这一困境在同一区域的不同学校也会有所不同。"知识就是力量"项目的年度报告卡并没有揭露这一点，但通过学校参观和访谈就能看明白。例如，在纽约市，该组织的 4 所中学在 2005—2006 学年至 2008—2009 学年的教师留任率明显不同。位于布朗克斯的"知识就是力量"学院由戴夫·莱文创建于 1995 年，是该网络的第 2 所学校。该校在这 3 年里几乎没有任何教师流失：21 名教师中只有两名离职。[14] 同样，成立于 2005 年，位于西哈莱姆区的"知识就是力量"项目无限学校，在相同的 3 年中，20 名教师中也仅有两名离职。[15] 然而，位于附近的晨边高地、成立于 2003 年的"知识就是力量"项目 STAR 学校（含义是"通过成绩和责任获得成功"），在 2006—2007 学年和 2007—2008 学年结束后，21 名教师中有 10 名离职。[16] 位于布鲁克林皇冠高地、成立于 2005 年的"知识就是力量"AMP（"始终做好心理准备"的英文首字母缩写）学校的教师流失率也一直居高不下。到 2010—2011 学年，26 名教职员工中，只有校长和两名教师是从 6 年前创校一直坚持下来的。

这两位老师是法比亚诺·皮涅罗和妮可·拉弗恩·史密斯，都教授一门葡萄牙语和卡波埃拉的融合课程，后者是一种融合了音乐、舞蹈、杂技和格斗的巴西武术。2011年7月暑期学校的最后一天，史密斯一边看着学生们在校门前解散，一边说道，如果她是一名严格的学术教师，她不会坚持这么久。她解释道，为学术课程备课、批改作业、晚上通过电话为学生提供作业辅导，以及让他们为阅读和数学科目的年度州统一考试做好准备，这些工作所带来的压力迟早会让她筋疲力尽。史密斯说，相比之下，在教卡波埃拉时，她可以帮助学生放松和呼气；在教葡萄牙语时，她可以在没有年终标准化考试的压力下，拓宽他们对语言和文化的理解。[17]

"知识就是力量"AMP学校因其特色以及地理位置，在该组织的众多学校中脱颖而出。该校是卡波埃拉特色校，所有学生都要学习卡波埃拉。因此，卡波埃拉大师、巴西人皮涅罗和在巴西攻读研究生学位时学习过葡萄牙语的纽约人史密斯成为教职团队中的核心成员。而且，该学校不仅将卡波埃拉作为一种体育教育形式，还将其作为学生理解历史、人类学和美学的窗口。

然而，在2011—2012学年后，卡波埃拉成为历史，皮涅罗和史密斯也不再是这所学校的教职人员了。舞蹈工作室被改建成一个新的教室，葡萄牙语也被取消了。这一变化的目的是专注于数学和阅读教学，同时提高学生在这些科目的州强制测试中的成绩。"知识就是力量"AMP学校成为另一所"不找借口"的特许学校。据几位老师说，这让许多学生们失去了他们渴望的体育和美育渠道。[18]

2009—2013年在"知识就是力量"项目AMP学校担任数学教师的阿纳斯塔西娅·迈克尔斯在离开学校一年后回忆说，停掉卡波埃拉项目，对于学生尤其是对于那些在课堂学习中存在困难的学生造成了伤害。迈克尔斯说："卡波埃拉不只是一种体育教育。"她十分热爱体育。她在布林莫尔学院学习时，参加过足球和长曲棍球项目。当时她主修经济学，辅修数学，然后在2005年通过"为美国而教"项目进入教学领域。她说，"卡波埃拉通过让学生参加城市各地的舞蹈活动，构建了学生的文化意识，也增强了他们的自信，特别是对于那些在学业上有困难的学生。卡波埃拉让这些学生对上学有了兴趣。"[19]

就像卡波埃拉一样，"知识就是力量"AMP学校所处的社区也是一个罕见的混合体。该校位于一栋4层建筑的顶层，与M.S.334、M.S.354这两所学区中学共用一楼。穿过公园广场向北是奥尔巴尼住宅区，这个项目由9栋完全相同的红砖高层公寓楼组成，对称地分布在两片草坪和树木之间。穿过斯特林广场向南有一个加勒比海餐厅、美容院、街角市场、经风化和翻修过的褐石建筑以及无数的教堂——圣约翰斯广场上庄严的新哥特式伯大尼卫理公会教堂、在基督中为上帝开门教堂以及约旦圣殿五旬节会教堂这些不那么起眼的教会圣地。西边3个街区

第十章 局 限

是一个熙熙攘攘的哈西德派犹太社区，以犹太教堂为中心。

然而，文化底蕴并不意味着安全。该街道可能很危险。2011年6月1日傍晚，一名14岁的男孩在学校拐角处的一家杂货店前被枪杀。[20] 由于这起谋杀案与帮派有关，而且 M.S.334 和 M.S.354 的几名学生要么自己加入了敌对帮派，要么有兄弟姐妹加入了敌对帮派，在接下来的一周里，警察一直驻扎在学校的大厅和每个楼梯口。[21]

·

"知识就是力量"项目 AMP 学校的创始校长基·阿德利对该校寄予厚望。2011年6月6日，他在执掌该校6年后卸任。他的继任者德邦·刘易斯取消了卡波埃拉项目，3年后在一股不确定的漩涡中下台。[22] 阿德利说，"他们称之为'知识就是力量'项目枯竭了。"[23] 对于阿德利而言，枯竭关乎的不只是精力耗尽。人也倦怠了。

阿德利是乔治城大学的国家级中长跑运动员，肩膀宽阔，笑容富有感染力。他对工作倾注了自己的心血。作为一名校长，他继续展现着运动员追求胜利的沉着和决心。这种驱动来自他的家庭，他的父亲纳尔逊·阿德利在俄亥俄州立大学的橄榄球队担当半卫，后来又为加拿大橄榄球联盟的多伦多阿尔戈英雄队效力；他的叔叔赫伯·阿德利在密歇根州立大学担当半卫，然后成为绿湾包装工队和达拉斯牛仔的名人堂角卫。基在青少年时打过橄榄球，但十几岁时在家乡费城的中央高中改为参加田径。他说，他喜欢奔跑的自由。[24]

1998年获得心理学学士学位后，阿德利留在乔治敦为2000年奥运会选拔赛训练，同时兼任经济学教授和城市事务专家延斯·路德维希的研究助理，并攻读教育和社会政策硕士学位。由于跟腱拉伤，阿德利无法参加奥运会选拔赛。他在2001年完成了硕士学位，然后通过"为美国而教"开始从事教学工作。这也是麦克·芬伯格、莱文和其他无数"知识就是力量"项目的领导人曾经走过的道路。阿德利在华盛顿特区担任了3年的8年级教师，之后获得了由费舍尔家族资助的研究员职位，成为"知识就是力量"项目的校长。作为费舍尔基金会的研究员，阿德利开发了一套基于卡波埃拉的课程，使"知识就是力量"项目 AMP 学校脱颖而出。他在离学校3个街区的地方购买了一套公寓，将学校生活作为自己的生活的全部。[25]

周一到周五，阿德利穿着西装打着领带，每天早上7点到7点20分之间骑着橙色山地车围绕着社区骑行，督促学生们准时上学，每天下午放学后还监督他们回家，之后在办公室里工作到很晚。为了保证学生们准时上学，他和附近街角市场的店主达成了一项协议，早上不向学生出售商品。阿德利唯一的休息时间是在中午，他短暂地回趟家遛一遛他的罗得西亚脊背犬。这条犬的名字叫尚诺，这是一个非洲神明的名字。[26]

阿德利曾希望他的每位员工都能像他一样努力工作，并服从他的领导。他要求老师们从早上7点，即学生到达前30分钟，到下午5点都待在教学楼内，并且不讨价还价地执行学校的各项措施。[27]在2009年1月，也就是该校建校第4年，发生了一起引起《纽约每日新闻》和《纽约时报》关注的教师抗议活动。教师们抗议称，他们工作过重，没有人倾听他们的声音，并要求加入工会。虽然"知识就是力量"项目的教师因必须投入额外时间，工资要比他们所在学区的同行高出大约20%，[28]但"知识就是力量"项目AMP学校的教师声称，领导的期望是不切实际的，而且行政投入的缺乏让他们无法接受。社会研究课教师卡希·纳尔逊在《每日新闻》中表示："我们希望促进那种人们愿意留下来的教学环境。"[29]她的同事路易莎·博尼法乔是一名阅读老师，同一天她在《时代周刊》上也表达了同样的观点："这是教师的可持续性问题。"[30]冲突爆发的导火索是两名教职员工在没有任何说法的情况下被解雇。[31]据《时代周刊》的报道，博尼法乔称，该校22名教师中有15人签署了加入工会的卡片。[32] 3个月后，即当年4月，"知识就是力量"项目AMP学校的教职人员加入了教师联合会。[33]

2008—2009学年的大部分时间，阿德利都在帮助管理"知识就是力量"项目的区域办事处，而"知识就是力量"项目AMP学校的两名初级教职员工则负责管理学校的日常事务。2009年9月，阿德利全职回到"知识就是力量"项目AMP学校。教师们最终在2010年4月投票决定退出教师联合会；[34] 2010年11月法院命令就此重新投票，得到了同样的结果。[35]阿德利在学校的最后一个月回忆说，他也感到痛苦，并决定做出改变。他考虑过在费城或达拉斯开办一所新的"知识就是力量"项目学校的提议，但还是放弃了。阿德利说："开办一所'知识就是力量'项目学校很耗费精力。规划需要一年，启动运转需要3年。"他转而在里约热内卢找到了一份教育顾问的工作，为一家致力于帮助巴西贫困儿童的基金会提供建议。[36]

在2009年因工会运动的动荡而离开"知识就是力量"项目AMP学校的人中，有一个人叫亚伯梅·卡比亚。这是一位有魅力的数学教师，在密歇根州东兰辛长大，在波士顿学院获得了经济学和社会学专业的学士学位。卡比亚通过纽约市教学研究员项目（获得公立学校教师资格认证的一种替代途径），在布朗克斯区的戏剧艺术制作公司学校教了3年数学，同时在纽约城市学院获得了数学教学硕士

第十章 局 限

学位。卡比亚随后在"知识就是力量"项目旧金山湾区学院任教了两年,然后于 2008 年 9 月成为"知识就是力量"项目 AMP 学校的教职人员。在"知识就是力量"项目 AMP 学校工作不到 6 周,卡比亚就对自己的职业倦怠感表示担忧。她给一个有 26 名 8 年级学生的班级上完代数课,还要敦促学生们在晚上写作业时如需任何帮助就给她打电话。她说:"如果有家庭的话,我肯定无法从事这份工作。"[37] 几个月后,卡比亚成为"知识就是力量"项目 AMP 学校的教职人员中投票支持加入教师联合会的一员。[38]

第二年,卡比亚转到伯克利·卡罗尔学校任教。这是一所私立学校,位于两英里外兼容几个收入阶层的公园坡。该校班级规模较小,时间安排也更易管理。卡比亚随后结了婚,彼时已经有了一个 17 个月大的女儿。2014 年 10 月,她在离开"知识就是力量"项目 AMP 学校 5 年后,于伯克利·卡罗尔学校工作期间的一段空闲时间里反思了自己的两段任教经历。她说在伯克利·卡罗尔学校任教的不同之处不仅在于工作量。这里的环境要和谐得多,但是她又补充道,"知识就是力量"项目旧金山湾区学院也是如此。"'知识就是力量'项目并非一个实体。"[39] 如前所述,其财务状况是如此,氛围和学业成绩也是如此。

就像任何大型组织中的独立单位一样,"知识就是力量"项目中的一些学校比其他学校运行得更好,而有些学校却关闭了。尽管"知识就是力量"项目的发展令人印象深刻,但壮大过程中除了成功,也遇到了纷争和失败,从而暴露了如此苛刻的学校教育模式扩张起来将面临的困难。在 2002—2006 年开办的 43 所"知识就是力量"项目中学中,到 2010 年已有 8 所关闭,还有两所因为与该组织教育理念不同而分道扬镳。这 10 所学校分布在全美各地大大小小的城市:马里兰州的安纳波利斯、北卡罗来纳州的阿什维尔、亚特兰大、布法罗、新泽西州的卡姆登、芝加哥、弗雷斯诺、印第安纳州的加里和萨克拉门托。[40]

随着"知识就是力量"项目 AMP 学校继续向前发展,其教师流失预示着麻烦即将出现。迈克尔斯后来成为布鲁克林卡纳西区一所名为上升学习的特许学校的学生事务主任。他说,这种教师流失对课程的发展以及学校文化的发展都造成了损害。"每年,我们都觉得自己像是在重新开始,我们无法形成一种势头。"[41] 尤其是,鲜有能为年轻教师提供指导的资深教师。2011 年暑期班期间,一位在"知识就是力量"项目 AMP 学校工作第二年的社会研究老师不知该如何与不配合的学生打交道,当被问到从部门老资历同事那里得到了什么样的支持时,他说他所在的部门就没有老资历同事。[42]

●

有些教师流失是"知识就是力量"项目进行扩张所必须要付出的代价,因为该组织需要有才华的教师在新的学校中担任管理工作。在 2011 年和阿德利一起离开的人中,有一位叫艾米莉·卡罗尔——一名坚定而温和的 5 年级老师。卡罗尔在芝加哥长大,就读于知名的进步主义学校芝加哥大学实验学校,随后在圣路易斯的华盛顿大学学习政治学。她通过"为美国而教"项目在布朗克斯区的一所公立学校任教了两年,在布鲁克林贝德福-史蒂文森区的成就优先特许学校任教了两年,然后在加入"知识就是力量"项目 AMP 学校之前,在哈佛大学获得了教育政策硕士学位。卡罗尔就职"知识就是力量"项目 AMP 学校的第二年,在学年的最后一天,她向她的学生们解释说,她将以费舍尔研究员的身份离校前往纽约大学接受培训,像她之前的阿德利一样,然后成为"知识就是力量"项目的一位校长。一个十分失望的女孩举起了手,等待着被叫到名字发言。"你在学年开始的时候说,会和我们待在一起。"卡罗尔皱起眉头说道:"是的,但是这个机会来了。"另一名学生没等到被叫到就不耐烦地插话:"才两年,你就要走了吗?"虽然卡罗尔将在一年后回来担任"知识就是力量"项目 AMP 小学的创校校长,但这所处于转型和不稳定时期的中学在这个过程中失去了一位优秀的老师。这位老师的能力他人难以匹敌,她两年来与学生和同事建立起的感情也是无人可以取代的。[43]

另一位在 2011 年离职的教师是安东尼娅·菲利普。她既不会回来接着当老师,也不会以其他的职务继续留在该组织内。菲利普是一名理科教师。她在特立尼达长大,就读于一所天主教女子学校。她在霍华德大学获得了生物学学士学位,在波士顿的竞赛公共特许学校任教了一年,并于 2010 年成为"知识就是力量"项目 AMP 学校的教职人员。这是菲利普在"知识就是力量"项目学校工作的唯一一年,她说这也将是她的最后一年。菲利普说,她在 1 月份就知道自己不适合这里。她在 6 月份收拾行李时说:"你必须有一种勇士精神才能在'知识就是力量'项目教书,而我没有勇士精神。"[44]

菲利普解释说,不仅仅是漫长的工作时间,应对"知识就是力量"项目的工作强度也需要这种勇士精神。[45]"知识就是力量"项目 AMP 学校、"知识就是力量"项目学院、"知识就是力量"项目无限学校、"知识就是力量"项目 STAR 学校和其他她曾在巴尔的摩、洛杉矶和圣亚哥参观过的该组织学校中无处不在的劝诫良好行为的海报,清晰但较为表面地展现了这种强度。学生们在课间安静地单行

第十章 局 限

行走、老师们的严厉姿态、课堂上严厉的教学方法、对考试结果的高度关注,以及与无处不在的告诫海报相呼应的严格的行为准则,就是这种强度的日常表现形式。

在走廊、教室和楼梯间里,这些海报表达了一系列的道德警示和士气鼓舞:

- 心中有梦!脚踏实地!
- 我们所有人都愿意学习!!!
- 攀登通往并完成大学的高峰!
- "知识就是力量"项目人要做正确的事,因为这才是正确的!
- 要么发现一条路,要么闯出一条路。
- "知识就是力量"项目人离开之处会比他们到来之时更洁净。
- 了解自我,以己为豪。
- "知识就是力量"项目的信条:
  如果遇到问题,我们就寻找解决方法;
  如果还有更好的解决方式,我们就努力去寻找;
  如果我们需要帮助,我们会提出请求;
  如果队友需要帮助,我们会伸出援手。
- 心存善意,努力工作。("知识就是力量"项目座右铭的这种颠倒呼应了雷夫·艾斯奎斯的原始表述。艾斯奎斯是洛杉矶一位传奇的小学教师,曾指导过芬伯格和莱文。莱文更喜欢原来的顺序,但芬伯格喜欢这个颠倒后的版本,并最终将其作为除了莱文负责管理的纽约之外的整个组织的座右铭。)[46]
- 没有捷径!(这是艾斯奎斯标志性的口号,并且成为她回忆录的标题。)[47]

与"知识就是力量"项目 AMP 学校的这些海报相呼应的是"AMP 六项",即该校的核心行为准则:

1. SSLANT [所有"知识就是力量"项目学校共享的学生课堂行为准则的英文首字母缩写:微笑、坐直、听讲、提问和回答、点头(如果你懂了),以及追随发言人(即用你的眼神追随发言人)]
2. PETSY [所有"知识就是力量"项目学校广泛共享的得体对话的基本用语的英文首字母缩写:"请""打扰""谢谢""抱歉"和"是的",而非"耶"或"哈"(尽管一些"知识就是力量"项目的成员认为 Y 代表"不客气")]

3. 着装要求：佩戴腰带；衬衫塞进裤子里；不戴首饰。
4. 首次做事要听从指挥。
5. "闭嘴"是脏话。
6. 恭敬地回答他人提问：不许吮牙或长叹；不许翻白眼或转身走开。

类似的海报也出现在卓越特许学校的走廊、楼梯间和教室里。卓越特许学校的使命宣言和行为准则是学校大厅里的补充性固定设施。[48]

> 我们的使命：
> 所有学生都能学到他们所需的学术技能
> 与个人技能，
> 以便能在高等教育中取得成功，
> 在全球经济中竞争，
> 并追求他们的梦想。
>
> 行为准则：
> 我选择来到这里！
> 我来这里是为了学习和有所成就！
> 我对自己的行为负责！
> 我要为构建一个安全、尊重、合作的社区而贡献力量！
> 我带着清醒的头脑和健康的体魄来到这里！
> 这是我们的学校，我们要让它更加辉煌！

在成就优先网络的学校里，宣传该组织使命的标牌无处不在。[49] 该组织的核心价值观，类似于"知识就是力量"项目的五大支柱，可缩写成 REACH：尊重、热情、成就、公民和努力工作。和"知识就是力量"项目的学校一样，这里也到处都是一堆写着格言、警句和誓言来强化其核心价值观的海报：

- 你想要，你就可以拥有。成功就此开始！
- 不惜一切代价！
- 团队总远胜过个人！
- 多种思想，一个使命！
- 教育＝自由

第十章 局 限

- 重视小事
- 团队协作让梦想成真。
- 专注、驱动、成功。
- 回报
- 畅想成功
- 拥有它,解决它,从中吸取教训。
- 阅读,孩子,阅读。——哈里特·鲍尔(休斯敦巴斯蒂安小学的一位具有传奇色彩的资深教师,她于1992年激励大厅另一侧作为新教师的莱文要树立高期望、勤奋准备,并将儿歌作为建立联系和学习的工具)[50]
- 不是接受了教育,而是实现了教育。
- 我越努力工作,我就越幸运。——塞缪尔·戈德温
- 优秀是一种习惯。
- 我很高兴知识能够让我上大学!
- 只要我的头脑能构思它,我的内心能相信它,那我就能实现它。——穆罕默德·阿里
- 我们就是我们要追求的变革。——巴拉克·奥巴马
- 我们只有实现了教育平等,才能拥有一个平等的社会。——索尼娅·索托马约尔法官
- 是的,可以做到!——塞萨尔·查韦斯
- 心存善意,努力工作。(与"知识就是力量"项目AMP学校一样,这种顺序是呼应雷夫·艾斯奎斯的提法)
- 如果有问题,我们解决它;
  如果有错误,我们更正它;
  如果有伤害,我们治愈它;
  如果有山峰,我们攀登它。[51]

除了漫长的工作时间之外,执行严格的行为准则的任务也会让人筋疲力尽。"知识就是力量"项目、卓越特许学校和其他类似的特许管理组织的老师远不只是传统的学术教师。他们还是要不讲情面地树立榜样和塑造行为的教练。更重要的是,菲利普认为,他们是反贫困战争前线上的士兵,继续着1964年林登·B.约翰逊总统以他所谓的"伟大的社会"的名义发动的战争。[52]但这是一场由慈善家和政府官员共同主导的战争,主要是要通过文化而不是社会结构或经济的角度来考量。要使"知识就是力量"项目和其他类似的特许管理组织发挥作用,资源

显然很重要。否则，更长的教学时间、强大的音乐教育项目、严格的专业发展任务和3个星期的暑期学校都无法存在。但是，驱动和定义这些特许管理组织的是一种"不找借口"的强调勤奋和正气的理念。

就像许多老师十分艰难地执行着这些期望一样，许多学生对这些期望也感到焦躁不安。西蒙·格拉茨高中是位于费城北部的一所臭名昭著的问题学校，2011年被卓越特许学校接管。该校3名高3年级的男生在2014年春天的一次休息时间讨论该校的各种繁文缛节时，从不同角度表达了自己的看法。一名学生抱怨学校要求所有学生都必须遵循严格的着装规定，而且所有学生都要佩戴一张卡片，上面记录着出勤率、作业完成情况，以及任何不当行为或迟到处分。他说："我厌倦了所有的规则、所有的处分。"另一名学生则站在卓越特许学校的立场反驳说："他们是想让你为生活做准备。在现实生活中，你不能迟到。在现实生活中，你不能衣衫不整地去上班。你必须是对的，而且看起来是对的。"第3名学生是一年前从费城西南部约翰·巴斯伦高中转来的。他是校橄榄球队队员，身高6英尺1英寸。他认为前面两位同学的观点各有可取之处："我也不喜欢这里的规则，但是在这里我感到安全。你可以专注于学习。在巴斯伦高中，你不得不为自己的安全担忧。"第2名学生表示同意："没错，没错。这里没有怪事，没有暴力。"[53]

对于这种"不找借口"的理念，"知识就是力量"项目、卓越特许学校和其他类似的特许管理组织实际上是对1966年的《科尔曼报告》做出的一种文化回应。该报告的著名结论是，成绩上的差距更多是由家庭差异而不是学校差异造成的。[54]借助延长的教学时间，特别是严格的行为准则，这些特许管理组织积极地努力在学校弥补家中和整个社区所没有的东西。西哈莱姆区的"知识就是力量"项目无限学校的辅导员卢全·格雷厄姆阐明了这种目的。他说："在校时间必须长，才能让孩子们远离街道和电视。前几天晚上，我观看了《恶搞之家》（福克斯电视台的一部讽刺动画情景喜剧），被吓到了。得让我们的学生忙到没工夫去看那种东西。"[55]

格雷厄姆的信念与"知识就是力量"项目发展传说中的一个标志性故事相吻合。麦克·芬伯格在该组织工作的第二年，一直无法让休斯敦的一个叫艾比的5年级学生完成家庭作业。芬伯格去了艾比家中，从她母亲那里得知艾比把所有的时间都花在看电视上。芬伯格敦促艾比的母亲在她完成家庭作业之前要关掉电视。母亲同意了。艾比第二天还是没有完成家庭作业。芬伯格再次来到她的家里，并建议把家里的电视机放在学校保管，直到艾比能持续完成她的家庭作业。母亲抗议说这是家里唯一的电视机。芬伯格回答说，如果不把电视机给他，就不让艾比继续在"知识就是力量"项目学习了。母亲同意了，艾比哭了，芬伯格拿走了电

第十章 局 限

视。3 周后，在艾比能够持续完成家庭作业后，芬伯格归还了电视机。[56]

这种极端的努力在"知识就是力量"项目的教师中只是一个特例，但它却反映出该组织的使命和菲利普所认为的勇士精神。教师们日复一日地执行"知识就是力量"项目的规则，以及工作如此长的时间，同样需要这种精神。在"知识就是力量"项目无限学校以南 10 个街区的"知识就是力量"项目 STAR 学校，8 年级英语老师奥利尔·沃森在午饭后从自助餐厅走上三层楼梯去上课时，听到学生们在说话。她把大家赶回食堂，严厉地训斥他们在这途中不该发出任何声音。几分钟后，当这批学生正要离开楼梯间时，队列中又有人咯咯笑了起来。沃森再次把他们带回了食堂。整个过程花了 10 分钟，但沃森后来说，这是必须要花的时间。[57]

在课堂上，教师们同样会常使用该组织的标志性缩写 SSLANT。他们习惯性地在课堂上一边讲如何解二次方程、解释有丝分裂，或图解句子，一边时不时提醒学生行为，告诉他们要微笑、坐直、听见、提问和回答，如果理解了某个知识点要点头，以及追随发言人。

并不是所有的"知识就是力量"项目的教师都会坚持这种惯例。弗兰克·科克伦从 1995 年开始在位于布朗克斯的"知识就是力量"项目学院担任数学老师，从 2011 年起开始担任该校校长。在 2008 年两节 90 分钟观摩课中，他并没有这样做。科克伦不需要这些。他是一位经验丰富而又脚踏实地的优秀教师。[58]科克伦还是一位新教师时，与芬伯格和莱文一起住在休斯敦。像他们一样，科克伦也是通过"为美国而教"进入教育领域的。他在罗得岛州长大，在圣母大学主修历史，主要从事和平研究。怀着对社会正义的热情，他考虑过当牧师，但还是选择了从事公共教育事业。[59]然而，虽然科克伦因为可以神奇地掌控课堂，而可以不用操心行为问题一心讲课，但事实证明，光是一个漫长的工作日就极具挑战性。[60]

就像"知识就是力量"项目是阿德利的生活一样，它也是科克伦的生活。他单身，没有孩子，住在距离"知识就是力量"项目学院两个街区的地方。他的公寓里有一间额外的卧室，供以前的学生借宿。他每天早上 6 点半到校，一直待到下午 6 点半。到 2007 年，科克伦说，他已经得出结论，他的工作量太大了。他在上完两节数学观摩课后说道："我努力让自己具有可持续性。我付钱给我在上高中的以前的学生来帮忙阅卷。他们星期五下午过来。我请他们吃饭，付他们 25 美元或 50 美元帮我打分。我从去年开始这样做。我无法再自己打分了。我还付钱给一些以前的学生让他们帮我辅导学生。"[61]

科克伦找到了应对的办法，并留了下来。但他是异类中的异类。事实上，在马尔科姆·格拉德威尔的著作《异类》中关于"知识就是力量"项目的章节中，

209

他被描写为一位杰出的教师。[62] 对于绝大多数"知识就是力量"项目的教师，尤其是那些有家庭的教师来说，他们必须遵守的漫长的工作时间和严格的纪律准则叠加在一起实在负担过重。一些"知识就是力量"项目学校的校长设计了灵活的时间表，给予教师更多的自由，从而使他们更易于管理自己的工作。作为校长，科克伦坚守传统，认为如果不能让老师在学校待 9.5 个小时，就没法要求学生这么做。[63] 然而，例如"知识就是力量"项目无限学校的校长约瑟夫·尼格伦制定的时间表就允许教师每周迟到一次（早上 9 点上班而不是 7 点），早退一次（下午 3 点而不是下午 5 点下班）。[64] 为了获得更多的成就，"知识就是力量"项目需要花更多的钱来聘请更多的教师，以便他们能交错进行工作。

卓越特许学校的一天也同样漫长，但没有"知识就是力量"项目学校那么长。在校时间从早上 8 点开始，到下午 3 点。办公和课程辅导时间会一直持续到下午 4 点，然而许多老师会提前到校，并且因备课和与同事商讨而待到很晚。此外，与"知识就是力量"项目的教师不同的是，卓越特许学校的教师不用在晚上通过手机为学生完成家庭作业提供帮助。周六上午的辅导教学也一直都是自愿的，而且有额外的报酬。为期 3 周的暑期辅导同样如此。在"知识就是力量"项目的学校，暑期班对所有学生和老师来说都是强制性的。在卓越特许学校，只有不及格的学生才需要参加暑期班；而且，就像周六上午的辅导一样，暑期辅导对于老师而言也是自愿的，并且有额外报酬。[65]

卓越特许学校的首席执行官兼创始人斯科特·戈登说："我们从'知识就是力量'项目那里学到了很多，但是我们完全不同。我们集中在一个地区，会像一个小学区那样运作。我们在设计我们的模式时考虑到了长期的发展计划。对于我们而言，一个核心问题是，'10 年后，当教师们拥有了自己的家庭，他们还能否继续在这里工作？'"[66]

卓越特许学校没有公布有关教师留任的官方数据。据该组织首席运营官约瑟夫·弗格森的说法，2009—2014 年，该组织每年的教师留任率约为 85%：约 8% 的教师没有被邀请回来工作；约 7% 的教师决定不再回来。[67] 尽管如此，在 2014 年 5 月填写了一份关于工作职责、挑战和回报的匿名问卷的 19 位卓越特许学校教师中，有 11 人写道，他们很难为个人生活腾出时间。（该项的问题是："你在卓越特许学校面临的主要挑战是什么？"）[68]

一位第 5 年从事教学工作，第 3 年在卓越特许学校工作的教师写道，"没有工作与生活的平衡"。这位老师解释说，他/她每天要上 4 节 55 分钟的课，每个班有 30 多名学生，他/她根本无暇批改作业。这位老师写道："学生们始终需要接受大量帮助的一个方面就是他们的书面表达，而我没办法在必要的周转时间内阅读他们所有的作文。"一位第 6 年从事教学工作，第 3 年在卓越特许学校工作的教师解释说，他/她热爱自己的工作，但不觉得自己会长期从事这项工作："归根结底，这项（工作）是不可持续的。要想发生任何真正和重大的变化，社会首先需要变革。"[69] 第 3 位教师已是第 10 年从事教学工作、第 8 年在卓越特许学校工作，也对工作和生活之间的平衡问题表达了类似的关注，并解释说："与贫困做斗争及其对我们社区的影响是令人畏惧的。"[70]

有 6 位教师将执行行为准则的压力列为主要挑战。在卓越特许学校，这项任务不仅涉及遵守常规的行为规范，还包括要在前文提到的每名学生每期的操行卡上，对其行为举止以及出勤、准时和家庭作业完成情况进行记录、打分。在一次期末的特色交流中，舒梅克校区一位名叫克里斯托弗·希尔普的 9 年级英语老师将标记因课上说闲话而被记过的操行卡返还给一名学生时，正视着她的眼睛说："我知道你知道应该怎么做，你只是需要一些毅力。"[71]

·

在关注毅力方面，希尔普和他在卓越特许学校的同事们采用了与"知识就是力量"项目相似的语言。除了"知识就是力量"项目的五大支柱，即高期望、选择和承诺、更多的时间、领导的权力和注重结果，毅力已经成为非官方的第六大支柱，可能也是最具争议的一个。

戴夫·莱文一年又一年地看到许多在学术上天赋卓越的"知识就是力量"项目中学毕业生在高中和大学的表现不如那些不那么有天赋但更勤奋、更有社交能力的同学，于是在 2005 年咨询了宾夕法尼亚大学心理学教授，多产的性格分析家马丁·塞利格曼，然后沉浸于关于心态和毅力的研究中。"知识就是力量"项目对所有学生的目标都是他们能从大学毕业。例如，一名在 1999 年进入该项目某中学的 5 年级就读的学生，不会相应地被视为该中学的 2003 届学生，而是某所待确定的大学的 2011 届学生。① 然而，到 2005 年，莱文已经清楚地认识到，许多"知识就是力量"项目的毕业生并不会从大学毕业。[72]

2011 年，"知识就是力量"项目发布了一份题为《完成大学学业的承诺："知识就是力量"项目的早期成功和挑战》的报告。报告指出，在 10 年前或更早完成中学学业的"知识就是力量"项目学生中，只有 33% 从大学毕业。尽管在全国范围内，在 29 岁之前获得学士学位的学生比例是 31%，而来自低收入家庭的

---

① 美国有些地方的基础教育实行"四四四学制"。——译者注

同一群体更是只有 8%，远不及'知识就是力量'项目的比例，但这依旧远远低于莱文和芬伯格的预期。[73]

这两位联合创始人在与"知识就是力量"项目首席执行官理查德·巴斯共同撰写的报告序言中写道："近 20 年前，'知识就是力量'项目是建立在这样一个承诺之上的：帮助 47 名来自低收入家庭的 5 年级学生攀登通往和完成大学的高峰。事实证明，实现这一具有挑战性的目标比我们最初想象的还要困难。"虽然"知识就是力量"项目的学生的表现的确已经超过了全国学生的平均水平，特别是与来自相同背景的学生相比，但芬伯格、莱文和巴斯的结论是，"知识就是力量"项目的毕业生应该与经济上处于前四分之一的学生的大学毕业率相同。这一比例是 75%。他们坚持认为，低于这个比例，对于"知识就是力量"项目所服务的弱势儿童而言就是不公平的。[74]

为此，莱文与塞利格曼的年轻同事安吉拉·达克沃思合作制订了一份"品格成长"报告单，考察范围包括 8 个大类和 24 个子类。所有子类都按 1 至 5 进行评级：毅力、热情、学业自控、人际自控、乐观、好奇心、感恩和社交智力。[75]

例如，在这份报告单的初始版本中，[76] 毅力会以以下三个维度的平均得分来计算：

- 有始有终
- 百折不挠
- 独立自主，全神贯注

学术自控以以下四个维度的平均得分来计算：

- 做好课前准备
- 聚精会神，拒绝分心
- 记住并听从指挥
- 说干就干，拒绝拖延

人际自控以另外四个维度的平均得分来计算：

- 即使受到批评或遭遇挑衅也能保持冷静
- 不打断他人讲话
- 对长辈和同伴有礼貌

第十章 局 限

• 能够控制自己的脾气

有了这份品格报告单,再加上传统的成绩单,从 2012 年开始,有些"知识就是力量"项目学校的学生,每个季度都要得一个品格学分绩点和一个标准平均学分绩点。此外,莱文教导教师们不仅要用这些术语来解决学生的行为问题(就像希尔普在卓越特许学校舒梅克校区所做的那样),还要将有关品格的内容整合到他们的教学计划中,从数学课上的文字题和文学课上的情节分析题。[77]

在一些观察家看来,达克沃思和莱文在培养毅力方面做了太多文章,也进行了过多正式的一般性品格评估。得克萨斯大学和耶鲁大学研究人员独立研究了毅力和创造力之间的关系,发现二者没有相关性:研究人员分别得出结论,毅力可能会帮助学生赢得拼写比赛或进入大学和完成大学学业,但它并不会促使学生进行深思熟虑或创新。[78] 2014 年,一位教育历史学家在《新共和》杂志上撰文指出,使用品格报告单所涉及的行为的机械量化,促进了一种与健康道德发展相悖的工具主义或职业主义的发展观念的产生。[79] 2015 年在费城举行的一次教育会议(称为 EduCon)上,在一个关于毅力的小组讨论中,讨论者认为达克沃思和莱文最终是在与假想敌作战:一些批评者认为,处于弱势的学生未能上大学和完成大学学业并不是因为品格缺陷,而是缺乏足够的、被中上层阶级的学生视为理所当然的社会和经济资源。[80]

撇开这些重要的问题不谈,"知识就是力量"项目的教师现在的任务是,除了长时间的工作和严格执行行为准则之外,还要密切关注每个学生在这 8 个方面的行为表现。然而,"知识就是力量"项目、卓越特许学校以及其他类似的特许网络可能正在朝着减轻教师压力的方向发展。如前所述,2004 年之前,"知识就是力量"项目只办中学;2010 年之前,卓越特许学校也是如此。这意味着"知识就是力量"项目和卓越特许学校必须让那些习惯于并不那么苛刻的学术和行为期望的学生适应这种文化。到 2014 年,"知识就是力量"项目办了 60 所小学为其 80 所初中提供生源,而卓越特许学校在费城也有 8 所小学为它的 7 所初中提供生源(还有两所小学的学生可能会升入卡姆登的初中),那么这种文化适应任务自然就不那么艰巨了。截至 2014 年,只有休斯敦、纽瓦克和纽约的"知识就是力量"项目初中有从该组织的小学升上来的 5 年级学生。据该组织的官员介绍,到目前为止,来自这些初中的报告表明,让学生从小学就上"知识就是力量"项目的学校,可能比在初中才开始上效果更好。[81]

事实上,莱文在 2008 年的一次采访中表示,他和芬伯格从一开始就想这么做,但他们都是初中教师,没有信心能说服家长们让孩子去一所没有初等教育从业背景的人创办的小学就读。而且,莱文说,家长们需要先体验一下他们周边的学校,才会去考虑选择不同的学校。"现在'知识就是力量'项目有了一定的声誉。"莱文说道,"我们可以办小学了,并且正在紧锣密鼓地开展工作。"[82]

·

除了留住教师和从慈善家那里筹集必要补充资金方面的挑战外,"知识就是力量"项目、卓越特许学校以及其他类似的特许网络机构面临的一个更根本的问题是,他们的办学模式是否适合广大学生,即使他们是从幼儿园而非5年级开始就读此类学校。特别是"知识就是力量"项目,对于一部分学生而言效果很好,但由于其较长的在校时间,严格的行为规范,家长有义务遵守该组织"追求卓越的承诺",不懈地强调学术成绩("知识就是力量"项目 AMP 学校终止卡波埃拉就是这种强调学术成绩的例证),只能适合一小部分群体,而且人数似乎必然不会太多。

在很多学者看来,"知识就是力量"项目的结果因此并非表面看起来的那样。"知识就是力量"项目确实遵照特许学校法的要求,用抽签的方式录取超额的学生。然而一些学者发现,在"知识就是力量"项目的抽签中中签的学生在州统一考试中的阅读和数学成绩比没中签的学生更好。[83]那些不适合该组织的高要求的学生可能不会或不成比例参加其抽签。对此,一些学者提到,"知识就是力量"项目学校录取的学生的学业成就高于邻近学校,女生的入学率不成比例得更高(平均而言,女生在初中的学业成绩更好,引发的纪律问题更少),同时英语语言学习者①和有特殊需求的学生的入学率不成比例得更低。同一阵营的学者们还提到了"知识就是力量"项目学校5年级学生的留级率要高得多。这种留级既给成绩较差的学生在参加8年级的测试之前以更多的在校时间,也传达给其他5年级的学生以及潜在的申请者一个信号,即"知识就是力量"项目学校的要求十分严格。[84]

例如,有一组学者发现,2002年,位于布朗克斯区的"知识就是力量"项目学院的5年级新生中有42%在4年级通过了州阅读测试,而且没有一人是英语语言学习者。而同一时期,在该地区的31所小学中,通过同样的阅读测试的同龄人比例是28%,且有17%是英语语言学习者。[85]在一项有关2005—2009年间全美"知识就是力量"项目学校的研究中,另一组学者发现,在这4年间,"知

---

① 指无法流利使用英语进行交流或以英语进行有效学习的学习者,多为移民后代。——译者注

第十章 局 限

识就是力量"项目的学生平均有 8% 是英语语言学习者，形成对比的是，所在学区的这一比例是 15%。"知识就是力量"项目的学生中有 6% 被诊断为学习障碍者，而所在学区为 12%。[86]

此外，退学和替换模式也进一步使"知识就是力量"项目的学生有别于其他学校。那些当初被"知识就是力量"项目学校录取，但后来又被证明无法适应的学生，有相当一部分会在一两年后退学，回到周边的学区学校，而空出的学位要么被表现更好的转学生所取代，要么直接空着，导致 7 年级和 8 年级的学生人数更少，学术表现更好。第二组学者在研究 2007—2009 年间全美的 30 所"知识就是力量"项目初中时发现，这些学校的 6 年级学生升到 8 年级后在册人数减少了 30%，而所在学区减少了 6%。[87] 在这些"知识就是力量"项目学校中，黑人男生的流失尤为明显，两年内流失了 40%。相比之下，黑人女生的流失率为 28%；西班牙裔男生和女生的流失率分别为 30% 和 12%；白人男生和女生的流失率分别为 25% 和 26%。[88]

第 3 组学者在后续一项关于 2001—2009 年间全美 19 所"知识就是力量"项目初中的研究中得出结论，6 年级或更高年级转入"知识就是力量"项目以取代退学生的"迟入者"中（尽管在 6 年级后转入"知识就是力量"项目初中的学生数量相对较少），往往男生较少，有学习障碍的学生较少，而更多的是在 4 年级的阅读和数学考试中基线分数较高的学生。[89] 这些第 3 组学者是"知识就是力量"项目委托的麦斯麦提克公司的研究人员。他们发现不同年级的基线分数存在显著差异："知识就是力量"项目的 5 年级学生在 4 年级阅读和数学考试中排第 46 百分位数，而到 8 年级时学生在同一考试中的阅读和数学成绩排名分别变成了第 53 和第 55 百分位数。[90]

麦斯麦提克公司的研究人员同时发现，"知识就是力量"项目学校和所在地学区学校的 5 年级学生留级率存在着显著差异。在 2010 年对全美 22 所"知识就是力量"项目学校进行的调查中，麦斯麦提克公司发现，这些学校 11% 的 5 年级学生被留级，与之形成对比的是，其所在地区的学区学校中这一类学生的比例只有 2%。6 年级学生的留级率分别为 5% 和 2%。[91] 在 2013 年对全美 43 所"知识就是力量"项目学校的后续研究中，该公司发现，这些学校和所在地区学区学校的 5 年级学生的留级率分别为 9% 和 2%，6 年级学生的留级率分别为 4% 和 2%。[92]

因此,"知识就是力量"项目学生的进步率是有限定条件的,因为录取的和毕业的可能是截然不同的两个群体,并且5年级学生的高留级率也是确认无疑的。即使进步率仅限于初中那些从5年级一直待到8年级的特定学生,他们与动力相似的同龄人一起上课时所获得的优势仍是显著的,特别是当较晚转入"知识就是力量"项目学校的学生中有在阅读和数学方面具有更高基线分数的学生。就像跑步者通常能够受益于与跑得更快的人比赛一样,学生在有更优秀的学生的教室里会表现得更好。麦斯麦提克公司的研究人员明确提出了这一点。[93]

尽管那些在"知识就是力量"项目学校从5年级待到了8年级的学生的成绩进步程度,要明显高于当初没有被该组织抽中的学生,但麦斯麦提克公司的研究人员认为,同伴群体效应或许能够在很大程度上解释这种优越的表现。他们承认,如果是这样的话,"'知识就是力量'项目模式的可扩展性"就会受到严重质疑:"如果'知识就是力量'项目的影响主要是由于选择性替换退学生所带来的同伴环境的改善,那么学生组成不同的学校可能就很难复制该组织的成功。"[94]麦斯麦提克公司研究人员得出结论,若不考虑其他未观察到的可能吸引学生选择"知识就是力量"项目而不是学区学校的因素(如父母期望或学生行为),那"知识就是力量"项目的学生在4年内取得的进步非常显著。同辈群体效应最多只能解释该组织对学生阅读成绩总影响的29%,对数学成绩总影响的21%。然而,研究人员提醒说,如果以某种方式考虑到这些未观察到的因素,那么同伴群体效应就会更大。[95]

正如斯科特·卡雷尔和马克·霍克斯特拉的研究指出的那样,问题学生对同学的负面影响可能是巨大的。[96]这对于一所对招生有巨大控制权的学校而言意味着什么是显而易见的,也因此在很大程度上有助于区别"知识就是力量"项目这样的组织与像爱迪生公司这样的公司和其他公立学区的实际表现。作为一个负责接管学校而非创办学校的组织,卓越特许学校对招生的控制权不及"知识就是力量"项目。但是一旦接管过来,卓越特许学校也有一套招生流程,让不适应"不找借口"环境的学生望而却步。与"知识就是力量"项目一样,卓越特许学校也会让那些不遵守其规则的学生感到不舒服。

经济学家罗兰·弗莱尔与休斯敦独立学区合作,在一个名为"阿波罗20"的实验中,将"知识就是力量"项目模式在没有招生选拔流程的传统学区学校进行了测试。这项测试在2010年开始时有9所高中参与,2011年增加了11所小学。

第十章 局 限

弗莱尔照搬了"知识就是力量"项目的两个支柱,对另外两个进行了调整,并替换掉了第 5 个:高期望的学校文化;更多的教学时间(每学年增加 10 天,周一到周四每天额外加 1 小时课);通过更严格的选拔,聘用更高效的校长和教师;基于一年 3 次的基准评估进行数据驱动的教学;以及为需 4、6、9 年级学生每天额外提供 1 小时的数学补习。中学阶段的生均额外成本是 1 837 美元(没有提供小学阶段的额外成本数据)。截至 2014 年 8 月,弗莱尔报告称,数学方面的年度进步显著,但在阅读成绩方面影响甚微。弗莱尔在对这项实验的研究中写道:"也许实施过程中最令人担忧的障碍,是可在市中心学校任教的劳动力人才供应。"[97]

在"阿波罗 20"实验中,弗莱尔的团队确实拥有雇用教师的自由。休斯敦独立学区花费 500 万美元买断这些教师的合同,以让"阿波罗 20"实验可以重新开始。[98] 但弗莱尔总结说,这种自由仍然不足以让"阿波罗 20"实验招募到其所需的教职人员。[99] 事实证明,在 20 所学校同时实施"知识就是力量"项目的模式是令人望而生畏的,尤其是无法像"知识就是力量"项目那样,在学生申请前就能获得家长和学生的认可。弗莱尔写道,虽然"阿波罗 20"实验学校也被要求实施类似于"知识就是力量"项目"追求卓越的承诺"合同的"学校—家长—学生合同",但家长和学生在学年开始之前对这些合同并不知晓。为了从"阿波罗 20"实验中获得关键性的结论,弗莱尔理所当然要禁止任何形式的自我选择的发生。[100] 没有了学生和家长的认可和支持,同伴群体效应以及个人动机就会变得明显不同。

在传统的公立学校,这样的合同根本没有立足之地。而这种排斥构成了对"知识就是力量"项目和其他类似的特许管理组织最本质的理念约束。与因对学生成绩产生类似的积极影响而受到称赞的天主教学校一样,[101]"知识就是力量"项目和其他信奉"不找借口"理念的特许管理组织的存在,取决于后备学校教育系统的存在,即如果学生被证明不适合"知识就是力量"项目、卓越特许学校或成就优先网络,可转入另一种学校教育系统。但是除了对于少数的少年犯而言外,没有可以给传统公立学校教育系统当替补的学校教育系统。

因此在一定程度上,天主教学校、独立学校和"知识就是力量"项目以及其他类似的特许管理组织之所以能够发挥作用,是因为他们不一定非要发挥作用。例如,传统公立学校的管理者不会像迈克·芬伯格在休斯敦所做的那样,告诉一名"知识就是力量"项目学生的母亲,除非她的女儿停止看电视并完成家庭作业,否则将被学校扫地出门。

这一限定至关重要。正如一位成就优先网络的高管承认的那样,"'不找借口'

的环境不适用于所有的学生,也不适用于所有的家庭。"[102] 就戴夫·莱文而言,他并不认为"知识就是力量"项目是万灵丹。相反,这只是对一个他和芬伯格认为做得还远远不够的学校教育系统的一种回应。2010 年,在哥伦比亚大学教师学院举办的一个关于学校改善的论坛上,当莱文被问及应如何改善教育,尤其是纽约的教育时,他毫不犹豫地说:"真正改善纽约学校的唯一方法就是,进行一轮大抽签。没有父母知道他们的孩子将去哪里上学。那样的话,所有人都在同一条船上,所有的学校都会得到他们所需要的支持。"[103]

这种大抽签,非常类似于约翰·罗尔斯所提倡的给个人结果蒙上"无知的面纱"后做出所有社会决策的过程,但显然不是莱文在职业生涯早期或后期所等待的。[104] 作为一名年轻的、理想主义的、愤世嫉俗的教育家,莱文和芬伯格一起,立志于建立要求严格的特许学校。这些学校适合一部分学生,而对更多的学生来说是接受教训。因此,"知识就是力量"项目以及其他类似的特许管理组织既取得了巨大的进步,同时也显示出了明显的局限性。

●

对于纽约市长比尔·白思豪和他的盟友来说,"知识就是力量"项目以及其他类似的特许管理组织必然会受到的限制是特许学校面临的主要问题。2013 年,白思豪曾试图通过要求特许学校的经营者为使用公立学校建筑支付租金,从而阻止特许学校在纽约市扩张,但这一努力注定失败。他明确阐明了政治学家杰弗里·海尼格 20 年前提出的观点,即择校运动避开了核心挑战。[105] 白思豪在之前介绍过的在福利广场举行的特许学校集会前说:"在教育方面,我们面临一个危机。应对办法不是找到一条一些人可以走通而另一些人走不通的逃生路线,而是修复整个系统。"[106]

在 2002 年的泽尔曼起诉西蒙斯 – 哈里斯案中,大法官约翰·保罗·史蒂文斯在反对最高法院的多数意见,即支持为克利夫兰一小部分学生提供教育券时,提出了类似的观点。史蒂文斯写道:"要解决阻碍超过 90% 的学生达到基本熟练标准的灾难性状况,需要的显然是与教育券计划无关的大规模改进。"[107]

为了捍卫特许学校和教育券制度,沃尔顿家庭基金会的 K12 教育改革主任、前纽约市教育局负责新学校发展的副局长马克·斯特恩伯格,在 2014 年接受《纽约时报》采访时反击称,批评者是在否认紧迫的现实。斯特恩伯格说:"这有什么好争论的?在你能帮助所有人之前难道就不帮助任何人?"[108]

通过这种质问性的反驳,斯特恩伯格展现了许多特许学校倡导者所具有的反抗精神,并明确了他们的实用主义视角。但尽管如此,可扩展性,尤其是对于那些遵循"不找借口"模式的特许管理组织来说,仍然是一个不可否认的、令人畏惧的挑战。

第十一章

远方的镜鉴

> 由于承受着要提高效率的压力,大多数瑞典的学校最终将会以营利为目的。目前的系统漏洞太多。
>
> ——佩耶·艾米尔森,瑞典昆斯卡普斯科兰教育有限公司创始人兼董事长

这个世界上最接近戴夫·莱文想象的,用大型抽签来决定学校招生(或用约翰·罗尔斯的话说,在个人结果的"无知的面纱"后制定教育政策)的地方是北欧区域。丹麦、芬兰、冰岛、挪威和瑞典的政府公平地资助着他们的学校,给予父母持续大约一年的带薪产假或陪产假以保证婴儿良好的早期保育,为每个人提供优质的医疗保健服务,给予学前教育大量的补贴,并通过征收高额累进税来实现这一切,同时遏制收入的不平等。[1]

这种平等的观念在北欧根深蒂固。特别是20世纪20年代在社会民主党领袖佩尔·阿尔宾·汉森的支持下,将国家视作家庭或"人民之家"的观念在瑞典扎了根。[2] 1928年,汉森在瑞典议会的同僚议员前发表了一次富有传奇色彩的演讲。他援引"人民之家"来为北欧福利国家奠定基础:"家庭的基础是共同体和团结。好的家庭不会有特权或忽视,没有偏爱的孩子也没有继子……将这种观念应用于伟大的人民和公民的家园,就意味着要打破所有的社会和经济障碍。这些障碍现在将公民分为特权阶级和被剥夺权利的阶级,分为统治者和被统治者,分为富人和穷人,强盗和被抢劫者。"[3]

与"人民之家"相似的是,北欧人还普遍信仰谦逊,或者更具体地说是非例外主义,与汉森同时代的丹麦裔挪威小说家阿克塞尔·桑德莫斯称之为"詹代法则"。桑德莫斯在他于1933年出版的小说《难民迷影》中描述了一个名叫詹代的

神秘的丹麦小镇的行为约束，以十诫的形式阐释了任何人都不应该认为自己优于他人的观念。[4]这个深入人心的詹代法则在丹麦语和挪威语中被称为"Janteloven"，在瑞典语中被称为"Jantelagen"，在芬兰语中被称为"Janten Laki"。

抛开对平等的共同尊崇不谈，北欧各国在办学方式上存在着很大的不同。瑞典在学校管理方面高度私有化，与其他北欧邻国截然不同。1991年，瑞典走上了一条反映智利实践和美国野心的道路。就在同一年，惠特尔宣布了他的"爱迪生计划"，明尼苏达州通过了特许学校的立法，[5]瑞典则批准了两项法案中的第一项，为第二年引入在非营利性或营利性组织开办的独立学校使用教育券铺平了道路。[6]尽管挪威政府在2013年的立法议程中提议引入瑞典模式的变体，但丹麦、芬兰和挪威都禁止营利性办学。[7]

·

在柏林墙倒塌后，自由放任的必胜心态鼓舞了惠特尔、贝诺·施密德特和他们在美国的许多盟友，也同样激励了瑞典教育转型背后的议员和企业家。事实上，这种对自由市场的拥护，在1991年促使瑞典保守的温和联盟党上台，结束了佩尔·阿尔宾·汉森建立的社会民主党近60年的统治。自1932年以来，瑞典一直由社会民主党执政，但在1976—1982年之间中断了一段时间。

虽然保守派并没有威胁到政府免费提供使瑞典成为"人民之家"的基本服务，但他们确实要求彻底改变这些服务的提供方式。在保守派看来，社会民主党领导下的瑞典已经成为一个典型的低效、陈腐的福利国家。他们声称，私有化将通过竞争和选择振兴瑞典。温和联合党领袖卡尔·比尔特在成为首相后不久就明确提出："北欧模式的时代已经过去……它构建了一个过于垄断、过于昂贵的社会，没有给人们想要的选择自由；社会缺乏灵活性和活力。"[8]

对于比尔特和他的政党来说，教育选择是至关重要的。当时瑞典的独立学校数量很少，人们对市立学校的不满情绪日益高涨。1991—1992学年，全国120万名中小学生中有99%在市立学校就读。[9]在独立学校中，许多是招生不到100名学生的小型蒙台梭利学校、华尔道夫学校或宗教学校；6所是以英语、法语或德语为主要教学语言的国际学校；还有3所是专为该国少量富裕精英阶层子女开设的寄宿学校，即格林纳、伦兹贝格和西格蒂纳。政府承担华尔道夫学校、蒙台梭利学校和宗教学校约50%的学费，国际学校35%的学费。[10]寄宿学校的学费远远超出了普通家庭的承受能力。[11]

人们对市立学校的不满主要源于20世纪60年代实施的改革。瑞典在1962

年以社会融合的名义取消了对 1 至 6 年级学生的学业水平跟踪，并将所有学生安排在同一所综合学校之中，开设 1 至 9 年级。[12] 1968 年，瑞典的改革更进一步，在这些新的综合学校中，取消了高年级基于学业水平的学生分流。[13] 然而，挪威社会历史学家弗朗西斯·塞杰斯特德写道，这种转变未能实现改革者的设想，因为它没有根据课堂中学生构成的变化对教学方法进行必要的调整。"对教师教育进行彻底改革本是前提条件，"塞杰斯特德写道，"但这一点从未做到。"[14]

根据塞杰斯特德的观点，这种失败最明显的迹象是教师地位被贬低："教师不再是学识渊博的知识经纪人，充其量只是一个组织者。他／她被置于边缘。"[15] 对此的抗议引发了一场"知识运动"[16]，与 E. D. 赫希在美国发起的"核心知识"运动有异曲同工之妙，规定每个年级所需掌握的特定内容。[17] 虽然这场反运动是由保守派领导的，但其在社会民主党中也不乏支持者。20 世纪 80 年代曾担任社会民主党的教育部长的本特·格伦松意识到学校的学术严谨性下滑问题。他致力于倡导将智力发展，而不是社会发展作为学校的主要目标。[18]

按照卡尔·比尔特提出的教育选择计划，家长可以自行决定他们希望为子女开设什么样的课程。1991 年提出并于 1992 年通过的教育券立法规定，家长可以获得价值相当于邻近公立学校生均支出的 85% 的教育券。1994 年社会民主党重新执政后，将这一比例降低到 75%。但两年后，社会民主党将比例提高到 100%，并规定独立学校不能收取任何额外费用。[19] 这一规定保护了家长免受额外费用的困扰，并最终将瑞典为数不多的昂贵的国际学校和寄宿学校也拉进了教育券计划之中，但条件是寄宿费必须独立支付（教育券可支付社区中住在家里的学生白天上学的全部费用）。[20]

・

事实证明，教育券使用量的增长虽然缓慢，但一直保持增长。该制度实施 5 年后，在 1997—1998 学年，2.7% 的综合学校学生使用教育券进入独立学校就读，3.1% 的高中（相当于 10 至 12 年级）学生也是如此。该制度实施 10 年后，增长到了 5.5% 的综合学校学生和 8.2% 的高中生凭教育券就读于独立学校。到 2010 年，这一比例分别增长到 11.9% 和 23.8%。因为和美国一样，瑞典独立学校的规模往往比市立学校小，所以独立学校的比例超过了就读学生的比例（见图 11.1）。到 2010 年，全国 5 641 所综合学校和高中中，有 1 230 所是独立学校，占 21.8%：在 4 626 所综合学校中有 741 所是独立学校，在 1 015 所高中中有 489 所是独立学校。在总数中，近 930 所，即独立学校的 75.6% 和所有学校的

16.5% 是由营利性运营商运营，或者更具体地说是由有限公司运营，瑞典语中简称为 AB，即"aktiebolag"。[21]

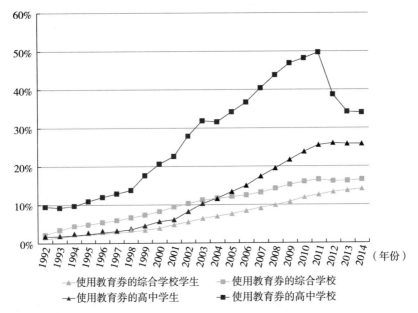

图11.1 每个阶段使用教育券在独立学校就读的学生比例，以及每个阶段独立学校数量的比例

数据来源：瑞典学校局，http://www.skolverket.se/.

注：大约 75% 的独立学校为营利性办学。

这一增长超过了美林证券的迈克尔·T. 莫伊等华尔街分析师在 1999 年对美国公立中小学的营利性运营商的预测。如前所述，莫伊曾预测，在全美约 10 万所 K12 公立学校中，将有 10% 的学校在 10 年内会由爱迪生公司这样的公司管理。[22] 现实情况是再次不到 1%。[23] 相比之下，瑞典的营利性学校运营商得益于几个明显的优势。

最关键的是，在瑞典，从 1996 年起，营利性学校的运营商获得了与邻近的市立学校相同的生均拨款。在美国，这样的平等只是十分罕见的例外。在巴尔的摩和费城，如前所述，爱迪生公司赚取的是每个学生的管理费补贴，而且不必支付场地费。然而，爱迪生公司及其竞争对手在管理特许学校时，赚取的管理费补贴微不足道，而且几乎总是要支付高额的场地费。正如独立预算办公室解释的那样，2008—2009 学年，纽约市不能免费使用场地的特许学校所获得的资金要比邻近的公立学校少 12.8%。[24] 瑞典最大的营利性学校运营商之一——昆斯卡普斯科兰教育有限公司的创始人兼董事长佩耶·艾米尔森表示，资金的均等化对他参与教育事业至关重要。和惠特尔一样，艾米尔森也是一个少年老成的商人，并且坚定地致力于推动私有化。艾米尔森曾在斯德哥尔摩大学学习经济学和政治学。大学毕业后不久，1970 年，24 岁的他与人共同创立了一家名为克雷布有限公司的通信咨询公司；2009 年，克雷布公司与纽约的加文·安德森公司合并成为克雷布·加文·安德森有限公司，在四大洲的 25 个国家设有办事处。1989 年，艾米尔森在完成哈佛商学院的业主/总裁管理项目（一个为期 3 个暑期的中层管理人员培训课程）一年后，创办了一家营销公司——戴莫斯科普有限公司。1995 年，他创建了由克雷布公司和戴莫斯科普有限公司及其他利益集团控股的马格诺拉集团有限公司，卡尔·比尔特是董事会成员之一。4 年后，艾米尔森成立了昆斯卡普斯科兰教育有限公司，作为马格诺拉集团的另一部分。10 年后，艾米尔森创立了银色生活有限公司。这是一家经营养老院的公司，也是马格诺拉集团投资组合中的另一个组成部分。[25]

昆斯卡普斯科兰的意思是"知识学校"，代表了反对 1962 年社会民主党推行的教育改革的知识运动的一种正式延续。昆斯卡普斯科兰的基本特征是个性化学习，学生每天大部分时间都是按照自己的节奏做自己的事。在 2009 年的一次采访中，艾米尔森特别指责了奥洛夫·帕尔梅降低了瑞典学校的学术标准，扼杀了学生的个人发展。帕尔梅曾在 1967—1969 年担任教育部长，然后在 1969—1976 年，以及 1982—1986 年意外死亡前担任首相。出事当天晚上，帕尔梅在斯德哥尔摩市中心看完电影后，和妻子在没有任何安保人员的情况下散步回家，途中被一名独行侠枪手枪杀。在艾米尔森看来，帕尔梅在担任教育部长时将公平置于卓越之上，并作为社会民主党领袖持续推行这种侧重。艾米尔森说："帕尔梅把教学变成了一种社会工作，从而把关注内容的人赶出了这个行业。学校的焦点变成了公平竞争，而不是学习。"[26]

和惠特尔一样，艾米尔森也沉浸于政治之中，并且也对国际市场野心勃勃。在克雷布公司刚刚起步时，他曾在 1970—1972 年担任瑞典保守派和自由派学生联合会的主席。该联合会与英国的保守派学生联合会和美国的大学共和党人联合会有关联。比尔特在艾米尔森手下担任副主席，然后接手了他的职务。在任该职位期间，艾米尔森结识了卡尔·罗夫和杰布·布什，此后一直保持着密切的关系。艾米尔森随后于 1973—1981 年担任国际商会的办公室主任。[27] 艾米尔森极为自豪地买下了前捷克斯洛伐克大使馆，这是一座由水泥、红砖和玻璃构成的 10 层楼高的野兽派建筑，位于斯德哥尔摩富丽堂皇的厄斯特马尔姆区。2000 年这座建筑成为艾米尔森的公司总部，艾米尔森在屋顶上放了一个"冷战"时期的巨大天线作为战利品。[28]

就像克雷布公司和昆斯卡普斯科兰教育公司一样，艾米尔森对全球市场有很强的雄心壮志。他的计划是逐渐发展壮大他在瑞典的教育公司，然后到英国和美国开办学校。与瑞典许多营利性学校运营商的企业家一样，艾米尔森直到1996年才进入教育行业。他说，在他或他的竞争对手能够着手实施合理的商业计划之前，家长获得的教育券的价值必须要与邻近学校的生均经费等同。尽管如此，艾米尔森还是在1992年与施密德特和惠特尔会面，就发展战略和潜在的合作机会进行商讨。艾米尔森说，那次会面除了激起其对有朝一日在美国开办特许学校的希望之外，没有什么其他的收获。[29]

然而，瑞典方和美国方的交往中有一个标志性事件。克雷布公司的一个客户，即投资者有限公司（由传奇的瓦伦贝里银行家族在斯德哥尔摩经营的一家上市控股公司），在1997年以2 000万美元的价格收购了爱迪生公司9%的股份，并获得了该公司董事会的一个席位。投资者公司在爱迪生公司董事会的代表是卡拉斯·希尔斯特伦。[30] 在2009年的一次采访中，希尔斯特伦表示，投资者在爱迪生公司的投资中成功地获得了可观的利润，因为其在2001年将持股比例降至1%，并于2002年退出。希尔斯特伦无法回忆起确切的投资回报。但以爱迪生公司在2001年和2002年每日的股票收盘价的平均值来估算并不困难：分别为21.56美元和5.38美元。投资者公司的确获得了可观的利润。以投资者公司拥有9%的股份价值约450万股计算，2001年通过出售400万股获得了约8 670万美元，2002年通过出售50万股获得了270万美元，投资2 000万美元获利6 900万美元，相当于5年的回报率达345%。[31]

2003年，希尔斯特伦搬到了总部位于伦敦的私募股权集团"3i"的斯德哥尔摩办事处工作。3i的办公室位于伯格贾尔斯加坦，从马格诺拉集团的总部穿过胡姆莱格尔登步行10分钟就到。他在公司的一间会议室里喝着咖啡解释道，投资者公司之所以退出，是因为爱迪生公司的模式最终不会成功。特许学校需要大量的资本投入来建造或租赁校舍和设施，学区学校也需要类似的资金投入来进行场地改造，与特许委员会和主办学区的合同通常只持续5年，获得的生均拨款通常会比邻近的学区学校低15%。[32]

在瑞典，营利性学校的运营商不仅受益于资金的平等，而且受益于行政自主权。像爱迪生公司一样，昆斯卡普斯科兰教育公司也需要投入大量的资金来建造、租赁和翻新校舍和设施。然而，昆斯卡普斯科兰教育公司及其在瑞典的同行都是独立的实体，与特许委员会或学区办公室不存在合同义务。瑞典的学校公司会因家长和学生的需求而兴盛或衰落，在美国困扰教育管理机构的特许委员会和

第十一章 远方的镜鉴

学校委员会政治在瑞典并不存在。

・

经过1998—2000年的规划,艾米尔森开办了5所昆斯卡普斯科兰学校:4所初中(包含6至9年级)和1所高中(包含10至12年级)以及一家所有学校轮流使用的手工艺中心。学生每次可以在该中心的宿舍里住两周,其间学习木工和艺术项目。高中位于斯德哥尔摩郊区的纳卡,3所初中位于斯德哥尔摩郊区的沙福尔姆、塔比和提尔岛,第4所位于首都西南100英里的小城市诺尔克平,工艺中心位于首都西北140英里的小城法轮。

出任规划委员会主席的是比吉塔・埃里克森。他是一位来自诺尔克平的生涯教育家,在成为诺尔克平一家名为纳维斯塔斯科兰的进步主义综合学校的校长之前,已在高中教了15年的历史和宗教。艾米尔森是通过1991—1994年担任教育部长的佩尔・昂克尔和负责起草瑞典教育券计划的助手安德斯・胡尔廷,听说了埃里克森的工作的。昂克尔是昆斯卡普斯科兰教育有限公司的董事会成员,胡尔廷是公司的首席执行官,都来自诺尔克平地区。就像惠特尔与教育部长拉马尔・亚历山大关系密切一样,艾米尔森与昂克尔的关系也走得很近。[33]

埃里克森在一位长期共事的同事托比昂・宾德克兰斯的帮助下开发了一套课程,后者是一位资深的数学和科学教师。他们的进步主义教学法品牌与艾米尔森所倡导的知识运动一拍即合,也与艾米尔森希望通过资本回报来进行学校建设、营销和队伍建设的愿望相契合。课程是根据对内容的掌握来定义的,员工配置模式是轻劳动力的,每100名学生配5.4名教师,而瑞典全国平均为每100名学生配8.3名教师。[34] 2002年,艾米尔森的马格诺拉集团提供了初始融资,并在投资者公司退出爱迪生公司后不久,将30%的股份出售给了该公司,6%的股份分配给了管理层。[35]

该课程要求学生通过自行按进度实现各科的具体目标来展示能力,分初中和高中两个阶段办学。以这种方式办小学不现实,因为不能指望低龄学生长时间独立学习。教师既是每天主导3节45分钟课程的课堂讲师,又是监督20名学生学习进度的导师,每周要与这些学生中的每一位进行20分钟的一对一面谈。在这些每周一次的面谈中,导师会检查公司发给学生的日志,以便准确地了解他们的学习成果。家长也会被要求定期与孩子一起检查这些日志。为了促进教师与学生的互动,公司还有个名为"知识门户"的网站。各科教师在该网站上共享自己的教学计划,减少大家的备课时间。[36]

每天早上8点半，学生们在参加导师主持的30分钟的导师会中开始一天的学习，下午2点半再进行一次10分钟的导师会，结束一天的学习。早上的导师会带领学生通过教室里的显示器观看一部分瑞典网络新闻，并对主要新闻展开讨论。按照埃里克森提出的学习模式，学习是一个向上的旅程，指导教室被称为"大本营"，同一大本营的学生会与同一位导师一直共处到整个初中或高中学习生涯结束。学生们每周每科只上一节课，其他时间他们自己或和同学一起自主学习。为了促进学生独立学习和协作工作，这座由建筑师肯尼思·盖德斯德设计的学校建筑有着采光充足的公共区域，设有咖啡馆、空气清新的计算机实验室以及研讨室和小型演讲厅，全天不会有上下课铃声。[37]

2000年，埃里克森作为昆斯卡普斯科兰教育有限公司在诺尔克平的初中的首任校长，将这一课程体系付诸实施。一年后，他成为该公司全职的教育和发展总监，在位于斯德哥尔摩的公司总部和位于诺尔克平的课程与信息技术办公室之间奔波。2009年，在公司位于斯德哥尔摩的办公室接受采访时，埃里克森表示，昆斯卡普斯科兰教育有限公司最初被批评者嘲笑为"另一个夏山学校"，即指A·S.尼尔于1921年在英国创办的一所以儿童为中心的寄宿学校。埃里克森说："但是我们的学生在9年级参加全国考试时取得了优异的成绩。现在各市政当局都跟着我们使用日志、导师制和共享教学计划的门户网站。"[38]

该公司在乌普萨拉开办的高中的创始校长托德·霍尔伯格呼应了埃里克森的观点。霍尔伯格在瑞典传统的市立学校担任了17年的教师和10年的校长，他因无法实施改革而感到沮丧，并于2007年加入了昆斯卡普斯科兰教育有限公司。他说："在昆斯卡普斯科兰教育有限公司工作两年后，我认为我对传统的学校产生了更大的影响，因为他们正在向我们学习。当我看到我以前的领导时，他告诉我，'我们正在向你们学习。我们现在正在以创新的方式使用互联网，让学生承担起更多的责任，并且让老师与学生进行更多的一对一交流。'"[39]

6所接受采访的昆斯卡普斯科兰教育有限学校的学生几乎都认为，他们的自由既是一种礼物，也是一种负担。就读于斯德哥尔摩南部的安斯基得区的一所学校的一名9年级学生说："昆斯卡普斯科兰教育模式的好处是你可以以自己的速度进行学习，不好的地方在于你很容易掉队。"[40]在纳卡郊区以东四英里的一所昆斯卡普斯科兰学校，几名9年级学生在早晨的"大本营"里接受的集体采访中表达了相同的看法。采访的背景是教室的显示器上播放着一则瑞典网络新闻，内容是在南部城市马尔默的移民众多的罗森格区，一群年轻人纵火焚烧汽车和垃圾箱。这个大本营的负责人是一位名叫佩尼拉·布罗松的英语和法语老师，后来她问学生们对马尔默的骚乱有什么看法。一名学生提到移民青年的被歧视感是导致愤怒的原因之一。布罗松点了点头,并提到了斯德哥尔摩西北部的3个卫星社区,即胡斯比、林克比和坦斯达,被视为缩小版的罗森格。[41]

这些学校接受采访的教师几乎都认可导师制是有效的,"知识门户"网站是有用的。不过,有几位表示,课堂教学,特别是数学课,应该每周不止开一次。还有一些人则对公司的教师评估和薪酬方案所带来的压力表示担忧:教师的加薪与否取决于:(1)教师作为导师(要监督20名学生)和学科教师(要指导和评估60名学生)所负责的学生的学业进展情况;(2)学生对教师所给予的帮助、组织和所教内容进行的五点量表(从非常不同意到非常赞同)打分结果。[42]

据昆斯卡普斯科兰教育有限公司的几位管理人员说,该公司利用9年级学生在全国统一考试中的成绩来检查老师是否在给学生打分时"放水"。然而,这一政策存在漏洞。和全国各地的其他学校一样,全国考试并不是由外部阅卷员评分的,甚至都不是同一楼里的其他同事。而是老师自己给自己学生的全国考试判卷。所有3年级的学生要参加瑞典语和数学测试;6年级的学生要参加瑞典语、数学和英语测试;9年级学生要参加上述3门学科以及科学测试;高中学生要参加瑞典语、数学和英语测试。[43]

因此,分数"有水分"的嫌疑很大。对于昆斯卡普斯科兰教育有限公司和瑞典所有的学校来说,无论是公立的还是私立的情况都是如此。根据瑞典两位经济学家马格努斯·亨雷克森和乔纳斯·弗拉霍斯于2009年在瑞典最畅销的《每日新闻》上发表的一篇专栏文章,1997—2007年,瑞典高中生的分数大幅度提升,但在国际评估中的成绩却下滑了,大学阶段的诊断考试成绩也没有表现出任何改善。亨雷克森和弗拉霍斯得出的结论是,自由市场化的招生制度给市立学校和独立学校带来的压力,要求它们要能够吸引学生并让这些客户感到满意以留住他们。这是对成绩虚高唯一有说服力的解释,他们因此敦促教育当局要对国家考试进行外部阅卷,并在高中毕业时实施类似于法国的中学毕业会考。[44]

事实上,瑞典学校督导局2011—2014年的年度报告显示,独立评阅员给国家考试评的分远远低于教师给自己学生的国家考试评的分。[45]然而,让教师给自己学生评分的政策仍然存在。[46]

•

到2009年,昆斯卡普斯科兰教育有限公司在瑞典拥有32所学校,包括22所初中和10所高中。该公司还在斯德哥尔摩以南160英里的小镇甘勒比开设了第二个手工艺中心,并建了一个科学中心,旁边还有一栋宿舍楼,位于斯德哥尔摩海滨郊区萨尔茨约巴登的一座幽静的小山山顶。这里之前是一座天文台，和手工艺中心一样，科学中心也是可供各校轮流使用。随着昆斯卡普斯科兰教育有限公司的发展壮大，它也实现了爱迪生公司未能获得的利润。该公司前 3 年亏损严重，但第 4 年实现了收支平衡，第 5 年实现了营利，随后 4 年利润稳步增长（见表 11.1）。[47]

对于艾米尔森来说，这一趋势对于昆斯卡普斯科兰教育有限公司和瑞典整个营利性学校管理行业来说都是十分明朗的。艾米尔森在 2009 年与他的董事会成员和客人，在他位于奥斯特玛姆的公司总部共进晚餐时，谈到美国和瑞典的教育政策。他说："由于承受着要提高效率的压力，大多数瑞典的学校最终将会以营利为目的。目前的系统漏洞太多。在使用企业管理模式的同时实现平等主义，瑞典可以在这方面成为其他国家的榜样。其他国家对我们的兴趣自然会让我们觉得自己有特别之处。"艾米尔森预测，5 年内，昆斯卡普斯科兰教育有限公司将至少在国外开办 10 所学校，在瑞典再开办 10 所学校。[48]

表11.1　昆斯卡普斯科兰教育有限公司的学校数，预计招生人数和财务数据

财年	学校数	预计招生人数	收入（m.kr）	收益	收益/收入
2001	5	880	48	25.8m.kr	53.8%
2002	12	2 767	159	26.7m.kr	16.8%
2003	20	5 148	266	30m.kr	11.3%
2004	22	6 060	367	0	0
2005	22	6 397	436	7.8m.kr	1.8%
2006	23	7 020	485	11m.kr	2.3%
2007	26	8 155	571	19.5m.kr	3.4%
2008	30	9 161	657	25m.kr	3.8%
2009	32	9 663	726	36m.kr	5.0%

数据来源：瑞典昆斯卡普斯科兰教育有限公司，2014 财年的年度和合并账目，网址：http://www.bolagsverket.se.
注：以百万瑞典克朗为单位；在此期间瑞典克朗的汇率在 5.9~10.9 瑞典克朗兑换 1 美元间波动。

艾米尔森特别提到了一位名叫拉胡尔·甘地的外国领导人对复制昆斯卡普斯科兰教育有限公司模式的兴趣。2008 年，甘地作为印度青年大会主席访问瑞典，其间参观了昆斯卡普斯科兰教育有限公司的几所学校。他告诉艾米尔森，昆斯卡普斯科兰教育有限公司的模式将会在印度得到蓬勃发展。不久之后，艾米尔森飞往金奈，会见了当地的政府官员和潜在的投资合作伙伴。[49] 2013 年，昆斯卡普斯科兰教育有限公司在古尔冈开办了其第一所印度学校。[50]

到 2014 年，昆斯卡普斯科兰教育有限公司还在英国开办了 4 所学校，尽管

根据英国的法规是以非营利的模式运营,在纽约办了一所特许学校,也是根据纽约的法规以非营利的模式运营,以及在古尔冈开办了第2所学校。由于昆斯卡普斯科兰作为商业品牌的商标不能在其英国和美国的非营利性学校使用,因此英国的4所学校被称为教育学校,纽约的那所学校名叫曼哈顿创新特许学校。然而,古尔冈的这所学校保留了公司名称,并作为一所收费的营利性私立学校进行运作(2014学年的初中学费为21.4万卢比,约合3 400美元)。[51] 到2014年,尽管昆斯卡普斯科兰教育有限公司没有像艾米尔森预测的那样在海外拥有10所学校,但办了7所仍然是不俗的成就。

在前往瑞典参观昆斯卡普斯科兰教育有限公司学校的美国访客中,杰布·布什于2008年在斯德哥尔摩市出差时(在他担任佛罗里达州州长的第二个任期内),参观了该公司在该市基斯塔区的学校。他认为昆斯卡普斯科兰教育有限公司在佛罗里达州将拥有很大的发展潜力。次年,纽约市教育局副局长约翰·怀特访问了昆斯卡普斯科兰教育有限公司在纳卡的学校。怀特在2012年成为路易斯安那州的学监,他鼓励艾米尔森在纽约开设一所学校,并帮助他创建了这所学校,即后来的曼哈顿创新特许学校。他还承诺第一年,即2011—2012学年,会在教育局的中央办公室特威德法院大楼为该校提供场地。[52] 2011年,鲁珀特·默多克与乔尔·克莱因一起参观了昆斯卡普斯科兰在恩斯凯德的学校。此前不久克莱因刚辞去纽约市教育局局长的职务,成为默多克新闻集团教育部门的负责人。[53] 该部门是默多克于2010年斥资3.6亿美元收购布鲁克林的无线时代公司后发展起来的,并将于2012年更名为放大公司。默多克和克莱因创办的放大公司的使命是将课程投放到无线平板电脑上,从而使学生能够像昆斯卡普斯科兰教育有限公司的学生一样学习。即学生在教师的少量帮助下,按照他们自己的节奏学习。[54]

·

由于埃里克森的创新课程和艾米尔森的政治和营销头脑,昆斯卡普斯科兰教育有限公司很可能是瑞典最知名的营利性学校运营商。仅2007—2010年,单《经济学人》就有6篇文章赞扬该公司。[55] 但它只是众多公司中的一家,而且还谈不上是最大的公司。学术媒体有限公司是一个主要的竞争对手。该公司成立于1996年,当时是一家成人教育公司,2001年在瑞典证券交易所上市,2007年开始经营独立学校业务,将通过并购发展壮大起来。国际英语学校是第二大竞争对手。该公司由一位瑞典裔的美国科学教师于1993年创立,提供以"严厉的爱"为特征的传统中学课程,并致力于让学生能够流利地使用英语。到2012年,国际英语学校被总部位于波士顿的私募股权集团 TA 联合集团接管时，运营着 22 所学校，拥有 15 500 名学生。皮斯林有限公司是第 4 大商业学校运营商，2009 年被总部位于哥本哈根的私募股权集团北极星收购时，共拥有 80 多所幼儿园和小学。[56]

约翰·鲍尔高中有限公司是第 5 家这样的公司，尽管其更专注于就业培训。这家公司以世纪之交的著名瑞典画家约翰·鲍尔的名字命名，2000 年开始在南部城市延雪平开办了一所职业高中。通过对竞争对手的一系列收购，该公司发展成为瑞典最大的连锁职业学校，2008 年被另一家总部位于哥本哈根的私募股权集团艾克赛尔收购，更名为"JB 教育公司"，当时拥有 29 所学校和 1 万名学生。巴金斯有限公司也是一家经营连锁职业高中的公司。1999 年，巴金斯有限公司在西南部城市孔斯巴卡开设了第一所学校，在 10 年的时间里发展成为拥有 41 所学校和 4 700 名学生的连锁学校，并为有心理问题的移民和难民儿童建立了护理和治疗中心网络。2010 年，总部位于奥斯陆的私募股权集团 FSN 资本收购了巴金斯有限公司 70% 的股份，并于一年后将护理和治疗部门出售给了瑞典医疗保健公司瑚玛娜有限公司。[57]

布雷股票有限公司是一家总部位于斯德哥尔摩的上市控股公司，与投资者公司类似，在 2007 年收购了学术媒体有限公司的大部分股份，并购买了所有流通股。布雷股票有限公司已经拥有了重新学习有限公司。这是一家由 5 家独立的学校公司组成的教育集团：迪达克图有限公司，一家专注于儿童护理和保健专业的连锁成人教育项目和高中职业学校；维特拉有限公司，一家采用蒙台梭利教学法的连锁小学和初中；信息技术－高中有限公司，一家专注于技术教育的连锁高中；未来高中有限公司，一家培养建筑和机械行业人才的连锁高中职业学校；以及节奏有限公司，起初是一所位于斯德哥尔摩的音乐高中，后来很快发展成为连锁学校。[58]

2008 年，学术媒体公司与重新学习公司合并，保留了前者的公司名称。两年后，由瓦伦贝里家族于 1994 年创建的总部位于斯德哥尔摩的私募股权集团股拓集团将学术媒体公司私有化。投资者公司已经持有昆斯卡普斯科兰教育有限公司 30% 的股份，又成为殷拓集团的主要投资者，拥有 19% 的股份。[59] 2011 年，殷拓集团又从北极星公司手中收购了皮斯林公司，并纳入其学术媒体公司的控股范围。到 2014 年，学术媒体公司在瑞典各地运营着 285 所幼儿园和学校，以及 130 个成人教育项目。该公司该财年从瑞典政府获得的收入为 51 亿瑞典克朗（约合 7.3 亿美元），使其成为仅次于斯德哥尔摩市政府的全瑞典最大的学校运营商。[60]

商业学校经营者的大量涌现和令人眼花缭乱的投资组织进入该行业，让许多

第十一章 远方的镜鉴

瑞典人感到困惑。[61] 其中，1991—1994 年任卡尔·比尔特的副首相、1983—1995 年任自由人民党领导人的本特·韦斯特伯格坦言感到困惑，他后来成为瑞典金融监督局的主席。2012 年，他在位于斯德哥尔摩市中心的瑞典金融监督局总部接受采访时说，他在担任副首相期间是教育券制度立法的支持者，但他从未想到学校会变成企业，也无法想象私募股权会在教育领域承担如今这样的角色。[62]

韦斯特伯格认为，尤其应该禁止私募股权集团涉足教育领域，因为它们通常只关注短期利益，其目的是重塑学校公司，并在几年内出售它们，以获得可观的收益。此外，韦斯特伯格不同意艾米尔森关于瑞典学校商业化运作前景的看法。他预测未来的趋势是下降而不是增长："如果你的公共部门效率低下，那么营利性组织就很容易进来牟利。但随着时间的推移，市政运营商会变得更有效率①。"[63]

韦斯特伯格同样关心的还有种族隔离问题。他说他最近重返家乡索德塔尔杰的高中母校。索德塔尔杰是一个位于斯德哥尔摩西南 20 英里处的中等城市，有大量的移民人口。这是他多年来第一次回到母校。他说，令他惊讶的是，几乎所有的学生都是移民或移民的子女。韦斯特伯格说，他向校长询问了索德塔尔杰其他孩子的情况。韦斯特伯格引用了校长的回答："他们现在几乎都去了私立学校。"[64]

・

除了为私立学校运营商提供与市立学校同等的资金并赋予其行政自主权，以及许多瑞典人在几十年有限的选择之后希望可以择校之外，一个相互联系、充满活力的北欧投资界在推动教育私有化方面也发挥了实质性作用。特别是瑞典银行与企业的联动，更是由来已久。弗朗西斯·塞耶斯特德称其为"瓦伦贝里体系"，即在瑞典企业中拥有控股权的所有权集团也持有银行的主要股权，而他们又利用银行的股权来促进贷款。在以这种方式运营的所谓的 15 大家族中，瓦伦贝里家族脱颖而出，例如通过殷拓集团和投资者公司拥有阿法拉伐公司、阿特拉斯·科普柯公司、伊莱克斯公司、斯堪尼亚－瓦比斯公司和斯凯孚公司以及学术媒体公司等公司的控股权，同时还持有瑞典北欧斯安银行的主要股份。[65] 事实上，凿在瑞典北欧斯安银行总部的黑色花岗岩墙上的瓦伦贝里家族座右铭，与詹代法则的理念有相通之处，体现出了这种低调的无处不在：尚未被发现。[66]

---

① 即本书第八章所述的"过时交易"现象。——译者注

然而，要不是殷拓集团和瓦伦贝里家族的投资者公司，以及布雷股票有限公司和马格诺拉集团公司，昆斯卡普斯科兰教育有限公司和它的几个竞争对手永远不会发展成为庞大的企业。这些学校公司还得益于爱迪生公司和许多其他教育管理机构所没有的两个额外优势：第一，腐败，或者用国际透明度组织的话叫"滥用受托权力以谋取私利"的现象感觉要少得多；第二，贫困儿童要少得多，意味着孩子们进入学校时做好了更好的准备，也不太可能给同学制造麻烦（或者用专业术语来说，产生负面的同伴群体效应）。[67]

总部设在柏林的智库"透明国际"，致力于调查世界各国民众对政府和企业官员的信任度。据其数据，瑞典和它的北欧邻国一样，多年以来一直是这方面的模范国家。在1995—2014年的20年年度调查中，瑞典在最透明（或最不腐败）的国家排名中平均排第4，最好时排过第1，最差时排第6。相比之下，美国的平均排名是第18，最好时排第15，最差时排第24。[68]

在日常生活中，这种信任可从父母在咖啡厅里和朋友见面喝咖啡时，可以把婴儿留在咖啡厅外的婴儿车里，或者咖啡厅老板把羊毛毯留在户外椅子上供客人取暖窥见一斑。同理，20世纪90年代和早期，家长、工会领袖和记者给予了营利性学校运营商以充分的信任，相信他们会把学生的利益看得最重。

事实上，代表学前和小学教师的教师工会和代表中学教师的全国教师联合会，都欢迎并持续支持自由择校运动。据全国教师联合会的高级政策顾问安娜·詹德尔－霍尔斯特说，教师们对在不同学校工作的机会表示欢迎，并期待学校之间进行更多的竞争以提高教师工资。2009年，曾担任过7年初中社会课教师的恩德尔－霍尔斯特，在她位于斯德哥尔摩市中心的办公室里说道，她的工会成员中有许多人都在商业化运营的学校里任教，她自己并不反对这个概念。她说，毕竟她儿子现在也在昆斯卡普斯科兰教育集团公司的学校里上学，正在读9年级。他受到了一些挑战，但也很快乐。[69]

恩德尔－霍尔斯特说，教育券立法的唯一问题是，它并没有规定独立学校的教师必须获得资格认证。她说，一些学校因此聘用了没有资质的教师，而且这种豁免还会给教师工资带来下行的压力。[70]事实上，2000—2009年，瑞典教师的工资的确下降了。2000年，小学和初中教师的收入与瑞典人均国内生产总值持平；高中教师的收入是人均国内生产总值的1.07倍。到2009年，小学教师的收入是人均国内生产总值的0.93倍；初中教师是0.96倍；高中教师是1.01倍。挪威也出现了相同的趋势，而丹麦和芬兰则相反。[71]

恩德尔－霍尔斯特与她的同事、另一位高级政策顾问奥洛夫·伦德伯格都认为，两个工会都错了，没预料到对私立学校的这种豁免的后果。但两人很快指

第十一章 远方的镜鉴

出，2006年通过立法，规定了所有学校的教师都必须获得认证，尽管私立学校已经雇用的未认证教师得到了豁免。[72]

安德斯·胡尔廷的继任者佩尔·莱丁在2007—2012年期间担任昆斯卡普斯科兰教育有限公司的首席执行官和领导。他将这种信任归因于瑞典人的谦逊，并将詹代法则视作一种无处不在、温和的影响。莱丁曾在2002—2007年间担任昆斯卡普斯科兰教育有限公司的营销总监，在20世纪70年代初，他认识了当时作为瑞典保守党和自由主义学生联合会成员的艾米尔森。从那以后，莱丁一直为艾米尔森工作，先是在克雷布公司，然后又在昆斯卡普斯科兰教育有限公司。和艾米尔森一样，莱丁也参加了哈佛商学院的组织级项目管理，比艾米尔森晚一年完成了这个为期3个暑期的课程。莱丁指出，公司的营利目标本身设定得并不高：每年5%~7%，而非教育备选公司和爱迪生公司的领导人所设想的20%。[73]此外，昆斯卡普斯科兰教育有限公司的文化也充分体现了詹代法则。公司总部位于斯德哥尔摩市不起眼的哈默比港口，距离市中心南侧4英里，还要通过3座桥。莱丁说，艾米尔森曾建议他将马格诺拉公司的总部搬到时尚的奥斯特马尔姆，但他拒绝了。他认为这个位置会给议员、记者和家长留下错误的印象。2009年，在这家拥有800名员工和32所学校的公司的总部，莱丁在没有秘书的情况下独立工作，亲自接听电话，并将打印过的纸留作便条纸。在学校间穿梭时，莱丁没有司机，也没有公司配车。他开着自家的旅行车，一辆1999年的银色奥迪，后备箱有一袋足球，供他帮助管理的女儿的球队用的。3年后我回访时，莱丁驾驶的还是这辆车。[74]

从北部的博伦厄到南部的赫尔辛堡、兰斯克鲁纳和特瑞堡，莱丁驾驶着他的旅行车定期穿梭于全国各地的昆斯卡普斯科兰教育有限公司学校，并参加每月在不同学校举行的校长会议。[75]虽然昆斯卡普斯科兰教育有限公司并没有在前述拥有大量移民的胡斯比、林克比、罗森格或坦斯达社区开办任何学校，但公司在这些地方附近的学校招收了来自这些社区的学生，特别是罗森德。[76]此外，兰斯克鲁纳也是一个这样的社区，还有布特许尔卡，公司分别于2001年和2003年开始在这两个社区办学。斯克劳夫曼和希斯塔社区同样如此，该公司也分别在2000—2010年和2002—2015年在这两处办学。之后由于空间不足以及其他私立学校公司的激烈竞争，昆斯卡普斯科兰教育有限公司关闭了在这些社区所办的学校。[77]而且，除了在纳卡和塔比这样的富裕郊区或伦德和乌普萨拉这样的大学城办学外，该公司也在多个工薪阶层城市和城镇开办学校。博伦厄和特瑞堡，以及恩科平、卡特琳娜霍尔姆、诺尔克平和厄勒布鲁都属此类。[78]

然而，瑞典弱势社区的儿童所面临的障碍与美国弱势社区的儿童所面临的障碍没有可比性。弱势本身在这两个国家就意味着完全不同的东西。在欧洲国家中，瑞典在儿童福利方面排名第二，仅次于冰岛。[79] 联合国儿童基金会按"相对儿童贫困"[定义为"生活在按家庭规模和构成调整后的可支配收入低于全国收入中位数50%的家庭中的儿童（0~17岁）的百分比"]对30个经合组织成员国降序排列，瑞典排名第7，有7.3%的儿童属于此类，而美国排名最后，此类儿童占比23.1%。[80]

此外，撇开斯蒂格·拉尔森的描写不谈，这两个国家的暴力程度也没有可比性。2012年，在拥有960万人口的瑞典全境，发生了68起谋杀或过失杀人案（或每10万居民中有0.7起）；在人口为210万的斯德哥尔摩，有18起案件（或每10万居民中有0.9起）；在胡斯比、林克比、罗森格和坦斯达这几个社区中，没有发生过任何此类案件。[81] 而同年，仅在拥有62.5万人口的巴尔的摩，就发生了218起谋杀或过失杀人案（即每10万名居民中有35起）。对于拥有3.14亿人口的全美而言，共发生了14 827起谋杀或过失杀人案（即每10万名居民中有4.7起）。[82]

虽然胡斯比、林克比、罗森格和坦斯达作为斯德哥尔摩典型的边缘化社区，移民多，失业率高，[83] 但这些社区与东哈莱姆、北费城、西巴尔的摩或洛杉矶中南部没有任何相似之处。2013年5月，胡斯比一名警察射杀了当地一名挥舞着刀子的男子，引发愤怒的年轻人纵火焚烧汽车和公共建筑。这无疑对这些瑞典社区的声誉造成了不良的影响。[84] 然而，我4年前探访时，没看到破败的建筑物或用木板封住的店铺，也没有杂草丛生的废弃土地，或扔有废弃裂纹瓶的破损人行道。[85]

这些社区的文化隔离确实很明显。服装、餐厅档次和书报摊销售品，以及三分之一的公寓阳台上安装的可以收看来自居民本国的电视节目的卫星天线，都可以体现出来。然而，地铁站却是一尘不染，除了有些辱骂警察或赞颂同名艺术家的涂鸦。公共广场整洁有序；游乐场、公园和足球场得到了很好的维护。[86] 与瑞典所有的家长一样，这些社区的所有父母都享有长时间的产假/陪产假，并可以享受补贴丰厚的日托服务。同样，与所有瑞典人一样，无论诊断结果如何，这里的人都可以享受一流的免费医疗服务。[87]

虽然来自希斯塔或邻近的胡斯比社区的孩子们在入学时所享受的福利，比不上居住在纳卡或塔比等高档郊区的同龄人，但跟北费城与邻近的劳尔梅里安，或者西巴尔的摩与邻近的皮克斯维尔的孩子们之间的鸿沟比起来，这种差异就显得微不足道了。因此，昆斯卡普斯科兰教育有限公司和其他独立学校公司面临的挑战，与爱迪生公司和其他教育管理机构遭遇到的挑战有所不同。与教育管理机构相比，独立学校公司不仅有更多的机会开办学校，因为20世纪90年代初几乎没有独立学校，而且还有更大的理由相信孩子们来到学校前会做好学习准备。

第十一章 远方的镜鉴

尽管私立学校公司相比教育管理机构有这些优势，但它们在2011年还是遭遇了阻碍。学术媒体公司通过合并和收购继续发展，但其他公司，包括昆斯卡普斯科兰教育有限公司，发展都在放缓，甚至有一家还关闭了。

虽然教师工会和全国教师联合会继续支持私立学校运动，但许多议员、学者和记者都对此进行了抨击。麻烦始于当年年初政府对高中招生政策的改革，而一家著名的中间派智库9月发表的一份批评国家自由市场改造的报告使问题升温。随后，首先是在10月，媒体发表了一系列关于营利性疗养院管理不善的爆料文章，其次是在12月，国家电视台又播出了一档揭露营利性学校管理不善丑闻的纪录片。

作为2011年瑞典教育法的一部分，被广泛称为GY11的高中新课程，以更好的质量控制为名收紧了政策，给全国所有学校设定了具体的共同目标，从而让学生为就业或进一步学习做好准备。特别是，GY11规定要将该国过多的职业课程限定在12个仔细界定的学习领域内（从儿童保育、烹饪艺术、企业管理到汽车维修、建筑施工和暖通空调维修）。而且，GY11使职业教育成为学生进入就业市场的一条更直接的途径。在GY11框架中，一旦学生在初中毕业后开始职业课程，他们就不再有太多的机会进入大学，因为其同时收紧了大学的录取要求，强制要求学生修完某些学术课程。[88]尽管政府早在2009年就明确了GY11的目标，但营利性职业学校运营商仍在挣扎着改造他们的学校以达到新标准。[89]

此外，无论进行多少改造，都无法弥补对职业学校选择学生的新限制。就像当地会有野心要控制运营以增加自主权和削减成本，使从事外国直接投资的公司面临着丢掉买卖的风险一样，这些营利性职业学校运营商也要承担当地政策会始终倾向于偏袒他们自己的商业模式这样的政治风险。对于2008年以来一直是JB教育公司所有者的丹麦私募股权集团艾克赛尔而言，GY11的实施意味着其收入的暴跌。艾克赛尔集团自从2008—2011年，JB教育公司旗下的职业学校的1年级（相当于10年级）入学率猛降了62%。在JB教育公司开办职业学校的城市，初中毕业生申请职业学校的比例从2010年的40%下降到2011年的28%。[90]

让所有私立学校公司都受到影响的，是9月份发布的一份涉及私有化对教育、个人和家庭福利、医疗保健和老年人护理等服务供应的影响的详细报告。这份报告由颇具声望的商业和政策研究中心发布，并在该中心位于斯德哥尔摩的总部举办的一个论坛上发表，且为瑞典公共服务电视公司所报道。[91]在该论坛上，以及同一天发表在《每日新闻》上的一篇专栏文章中，商业和政策研究中心的研究主任，也是这份长达 279 页的报告的编辑劳拉·哈特曼总结道，没有证据表明竞争改善了服务供应。[92]

特别是在关于教育的一章中，前文介绍过的经济学家乔纳斯·弗拉霍斯认为，教育过程本质上就太不透明，学校之间的竞争未必会让家长和学生受益。[93] 弗拉霍斯就此进一步完善了他关于自由市场改革导致了成绩虚高的观点。他指出，来自独立学校的初中生在市立学校读高中时成绩看起来变低了，而那些初中就在市立学校上学的学生在高中阶段的成绩就与其初中阶段相一致。弗拉霍斯还认为，自由市场改革推高了成本，加剧了学生间隔离，并创造了一个不公平的竞争环境，允许独立学校的管理者对招生进行重要控制，而市立学校的管理者则必须接收所有学生。[94]

哈特曼在论坛上和后来在媒体上的言论引起了一阵骚乱。佩耶·艾米尔森立刻发声，称这份报告是商业和政策研究中心近 20 年来发表的最糟糕的一篇研究报告。艾米尔森对多个结论都表示了异议，特别是弗拉霍斯认为的，独立学校的管理者对招生有很大的控制权。佩尔·莱丁参加了该论坛，他说："这是我从未见过的，墙上到处是血①。"[95] 哈特曼保持了她的冷静，但没保住她的工作。在论坛结束后，商业和政策研究中心的负责人要求哈特曼不要公开评论该报告。哈特曼决定辞职，这一举动反倒让这份报告在媒体上招致了更多的关注。[96]

8 个月后，哈特曼在她于瑞典社会保险局担任分析和预测主任时的斯德哥尔摩市中心办公室接受了采访。她坚持报告中的每一个结论，尤其是弗拉霍斯的观点，即私立学校的管理者对招生有很大的控制权。她说："他们可以开发只适合善于合作的学生的课程。他们可以优先录取学生的兄弟姐妹。他们可以在挑选学生时限制招生。市立学校不能做这些事情。"[97]

纳卡市教育局长埃纳尔·弗兰森在同一周从学校管理者的角度表达了对该报告的观点。他说，纳卡市有 20% 的学生就读于私立学校，报告中那些关于招生、成绩虚高和隔离的判断都是正确的。他喜欢私立学校提供的各种选择，特别昆斯卡普斯科兰教育有限公司。他在 2010 年担任现在的职位之前，在昆斯卡普斯科兰教育有限公司担任了 7 年的校长。然而，私立学校运动解决了多少问题就带来了多少问题。[98]

弗兰森对瑞典的教育体制了如指掌。在加入昆斯卡普斯科兰教育有限公司之前，他在一所市立学校担任了 13 年的校长。在此之前，他还担任了 4 年的中学

---

① 暗指论坛变成了"批斗会"，教育私有化遭到了"杀戮"。——译者注

历史教师。弗兰森认可弗拉霍斯的结论，即私立学校的管理者有多种办法控制招生，而且独立初中的成绩虚高是一个严重的问题，发现了纳卡市两所市立高中的学生成绩明显低于他们在独立初中上学时的成绩的现象。关于隔离，弗兰森说，精明的父母会积极寻找最适合他们孩子的环境。他们的孩子以及他们朋友和邻居的孩子一起离开市立学校，共同寻找最适合的环境。没有这样的父母的孩子则被留下。[99]

然而，对于弗兰森来说，私立学校运动最令人不安的是，它转移了人们对学校间竞争没有解决的两个基本问题的注意力：教师培养不足和薪酬太低。弗兰森说，教师收入低是一个长期存在的问题，并回忆说，20世纪80年代，他和同样是教育工作者的妻子要在斯德哥尔摩地区购买一套更大的公寓。他们去银行办理贷款时银行工作人员对他们的综合收入感到震惊："他说我们有3个选择：搬到北方，离开教师岗位，或者出国。"[100]

•

虽然商业和政策研究中心的报告产生了不和谐的影响，但它只是温和地拉开了一场媒体风暴的序幕。这场风暴是由《每日新闻》在10月份发表的关于一家名为卡尔玛的营利性连锁疗养院机构存在虐待行为的系列报道所引发的。[101] 这是瑞典医疗保健公司的一家名为安碧的子公司，由总部位于纽约的私募股权集团科尔伯格·克拉维斯集团和总部位于法兰克福的特里顿集团共同拥有。科尔伯格·克拉维斯集团（之前在1994—2007年间是第一频道的所有者）和特里顿集团曾于2010年从伦敦的私募股权集团3i手中收购了安碧。[102]

据《每日新闻》报道，卡尔玛以削减成本为名降低护理质量，导致疗养者严重营养不良，出现不必要的截肢，因跌倒造成挫伤和骨折，以及长期使用尿布。继10月进行了第一轮系列报道之后，《每日新闻》在接下来的12个月里又先后发表了120多篇关于卡尔玛疗养院的报道。对这个被称为卡尔玛丑闻事件的披露很快引发了大量文章的相互竞争、瑞典电视台的报道和议会的辩论。[103] 虽然卡尔玛疗养院的管理者和独立评论员对《每日新闻》的报道中的关键发现提出了异议，但无法弥补这些无情的报道所造成的损失。[104] 不久后，安碧公司将卡尔玛疗养院更名为瓦尔达加，大致意思是"日常生活"。[105]

对于莱丁来说，这起丑闻的影响是深远的，其引发了对所有私有化服务的猜忌，特别是在教育领域。[106] 12月，瑞典教育广播公司UR播出的一集嘲讽独立学校公司为贪婪所驱动的纪录片，直观地表达了这种猜忌。这集纪录片名为

《利润机器》,是一部4集系列纪录片中的一集。这个纪录片系列被粗鲁地命名为《世界上最狗屎的学校》(文雅些大致可译作《世界上最糟糕的学校》)。[107] 就像同时期许多智利人抗议他们国家自1981年以来长期实施的营利性学校管理制度一样,瑞典的批评者也开始提高他们反对的声音。[108] 智利的反对者很快就会占据上风。2015年1月,智利总统米歇尔·巴切莱特宣布,其政府将取消营利性学校管理。[109]

瑞典教育广播公司的这档系列纪录片的基本内容是瑞典教育的信仰危机,被称为"国际学生测评项目冲击"。在所有经合组织国家中,只有瑞典在每3年举行一次的国际学生测评项目中的分数,自该项目2000年首次实施以来持续下滑。[110] 每一集都是由纳撒纳尔·德温格以迈克尔·摩尔的方式进行讲述。[111]

德温格在《利润机器》中讲述道,1999年在孔斯巴卡创办连锁职业学校的巴金斯公司的创始人和所有者奥拉·斯加斯滕,自公司成立以来,个人截留了4 300万瑞典克朗(约合550万美元)的收入,而且他每年会给自己发放100万瑞典克朗(约合15万美元)的薪水。[112] 斯加斯滕住在孔斯巴卡,他是该地的市议会社会民主党议员。德温格前往孔斯巴卡想给斯加斯滕做个采访,以了解他如何证明自己赚这么多钱是合情合理的。德温格在孔斯巴卡停留期间的采访请求多次遭到拒绝。他在讲述完巴金斯公司的故事后,向北出发,前往松兹瓦尔采访JB教育公司经营的一所职业学校的师生。一名学生说,他每天大部分时间都在玩电子游戏。其他几名学生也承认自己获得的分数高于他们应得的分数。教师们则说学校的管理者告诉他们要给学生打更高的分数,从而让学校看起来更好,一名前任教师辩称,管理者向他施压,要求他将缺席的学生标记为出勤,以使公司有资格获得当地政府按学生人数拨付的经费。[113] 与卡尔玛疗养院的辩护人对其工作疏忽的指控做出的回应一样,JB教育公司的捍卫者将这一报道描述为基于片面证据的恶意攻击,但其对该公司乃至整个营利性学校管理行业所造成的损害是不可逆转的。[114]

2012年5月,莱丁在办公室接受采访时承认,对昆斯卡普斯科兰教育有限公司的命运感到忧虑。他说,2月份申请下一学年就读该公司高中的人数大幅下降,并补充说,全国各地独立高中的申请人数均下降了25%。该公司并没有实现艾米尔森2009年的预测,即到2014年,在瑞典开办的学校从32所增加到42所。该公司2011—2012学年的学校数量为33所,自2009年以来增加了4所学校〔分别在延雪平、克罗斯克斯塔特、厄勒布鲁和乌普萨拉,均为初中,关闭了3所学校(斯克劳夫曼的1所初中,希斯塔和纳卡各1所高中)〕。此外,2008—2009至2011—2012学年间的总入学人数基本持平,在9 663~9 658名学生之间略微波动。

虽然收入从 7.26 亿瑞典克朗上升到 7.94 亿瑞典克朗，但收益却从 3 600 万瑞典克朗下降到 2 400 万瑞典克朗。[115]

3 周后，在 2010 年接替父亲艾米尔森成为昆斯卡普斯科兰教育有限公司董事会主席的塞西莉亚·卡内费尔特要求莱丁辞去首席执行官一职，转而担任国际业务的质量经理。莱丁拒绝了。卡内费尔特接任了首席执行官一职。[116]

对于 JB 教育公司来说，形势要严峻得多。2008 年接管公司的丹麦私募股权集团艾克赛尔于 2012 年解雇了该公司的首席执行官，由昆斯卡普斯科兰教育有限公司的创始首席执行官安德斯·胡尔廷接任。胡尔廷自 2007 年以来一直在伦敦工作，先是任职于桑尼·瓦尔基在迪拜的学校管理公司 GEMS 教育公司，然后又在教育和出版集团培生集团工作。胡尔廷请来莱丁担任办公室主任。然而，不到一年，艾克赛尔的合伙人、负责监督该集团对 JB 教育公司的投资的维尔海姆·桑德斯特伦判定，如今扭转公司局面为时已晚。2013 年 2 月，新学年的申请入学人数下降了 31%。[117]

JB 教育公司在 6 月宣布破产。该公司的 34 所职业学校中有 8 所遭遇关闭，其余的 26 所被其他公司或市政当局接管（学术媒体公司接管了 5 所；胡尔廷接管了 4 所，并成立了一家新公司，名为自由学习公司，莱丁担任执行副总裁）。此外，该公司自 2008 年以来收购的 5 所小学中，有 4 所被学术媒体公司收购，1 所被关闭，其自 2008 年以来收购的 3 个成人教育项目中，有 2 个被学术媒体公司收购，另一个被竞争对手特伦格伦有限公司收购。[118]

2014 年 1 月，在哥本哈根的艾克赛尔集团总部的一间会议室里，桑德斯特伦在接受采访时，用记号笔在夹纸白板上简略地画上了利益相关者、金额、圆圈和箭头，解释了 2008 年对约翰·鲍尔公司的估值，艾克赛尔和其他利益相关者投入了多少资金，以及最终损失了多少。桑德斯特伦在开始时说道，约翰·鲍尔公司最令人印象深刻的是该公司在 2006—2008 年间每年 7% 的招生增长率。[119]

桑德斯特伦说，经过 6 个月的尽职调查，艾克赛尔对该公司的估值为 6.75 亿瑞典克朗（约合 9 500 万美元），并从集团自有资金中投资了 1.33 亿瑞典克朗，接管了约翰·鲍尔公司 3.18 亿瑞典克朗的银行贷款（最初由比荷卢的富通银行提供，后改为丹麦的 FIH 银行），从约翰·鲍尔公司的创始人鲁尼·泰德福斯那里获得了 2 亿瑞典克朗的供应商贷款，将泰德福斯的剩余股份估价为 1 400 万瑞典克朗（艾克赛尔于 2011 年买断），并从身份不明的投资者那里又筹集了 1 000 万瑞典克朗。2008—2012 年，艾克赛尔额外投资了 2.4 亿瑞典克朗用于对该公司的收购和改善，但没有保留任何收益。2013 年，艾克赛尔又投资了 1 亿瑞典克朗，以让学校运营到学年结束。JB 教育公司的倒闭总共造成 10.15 亿瑞典克朗（约合

1.5亿美元）的损失：艾克赛尔损失了4.87亿瑞典克朗；FIH银行损失了3.18亿瑞典克朗；泰德福斯损失了2亿瑞典克朗；不明身份的投资者损失1 000瑞典克朗。[120] 实际上几乎没有任何资产可以弥补这一损失。[121]

桑德斯特伦优雅、低调、坦率，会多种语言，是北欧高级金融人士的典型代表。桑德斯特伦是一位在奥兰群岛长大的会说瑞典语的芬兰人，他在赫尔辛基的瑞典经济学院学习商业，在斯德哥尔摩为摩根士丹利工作了几年，后在伦敦为美林证券工作，2006年加入艾克赛尔。他同时在斯德哥尔摩和哥本哈根两地的办公室工作。[122]

桑德斯特伦承认，扭转学校的局面比他和他的合作伙伴预期的要困难得多。他说，他们在2008年接管的学校中，有三分之一是好学校，三分之一是中等学校，三分之一是低于标准的落后学校。他说："在成绩欠佳的学校，让学校管理者和教师完成这个任务尤为困难。"桑德斯特伦补充说，艾克赛尔在2010年也曾尝试进入小学管理领域，发展得有些过快。而且，桑德斯特伦解释说，最关键的是，艾克赛尔未能良好地应对2009年宣布的GY11改革。他说，艾克赛尔不可能在2008年预测到这些改革，但本可以也应该在2009年进行更为积极的应对。[123]

与此同时，在卡内费尔特的领导下，昆斯卡普斯科兰教育有限公司扭亏为盈。到2015年间，学校数量增至36所，公布收入为10.02亿瑞典克朗，收益4 100万瑞典克朗，利润率为4.1%。虽然自2008—2009年学年以来，学校数量只增长了12.5%，而不是艾米尔森预测的31%，但入学人数却展现出了更令人振奋的图景。招生人数的增加源于卡内费尔特决定对瑞典2011年教育法对学校教育划分的重新调整做出响应。根据该法，初等教育从原来的1至5年级调整为1至3年级（瑞典的学生从7岁开始上1年级）；初中教育从原来的6至9年级调整为7至9年级；新设一个中间教育阶段，包含4至6年级。卡内费尔特决定在公司的初中学校增加4年级和5年级，并增加这些新年级的师生比例，以提供更多结构①。很大程度上受此影响，从2008—2009学年到2014—2015学年，入学人数增长了17个百分点，从9 663人增加到11 329人。[124]

然而，在一个有说服力的花絮报道中，昆斯卡普斯科兰教育有限公司在纽约打了败仗。其开办的5年制曼哈顿创新特许学校运营到第4年，学校委员会于2015年3月决定在6月份关闭该校。这所设有6至8年级的中学位于下东区的一处私人空间（第一年位于特威德法院）。2014—2015学年，曼哈顿创新特许学校设置了225名学生的座位，但只招收了145名学生，其中只有29名6年级学

---

① 指让学生的学习更有组织，相对不那么依赖自主学习。——译者注

生。¹²⁵ 该校在纽约州的阅读和数学考试中的成绩也很低。在 2013—2014 学年，该校 15% 的学生的阅读成绩达到熟练等次，而全区平均水平为 38%；6% 的学生的数学成绩达到熟练等次，而全区平均水平为 37%。¹²⁶ 该校的学生中，66% 有资格享用免费或减价午餐。这证明了其处于经济劣势，相比之下，全区有 65% 的此类学生。¹²⁷ 在这方面，昆斯卡普斯科兰教育有限公司与爱迪生公司和其他教育管理机构一样，都在挣扎着提高贫困儿童的学业成绩。

在学校关闭两个月后，当被问及曼哈顿创新特许学校时，卡内费尔特说，希望能重新开办这所学校。她说："我相信我们的方法可以适用于所有学生，但我们没能很好地做好调整适应工作。我们低估了学生需要多少结构。我们在 2013—2014 学年就想明白了这一点，并在 2014 年 1 月找到了合适的领导层，但为时已晚。"¹²⁸

第十二章

横跨海湾

在我的职业生涯（担任了 12 年的教师和 20 年的校长）里，我曾遇到过这样一位督学。他站在我的教室后面，用了几分钟环视教室，然后离开了。那是一栋新建筑，当时正好管道出了问题，我还以为他是一名水管工。

——埃娃·彭提拉，赫尔辛基教育局国际关系部主任

瑞典教育当局在 1962 年开始实施综合教育制度（包含 1 至 9 年级），但并未按计划改革教师教育，以便教师能够更好地准备在课堂上针对不同能力倾向的学生进行差异化教学。[1] 在波特尼亚湾的另一边，芬兰教育当局在 10 年后推出了他们自己版本的综合教育制度，芬兰语称为 "peruskoulu"，并据此进行了相应的改革。与瑞典人一样，芬兰人将对学生成绩的追踪推延至 7 年级，理由是过早对学生的能力倾向下判断，结果会不准确，并且剥夺了成熟较晚的学生向有天赋的同龄人学习的机会（瑞典人将成绩追踪从 4 年级推延至 7 年级；芬兰人从 5 年级推延至 7 年级）。与瑞典人不同的是，芬兰人规定，从 1979 年起，所有师范生都要完成 5 年的课程学习，包含学士学位和硕士学位，最后以完成一份研究型论文毕业。[2]

这使得芬兰不仅有别于瑞典，而且与丹麦和挪威也有所区别，成为北欧唯一要求所有教师在从事课堂教学之前必须拥有硕士学位的国家，这种区别在 37 年后仍然存在。此外，芬兰当局还在 20 世纪 70 年代同意提高教师工资，作为对教师进行额外的强制性学习的认可。1985 年，芬兰人像瑞典人在 1968 年的做法一样，逐步取消了对 7 至 9 年级学生的能力倾向追踪，还缩小了班级规模，使教师在这种新环境下可以更加轻松地管理教学工作，并再次提高了教师的工资。这一次是考虑到教师在高年级带异质分组班将面临额外挑战。[3]

教育市场化的边界

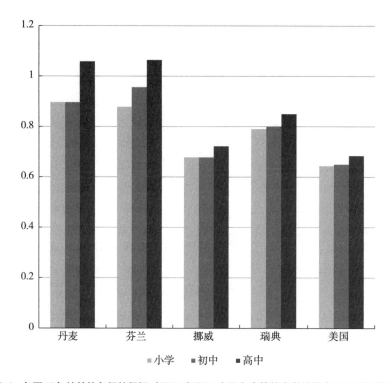

图12.1　各国15年教龄的各级教师相对于25岁至64岁具有高等教育学位的本国公民的薪酬比率

数据来源：OECD, *Education at a Glance* 2011 (Paris : OECD, 2011), table D3.1, 417.

注：丹麦、芬兰和美国的参考年份是2009年；挪威是2007年；瑞典是2008年。丹麦的薪酬是官方政府给出的薪资表；其余国家的薪酬是实际的薪资。

一代人之后的各国教师薪酬对比图表很能说明问题。挪威和瑞典的教师，就像美国的教师一样，收入远远低于同样拥有高等教育学位的本国国民，而丹麦和芬兰教师的薪酬就具有竞争力，小学和初中教师的工资略低，但高中教师的工资大致持平（见图 12.1）。

洛哈市的社会民主党议员、曾担任过学校行政人员的马蒂·萨里宁在2010年的一次采访中说："我们别无选择。在芬兰，我们有我们的木材，我们有我们的大脑，这就是全部。要成为一个经济现代化的国家，我们必须有非常优质的学校，这就意味着我们必须要有非常好的教师。"[4]

与芬兰缺乏宝贵的自然资源形成鲜明对比的是，瑞典拥有丰富的矿产资源，水力发电业发达，并且银行业和工业也久负盛名；挪威一直受益于1969年在北海下发现的大量石油和天然气储量，以及发达的渔业和水力发电业；丹麦和瑞典

第十二章 横跨海湾

一样，也拥有历史悠久的银行和工业，以及强大的农业产业。

芬兰不仅资源贫乏，还是一个年轻的国家，几个世纪以来一直向他国称臣（1323—1809 年被瑞典统治，然后被俄罗斯统治到 1917 年）。因此，芬兰正在努力追赶其他北欧邻国。例如，丹麦于 1814 年在世界范围内率先引入了小学义务教育，挪威和瑞典也紧随其后，分别在 1827 年和 1842 年开始推行，但芬兰直到 1921 年才强制实施小学教育。[5] 丹麦、挪威和瑞典早在 20 世纪 30 年代就已经建立了全面的社会保险制度，但芬兰直到 1963 年才仅建立了工人意外保险制度。[6]

此外，在 1917 年宣布独立后不久，就经历了一场残酷的内战，在 3 个月内夺走了 3.7 万人的生命。第二次世界大战又为其带来了更多的死亡和破坏。在与苏联的战争中，芬兰失去了 9 万人的生命和 10% 的领土。和平意味着要重新安置 45 万公民（占其人口的 12%），并在 1952 年之前向苏联赔偿 3 亿美元的货物（按 1938 年的价格计算）。[7] 作为一个中立国，瑞典在第二次世界大战中毫发无损，并准备在战后繁荣发展。丹麦作为一个被占领的国家，也是如此。尽管挪威同样作为一个被占领的国家遭受了巨大的苦难，但它的状况比芬兰要好得多。

对于国家建设和经济发展来说，学校将起到至关重要的作用。韩国也是如此。这是另一个年轻的国家，没有宝贵的自然资源，在同一时代从占领和战争中崛起的。然而，在传统儒家思想的影响下，韩国将强制实施一种与北欧教育家的进步主义教育哲学完全相左的沉重的考试制度。[8]

2010 年 12 月，我在访问位于赫尔辛基市东侧边缘的卡拉蒂综合学校时发现，芬兰的学校作为社区中心和灌输爱国主义精神的载体，得到了充分展示。当天早上，大约 450 名学生和教职员工站在学校的院子里，在小雪下见证了芬兰独立日纪念仪式。全国的学校都要在国庆节的前一天，隆重举行这样的仪式，随后学校和企业休国庆假。当时的温度是零下 9 摄氏度（16 华氏度）。校长蒂莫·海基宁作了简短讲话，便携式扬声器播放着国歌，学生们慢慢地升起芬兰国旗。白色的国旗和周围的雪一样白，被蓝色的十字架分割开来。然后海基宁校长向大家介绍了两位均已年过八旬的老兵。他们身着军服，神情肃穆，身上佩戴着勋章。两人依次发言，第一位讲述了在第二次世界大战中苏联飞机反复轰炸赫尔辛基所造成的恐怖；第二位讲述了他十几岁时在森林中对抗入侵的苏联军队的战斗经历，以及从那以后体内一直携带的弹片。[9]

从芬兰教育与文化部、芬兰国家教育委员会、芬兰教育评估中心、赫尔辛基教育局和芬兰教师工会办公室庄严肃穆的气氛中，也可以看出芬兰人将教育作为国家建设的工具的观念。大厅装潢优雅，接待人员衣着讲究。男士穿着夹克，打着领带。就礼仪和着装而言，高级官员们可能会被误认为是外交部的工作人员。

在任何时候，宾客到访，便有一名身着制服的工作人员用手推车推着肉桂卷和咖啡进来招待访客。[10] 在全国各地的学校里，教师休息室同样以其独特的风格、舒适度和便利设施而引人注目，传递出芬兰人对教师的崇高敬意。[11]

在更基本的层面上，将教育作为国家建设工具的观念可以从国家为小学、初中和高中的所有学生，提供免费的热气腾腾且营养均衡的午餐中体现出来。这起到了促进学生社交和保障学生营养健康的作用，确保来自社会各个阶层的学生一起吃饭，且吃得好。芬兰人从 1948 年开始引入这一政策。[12] 如今，标准的芬兰学校午餐包括浓鲑鱼汤、黑面包、黄瓜沙拉和越橘粥。[13] 相比之下，在丹麦和挪威，学生需要自带午餐或购买午餐。[14] 从 1946 年起，瑞典许多的市政当局向小学和初中的学生提供免费午餐，但直到 1997 年，中央政府才批准所有市政当局向小学和初中的所有学生提供免费午餐，但未纳入高中阶段。[15]

查看一下相关的历史经济数据，就可以证实萨里宁关于芬兰必须发展其人力资本的论点。1950 年芬兰的人均国内生产总值是瑞典的 63%，与 1930 年的情况差不多；1960 年是瑞典的 72%。在接下来的两代人中，芬兰的经济不断增长。到 1975 年，芬兰的人均国内生产总值是瑞典的 81%；1995 年是瑞典的 91%；2005 年是瑞典的 95%。[16]

虽然只是相关并不是因果关系，但必然需要依赖良好教育的高科技产业的发展，以及"冷战"结束后国际贸易条件的改善，在很大程度上推动了这种增长。韩国也是如此。在芬兰，这方面的突出代表有电梯和自动扶梯领域的通力；医疗诊断和制药领域的奥立安；心率监测器领域的搏能；气象和环境测量领域的维萨拉；加速计和压力传感器领域的村田；导航和计时设备领域的颂拓；以及电信领域命运多舛的诺基亚（在该领域长期占据主导地位，但最终在应对来自苹果和韩国三星在智能手机开发方面的挑战时因反应太慢而被淘汰）。

•

芬兰的教育赢得了许多关注，因为芬兰学生在国际学生测评项目中的成绩一直名列前茅。国际学生测评项目是经合组织自 2000 年以来每 3 年对各成员国约 5 100 名 15 岁青少年进行的随机抽样考试。考查内容包括阅读、数学和科学。然而，鲜有人注意到的是，芬兰学生比其他北欧国家的学生要好多少。这 4 个国家都是小国、奉行平等主义，并且同质化（除了奥斯陆、哥德堡、马尔默、斯德哥尔摩、哥本哈根和赫尔辛基等城市及其周围不断增长的移民人口）。就像其北欧邻国一样，芬兰也将儿童福利视作重中之重。在欧洲国家中，芬兰在儿童福利

第十二章 横跨海湾

方面排名第 4，仅次于冰岛、瑞典和挪威，略高于丹麦。[17] 在联合国儿童基金会依据"相对儿童贫困"对 30 个经合组织国家进行的降序排名中，芬兰排名第 2，该群体儿童占 5.3%（再说一次，美国排名最后，为 23.1%）。[18] 然而，芬兰的教育政策却截然不同。瑞典以教育私有化和选择见长，芬兰则以共享的教学策略、成熟却又轻松的管理、创新的学生评估以及扎实的教师培养和可观的教师薪酬脱颖而出。

一些对芬兰在国际学生测评项目中的优异表现有所怀疑的人反驳说，芬兰学生具有优势，因为芬兰语是音形一致的，因此对年轻的阅读者来说挑战较小。[19] 虽然这并不假，但芬兰语的语法也是十分严格的。这也是芬兰在低年级实施很多特殊教育干预的原因，特别是针对男生。[20] 和拉丁语一样，芬兰语名词的最后一个音节决定了它的语法格。拉丁语有 6 种格（主格、呼格、宾格、属格、与格和离格）；而芬兰语有 15 种格。

撇开芬兰学生在国际学生测评项目的阅读测试中是否比其他北欧国家的学生更有优势不谈（考虑到芬兰语语法的复杂性，他们是否有这样的优势还尚未可知），很明显的是，他们在数学和科学测试中的表现也要好得多，而且这两个科目只需要基本的阅读能力即可。科学测试成绩的差异可能最有说服力，因为正如所介绍的那样，芬兰教师必须拥有硕士学位，但他们的丹麦、挪威和瑞典同行并不需要。此外，由于体面的工资待遇、专业的培训、良好的工作条件，以及由此而来的高地位，教师在芬兰是一个受人尊敬的职业。因此，芬兰并不缺乏科学教师。相比之下，教师在丹麦、挪威和瑞典并不受重视。在这 3 个国家，科学教师尤其短缺。[21]

事实上，丹麦、挪威和瑞典最近都推出了与"为美国而教"相似的计划，以提供获得教师资质认证的快速替代途径。丹麦当局不仅在 2015 年开展了"丹麦教学优先"计划，为从事教学工作提供一条快速通道，而且还在 2010 年耗资 570 万丹麦克朗（约合 100 万美元）进行了一场吸引更多的毕业生从事教师职业的宣传活动。[22] 挪威当局不仅在 2010 年与挪威国家石油公司合作推出了"挪威教学优先"计划，专门吸引理科学生从事教师职业，而且同年还耗资 2 200 万挪威克朗（约合 330 万美元）开展了与丹麦类似的宣传活动。[23] 瑞典当局不仅在 2013 年开展了"为瑞典而教"计划，而且还透露，2012 年拥有资质的化学教师严重短缺。全国只有 10 名大学毕业生拥有教授该学科的资质，斯德哥尔摩只有 1 名。[24]

最后，芬兰学校是在实验室教授科学课。在初中阶段尤其如此。此外，芬兰规定任何使用手工器械的课程（从木工、纺织到烹饪艺术）的班级规模以 16 名

教育市场化的边界

学生为上限。校长们通常在安排科学课时也遵照这一限制，以增进学生参与和教师监督。[25] 丹麦、挪威或瑞典的学校的科学课并没有这样的承诺或期望，美国的学校当然也没有。[26] 例如，在挪威，科学课通常是由教师在全班面前做演示实验。我在奥斯陆的一所学校观摩了一位"挪威教学优先"初中科学教师给8年级学生上的两节课，也观摩了其他几所挪威初中的科学课。事后我向这位初中科学教师询问了这种做法。她说走进实验室是破例之举，而非常态。这位老师指出，要么班级规模太大，要么实验设备不足，无法正常使用实验室。当被问及10年前她还是学生时在卑尔根的经历，她说想不起去过实验室。[27]

在设施投入、班级规模、教师培养和薪酬方面的这些差异是显而易见的。在国际学生测评项目中的成绩差异也是如此。在5次考试中，芬兰学生的平均科学成绩为550分，而其他北欧国家的学生的成绩几乎没有差别，综合平均分为494分（见图12.2）。如果以100分作为一个标准差，那么这种差异是深刻的，表明芬兰的教学实践与丹麦、挪威和瑞典的教学实践肯定有实质性差异。同期美国学生的平均成绩为496分，这种差异则更能说明问题。

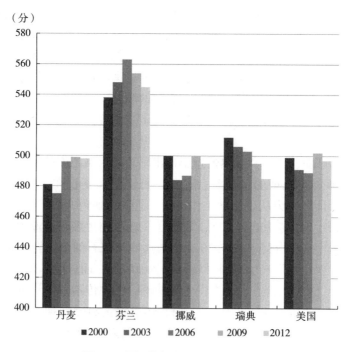

图12.2　国际学生测评项目的科学成绩

数据来源：OECD，PISA 2000，2003，2006，2009，and 2012，http://www.oecd.org/PISA/.

第十二章 横跨海湾

美国的分数与丹麦、挪威和瑞典的分数接近。这印证了一代人以前《国家处于危难之中》的批评者提出的观点，即美国学校总体上做得很好，但在服务贫困儿童方面做得不够好。毕竟，尽管国际学生测评项目的结果最近在丹麦、挪威和瑞典引起了关注，但这3个国家的学校在大多数情况下都被认为是不错的。而且，这3个国家也没有发表过类似于《国家处于危难之中》的报告。[28] 芬兰的学校看起来要强得多。这只是一种对政策和实践的证明，即其可以而且应该被推广。

•

除了投资更多的科学实验室、减少班级规模以使这些实验室能够正常使用，以及改善教师教育和教师薪酬，芬兰教育当局还采取了其他一些与众不同的措施。虽然瑞典教育当局以其商业头脑闻名，在1992年引入教育券制度并允许营利性运营商办学，但具有讽刺意味的是，他们的芬兰同行在执行核心商业战略方面做得更好。

改善教师培训和提高教师工资是在教育领域借鉴商界标志性经验的两个典型例子。芬兰在从教师队伍中培养领导者和政策制定者，而不是任命律师和商人担任这些职务的过程中，同样应用了一种核心的商业战略，即随着时间的推移，建立产品专业知识，并赋予雇员以重要的职业晋升机会。

其他不那么明显的应用商业战略的例子还包括，芬兰当局在1991年决定取消学校督导制度，并且决不效仿其北欧邻国和世界其他大部分国家对所有学生实施标准化考试的做法。[29] 在这方面，芬兰借鉴了一个更为精妙的商业经验。芬兰当局组织实施小样本的学生考试而不采取普遍评估，赋予校长和教师更多的自主权，从而让他们有主人翁意识。同时，他们展现出了令人钦佩的效率，为学生、教师、行政人员和家长都减轻了许多压力，保障教学时间免于备考和实施考试的干扰，并节省了印制考卷、监考和阅卷所需的资金。在这个过程中，芬兰人以最小的干扰，通过采用精细化的考试并使用外部阅卷员评分，获得了有关学生学业进步的精确信息。

这些方法也构成了芬兰教育的终极悖论。这不只是芬兰在没有采取严格的问责措施或外包学校管理的情况下，构建了一个优质的学校教育系统的原因。而且芬兰人的成功在于他们对商业战略更加精明的理解和执行。

首先，决定提高教师收入是效率工资的一个教科书式的例证：提高工资可以降低成本。亨利·福特在1914年很好地证明了这一点。他将装配线工人的工资从每天2.50美元增加到每天5美元，同时将工作时间从9小时减少到8小时。

福特因此雇到了更好的员工，提高了生产质量，并降低了监督和工人更替的成本。[30] 这正是芬兰在另一个不同的领域所取得的成就，正如之前所介绍的那样，芬兰的教师与他们的大学同学收入相近。他们通常一天教 4 节课，而美国的教师平均每天教 5 节课。[31] 此外，芬兰人拒绝绩效工资，呼应了传奇的管理理论家 W. 爱德华兹·戴明的观点，即绩效评级和绩效工资会引发恐惧，破坏团队合作，而且只奖励那些知道如何在系统中取得成功的个人，而不是这个系统本身。[32]

芬兰当局在学校系统内部选拔校长、学监和政策制定者，而不是着眼于外部，这样的做法同样也借鉴了企业的经验，正如商业历史学家阿尔弗雷德·钱德勒所记录的那样，伟大的组织都是从内部培养人才，体育王朝尤其如此，尽管这个揭示性的主题超出了钱德勒的分析范围。[33] 我在芬兰教育与文化部、芬兰国家教育委员会和赫尔辛基教育局采访过的许多官员都至少担任过 4 年的教师，其中几个人甚至从事过十余年的教学工作。事实上，2006 年世界银行发表的一项关于芬兰学校教育的标志性研究报告的 3 位作者中有两位曾经是教师。埃克基·阿霍，他曾在小学任教了 5 年，随后担任学校的心理咨询师，最后于 1973—1991 年担任国家普通教育委员会的总干事，该委员会在 1991 年与国家职业教育委员会合并，组成芬兰国家教育委员会；帕思·萨尔伯格，他曾在初中教过 7 年的数学和科学，后来获得了教育学博士学位，并在芬兰教育部和世界银行担任政策分析师。[34] 在北欧邻国或美国，行政或决策层中都没有与此可比的教师代表性。[35]

尤其是芬兰在学校督导和学生评估方面的做法，与戴明强调领导力而非审查，强调高质量的抽样而不是普遍考试如出一辙。[36] 戴明认为，质量最好是在生产之前而不是在生产之后确定，这是他提出的 14 个管理要点中的第 3 个。"从一开始就把质量纳入产品中，以消除对大量检查的需要。"[37] 戴明阐述道，"常规的检查会因无聊和疲劳而变得不可靠。"戴明敦促，取而代之的应是对小样本进行仔细研究。[38]

国家督学在芬兰的教育文化中从未发挥过重要的作用。到 1991 年，他们已经没有任何作用。芬兰国家教育委员会关闭了该部门，部分原因是经济严重衰退造成的预算紧张，另一部分原因是当局得出结论，学校在没有中央监督的情况下运行得很好。自此以后，市政官员将负责监督学校，并偶尔向芬兰国家教育委员会提交报告。[39]

埃娃·彭提拉曾在 1965—1977 年间担任教师，此后直到 1997 年一直担任校长。在她看来，芬兰社会的信任程度很高，根本不需要学校督导。在这方面，芬兰和瑞典很像。在国际透明组织于 1995—2014 年进行的 20 年的年度调查中，芬兰在最透明（或最不腐败）的国家中平均排名第 2，最好的时候排到第 1，最差的时候排名第 6。[40]

彭提拉在 2009 年作为赫尔辛基教育部国际关系主任接受采访时回忆道,"在我的职业生涯(担任了 12 年的教师和 20 年的校长)里,我曾遇到过这样一位督学。他站在我的教室后面,用了几分钟时间环视教室,然后离开了。那是一栋新建筑,当时正好管道出了问题,我还以为他是一名水管工。直到当天结束,校长告诉了我他是谁。"[41]

根据萨尔伯格的观点,信任在很大程度上解释了芬兰采用抽样测试而不是普遍测试的原因。就像美国要求所有 3 至 8 年级和高中 1 年级的学生参加阅读和数学测试一样,[42] 丹麦要求所有 2 年级、4 年级、6 年级和 8 年级的学生参加丹麦语测试;所有 3 年级和 6 年级的学生参加数学测试;所有 7 年级的学生参加英语测试;所有 8 年级的学生参加科学测试。[43] 挪威要求所有 6 年级、8 年级和 9 年级的学生参加挪威语、数学和英语测试。[44] 如本书第十一章所述,瑞典所有 3 年级的学生要参加瑞典语和数学测试;所有 6 年级学生要参加瑞典语、数学和英语测试;所有 9 年级学生要参加瑞典语、数学、英语和科学测试;在高中阶段的水平测试则包含瑞典语、数学和英语。[45]

芬兰不仅将他们的测试控制在较小的学生样本量,而且会测试更广泛的科目。他们的做法是每年从 9 年级学生中随机抽取约 10% 的学生进行两三个科目的测试,并在为期 10 年的一个周期里,测试学校的每门课程(从数学和阅读到音乐、视觉艺术、木工、家政学和体育)。此外,为了进行纵向研究,从 3 年级开始,每 3 年对大约 6 000 名学生进行一次数学测试。除了家政学中的烹饪测试,芬兰教育评估中心负责对其他考试进行管理和评分。在音乐、视觉艺术和木工的测试中,则将学生表现录制成视频然后进行集中评分。在所有情况下,学生不会收到考试成绩,老师也不会。只有校长能从芬兰教育评估中心那里了解到他们学生的表现。[46] 如果说戴明曾经设计过评估学校的体系,那么它很可能和芬兰的体系很像(见表 12.1)。

表12.1 2010—2015年芬兰学生的国家考试项目

年度	年级	科目	样本比例	时长
2010	9	芬兰语作为母语 瑞典语作为母语	10% 30%	三个 60 分钟的测试,涉及阅读理解、语法和写作
2010	9	体育、视觉艺术、音乐、手工	5%	两套 45 分钟的身体素质和敏捷性测试,加一个 60 分钟的笔试;或四个 45 分钟的涉及视觉艺术、音乐和手工的笔试,加上用 2 小时完成一幅绘画作品;或用 2 小时谱写和演奏一小段音乐;或用 4 小时在木工车间制作一份手工作品

续表

年度	年级	科目	样本比例	时长
2010	9	公民学	100%	所有学生参加一个60分钟的测试,内容为以下领域之一:人类发展、文化认同、沟通、环境责任、公共安全、社会和科技
2011	9	科学	10%	一半学生参加生物和地理两个科目各45分钟的考试;一半学生参加物理和化学两个科目各45分钟的考试
2011	9	历史和社会研究	10%	三个45分钟的笔试
2012	9	数学	10%	一个30分钟和两个45分钟的测试
2012	9	数学补充测试	3年级和6年级学生	一个30分钟和两个45分钟的测试
2013	9	健康	10%	两个45分钟的笔试
2013	9	外语	英语和瑞典语10%;德语和俄语100%	一个30分钟的笔试;45分钟的阅读理解和听力理解测试;5分钟的口语测试
2014	9	芬兰语/瑞典语作为母语	10%	一个70分钟的语法测试;两个45分钟的写作测试
2014	9	家政学	10%	一个20分钟的背景问卷;75分钟的笔试;两个烹饪/烘焙任务
2015	9	少数民族语言:罗马尼、萨米	100%	60分钟的语法和写作测试;75分钟的阅读和听力测试;15分钟的口语测试
2015	9	手语	100%	一个30分钟的视觉材料测试;两个60分钟的阅读和写作测试
2015	9	数学	10%	一个20分钟的背景问卷;两个45分钟的测试
2015	12	数学补充测试	等比例的3年级、6年级和9年级学生	一个15分钟的背景问卷;两个45分钟的测试

数据来源:芬兰教育评估中心,2015年6月。

萨尔伯格认为,芬兰的方法既能说明问题,又具有效率。他把自己国家的教育评估方法比作医学规程。萨尔伯格在2014年于纽约举行的芬兰教育研讨会上说:"当你的医生需要检查你的血液时,他或她需要的是三四管,而不是五升。在芬兰的学校里,我们对标准化考试也持同样的观点。仔细的抽样可以让我们获得我们所需的所有信息,在没有任何压力的情况下了解到学校情况。"[47]

这种方法更为实用,原因有二。首先,芬兰在高中的最后一年会为所有希望进入大学的学生组织一场会考。与法国的中学毕业会考很相似,芬兰的会考也包含一系列科目。芬兰的会考是由4~7门科目(芬兰语、瑞典语、数学以及人文或自然科学都是必修课）组成的系列考试。[48] 因此，会考可以提前几年为学生和教师提供指导。

其次，芬兰的抽样方法之所以奏效，是因为其教师培训的质量非常高。在这一点上，戴明的观点再度适用：如果从一开始就将质量纳入产品之中，那么大规模检查便是没有必要的。在吸引优秀学生从事教学工作，并帮助他们为从事该职业做好精心准备的过程中，芬兰的确是从一开始就"打造质量"。我对赫尔辛基大学和于韦斯屈莱大学师范专业的教学进行了几天的观察，清晰地感受到了这些课程的严谨性和深度。以赫尔辛基大学的地球科学教师培养为例，学生每周要参加一次讲座，然后要参加 4 小时的实验室课程。在那里，他们 4 人一组，学习如何为小学生设计精妙的课程。一位教授会在实验室中巡视，并在有需要时提供指导意见。赫尔辛基大学数学教师培养项目的学生每周都参加一次讲座和两次 90 分钟的类似的实验室课程。所有的学生都要学习他们小时候学过的手工艺和体育课程的成人版本，尽管他们并不会教授手工艺或体育课程。通过进行木工雕刻或打排球，师范生可以学习到他们小时候所学课程背后的教学理念和技巧，以便他们能更好地与学生相处。[49]

●

芬兰教师教育项目（培养 1 至 9 年级教师）的选拔性已被广泛提及。[50] 进入这些项目确实很难，但选拔性程度是有条件的。普遍的说法是，只有 10% 的申请者会被录取，而且所有成功的申请者都是高中学业成绩在前十分之一或五分之一的毕业生。这两种说法都需要修正。正如我们即将解释的，正确的比例是 16% 的申请者可以被录取，但这个数字仍然令人望而生畏，但其必须在芬兰"限额"制度的背景下理解，即大学的各种项目有固定的招生名额。而且，成功的申请者代表了高中毕业生的一个横截面，而不只是前十分之一或五分之一。对这些申请者的个性和才艺的评价与对其学术成就的评判一样重要（尽管这些学生代表的是他们同龄群体的一半，因为大约 51% 的芬兰初中毕业生就读于普通高中，约 41% 的人就读于职业高中，其余的直接进入就业市场）。[51]

为了更好地理解这种选择性及其对其他国家政策制定者的影响，需要对申请过程进行澄清。第一，并不是所有学生都会报名参加全国教师教育入学考试——一场 2 小时的基于几篇教育学文章的多项选择题测试，这些文章会在考试前 6 周在网上公布——因此不应该将所有人都算作申请者。第二，申请者只能申请 3 个项目，并且只可能被一个项目录取。[52] 第三，录取率应按录取通知书的发放数量而非名额进行计算。

因此,以 2010 年为例,1 037 名学生报名参加位于约恩苏的东芬兰大学的入学考试,869 名学生真正参加了考试,365 名学生将该大学列为他们的第一志愿(意味着如果获得该大学的面试机会,他们就不可能被其他项目录取),241 人接受了面试,79 人被录取,被录取的人中有 17 人拒绝入学,候补名单上的 17 人取而代之。这意味着 365 名申请者中有 96 人被录取。这显然是具有选拔性的,但 365 人中录取 96 人(或 26%)与 1 037 人中录取 79 人(或 8%)所反映出的情况是截然不同的。2010 年,共有 5 162 人申请所有教师教育项目,共有 749 个名额,发出了 873 封录取通知书,其中 124 名学生是从候补名单中补录的。这意味着总录取率为 17%,平均院校录取率为 23%(见表 12.2)。这些数字展示了 2001—2013 年间收集的数据。这段时间的录取率从 15% 至 19% 不等,平均为 16%。[53]

表12.2 2010年芬兰各高校教师教育项目的申请者

高校	考试报名人数	申请人数	第一轮通过人数	面试人数	名额	候补名单录取人数	录取率
东芬兰大学—约恩苏	1 037	869	365	241	79	17	26%
东芬兰大学—萨翁林纳	619	521	109	120	40	15	50%
赫尔辛基大学	2 069	1 531	1 129	360	120	8	11%
于韦斯屈莱大学	1 893	1 494	848	240	76	20	11%
拉普兰大学	831	688	262	69	64	5	26%
奥卢大学	1 091	844	494	80	20	1	4%
奥卢大学—卡亚尼	734	619	238	180	73	14	37%
坦佩雷大学	1 909	1 507	553	321	67	3	13%
图尔库大学	1 602	1 283	584	205	74	12	15%
图尔库大学—劳马	1 073	898	339	180	65	19	25%
瓦萨大学	323	241	241	n/a	74	10	35%
总计	13 181	10 495	5 162	1 996	749	124	17%

数据来源:National Selection Cooperation Network in the Field of Education, Valtakunnallinen kasvatusalan valintayhteistyöverkosto(VAKAVA), http://www.helsinki.fi/vakava/hakijamaarat%20ja%20pisterajat_2010.pdf;University Application Registry, Yliopistojen hakija-ja opinto-oikeusrekisteri(HAREK),2020 年 10 月 5 日,2014 年 1 月 23 日通过电子邮件从芬兰国家教育委员会获得;图利·阿苏马,赫尔辛基大学教师教育项目招生协调员,2014 年 1 月 27 日。

注:录取率的计算方式是录取通知书的发放数量(招生名额加上候补名单中的录取人数)除以单一申请者(将这些大学列为其首选的学生)的数量。瓦萨大学的教师教育项目是为讲瑞典语的芬兰人开设的。

然而，归根结底，正是芬兰实施限额制度，使得录取过程十分严格。名额是由教育与文化部确定的，以改善毕业生的就业前景，并控制质量和成本。[54] 丹麦、挪威和瑞典在其教育项目中并不实行限额制度。在丹麦，所有平均成绩为 7 分或以上（分数范围为 –3~12 分）的学生都可以被录取；平均成绩低于 7 分的申请者中有一半可以通过面试程序获得录取。[55] 2011 年，挪威的教师教育项目录取了 82% 的申请者，瑞典的教师教育项目录取率为 81%。[56] 美国同样不实行限额制度。

从政策制定的角度看，芬兰教师教育的限额制度的问题在于，它会给人一种印象，即只有一小部分申请者是合格的，而事实上，据几位参加申请者面试的教授说，许多合格的候选人仅仅是因为没有足够的名额而没有被录取。[57] 限额制度反过来又传递出这样一种信息：芬兰学校教育的卓越更多是由于教师教育项目录取过程的选拔性，而不是这些教育项目的质量或许多其他促进因素。出于文化的原因，其他国家的政策制定者可能无法使教师成为在芬兰那样受欢迎的职业。但他们依旧可以借鉴芬兰的经验，改善其教师教育项目以及教师的工作条件和薪酬待遇，所有这些应该都会提升这一职业的受欢迎程度。

芬兰坚持保留限额制度，[58] 但他们可以而且应该简化申请过程。芬兰许多学习领域都是这样。例如，立志成为医生的学生只能申请 5 所医学院中的一所；立志成为律师的学生也只能申请 5 所法学院中的一所。如果这些学生没有被录取，那么他们可以在第二年再次申请或去往另一个国家进行学习。[59] 应该像许多其他国家（其中包括丹麦、挪威、瑞典和美国）那样，让学生可以申请多个项目，并且让申请过程自行协调安排。芬兰目前的制度迫使学生们玩一个充满压力的猜测游戏，猜测申请哪里，而最终让他们无从得知自己可能会被哪里录取。对于那些没有被所选项目录取但可能被其他学校录取的学生来说，这是一个严重的后果。2010 年，成功申请教师教育项目的学生中有 17%（即 749 名初始录取者中有 124 人）选择了不同的方向。这表明许多学生为了对冲风险，选择了不同领域的项目。

如果学生可以被同一领域的多个项目录取，这些做法就不必要了。可以说，市场将会进行清理，或者至少会清理得更好。更糟糕的是，这个申请过程阻碍了无数年轻人开始他们的学业和继续他们的生活。在这方面，芬兰人远未能将明智的商业原则应用于教育政策。

许多教育和其他领域的大学生在接受采访时解释说，他们经过了两三次努力才最终被录取，有些人提到自己的一些朋友在此过程中选择放弃并出国留学（虽然对于希望成为小学教师的学生来说，出国留学并不是一条有效的途径）。这些学生还表示，如果有机会同时申请同一领域的多个项目，他们会很乐意学习第二、第三或第四志愿的项目。[60] 对于一个依赖于养老金制度的人口老龄化国家来说，这个问题更为紧迫，因为它就像许多养老金制度一样，是通过从现有工人的缴费转移支付给退休人员来运行的。

在 2014 年的一次采访中，当被问及这个问题时，曾担任过教师的时任芬兰教育与文化部长克丽丝塔·基鲁表示，这种申请过程不合理、不公平，而且效率低下。基鲁说："这只是长期以来的做法，也许是因为芬兰一直是一个非常具有区域性的国家，也许是因为大学管理者不希望共享统一的申请流程。不幸的是，芬兰政府官员的传统是不去质疑大学的运作方式。但我们不能再这样下去了，这样的体系是有问题的。"[61]

·

抛开录取过程中的挫败不谈，芬兰的许多年轻人想要成为教师，在获得教师教育项目的录取资格之前，通常需要经历 2 次或 3 次的申请过程。赫尔辛基大学招生协调员图利·阿苏马曾是一名手工教师。据他所说，很多年轻人想成为教师是因为他们自己非常喜欢学校。芬兰从 1 至 9 年级对艺术、音乐、手工和游戏的重视的确是持续不变的，这使得学校对于学生来说充满吸引力。虽然艺术、音乐、手工和游戏在丹麦、挪威和瑞典的学校也很重要，但没有相应系统化地为这些课程分配时间和资源。[62]

事实上，芬兰当局认为游戏非常重要，以至要求全国各地的学校每 45 分钟的教学就要安排 15 分钟的课间休息，即每 6 小时的在校时间要有 75 分钟的课间休息。[63] 正如芬兰教育评估中心的测试所展现的那样，芬兰当局还要求学校安排充足的艺术和手工课程时间。1 至 9 年级的学生每周要上 4~11 节艺术、音乐、烹饪、缝纫、木工或金工课。[64]

这些课程具有重要的教育功能。它们可以培养学生重要的合作技能，为学生学习数学和科学提供自然的环境，并潜移默化地教育学生要尊重那些以手工劳动谋生的人。然而，这些课程也代表着又一个来自商业世界的具有讽刺意味的教训，但许多倡导重视考试和问责制的人却忽视了这一点。

从技术上讲，正如本书开头所解释的，除了资本投资、劳动力投入和技术创新，学生也是教育生产函数中的一个投入变量。与安泰、谷歌和 SAS 软件研究所的高管们一样，芬兰当局也明白，牺牲娱乐和放松而换取的更长的工作时间可能会造成适得其反的效果。因此，安泰、谷歌和 SAS 软件研究所的高管们在设计他们的办公室时就考虑到了员工娱乐和放松的需求，并鼓励他们利用午休时间跑步、游泳、冥想或做瑜伽。[65] 芬兰教育当局也得出了相同的结论，即喜欢上学的学生在学校的表现会更好。

在我于 2009 年 4 月参观位于赫尔辛基市东侧边缘的卡拉蒂综合学校时,该校校长蒂莫·海基宁让我明白了这一点。午饭后我们一起观摩学生们的课间休息。当时天气很冷。我问海基宁,学生是否会在天气很冷的时候出去玩耍。他说他们会。然后我又问海基宁,他们会不会在天气非常冷的时候出去玩耍。他笑着说:"如果是零下 15 摄氏度,而且还刮风,他们也许不会,但是在其他时候,他们会的。孩子们如果不玩耍,就无法学习。孩子们必须玩耍。"[66]

这种对学生娱乐的重视与美国的做法形成了鲜明的对比。根据教育政策中心 2007 年的一项调查,自美国 2002 年颁布《不让一个孩子掉队》法案,使得 3 至 8 年级的阅读和数学测试成为关注重点以来,全美 20% 的学区取消或减少了课间休息,使学生的游戏时间减少到平均每天 27 分钟。根据美国国家教育统计中心 2012 年的一份报告,相近时期,全美几乎相同比例的学区取消或减少了艺术、音乐和戏剧课。[67]

·

教育中重视游戏或企业重视娱乐和放松,并不是什么离经叛道的事。除了承认身心需要平衡,遵循尤维纳利斯关于健全身体中的健全精神的永恒论述,这样的重视还表现出对智力活动本身的深刻理解。[68]

毕竟,学术工作也是一种特殊形式的游戏。荷兰文化历史学家约翰·赫伊津哈在 1938 年出版的《游戏的人:文化的游戏要素研究》一书中明确地提出了这一观点。与启蒙运动的理性主义观点相反,赫伊津哈认为,人类所受的指挥不仅仅是理性,不只是"智人"这一术语所指的东西。与工业革命的传统相反,赫伊津哈认为,人类不能仅仅以生产力,以"工匠人"这个词所涵盖的内容来定义。赫伊津哈的结论是,人类作为一种同样多的为证明自己是队友或对手的挑战和快乐所驱动的生物,在艺术、诗歌、辩论、哲学、法律和商业等多个领域都是游戏人。[69]

如果一个人像作为智人、工匠人一样,同时也作为游戏人,那么毋庸置疑这个孩子在本质上肯定是好玩的。芬兰人在学校规定了大量的游戏,以及艺术、音乐和手工艺时间,揭示了他们对这种人性观念的深刻理解,也暴露出了美国在学校管理中的一个根本问题。

2010 年 12 月,当我回到海基宁的学校时,在上午的芬兰独立日纪念仪式上,我想知道他说的话是不是真的。当时并没有零下 15 摄氏度,但依旧达到了零下9摄氏度，而且风雪交加。仪式结束后的第一节课的课间，海基宁的学生们果然在外面休息。就像6个世纪前，意大利文艺复兴时期的传奇校长维托里诺·达·费尔特在他位于曼图亚的名为"欢乐之家"的学校里看到无论天气如何，学生们每天都会在户外玩耍一样，海基宁和芬兰各地的校长也不会让低温和风雪成为阻止其学生玩耍的障碍。[70] 带着愉快放松的心情，穿着蓬松的滑雪服，所有学生都变得难以分辨。一些人在踢足球，另一些人在玩捉迷藏。一群快乐的女孩和男孩栖息在一个小山坡上，轮流从他们在雪地里清理出来的陡峭冰滑道上滑下来。

结　语

问题不在桌子，而在于地板。

——富兰克林·辛格尔顿，灯塔学校高年级学生，1999年10月

　　我在灯塔学校任教的第一年，也是这本书缘起的地方，和一位名叫妮可·谢里的法语老师共用一间教室。她是一位经验丰富的同事、一位鼓舞人心的教师，精通葡萄牙语、西班牙语和法语。当时是1999—2000学年，我们的教室是104室。7节课中，有4节课由谢里老师在104室讲授，另外3节由我来教。此外，我还在另一间教室讲授第4节课。灯塔学校的老师们就是这样共享空间的。

　　104教室共有8张圆桌，有6张桌子摆了4把椅子，有2张桌子摆了5把椅子。纽约市公立高中的法定班额上限为34人，因此多增加了两把椅子。谢里老师的办公桌在教室的一侧，我在另一侧。北面的墙壁上，黑色的钢制栅栏后面有窗户，南面的墙壁上挂着一块白板。

　　摆5把椅子的桌子很紧凑，但我们还是勉强凑合了。这些桌子的真正问题不是大小，而是它们摇摇晃晃。在新学年开始的前几周，学生们在上课开始时对这些桌子的摇晃问题议论纷纷。他们把纸叠起来，塞在一条或几条较短的桌子腿下，或者把之前垫在某条桌子腿下的纸移到另一条桌子腿下。由于备课和记住学生姓名的挑战占据了我大部分的注意力，我并没有过多地关注桌子摇晃这件事。直到10月初的一天，上课5分钟后，有一张桌子的同学们爆发了一场关于这张桌子是哪条腿短了的争吵。

　　那是一节高三学生的经济学课。一名叫富兰克林·辛格尔顿的学生气急败坏

地站了起来，双手和膝盖着地，头的一侧贴在地板上，持续了几秒钟。全班都安静了下来。我停止了在白板上勾画关于通货膨胀、失业或机会成本的课程内容。辛格尔顿突然蹦了起来，说道："我们需要停止所有这些愚蠢的行为。问题不在桌子，而是地板。"大家都点了点头。他们已经习惯于辛格尔顿提出的叛逆却明智的意见。辛格尔顿是一名很有数学天赋的学生，也是学校篮球队的锋线利器和强大的篮板手。我又回到了我的课上。

在当天晚些时候的休息时间，我想起了辛格尔顿的观察结果。他无疑是正确的。毕竟，这座大楼以前是美国广播公司的重型设备仓库，学校的北面、东面和南面的几个街区都设有其演播室，楼面不平是有道理的。但是作为一种比喻，辛格尔顿的观察显然也是很深刻的。我们经常误把症状当作原因，在教育政策领域尤其如此。表现不佳的学校之所以落后，是由于问责不足，这已成为一种主流观点。我们继续加码，已经让情况雪上加霜。这正是自1983年《国家处于危难之中》发布以后所出现的情况。随着20世纪90年代以来，州政府官员和营利性学校管理的倡导者将关注的重点放在考试结果上，加之2002年的《不让一个孩子掉队》法案和2009年的"力争上游"计划的推波助澜，这些误入歧途的做法愈演愈烈。

《不让一个孩子掉队》法案和"力争上游"计划的目的无比高尚。缩小贫困儿童和特权儿童之间的成绩差距，代表着最伟大的民主理想。然而，通过定期测试以发现不足，除了发现不足以外也没取得什么成就。我们必须认识到儿童贫困的严重影响，并采取必要的措施消除它。[1] 正如之前所提到的，联合国儿童基金会2012年关于儿童贫困的研究中，美国在30个经合组织国家中排名最后，仅此一点就应该清楚地说明了这个问题的严重性。该研究中引用的犯罪情况比较数据也说明了相同的问题，特别是巴尔的摩，其人均谋杀和过失杀人案的数量是斯德哥尔摩的40倍。[2] 虽然学者们可能认为美国的儿童贫困程度被夸大了，[3] 但不可否认的是，《不让一个孩子掉队》法案和"力争上游"计划旨在帮助的贫困儿童所处的困境是严峻的。

像成就优先、"知识就是力量"项目和卓越特许学校这样的组织，在贫困的阻挠下，依旧做出了卓越的成绩，但它们对于有限的慈善家的慷慨、不知疲倦的教师，以及能够遵守严格的学术和行为期望的学生和家长的依赖，限制了它们的影响力。这些组织带头展示了，通过授予学校管理者很大的自主权、延长在校时间、提供密集的补习帮助和提高期望，可以让一部分学生达成什么。下一步就是要使这些策略能够对所有弱势社区的学生发挥作用。要推广这些策略，需要大量的公共投资以雇用更多的教职人员。其结果将最终符合社区学校的理念，下午

结　语

放学后开设艺术、音乐、手工艺和运动等课程，提供家庭作业辅导以及相关的医疗、牙科和咨询服务。

如果学校能够获得扩大课程范围的自由，那么这种模式将会更加成功。如果我们改弦易辙，取消现行的问责制，上述的设想是可以实现的。毫无疑问，我们应该这么做。在这方面，我们在处理外在因素的同时，同样可以就内在因素做很多事。即在努力平整地板的同时，还可以通过维修桌子来取得大成就，因为现在的桌子也存在很大的问题，可以说是由于多年来误入歧途的教育政策造成的。

我们对教育政策的错误思考，很大程度上源于我们的商业思维。在制定教育政策时，采用商业思维本身并没有错。在任何国家，学校都是一国经济基础设施的一部分。芬兰人在制定教育政策时也采用了商业思维。芬兰人也关心结果，但他们考虑得很长远，而且他们从儿童的角度来看待政策。这样的做法其实默默地遵循地了 W. 德华兹·戴明提出的另一个核心原则："消费者是生产线最重要的部分，产品的质量应以消费者当前和未来的需求为目标。"[4] 无论听起来多么奇怪，作为教育的消费者，儿童当前和未来的需求，都应该包括艺术、音乐、手工、游戏和一系列的学术科目。

在美国，尽管教育政策制定者的意图是好的，但是他们既没有从长远考虑，也没有从儿童的角度考虑。克里斯·惠特尔在 2005 年和 2006 年《教育周刊》的广告中提出，就像联邦快递向客户提供其包裹的相关数据一样，学校应该向家长提供有关其子女学业进步的数据，这是一个很有说服力的例子。如前所述，惠特尔认为，就像联邦快递能够准确告知顾客其包裹何时运输、在何地中转，那么学校必须也能够为家长准确提供他们的孩子全年的阅读和数学熟练水平。[5] 根据《不让一个孩子掉队》法案的要求，所有 3 至 8 年级以及高中 1 年级的学生都要参加阅读和数据测试。学生为准备这些年度考试而定期参与的基准评估的成绩数据也要记录下来。美国的学校通过这些措施已接近实现惠特尔的愿景。2015 年 12 月，作为大力支持年度测试的典型，《纽约时报》编辑委员会驳斥了参议院一项涉及《不让一个孩子掉队》法案重新授权的荒谬提案。该提案将允许各州结束年度测试，编辑们认为，这样的立法"会使这个国家无法知晓学生们是否学有所成"。[6]

然而，我们并不需要年度测试来了解学生是否正在学习。通过细致的抽样技术，学校管理者可以获得他们所需要的全部信息，同时还可以为艺术、音乐、手工和游戏，以及阅读和数学以外的其他学术科目保留时间。此外，学校管理者还可以节省出组织、监督和评阅这些测试所花费的宝贵时间、精力和资源。

有些读者可能会因为本书中涉及大量的数据分析而指责我这个结论有失偏颇。但书中大部分的数据分析都是关于巴尔的摩和费城沉重测试任务所造成的不良后果：一是篡改成绩；二是忽视那些完全不会决定学校的"适当年度进步"（《不让一个孩子掉队》法案引入的学校评估指标）的科目（特别是写作和科学）。[7] 其余的数据分析涉及儿童福利、犯罪情况、生均支出、教师工资，以及经合组织自 2000 年以来每 3 年对各成员国的 15 岁青少年进行的小规模随机抽样考试国际学生测评项目。

质疑我们的测试有用性的证据是十分有力且令人信服的。或许最具谴责口吻的是美国国家研究委员会 2011 年发布的一份详细报告。该报告分析了 10 年来基于考试的问责制度，以及教师绩效工资计划和基于学生成绩的教师绩效工资改革试验。这份题为《教育中的激励和基于测试的问责》的报告，是由 17 位商业、经济、教育、法律、心理学和社会学著名教授组成的一个一流委员会的工作成果。该报告的作者们发现，测试即使是对学生的学业进步有任何影响，也是微乎其微的，而在某些情况下甚至会产生适得其反的效果。[8]

马萨诸塞州教育部长保罗·雷维尔在 2008 年反思该州自 1993 年通过《马萨诸塞州教育改革法》以来所做出的努力时，得出了类似的结论。作为该法案的设计者之一，雷维尔表示，尽管该州在测量和问责方面做出了积极努力，但依旧未能改变教育成就与社会经济地位之间的密切关系。[9]

更糟糕的是，我们对考试的强调，使得学校官员投入一笔又一笔的钱用于分析考试结果，以防止校长和老师们因担心学生的表现会对他们的考核和薪酬产生影响而作弊。2015 年 8 月，纽约市教育局局长卡门·法里纳宣布成立一个学术诚信工作组，调查考试成绩、毕业率和课程学分累积方面的违规情况。美联社报道称："校长和辅导员不得不参加额外的培训课程，以帮助他们维持高标准。"安永会计师事务所的审计师将协助工作组审查数据。据《纽约时报》报道，该工作组预计每年花费 500 万美元。[10] 法里纳和其他相似职位的官员们几乎别无选择，他们必须遵守联邦政府的规定。但是起草和批准教育立法的联邦立法者们还有一个选择。

·

另一方面，正如所介绍的那样，与所有这些动荡形成鲜明对比的是，在芬兰，我们可以找到一个证明繁重测试无用的令人信服的例子。不像北欧邻国和美国，芬兰只从学生中抽取小部分样本实施全国性测试，而且测试科目范围广泛。埃斯波的科西嘉维综合学校校长卡里·卢希沃里，在 2010 年的一次对话中评价芬兰因其在国际学生测评项目中的优异成绩所获得的关注时说："国际学生测评项目的结果显示，偶尔对学生进行抽样测试证明了定期对所有学生进行测试是没必要的。"[11]

美国国家教育进步评估让我们已经拥有了一种有效的抽样形式。1969年推出的国家教育进步评估，定期从全国公立学校的4年级、8年级和12年级学生中抽取少量但具有代表性的样本，进行阅读、写作、数学和科学方面的测试。自2007年以来，国家教育进步评估每两年举行一次。每个州每个年级的样本量平均为2 500名学生。[12]

我们只需要国家教育进步评估。对于阅读、写作、数学和科学来说，国家教育进步评估已经足够了。除了这4个科目，各州还可以效仿芬兰教育评估中心的做法，抽取学生样本对艺术、音乐、手工、烹饪艺术、历史、公民学、地理、外语以及身体健康和灵活性等方面进行全面评估。如此，我们不仅可以获得更为准确和全面的信息，还可以把大量的资源从中央办公室转移到学校，把无数的时间从备考中解放出来用于指导和充实学习，从而使学校对学生和教师来说都更具吸引力。

除了改善教师培养和提升教师薪酬外，我们还必须使日常教学体验更具吸引力，以吸引人们选择这个职业并留住他们。在《纽约时报》刊登了一篇关于法里纳的学术诚信工作组的文章5天后，该报专门用头条新闻报道了全美，特别是加利福尼亚州严重的教师短缺问题。对此，5位来信作者指出，微观管理、高利害测试、低薪或这些因素的某种组合是阻碍人们从事教师工作的关键因素。[13]

我之前的学生富兰克林·辛格尔顿是一位能力卓越的年轻人。他最近告诉我，他想成为一名教师。他现在是一名驻扎在北卡罗来纳州布拉格堡的陆军军官，从事直升机维护和维修。他来纽约看望家人时，提前与我联系，向他的妻子艾莎引见了我，并在共进晚餐时叙了叙旧。辛格尔顿向我讲述了他在阿富汗的服役经历、目前在布拉格堡的工作，以及即将在韩国开展的任务。他说他喜欢军队，但想拿到大学学位，成为一名数学教师。辛格尔顿会成为一名优秀的数学教师。如果能够拥有专业人士所应有的和学生所需要的自由，成为更加高效的教师，他会像全国各地的教师一样。

致　谢

在写本书的过程中，我欠下了许多人情。首先就是亨利·莱文。正如我在引言中写到的，本书始于2002年我在哥伦比亚大学教师学院选修莱文的一门关于私有化的课程时写的一篇课程论文。在莱文的建议下，我将这篇论文扩充为一篇硕士论文，后来他又进一步建议我将这篇硕士论文充实为一本专著。在我签订了本书的出版合同后，莱文教授又聘我为教师学院的访问学者，以从事这本书的写作。要不是莱文的鼓励、建议和支持，这项研究将止步于一篇课程论文。

有关本书的签约及相关事宜，迈克尔·阿伦森对我恩惠至深。在硕士论文的基础上完成一本专著，阿伦森作为一名编辑承担了很大的风险。他对于本书提案的信任、他的耐心以及成书后他的细致校阅，都令我十分感激。我同样感谢安德鲁·凯尼，他在阿伦森退休后接替成为本书的编辑，并且提出了新的见解。我要感谢安德鲁的编辑助理凯瑟琳·德鲁米，以及韦斯特切斯特出版服务公司的制作编辑米卡拉·盖顿和文字编辑芭芭拉·古德豪斯，他们在书稿出版过程中贡献了宝贵的专业知识。

资助我开展此项研究的是史密斯·理查森基金会以及安东尼·梅耶家族基金会。我要特别感谢史密斯·理查森基金会的拨款官员马克·施坦梅尔，以及安东尼·梅耶家族基金会对本书主题所提出的意见和给予的支持。

在写作过程中，感谢大卫·莫斯、亨利·罗索夫斯基和亚瑟·斯莫尔针对市场理论与我进行了详细的讨论，这些讨论证明了我的分析形成的基础。我还十分感激戈兰·穆尔戈斯基和贾丝廷·罗格夫。他们之前是我在灯塔学校的学生，现在在哥伦比亚大学读研究生。他们为本研究的开展提供了协助并对大部分书稿进行了坦诚的评价。他们对细节的关注和对问题的探究，使得本书的写作更得心应手，也更有收获。我还要特别提及的是两位图书管理员的亲切帮助。他们分别是哥伦比亚大学的沃森商业与经济图书馆的吉姆·科恩，协助我获得了几个财务数据库，以及《教育周刊》的霍利·皮尔。她提供了该出版物的合订本。事实证明，这对研究教育公司的广告模式至关重要，因为电子档案中不会存储广告，而且翻阅合订本的页面比翻阅几十年的缩微胶片要容易得多。另外，还要感谢安娜·艾布拉姆斯、凯伦·休伯特、乔纳·利伯特和伊娜·塞克在我研究的关键阶段提供了帮助。

我非常感谢哈佛大学出版社为本书挑选的两位匿名外部审稿人，他们的批评使我强化了我的分析的核心方面。我也要感谢读者对部分稿件的评论。

本书的写作有赖于学校走访和访谈以及已发表的研究。我有义务感谢众多个人的信息来源。在撰写爱迪生公司的相关内容时，我得益于该公司总部和学校中许多工作人员的坦诚相待。我还从华尔街的匿名消息来源和以下爱迪生公司之外的人那里学到了很多东西。他们或研究该公司，或与该公司合作，或反对该公司：奈米·哲林科、罗伯特·恩布里、伊娃·格、海伦·吉姆、伦恩·里泽、保罗·索科拉、约翰·图伦科和劳拉·韦尔德雷尔。此外，如果没有《巴尔的摩太阳报》《教育周刊》《纽约时报》《费城日报》《费城公立学校笔记本》和《费城问询报》的记者对爱迪生公司的详细报道，我不可能完成有关该公司的内容写作。

在我对"知识就是力量"项目的分析中，该组织的公共事务总监史蒂夫·曼奇尼发挥了至关重要的作用。他在几次会面中澄清了关键事项并做了许多介绍。我对接受了我采访的众多行政人员、教师和支持人员表示感谢。

在我关于卓越特许学校的分析中，我要特别感谢谢里夫·埃尔-梅基向我介绍并与我讨论。在我关于成就优先的分析中，我要特别感谢肯·保罗向我介绍并与我讨论。我还要感谢劳伦·科恩、罗伯特·霍克、贝卡·霍利特、迈克尔·凯林、道格拉斯·麦柯里、马特·泰勒和达西亚·托尔付出的时间和提出的透彻建议。

如果没有许多人的建议与协助，我将很难完成有关北欧教育的分析。丹麦教育部的约根·巴尔林·拉斯穆森在理解丹麦教育方面给我提供了极大的帮助。他多次协调参观学校、访谈和会面，以探讨相关政策。我很感谢以下行政人员、政府官员和教师付出时间并提出意见。

关于芬兰教育一章，我要感谢芬兰外交部的劳拉·卡姆拉斯帮我规划了 4 次调研之旅的第一次，也感谢艾莉·弗林特等。

我特别感谢奥斯陆大学的盖尔·克努森与我进行多次讨论并帮我安排调研，以让我更好地理解挪威教育。还要感谢相关行政人员、政府官员、学者和教师付出时间并提出意见。

致　谢

在我关于瑞典教育一章的写作中，斯德哥尔摩教育部的塞西莉亚·格伦松帮助协调了两次瑞典调研中的第一次，加里·米隆、佩尔·莱丁、帕特里克·莱文和卡尔·温纳林德为许多介绍和讨论提供了背景。我很感谢行政人员、商人、金融家、政府官员、学者和教师付出时间并提出意见。

除了从这些渠道和我20年教学生涯（中学阶段18年，研究生阶段2年）中的学生们那里获取信息外，我还从与一系列的管理人员、倡导者、研究人员和教师（除了前文那些已经被列为部分书稿的读者）的讨论中受益匪浅。这些探讨极大地影响了我对教育学和政策的理解。我要特别感谢我之前在灯塔学校的同事们。

开始撰写本书十分困难，完成这本书更为艰难，因为要涉及的材料比我预期的要复杂，要分析的数据量也比预期更大。我要感谢我的妻子劳拉在此过程中的支持。除了要忍受我夜晚和周末依旧伏案工作之外，劳拉在校对大部分书稿和翻译芬兰语和瑞典语文件方面提供了宝贵的帮助。我还要感谢她的父母里斯托和丽塔·托瓦宁，在我在芬兰长期逗留写作期间，他们给予了热情款待。感谢我的邻居丹尼·卡茨、梅格·帕森特，及其宠物猫基蒂·卡茨给予我的精神支持。感谢我的兄弟姐妹安娜、乔希和莫里几十年来关于教育学和政策的讨论。也要感谢摩西·瑞辛和汤姆·施瓦布两位叔叔几十年来关于历史、政治和经济的讨论。感谢我的父母弗朗西斯和罗伯特·艾布拉姆斯，感谢他们对部分书稿的评论，更重要的是，感谢他们在知识学习和公民参与方面为我做出榜样。他们对学习的热爱和对社区事务的参与，很早以前就使我走上了社会科学研究的道路。

最后，如开篇所述，本书献给模范教师多萝西·巴赫和沃尔特·克拉克森，用以纪念他们。1955—1984年，巴赫在她的家乡马萨诸塞州霍尔约克的公立学校教英语，先是在林奇初中，然后是在霍尔约克高中。我有幸在高二成为巴赫的学生。1959—1990年，克拉克森在家乡新泽西州韦斯特菲尔德的韦斯特菲尔德高中教英语。我有幸在我任教第一年，也是他工作的最后一年，与这位资深同事共事。他们的善良、博学、严谨和敬业，激励了无数学生批判性地阅读和富有感情而精准地写作。

译后记

2017年，我得到国家留学基金委资助，前往美国哥伦比亚大学教师学院进行博士联合培养。我的美方导师亨利·莱文教授在该院的国家教育私有化研究中心给我安排了一张办公桌。这张办公桌不仅为我在美一年的学习、研究提供了极大的便利，也为我结识本书作者塞缪尔·E.艾布拉姆斯教授提供了机遇。

虽然我身边的人普遍认为我性格外向、善于社交，但其实我到了一个陌生环境往往并不喜欢主动跟人搭话。加之当时初到美国，我的英语能力也很有限。我在最初的一两个月里跟研究中心的大多数老师和同学只有非常基本的寒暄，不过艾布拉姆斯教授是个例外，因为他经常非常热情地主动跟我聊天。他为人随和且风趣幽默。例如，有一次晚上9点多，他从办公室收拾好东西准备走，人都已经出去了又折了回来，跟我说："你赢了！"我听完一头雾水，问他何出此言。他说："以前我总是中心最晚一个走的，自从你来了，我就成了倒数第二。"本译著得以问世，也是起于一次这种偶然的闲聊。他有一次问我是否是教育经济学专业（他可能考虑到莱文教授是著名的教育经济学专家）。我说我是研究比较教育的。他说："哦，对，莱文是北美比较与国际教育学会的前主席，其实我也做比较教育研究。我最近刚在哈佛大学出版社出版了一本比较美国教育与芬兰教育的专著。"他转身从书架上拿了一本样书递给我，便是这本《教育市场化的边界》。

见到题目的第一眼，我猜测这本书是鼓吹教育私有化，说的是新自由主义那一套，毕竟那个研究中心的名称也带有教育私有化字眼。但是翻开书，开篇第一句引语就打破了我的这种预判。艾布拉姆斯教授的这本著作其实是在反思、批判以美国为代表的教育私有化做法。与许多同类立场的著作所不同的是，艾布拉姆斯教授并没有大讲学术理论，而是用大部分的篇幅详细叙述了美国在过去几十年来一系列极具影响力的教育私有化改革案例的来龙去脉。有意思的是，虽然书中提到的每一个案例的实践模式不尽相同，但发起者在改革之初都坚信市场力量在提高公共教育质量和效率方面具有不可替代的优势，并坚信自己将带来一场哥白尼式的根本性变革。然而，即便这些尝试几乎都一度看似取得了极大的成绩，却无一例外地迅速由盛转衰，最终落寞收场。和我一起翻译这本著作的马鹜女士有次跟我打趣道："每次都是一开始说得这好那好，然后干着干着就啥啥都不灵了。"虽是玩笑话，但确实形象概括了美国这一系列教育私有化改革的基本历程与共同命运。这是不是就说明教育私有化完全是错误的，或者说应彻底禁止市场力量染指教育事业呢？本书开篇的引语已经给出了明确回答："市场需要一席之地，市场也需要待在它该待之地。"而这本书的最终目的就是探讨公共教育究竟应将市场摆在什么位置这样一个问题。

本书原著在美一经出版就得到了许多学界同人的高度评价。一些学者称之"提供了迄今为止关于美国学校私有化运动的最详细和全面的分析""学校选择和教育私有化的支持者和反对者都应阅读的一本书，因为其中的假设和结果表达得如此令人信服"。美国的公共教育发展道路虽与我国有很大不同，但其教育私有化改革对我国乃至世界都产生着重要的影响。这其中的经验与教训均值得我们去总结和反思。值得一提的是，本书充满专业思考，写作风格却通俗易懂，以故事叙述为主线，具有极强的可读性。所以当我读罢原著，立刻萌生了将它翻译成中文的想法。

近年，我国相继出台了《中华人民共和国民办教育促进法》和《关于进一步减轻义务教育阶段学生作业负担和校外培训负担的意见》。这两个重量级的教育法规、政策都涉及如何重新看待教育私有化和市场在公共教育发展中的角色问题。我想，艾布拉姆斯教授的这本《教育市场化的边界》能为我们思考这些问题提供不少启发。本译著在此时出版也算是恰逢其时吧！

最后，感谢中国出版集团中译出版社授权我翻译此书，更要感谢艾布拉姆斯教授这两年来不厌其烦地细致答复我一次又一次提出的翻译中遇到的疑问。感谢我的老同学马鹜女士与我共同承担本书的翻译工作。若没有她的付出，本译著的出版恐怕还得推迟两三年。感谢中国教育学会名誉会长顾明远先生作序，感谢中国民办教育协会会长刘林先生撰写推荐语。感谢中译出版社领导对于本译著出版的大力支持，尤其要感谢朱小兰编辑高效、专业的推进，感谢文字编辑苏畅、刘炜丽、朱涵认真的审校工作。在翻译过程中我们自认尽心尽力，然学识有限，语言水平更为有限，难免存在纰漏、错误之处，还请各位读者不吝指正。

丁瑞常

2022年9月于北京

注 释

缩写

AER	《美国经济评论》	PPSN	《费城公立学校笔录》
EW	《教育周刊》	TBS	《巴尔的摩太阳报》
NYDN	《纽约每日新闻》	TPI	《费城问询者报》
NY	《纽约时报》	WP	《华盛顿邮报》
PDN	《费城日报》	WSJ	《华尔街日报》

引言

1. 有关申请流程及其转型方式的分析，请参见：Atila Abdulkadiroglu, Parag A. Pathak, and Alvin E. Roth, "The New York City High School Match," *AER* 95 (May 2005): 364–367.
2. Samuel G. Freedman, "Student Rankings? Computers Flunk, and College Plans Are in Chaos," *NYT*, March 16, 2005.
3. 灯塔学校成立于1993年。其建立源于约瑟夫·费尔南德斯局长在20世纪90年代初发起的一项倡议。该倡议旨在创建招生人数少于500人的小型高中。据史蒂夫·斯托尔回忆，他与该校联合创始人兼联席校长露丝·莱西在1995年决定将该校搬入独立的大楼。这栋大楼位于西61街，过去是美国广播公司电视台的仓库。更大的空间让他们能招收更多的学生。他们避免与另一所学校共用这栋建筑，因为要保护灯塔学校作为一所艺术特色学校的文化完整性。此外，斯托尔解释说，招生公式允许校长通过"自主招生"招收额外学生。标准规程规定，学校一半的学生通过随机分派的方式招收，在全市统一考试中取得最高、中等和最低等次的学生各有一定比例入学；另一半通过自主招生录取，学生成绩也需高、中、低等均有相应比例，但校长可以综合考虑成绩、出勤率和初中辅导员的意见。为了更强调成绩、出勤率和初中辅导员意见的重要性，不完全看全市统一考试的分数，灯塔学校的管理层决定通过自主招生招收更多学生。2005年，灯塔学校从纽约市教育局获得了自主招生的权利。灯塔学校因此成为一所选拔性学校。所有申请者都要经过面试，在等待面试期间需要撰写一篇论文，并提交一份最佳作品集。以上信息来自2010年5月25日对斯托尔的电话访谈。

4. David Rogers, *Can Business Management Save the Cities? The Case of New York* (New York: Free Press, 1978), 23, 73–92.

5. David Tyack and Larry Cuban, *Tinkering toward Utopia: A Century of Public School Reform* (Cambridge, MA: Harvard University Press, 1995), 78. 有关这种低效的挫折感如何为迈克尔·布隆伯格市长接管纽约的学校系统铺平道路的分析，请参见：David Rogers, *Mayoral Control of the New York City Schools* (New York: Springer, 2009), 21–22.

6. 根据新教师计划在2009年对4个州的12个学区开展的一项研究，"被调查学区中至少有一半在过去的5年里，没有因为表现不佳而解雇过非试用期教师"。请参见：Daniel Weisberg et al., "The Widget Effect: Our National Failure to Acknowledge and Act on Differences in Teacher Effectiveness" (New York: New Teacher Project, 2009), 6, http://widgeteff ect.org/. 还可参见：Steven Brill, "The Rubber Room: The Battle over New York City's Worst Teachers," *New Yorker*, August 31, 2009, 30–36.

7. F. A. von Hayek, "Freedom and the Economic System," *Contemporary Review* 153 (January 1938): 434–442; Hayek, *The Road to Serfdom* (Chicago: University of Chicago Press, 1944), 60–61, 199–200, 218–220; Hayek, *The Constitution of Liberty* (Chicago: University of Chicago Press, 1960), 299–300, 381; Milton Friedman, "The Role of Government in Education," in *Economics and the Public Interest*, ed. Robert A. Solo (New Brunswick, NJ: Rutgers University Press, 1955), 123–144; Friedman, *Capitalism and Freedom* (Chicago: University of Chicago Press, 1962), 2–3, 8–9, 29–31, 85–107, 178–189; George J. Stigler, "The Theory of Economic Regulation," *Bell Journal of Economics and Management Science* 2 (Spring 1971): 3–21; Gary S. Becker and George J. Stigler "Law Enforcement, Malfeasance, and Compensation of Enforcers," *Journal of Legal Studies* 3 (January 1974): 1–18; Robert W. Poole, *Cutting Back City Hall* (New York: Universe Books, 1980); Myron Lieberman, *Privatization and Educational Choice* (New York: St. Martin's, 1989)。关于对这种转型的概述，请参见：Joseph Stanislaw and Daniel Yergin, *The Commanding Heights: The Battle between Government and the Marketplace That Is Remaking the Modern World* (New York: Simon and Schuster, 1998). 关于对这种转型的批评，请参见：John D. Donahue, *The Privatization Decision: Public Ends, Private Means* (New York: Basic Books, 1989); Robert Kuttner, *Everything for Sale: The Virtues and Limits of Markets* (New York: Knopf, 1998); Elliott D. Sclar, *You Don't Always Get What You Pay For: The Economics of Privatization* (Ithaca, NY: Cornell University Press, 2000); Richard R. Nelson, ed., *The Limits of Market Organization* (New York: Russell Sage Foundation, 2005).

8. Friedman, "Role of Government in Education," 127; Friedman, *Capitalism and Freedom*, 89.

9. Henry M. Levin, "The Failure of the Public Schools and the Free Market Remedy," *Urban*

Review 2 (June 1968): 22–37. 还可参见: Dennis Epple and Richard E. Romano, "Competition between Private and Public Schools, Vouchers, and Peer-Group Effects," *AER* 88 (March 1998): 33–62.

10. Amy Stuart Wells, *Time to Choose: America at the Crossroads of School Choice Policy* (New York: Hill and Wang, 1993), 152–153.
11. President's Commission on Privatization, *Privatization: Toward More Effective Government; Report of the President's Commission on Privatization* (Washington, DC: Government Printing Office, 1988), 92–95.
12. Lieberman, *Privatization and Educational Choice*, 4, 268.
13. Paul T. Hill, Lawrence C. Pierce, James W. Guthrie, *Reinventing Public Education: How Contracting Can Transform America's Schools* (Chicago: University of Chicago Press, 1997), 51–52.
14. National Center on Education and the Economy, *Tough Choices or Tough Times: The Report of the New Commission on the Skills of the American Workforce* (San Francisco: John Wiley and Sons, 2007), 67–78.
15. Lieberman, *Privatization and Educational Choice*, 85–117. 还可参见: Edward M. Gramlich and Patricia P. Koshel, *Educational Performance Contracting: An Evaluation of an Experiment* (Washington, DC: Brookings, 1975); Craig E. Richards, Rima Shore, and Max B. Sawicky, *Risky Business: Private Management of Public Schools* (Washington, DC: Economic Policy Institute, 1996), 31–37; Carol Ascher, "Performance Contracting: A Forgotten Experiment in School Privatization," *Phi Delta Kappan* 77 (May 1996): 615–621.
16. Ascher, "Performance Contracting," 615.
17. Lieberman, *Privatization and Educational Choice*, 100.
18. Joan Cook, "Business-Run Schools: Companies' Profits Linked to Students' Progress," *NYT*, November 29, 1970.
19. David Tyack, "Reinventing Schooling," in *Learning from the Past: What History Teaches Us about School Reform*, ed. Diane Ravitch and Maris A. Vinovskis (Baltimore: Johns Hopkins University Press, 1995), 199–200.
20. Fred M. Hechinger, "Negative Verdict on a Teaching Program," *NYT*, February 6, 1972.
21. 出处同上。
22. Andrew H. Malcolm, "Company to Teach Gary, Ind., Pupils," *NYT*, July 26, 1970; Associated Press, "Gary, Ind., Ends Pact with Concern Running School," *NYT*, December 5, 1972; Ascher, "Performance Contracting," 619.
23. Tyack, "Reinventing Schooling," 198–199.
24. Richards, Shore, and Sawicky, *Risky Business*, 54–72.
25. Hill, Pierce, and Guthrie, *Reinventing Public Education*, 5–6.
26. Mark Walsh, "Minneapolis Ends Unique Management Contract," *EW*, June 4, 1997, http://

www.edweek.org/ew/articles/1997/06/04/36minn.h16.html.

27. Alex Molnar et al., *Profiles of For-Profit Education Management Companies: Fourth Annual Report, 2001–2002* (Tempe, AZ: Commercialism in Education Research Unit, Education Policy Studies Laboratory, Arizona State University, 2002), 11, http://nepc.colorado.edu/files/EMO102.pdf.

28. 截至 2001 年，只有密尔沃基和克利夫兰实施了全面的教育券计划。密尔沃基于 1990 年开始了一项试点计划，为非教会私立学校的低收入家庭儿童提供适度的教育券；1999 年，威斯康星州允许宗教学校加入该计划。1995 年，克利夫兰效仿这一做法，向宗教和非教会私立学校的低收入家庭学生提供适度的教育券（如果发放给低收入家庭学生的教育券超过实际需要，那剩余的可供收入较高家庭的学生使用，但教育券的价值会有所下降）。截至 1999—2000 学年，密尔沃基约有 7 600 名学生在 91 所私立学校使用了教育券（价值最高为 5 106 美元）；克利夫兰大约有 3 400 名学生在 52 所私立学校使用了教育券（低收入家庭学生使用教育券的价值最高为 2 250 美元，收入较高家庭的学生使用的教育券的价值最高为 1 875 美元）。请参见：U.S. General Accounting Office, School Vouchers: Publicly Funded Programs in Cleveland and Milwaukee (GAO-01-914), August 2001.

29. Molnar et al., *Profiles of For-Profit Education Management Companies*, 5–6.

30. Jacques Le Goff, *Un Autre Moyen Âge* (Paris: Éditions Gallimard, 1999), 1274–1275. 勒戈夫引用了圣经中的以下段落作为中世纪欧洲高利贷法的基础：Exodus 22: 24, Leviticus 25: 35–37, Deuteronomy 23: 20, Psalm 25, and Ezekiel 18: 13. 格莱恩·戴维斯在威尔士大学出版社于 2002 年出版的《货币的历史：从古至今》第 218~223 页中阐释道，1545 年通过的批准贷款利息的议会法案在 1552 年被废除，然后在 1571 年重新生效。西蒙·沙玛在克诺夫出版社于 1988 年出版的《富庶的窘境：黄金时代荷兰文化解析》第 330 页中阐释道，直到 1658 年，荷兰才禁止银行家及其家人加入宗教团体。

31. Viviana Zelizer, *Morals and Markets: The Development of Life Insurance in the United States* (New York: Columbia University Press, 1979).

32. 请参见：Jamie Robert Vollmer, "The Blueberry Story," *EW*, March 6, 2002, 42; Larry Cuban, *The Blackboard and the Bottom Line: Why Schools Can't Be Businesses* (Cambridge, MA: Harvard University Press, 2004), 1–5.

33. 从一开始就是如此。行为实验室在 20 世纪 70 年代初的合同约定在印第安纳州的加里市开办一所学校。这是一个困苦的前工业城市。教育备选公司 1991—1996 年的合同约定在迈阿密、巴尔的摩和哈特福德的贫困地区办学。爱迪生公司 1995 年以来的合同同样是在条件困难的地区办学。该公司的代表性工作是与巴尔的摩、宾夕法尼亚州切斯特、达拉斯、密歇根州弗林特和因克斯特、费城和圣安东尼奥等困难地区签订合同，扭转学校群的困难局面。教育管理机构中的一个特例是美国国家遗产学院。该机构在许多郊区社区建立了特许学校，以满足家长们对学区学校以外其他选择的需求。

34. 请参见：Richard Rothstein, *Class and Schools: Using Social, Economic, and Educational*

Reform to Close the Black- White Achievement Gap (Washington, DC: Economic Policy Institute, 2004), 13–59; David C. Berliner, "Our Impoverished View of Educational Reform," *Teachers College Record* 108 (2006): 949–995.

35. 有关同伴群体效应, 请参见: Epple and Romano, "Competition between Private and Public Schools"; Richard J. Murnane, "The Role of Markets in K–12 Education," in Nelson, *Limits of Market Organization*, 161–184; Scott E. Carrell and Mark L. Hoekstra, "Externalities in the Classroom: How Children Exposed to Domestic Violence Affect Everyone's Kids," *American Economic Journal: Applied Economics* 2 (January 2010): 211–228.

36. No Child Left Behind Act of 2001, Pub. L. No.107–110, January 8, 2002, Section 1001(3) and Section 1111(b)(3)(C)(v).

37. 出处同上, Section 1111(b)(2)(C)(v).

38. 出处同上, Section 1116(b) and (e).

39. 出处同上, 有关学校改进的内容, Section 1116(b)(1); 有关改进措施的内容, 1116(b)(7); 有关重建的内容, 1116(b)(8).

40. 出处同上, Section 1111 (b)(2)(A)(iii) 和 Section 2113(c)(12).

41. U.S. Department of Education, "Race to the Top Program, Executive Summary," November 2009, 9: Reform Plan Criteria (D)(2)(ii) and (D)(2)(iv)(b), http://www2.ed.gov/programs/racetothetop/executive-summary.pdf.

42. Center on Education Policy, "NCLB Year 5: Choices, Changes, and Challenges: Curriculum and Instruction in the NCLB Era," July 24, 2007, 5–10, http://www.cep-dc.org/publications/; Basmat Parsad and Maura Spiegelman, *Arts Education in Public Elementary and Secondary Schools: 1999–2000 and 2009–10*, National Center for Education Statistics, Institute of Education Sciences, U.S. Department of Education, Washington, DC, 2012, http://nces.ed.gov/pubs2012/2012014rev.pdf.

43. Sharon L.Nichols and David C.Berliner, *Collateral Damage: How High-Stakes Testing Corrupts America's Schools* (Cambridge, MA: Harvard Education Press, 2007), 149–168; Linda Perlstein, *Tested: One American School Struggles to Make the Grade* (New York: Holt, 2007), 119–123, 189–199; Rafe Esquith, *Real Talk for Real Teachers* (New York: Viking, 2013), 106–114; "Why Great Teachers Are Fleeing the Profession," *WSJ*, July 17, 2013.

44. Arne Duncan, "A Back-to-School Conversation with Teachers and School Leaders," *Homeroom: The Official Blog of the U.S. Department of Education*, http://www.ed.gov/blog/2014/08/a-back-to-school-conversation-with-teachers-and-school-leaders/.

45. Ruma Kumar, "Schools Push Rigor, Reach for Stars," *TBS*, May 13, 2007; Maureen Downey, "Are Teachers under Too Much Pressure from 'War Rooms' and Constant Scrutiny?" *Atlanta Journal-Constitution*, March 29, 2010; Stephanie McCrummen, "D.C. Principal's Hands-On Tack Transforms Sousa Middle but Ruffles Feathers," *WP*, July 6, 2010; Francisco Vara-Orta, "Schools Going to War—of Sorts," *San Antonio Express-News*,

February 5, 2012; Paul Bambrick-Santoyo, *Driven by Data: A Practical Guide to Improve Instruction* (San Francisco: Jossey-Bass, 2010), 4. 此外，在参观巴尔的摩、纽约和费城的学校时，我听到一些管理人员把专门进行数据分析的办公室称为作战室。

46. Kate Zernike, "Obama Administration Calls for Limits on Testing in Schools," *NYT* October 24, 2015.

47. Raymond Callahan, *Education and the Cult of Efficiency: A Study of the Social Forces That Have Shaped the Administration of the Public Schools* (Chicago: University of Chicago Press, 1962), 7, 19–25, 67–94. 有关这种思潮的发展的见解，请参见: Merle Curti, *The Social Ideas of American Educators* (1935; reprint, Paterson, NJ: Littlefield, Adams, 1959), 203–260; and Samuel Bowles and Herbert Gintis, *Schooling in Capitalist America: Educational Reform and the Contradictions of Economic Life* (New York: Basic Books, 1976), 131–141, 160–163. 有关这种思潮的当代表现的见解，请参见: Cuban, *The Blackboard and the Bottom Line*, 1–14; and Diane Ravitch, *The Death and Life of the Great American School System: How Testing and Choice Are Undermining Education* (New York: Basic Books, 2010), 69–91. 有关商业对高等教育的影响，请参见: David L. Kirp, *Shakespeare, Einstein, and the Bottom Line: The Marketing of Higher Education* (Cambridge, MA: Harvard University Press, 2003), 6–7, 11–12, 259–263.

48. Richard Hofstadter, *Anti-intellectualism in American Life* (New York: Knopf, 1963), 237–252, 299–322.

49. 关于组合管理，"就像拥有多样化的股票和债券组合的投资者一样，学校委员会将密切管理其社区的教育服务组合，剥离生产效率较低的学校，增加有前途的学校。"请参见: Paul Hill, "Put Learning First: A Portfolio Approach to Public Schools," Progressive Policy Institute, February 2006, 2, http://www.crpe.org/publications/put-learning-first-portfolio-approach-public-schools.

50. Gary Miron and Christopher Nelson, *What's Public about Charter Schools? Lessons Learned about Choice and Accountability* (Thousand Oaks, CA: Corwin Press, 2002), 2; National Alliance for Public Charter Schools, http://www.publiccharters.org.

51. 卡特里娜飓风来临之前，新奥尔良的125所学校中有9所(7%)是特许学校。2009—2010学年，该市88所学校中有51所(58%)是特许学校。这些数据是2009年2月10日通过电话从路易斯安那州恢复学区联络主任西昂娜·拉法兰西处获得的。

52. Howard Blume and Jason Song, "Major Shift for L.A. Schools; Board OKs a Plan That Could Turn Over 250 Campuses to Charter Groups and Other Outsiders," *Los Angeles Times*, August 26, 2009.

53. Jennifer Medina, "Mayor Again Calls for Lifting Cap on Charter Schools," *NYT*, September 30, 2009.

54. National Alliance for Public Charter Schools, *A Growing Movement: America's Largest Charter School Communities* (Washington, DC: National Alliance for Public Charter Schools, November 2015), 3–7, http://www.publiccharters.org/publications/enrollment-share-10/.

55. Gregory Elacqua, "For-Profit Schooling and the Politics of Education Reform in Chile: When Ideology Trumps Evidence," Centro de Políticas Comparadas de Educación, Documento de Tragajo CPCE no.5, July 2009, 36, http://www.ncspe.org/publications_files/OP178.pdf.

56. James Tooley, *The Global Education Industry: Lessons from Private Education in Developing Countries* (London: Institute of Economic Affairs, 1999), 以及 *The Beautiful Tree: A Personal Journey into How the World's Poorest People Are Educating Themselves* (Washington, DC: Cato Institute, 2009); Joanna Härmä, "Can Choice Promote Education for All? Evidence from Growth in Private Primary Schooling in India," *Compare* 39 (March 2009): 151–165. 还可参见: Riddi Shah, "Class Difference: Poor Neighborhoods around the World Embrace a Surprising Idea: Incredibly Low-Priced Private Schools," *Boston Globe*, May 9, 2010.

57. 根据瑞典独立学校协会的数据，2013—2014学年，独立学校1至9年级学生中，73%就读于有限公司开办的学校；开设1至9年级的独立学校中有69%由有限公司运营；高中阶段的独立学校学生中，85%就读于有限公司开办的学校；高中阶段的独立学校中，86%由有限公司运营管理。这些数据来源于: Friskolornas riksförbund, "Fakta om friskolor," April 2015, 2, http://www.friskola.se/fakta-om-friskolor. 关于学校和学生的原始数据来源于: Skolverket, the Swedish School Agency, http://www.skolverket.se/statistik-och-utvardering/statistik-i-tabeller. 2013—2014学年，1至9年级共有920 997名学生，其中125 960人就读于792所独立学校；高中有330 196名学生，其中85 079人就读于460所独立学校。根据瑞典独立学校协会提供的比例数据，1 251 193名学生中有164 268人在有限公司开办的942所学校就读。

58. Political Platform for a Government Formed by the Conservative Party and the Progress Party, October 7, 2013, 55, http://www.hoyre.no/filestore/Filer/Politikkdokumenter/politisk_platform_eng.pdf. 虽然该政纲规定，这些学校"将被禁止向所有者分红"，但没有任何措辞限制这些学校被视为可出售牟利的长期投资。

59. "Viva la Revolución: The British Government Must Continue to Push Ahead with Its Bold School Reforms," *The Economist*, October 11, 2014, 18.

60. 事例请参见: Caroline Brizard, "École: la leçon finlandaise," *Le Nouvel Observateur*, February 17, 2005, 62–64; Pasi Sahlberg, *Finnish Lessons: What Can the World Learn from Educational Change in Finland?* (New York: Teachers College Press, 2011); LynNell Hancock, "A+ for Finland," *Smithsonian*, September 2011, 94–102; Anu Partanen, "What Americans Keep Ignoring about Finland's School Success," *Atlantic*, December 29, 2011, http://www.theatlantic.com/national/archive/2011/12/what-americans-keep-ignoring-about-finlands-school-success/250564/; Hannele Niemi, Auli Toom, and Arto Kallioniemi, eds., *Miracle of Education: The Principles and Practices of Teaching and Learning in Finnish Schools* (Rotterdam: Sense, 2012); Amanda Ripley, *The Smartest Kids in the World: And How They Got That Way* (New York: Simon and Schuster, 2013); Eduardo Andere,

Teachers' Per-spectives on Finnish School Education: Creating Learning Environments (New York: Springer, 2014); 以及 Hannu Simola, *Historical and Sociological Essays on Schooling in Finland* (New York: Routledge, 2015). 在引用阿尔弗雷德·D. 钱德勒的研究成果时, 我谈到了这个问题, 但没有详细说明, 见: "The Children Must Play: What the U.S. Could Learn from Finland about Education Reform," *New Republic*, January 28, 2011, http://www.newrepublic.com/article/politics/82329/education-reform-Finland-US.

61. 灯塔学校2001年的招生人数是917人。2007年增长到1 085人, 2009年增长到1 140人。
62. Samuel Freedman, "Student Rankings? Computers Flunk," *NYT*, March 16, 2005; Freedman, "The System Is Down. Is That a Problem?," *NYT*, June 8, 2005.
63. United Federation of Teachers, Case Study in Partnership, June 3, 2008, http://www.uft.org/files/attachments/uft-report-2008-06-atrs-an-new-teacher-project.pdf.
64. Arthur M. Okun, *Equality and Efficiency: The Big Tradeoff* (Washington, DC: Brookings, 1975), 119.

第一章　根本性变革

1. Lynn Hirschberg, "Is Chris Whittle the Devil?" *Vanity Fair*, March 1990, 196–197.
2. 2005年11月8日, 纽约, 访问克里斯·惠特尔。
3. Hilary Stout, "Whittle Lays Out Plans to Establish For-Profit Schools," *WSJ*, May 17, 1991; Mark Walsh, "Entrepreneur Whittle Unveils Plans to Create Chain of For-Profit Schools," *EW*, May 22, 1991, 1, 13.
4. Laura Simmons, "Whittle to Build 1,000 Schools: Cost of First 200 to be $2.5 Billion," *Knoxville News Sentinel*, May 15, 1991; Stout, "Whittle Lays Out Plans"; Susan Chira, "Whittle's School Unit Gains Prestige and Pressure," *NYT*, May 27, 1992.
5. Simmons, "Whittle to Build 1,000 Schools"; Walsh, "Entrepreneur Whittle Unveils Plans."
6. Stout, "Whittle Lays Out Plans."
7. Milton Friedman, "Selling School like Groceries: The Voucher Idea," *NYT*, September 23, 1975.
8. Mark Walsh, "Brokers Pitch Education as Hot Investment," *EW*, February 21, 1996, http://www.edweek.org/ew/articles/1996/02/21/22biz.h15.html; Walsh, "All Eyes on Edison as Company Goes Public," *EW*, November 24, 1999, 还可参见: Chris Whittle, *Crash Course: Imagining a Better Future for Public Education* (New York: Riverhead, 2005), 25–26.
9. Whittle, *Crash Course*, 26.
10. Alexis de Tocqueville, *Democracy in America, trans.* George Bevan (1835; New York: Penguin Putnam, 2003), 52, 74–77, 80. 此类内容还可参见: Robert S. Lynd and Helen Merrell Lynd, *Middletown: A Study in Modern American Culture* (New York: Harcourt, Brace, 1929); Lynd and Lynd, *Middletown in Transition: A Study in Cultural Conflicts* (New York: Harcourt, Brace, 1937); Jane Jacobs, *The Death and Life of Great American Cities*

(New York: Random House, 1961); Thomas Bender, *Community and Social Change in America* (New Brunswick, NJ: Rutgers University Press, 1978).

11. David Tyack, "Reinventing Schooling," in *Learning from the Past: What History Teaches Us about School Reform*, ed. Diane Ravitch and Maris A. Vinovskis (Baltimore: Johns Hopkins University Press, 1995), 198–199.
12. Brian O'Reilly, "Why Edison Doesn't Work," *Fortune*, December 9, 2002, 148–154.
13. 惠特尔写道:"当爱迪生发明电灯照明时,他并没有改进蜡烛使其燃烧得更好。相反,他创造了一种全新的事物:灯泡。同样,美国教育也需要一种根本性的突破,需要一种新的动力,为教育系统的转型照亮道路。"见: Chris Whittle, "An Education Edison," *Tennessee Illustrated*, Winter 1990, 转引自 Vance H. Trimble, *An Empire Undone: The Wild and Hard Fall of Chris Whittle* (New York: Birch Lane, 1995), 262–263.
14. Tyack, "Reinventing Schooling," 191.
15. Stout, "Whittle Lays Out Plans."
16. 有关教育券之于"爱迪生计划"最初构想的重要性的类似观点,请参见: Jonathan Kozol, "Whittle and the Privateers," *The Nation*, September 21, 1992, 273–278; 以及 Kenneth J. Saltman, *The Edison Schools: Corporate Schooling and the Assault on Public Education* (New York: Routledge, 2005), 34, 56–57.
17. Dinitia Smith, "Reform School: Benno Schmidt, Chris Whittle, and the Edison Project," *New York*, July 20, 1992, 34–35.
18. 2009年8月25日,纽约市,访谈爱迪生学习公司研究和问责副总裁董乐。以下几期《教育周刊》的第2页刊登了该公司的广告:2005年9月28日和12月7日;以及2006年2月15、22日和5月3日。
19. John S. Friedman, "Big Business Goes to School," *The Nation*, February 17, 1992, 190.
20. James Phinney Munroe, *New Demands in Education* (Garden City, NY: Doubleday, 1912), v.
21. 出处同上, 106–107。
22. 出处同上, 23、63。
23. 出处同上, 20。
24. President George H. W. Bush, Presentation of the National Education Strategy, April 18, 991, as published in *America 2000: An Education Strategy* (Washington, DC: Department of Education, 1991), 10.
25. Karen De Witt, "Bush Sets Up Foundation to Start Model Schools," *NYT*, July 9, 1991.
26. *America 2000*, 28.
27. National Commission on Excellence in Education, *A Nation at Risk: The Imperative for Educational Reform* (Washington, DC: Government Printing Office, April 1983), 9.
28. 出处同上, 11。
29. 出处同上, 9。
30. 出处同上, 10。

31. 出处同上。建议参见：http://www2.ed.gov/pubs/NatAtRisk/recomm.html。
32. 请参见：Robert M. Solow, "A Contribution to the Theory of Economic Growth," *Quarterly Journal of Economics* 70 (February 1956): 65–94; Solow, "Technical Change and the Aggregate Production Function," *Review of Economics and Statistics* 39 (August 1957): 312–320. 还可参见：David Warsh, *Knowledge and the Wealth of Nations* (New York: W. W. Norton, 2006), 140–157.
33. 有关学术能力倾向测试成绩下滑完全是因为"复合效应"的观点，请参见：C. C. Carson, R. M. Huelskamp, and T. D. Woodall, "Perspectives on Education in America," *Journal of Educational Research* 86 (May/June 1993): 259–310; Gerald W. Bracey, "The First Bracey Report on the Condition of Public Education," *Phi Delta Kappan* 73 (October 1991): 98. 有关学术能力倾向测试成绩下滑部分原因是"复合效应"的观点，请参见：Lawrence C. Stedman, "The Sandia Report and U.S. Achievement: "An Assessment," *Journal of Educational Research* 87 (January/February 1994): 133–146. 有关其他限定，请参见：College Entrance Examination Board, *On Further Examination* (New York: College Board, 1977); David C. Berliner and Bruce J. Biddle, *The Manufactured Crisis: Myths, Fraud, and the Attack on America's Public Schools* (Cambridge, MA: Perseus, 1995), 14–23; Daniel Koretz, *Measuring Up: What Educational Testing Really Tells Us* (Cambridge, MA: Harvard University Press, 2008), 84–90.
34. Lawrence Cremin, *Popular Education and Its Discontents* (New York: Harper and Row, 1989), 103. 关于将美国经济竞争力下降归因于学校质量不足的更为技术层面的评估，请参见：Henry M. Levin and Carolyn Kelley, "Can Education Do It Alone?," *Economics of Education Review* 13 (June 1994): 97–108.
35. 请参见：Jonathan Kozol, *Savage Inequalities: Children in America's Schools* (New York: Crown, 1991); Claudia Goldin and Lawrence Katz, *The Race between Education and Technology* (Cambridge, MA: Harvard University Press, 2008), 345–353.
36. 有关背景，请参见：Will Woodward, "The Legacy of Blue Ken," *The Guardian*, March 28, 2008. 文中所提到的法规条款依次参见：House of Commons, Education Reform Act 1988, I.2; I.14; II.159; I.46; and I.52.
37. De Witt, "Bush Sets Up Foundation"; Margaret Spillane and Bruce Shapiro, "A Small Circle of Friends: Bush's New American Schools," *The Nation*, September 21, 1992, 280.
38. Susan Bodilly, *New American Schools' Concept of Break the Mold Designs: How Designs Evolved and Why* (Santa Monica, CA: RAND, 2001), 11.
39. 出处同上，2、4。
40. Trimble, *An Empire Undone*, 44.
41. 出处同上，49、50–56。
42. 出处同上，61–63。
43. 出处同上，73–76。
44. 出处同上，77、84–85。

45. 出处同上 , 49、59、119。
46. 出处同上 , 85、106–109。
47. N. R. Kleinfield, "What Is Chris Whittle Teaching Our Children?" *NYT*, May 19, 1991.
48. Trimble, *An Empire Undone*, 85, 137–140, 193. 还可参见 : Charlotte Evans, "2 Tennesseans Buy Esquire," *NYT*, May 1, 1979.
49. Trimble, *An Empire Undone*, 210–211.
50. Hirschberg, "Is Chris Whittle the Devil?" 232.
51. Kleinfield, "What Is Chris Whittle Teaching Our Children?"
52. Simmons, "Whittle to Build 1,000 Schools."
53. Trimble, *An Empire Undone*, 209, 229–233. 备受尊敬的政治评论员兼编辑迈克尔·金斯利就一个高级职位接受了惠特尔的面试。后来他表示，如果惠特尔录用他，他会接受这份工作。请参见 : James B. Stewart, "Grand Illusion," *New Yorker*, October 31, 1994, 73–74, 80.
54. Kleinfield, "What Is Chris Whittle Teaching Our Children?"
55. Trimble, *An Empire Undone*, 316.
56. 出处同上 , 317。
57. Hirschberg, "Is Chris Whittle the Devil?," 233–234; Trimble, *An Empire Undone*, 235; Edwin McDowell, "Author Quits Whittle's Book Project," *NYT*, June 13, 1989.
58. Suzanne Alexander, "California Judge Rules against State in Whittle Case," *WSJ*, November 25, 1992.
59. 惠特尔曾于 1992 年 2 月在华盛顿的一次记者招待会上介绍了其设计团队 , 并在几家主流报纸上刊登了整版广告。John E. Chubb, "Lessons in School Reform from the Edison Project," in *New Schools for a New Century : The Redesign of Urban Education*, ed. Diane Ravitch and Joseph P. Viteritti (New Haven, CT : Yale University Press, 1997), 88.
60. Ad for Edison Project, *NYT*, March 2, 1992, A16; *WSJ*, March 2, 1992, A7; *EW*, March 4, 1992, 4.
61. Trimble, *An Empire Undone*, 267–268; J. S. Friedman, "Big Business Goes to School," 189; Smith, "Reform School."
62. Whittle, *Crash Course*, 74.
63. Ad for Edison Project, *NYT*, May 28, 1992, A24; and *WSJ*, May 28, 1992, A7.
64. Smith, "Reform School," 38–39.
65. 出处同上 , 39。史密斯指出 , 当施密德特 1992 年 5 月告知耶鲁公司的高级研究员小弗农·洛克斯他将辞职 , 去担任 "爱迪生计划" 的领导时 , 洛克斯劝他留下来。
66. Chubb, "Lessons in School Reform."
67. Deborah Sontag, "Yale President Quitting to Lead National Private School Venture," *NYT*, May 26, 1992.
68. Benno Schmidt, "Educational Innovation for Profit," *WSJ*, June 5, 1992.
69. National Commission on Excellence in Education, *A Nation at Risk*; Eric Hanushek, "The

Economics of Schooling: Production and Efficiency in Public Schools," *Journal of Economic Literature* 24 (September 1986): 1145–1146.
70. Schmidt, "Educational Innovation."
71. Richard Rothstein, "The Myth of Public School Failure," *American Prospect*, Spring 1993, 20–34.
72. 全国医疗支出数据来源于医疗保险和医疗补助服务中心, http://www.cms.gov/Research-Statistics-Data-and-Systems/Statistics-Trends-and-Reports/NationalHealthExpendData/NationalHealthAccountsHistorical.html.
73. William J. Baumol, *The Cost Disease: Why Computers Get Cheaper and Health Care Doesn't* (New Haven, CT: Yale University Press, 2012), 20–24.
74. Kurt Vonnegut, *Player Piano* (New York: Random House, 1952), 204–205.
75. Deborah Meier, "Choice Can Save Public Education," *The Nation*, March 4, 1991, 253–271; Meier, *The Power of Their Ideas: Lessons for America from a Small School in Harlem* (Boston: Beacon Press, 1995), 37, 67, 93, 104, 180–181.
76. Seymour Fliegel, *Miracle in East Harlem: The Fight for Choice in Public Education* (New York: Manhattan Institute, 1993), 3–4, 7, 9–10, 12, 26–27, 87–96, 106–108, 115–126.
77. 出处同上, 11–12, 192; Meier, *Power of Their Ideas*, 100.
78. Jeffrey R. Henig, *Rethinking School Choice: Limits of the Market Metaphor* (Princeton, NJ: Prince ton University Press, 1994), 3–12, 101–148.
79. 请参见: Martin Carnoy et al., *The Charter School Dust-Up: Examining the Evidence on Enrollment and Achievement* (New York: Teachers College Press and Economic Policy Institute, 2005); Diane Ravitch, T*he Death and Life of the Great American School System: How Testing and Choice Are Undermining Education* (New York: Basic Books, 2010); Ravitch, *Reign of Error: The Hoax of the Privatization Movement and the Danger to America's Schools* (New York: Knopf, 2013)。还可参见: Justice John Paul Stevens's dissent in *Zelman v. Simmons-Harris*, 536 U.S. 639 (2002).
80. David Rogers, *110 Livingston Street: Politics and Bureaucracy in the New York City School System* (New York: Random House, 1968), 267.
81. David Rogers and Norman H. Chung, *110 Livingston Street Revisited: Decentralization in Action* (New York: New York University Press, 1983), 216–225.
82. Bel Kaufman, *Up the Down Staircase* (Englewood Cliffs, NJ: Prentice Hall, 1965).
83. Theodore R. Sizer, *Horace's Compromise: The Dilemma of the American High School* (New York: Houghton Mifflin, 1984), 206–221; Sizer, *Horace's School: Redesigning the American High School* (New York: Houghton Mifflin, 1992), 50–64.
84. Albert Shanker, National Press Club speech, March 31, 1988, https://www.reuther.wayne.edu/files/64.43.pdf. 尚克的提议是基于雷·巴德的研究成果,后者出版了: *Education by Charter: Restructuring School Districts* (Andover, MA: Regional Laboratory for Educational Improvement of the Northeast and Islands, 1988).

85. John Chubb and Terry Moe, *Politics, Markets, and America's Schools* (Washington, DC: Brookings, 1990), 183.
86. Edison Project, *The Edison Project: Partnership Schools Make an Affordable, World-Class Education Possible for Every Child* (New York: Edison Project, 1994), 10, 16–17, 26, 34, 38–39, 40, 42, 78, 87. 还可参见: Trimble, *An Empire Undone*, 294–298.
87. Chubb, "Lessons in School Reform," 111. 有关黛安·拉维奇之后反对市场化改革和标准化，请参见: Ravitch, *Death and Life and Reign of Error*.
88. Edison Project, *The Edison Project*, 7. 还可参见: Trimble, *An Empire Undone*, 295，该文献提到施密德特在接受访谈时说道："我们将创办能为美国学生的学习成绩、生活质量和国家福祉做出巨大贡献的学校。"
89. David Ellis, "Knowledge for Sale," *Time*, June 8, 1992, 69.
90. N.R. Kleinfield, "Plan for High-Tech Private Schools Poses Risks and Challenges," *NYT*, May 26, 1992.
91. 出处同上。还可参见: Dow Jones News Service, "Philips Electronics to Pay $175 Million for 25% of Whittle," *WSJ*, February 6, 1992.
92. Smith, "Reform School," 34.
93. Patrick M. Reilly, "Whittle Seeks Edison Funding of $750 Million," *WSJ*, May 5, 1993; Patrick M. Reilly and Suzanne Alexander, "Whittle's Plan for Big Growth Runs into Snags," *WSJ*, August 6, 1993; Jolie Solomon, "Mr. Vision, Meet Mr. Reality," *Newsweek*, August 16, 1993, 62; Mark Walsh, "Scaled-Back Edison Plan Focuses on Managing Schools," *EW*, September 8, 1993, http://www.edweek.org/ew/articles/1993/09/08/01whit.h13.html; Steve Stecklow, "Whittle Seeks $50 Million to Replenish Operating Funds of the Edison Project," *WSJ*, July 18, 1994.
94. Myron Lieberman, *Privatization and Educational Choice* (New York: St. Martin's, 1989), 100–105.
95. 2005年11月8日，纽约市，访问克里斯·惠特尔。
96. Stout, "Whittle Lays Out Plans."
97. Chubb, "Lessons in School Reform," 113.
98. Walsh, "Scaled-Back Edison Plan."
99. Peter Schmidt, "Management Firm Finds Schools a Tough Sell," *EW*, October 14, 1992, http://www.edweek.org/ew/articles/1992/10/14/06eai.h12.html.
100. 2005年12月7日，纽约市，访谈纽约哈里特·塔布曼特许学校校长格温·斯蒂芬斯，学校运营总监玛吉·亨德里克斯。两人都指出，塔布曼和其他爱迪生学校一样，都缺乏艺术经费；此外，他们还指出，作为营利性公司管理学校的代表，他们很难从慈善组织筹集艺术经费。2005年10月6日，纽约市，访谈贝诺·施密德特。施密德特解释说，作为努力减轻"资本密集"的措施的一部分，爱迪生公司在2002年结束了家庭电脑项目。
101. Craig E. Richards, Rima Shore, and Max B. Sawicky, *Risky Business: Private Management*

of Public Schools (Washington, DC: Economic Policy Institute, 1996), 54.

102. 学校数量见表 6.1。独立研究人员在确定爱迪生公司的学校数量时，与该公司存在分歧。他们声称该公司有时会重复计算。一栋大楼内同一校长管理的小学部和中学部，会被算作两所学校而非一所。
103. "Edison Project Plans to Offer Stock Options to Its Teachers," *WSJ*, October 22, 1998; "Edison Project Raises an Additional $71 Million," *WSJ*, July 30, 1999.
104. 2005 年 10 月 6 日，纽约市，访问贝诺·施密德特。
105. Stewart, "Grand Illusion," 80.
106. 出处同上，75。
107. 出处同上，64–81。
108. 出处同上，64。
109. Katie Collins, "Federal Courthouse Downtown Holds Hidden History," *Tennessee Journalist*, May 17, 2008. 该公司总部大楼耗资 5 600 万美元建造，以 2 200 万美元的价格卖给了联邦政府。
110. 2001 年，莫伊离开了美林证券，与他人共同创立了思考证券合伙公司 (Think Equity Partners LLC)。这是一家位于旧金山的精品投资银行。格拉斯曼于 2004 年离开《华盛顿邮报》，成为位于华盛顿特区的美国企业研究所的常驻研究员。
111. Michael T. Moe, Kathleen Bailey, and Rhoda Lau, *The Book of Knowledge: Investing in the Growing Education and Training Industry* (New York: Merrill Lynch, April 9, 1999), 74–75.
112. William C. Symonds et al., "For-Profit Schools," *Businessweek*, February 7, 2000, 64.
113. 尽管投资银行不会公布其个别交易的费用，但可以根据公开募集的资金 (股票价格乘以交易量) 及其向美国证券交易委员会提交的 "10-Q 报告" 中列出的净收益之间的差额来估算。爱迪生公司的情况是，3 次发行筹集了 2.857 亿美元。根据该公司向美国证券交易委员会提交的文件，其净收益为 2.615 亿美元。这意味着美林证券和其他承销商将共享约 2 400 万美元的费用。请参见: Edison Schools Inc., "Securities and Exchange Commission File No.000–27817 (Form 10-Q)," December 23, 1999, November 14, 2000, and May 14, 2001 (accessed July 1, 2006, at www.sec.gov).
114. James K. Glassman, "It's Elementary: Buy Education Stocks Now," *WP*, July 2, 1995.
115. Evelyn Nussenbaum, "Wall St. Boosters High on 'Privatizer,'" *New York Post*, April 1, 2001. 还可参见: "Analyst Interview: Brandon Dobell," *Wall Street Transcript*, March 2002, 6. 还可参见: Symonds et al., "For-Profit Schools."
116. Edison Schools Inc., "Securities and Exchange Commission File No. 000–27817 (Form 10-Q)," December 23, 1999.

第二章　市场规律

1. Edison Schools Inc., "Securities and Exchange Commission File No. 000–27817 (Form

注　释

      10–Q)," December 23, 1999, November 14, 2000, May 14, 2001, http://www.sec.gov.

2. Mark Walsh, "Edison Project, Now Edison Schools Inc., Plans to Go Public," *EW*, September 8, 1999, 6.

3. Edison Schools Inc., "Securities and Exchange Commission File No. 000–27817 (Form 10–Q)," December 23, 1999, November 14, 2000, May 14, 2001, http://www.sec.gov. 其他的报告中，二次发行量较高(2000年8月为550万股，2001年3月为670万股)。请参见：Diana Henriques and Jacques Steinberg, "Edison Schools in Settlement with SEC," *NYT*, May 15, 2002.

4. "Behavioral Research Labs," *WSJ*, February 5, 1971.

5. "Behavioral Research Reports $111, 449 Loss for Fiscal Nine Months," *WSJ*, August 9, 1971; Vincent Marottoli, "The Success of the Private Language Schools: A Lesson to Be Learned," *Foreign Language Annals* 6 (March 1973): 354–358.

6. *National Monthly Stock Summary*, April 1, 1971 (New York: National Quotation Bureau, 1971), 261.

7. "Behavioral Research Suspended by Amex," *WSJ*, March 14, 1974, 20.

8. Peter Schmidt, "Management Firm Finds Schools a Tough Sell," *EW*, October 14, 1992, http://www.edweek.org/ew/articles/1992/10/14/06eai.h12.html.

9. 出处同上。

10. Mark Walsh, "For-Profit School Management Company Hits Hard Times," *EW*, February 9, 2000, 5. 还可参见：Elizabeth Gleick and Marc Heque "Privatized Lives," *Time*, November 13, 1995, 88.

11. Edward Wyatt, Anemona Hartocollis, and Jacques Steinberg, "Bulletin Board: Education Pays Off Royally," *NYT*, November 17, 1999.

12. Louis V. Gerstner et al., *Reinventing Education: Entrepreneurship in America's Public Schools* (New York: Dutton, 1994), 15.

13. 出处同上，21。

14. John E. Chubb, "Lessons in School Reform from the Edison Project," in *New Schools for a New Century: The Redesign of Urban Education*, ed. Diane Ravitch and Joseph P. Viteritti (New Haven, CT: Yale University Press, 1997), 102.

15. 出处同上，113。

16. Jolie Solomon, "Mr. Vision, Meet Mr.Reality," *Newsweek*, August 16, 1993, 62; 2005年11月8日，纽约市，访问克里斯·惠特尔。

17. Mark Walsh, "Channel One Debut Wins Viewer Plaudits, but School Groups Pan 'Commercialism,'" *EW*, March 15, 1989, http://www.edweek.org/ew/articles/1989/03/15/08210068.h08.html.

18. 不同报纸报道的安装费用存在出入。据《教育周刊》报道，每所学校的费用为5万美元。出处同上。据《华尔街日报》报道，每所学校的费用为2万美元，启动资金总额为1.5亿美元。请参见：Patrick M.Reilly, "Whittle Signs Up 500 Schools to Get Channel

One Show," *WSJ*, October 30, 1989.《教育周刊》之后又报道称，每所学校的费用从 3 万美元到 5 万美元不等。请参见：Robert Kubey, "Whittling the School Day Away," *EW*, December 1, 1993, http://www.edweek.org/ew/articles/1993/12/01/13kubey.h13.html. 但这两份报纸报道的商业广告费用相同。惠特尔通信公司于 1989 年 3 月在《泰晤士报》上刊登的广告活动称，每所学校的费用为 5 万美元。

19. Dow Jones News Service, "Whittle Says It Sold Advertising Totaling $150 Million," *WSJ*, September 1, 1989.
20. Emily Smith, *The Cloris Leachman Handbook* (n.p.: Emereo, 2013), 495–496.
21. Chris Whittle, "Commercials, plus Education: Business Can Aid Starved Schools," *NYT*, March 1, 1989. 还可参见：Joanne Lipman, "Criticism of TV Show with Ads for Schools Is Scaring Sponsors," *WSJ*, March 2, 1989.
22. 1989 年第一频道在《泰晤士报》刊登的 14 则广告如下：3 月 1 日 28 版；3 月 2 日 24 版；3 月 6 日 A18 版；3 月 7 日 26 版；3 月 8 日 D32 版；3 月 16 日 D32 版；3 月 17 日 D20 版；6 月 7 日 A28 版；6 月 8 日 D5 版；6 月 9 日 D28 版；6 月 11 日 E30 版；1989 年 6 月 13 日，A28 版；6 月 14 日 D28 版和 6 月 15 日 D32 版。
23. Ad for Channel One, *NYT*, March 1, 1989, D28.
24. Ad for Channel One, *NYT*, March 2, 1989, A28.
25. Randall Rotherberg, "The Media Business: A Rush Job on Whittle's Fight," *NYT*, March 9, 1989.
26. Ad for Channel One, *NYT*, June 9, D28; June 11, E30; June 14, 1989, D28.
27. Dow Jones News Service, "Whittle Hires Turner Aide as Chairman of New Unit," *WSJ*, May 7, 1990.
28. Dow Jones News Service, Marketing Brief, *WSJ*, April 5, 1991.
29. Mark Walsh, "California Chief Sues District to End Use of 'Channel One,'" *EW*, January 8, 1992, http://www.edweek.org/ew/articles/1992/01/08/16whittl.h11.html.
30. Dow Jones News Service, "Rhode Island Ends Its Ban of Whittle's Channel One Program," *WSJ*, July 24, 1992; Suzanne Alexander, "Education: Whittle Wins California Fight over School TV," *WSJ*, September 10, 1992.
31. "Channel One Gains in New York," *EW*, June 7, 1995, http://www.edweek.org/ew/articles/1995/06/07/37caps.h14.html.
32. Mark Walsh, "Classroom Advertiser to Send Its Message over Television," *EW*, January 25, 1989, http://www.edweek.org/ew/articles/1989/01/25/08140051.h08.html.
33. Mark Walsh, "Conservatives Join Effort to Pull the Plug on Channel One," *EW*, April 7, 1999, 5.
34. John S. Friedman, "Big Business Goes to School," *The Nation*, February 17, 1992, 190; Dinitia Smith, "Reform School: Benno Schmidt, Chris Whittle, and the Edison Project," *New York*, July 20, 1992, 36.
35. Patrick M. Reilly, "Whittle Appoints an Advisory Board for Channel One to Improve Its

Image," *WSJ,* August 28, 1989, 1.

36. Mark Walsh, "Whittle to Unveil New Programming for Teachers," *EW*, October31, 1990, http://www.edweek.org/ew/articles/1990/10/31/10400048.h10.html; Walsh, "Shanker Quits Channel One Advisory Panel," *EW*, November 21, 1990, http://www.edweek.org/ew/articles/1990/11/21/10050039.h10.html.
37. Robert Goldberg, "TV: Faustian Bargain with the Schools?" *WSJ*, March 13, 1989.
38. David Tyack, "Reinventing Schooling," in *Learning from the Past: What History Teaches Us about School Reform*, ed. Diane Ravitch and Maris A. Vinovskis (Baltimore: Johns Hopkins University Press, 1995), 203.
39. Jerome Johnston, "Channel One: The Dilemma of Teaching and Selling," *Phi Delta Kappan* 76 (February 1995): 436–442.
40. Mark Walsh, "Channel One More Often Used in Poorer Schools, Study Finds," *EW*, October 27, 1993; William Hoynes, "News for a Captive Audience: An Analysis of Channel One," *Fairness and Accuracy in Reporting*, May 1997, http://fair.org/extra-online-articles/news-for-a-captive-audience/; Erica Weintraub Austin et al., "Benefits and Costs of Channel One in a Middle School Setting and the Role of Media-Literacy Training," *Pediatrics* 117 (March 2006): 423–433.
41. Mark Walsh, "California, New York Move to Bar 'Channel 1,'" *EW*, May 31, 1989, http://www.edweek.org/ew/articles/1989/05/31/08320044.h08.html.
42. Meg Cox, "New York Joins California in Opposing Whittle's News Program for Students," *WSJ*, June 19, 1989.
43. Mark Walsh, "Whittle to Ask to Exceed Daily Limit for Ads on Channel One," *EW*, June 2, 1993, http://www.edweek.org/ew/articles/1993/06/02/36whit.h12.html.
44. Walsh, "Channel One Debut Wins Viewer Plaudits"; Mark Walsh, "As Advertising Aimed at Youths Increases, Firm Plans 'Video Kiosks' in High Schools," *EW*, August 1, 1990, http://www.edweek.org/ew/articles/1990/08/01/09460006.h09.html; Dow Jones News Service, "Group Sets Boycott of Pepsi over Ads on Channel One," *WSJ*, May 5, 1992; "News in Brief: Group Aims to End Commercialism," *EW*, October 7, 1998, 4; Walsh, "Conservatives Join Effort."
45. Mark Walsh, "Nader, Schlafly Lambaste Channel One at Senate Hearing," *EW*, May 26, 1999, 20.
46. 2011年5月26日,电话访谈威廉·L.鲁凯瑟。
47. Rhea R. Borja, "Channel One Struggling in Shifting Market," *EW*, July 27, 2005, 3, 14.
48. Rhea R. Borja, "Media Conglomerate to Drop Channel One," *EW*, December 22, 2006, http://www.edweek.org/ew/articles/2006/12/22/18channelone_web.h26.html.
49. Business Wire, "Alloy Broadens Media Offerings; Acquires Channel One," April 23, 2007, http://www.businesswire.com/news/home/20070423005476/en.
50. 如果科尔伯格－克拉维斯－罗伯茨扮演的是乌龟而不是兔子,它本可以将这2.4亿美元用于投资标准普尔 500 指数基金，例如道富环球投资顾问公司的 SPY 基金。1994 年 9 月 30 日，当科尔伯格 - 克拉维斯 - 罗伯茨完成对第一频道的收购时，SPY 基金以每股 46.17 美元收盘。2007 年 4 月 23 日，当科尔伯格 - 克拉维斯 - 罗伯茨将第一频道出售给阿洛依股份有限公司时，SPY 基金的收盘价为 148.06 美元。要是以每年 2% 的股息进行再投资，并按公司 15% 的合格股息率纳税，到 2007 年 4 月，这 2.4 亿美元将增至约 8.44 亿美元。

51. Alloy Media and Marketing, investor presentation, March 15, 2010, 9, http://www.alloymarketing.com/.
52. GlobalNewswire, "Channel One Network and CBS News to Co-produce Award-Winning Newscast for Teens," July 21, 2009, http://globenewswire.com/news-release/2009/07/21/401096/169374/en/Channel-One-Network-and-CBS-News-to-Co-Produce-Award-Winning-Weekday-Newscast-for-Teens-Beginning-This-Fall.html.
53. 阿洛依股份有限公司提交的 2007 财年 10-K 报告显示，当年收购的两家公司第一频道和一线营销公司（一家销售店内展示板广告的公司）的综合收入为 2 050 万美元（较该公司 2007 财年首次 10-K 报告中公布的 2 430 万美元进行了下行调整）。根据该公司 2008 财年的 10-K 数据，在作为阿洛依股份有限公司子公司的第一个整年中，第一频道收入增加了 700 万美元，一线营销公司收入增加了 600 万美元。根据该公司 2009 财年的 10-K 数据，第一频道的收入增加了 160 万美元，一线营销公司的收入增加了 260 万美元。这意味着 2009 财年，这两家公司的综合收入为 3 770 万美元。即使 2007 财年报告的两家公司的综合收入都算到第一频道头上，2009 财年的综合收入中，其所占的份额也不会超过 2 910 万美元。请参见：Alloy Inc., Form 10-K for fiscal years ended January 31, 2009, and January 31, 2010, http://www.sec.gov.
54. Matt Jarzemsky, "ZelnickMedia to Pay $126.5 Million for Alloy," *WSJ*, June 24, 2010.
55. William J.Baumol, *The Cost Disease: Why Computers Get Cheaper and Health Care Doesn't* (New Haven, CT: Yale University Press, 2012), 20–24.
56. National Center for Education Statistics, Digest of Education Statistics, 2009, table 180: Total Expenditures for Public Elementary and Secondary Education, by Function and Subfunction: Selected Years, 1990–1991 through 2006–2007, http://nces.ed.gov/programs/digest/d09 /tables /dt09_180.asp.
57. Matthew Andrews, William Duncombe, and John Yinger, "Revisiting Economies of Size in American Education: Are We Any Closer to a Consensus?," *Economics of Education Review* 21 (June 2002): 245–262. 还可参见：Henry M. Levin, "Why Is This So Difficult?," in *Educational Entrepreneurship: Realities, Challenges, Possibilities*, ed. Frederick M. Hess (Cambridge, MA: Harvard Education Press, 2006), 165–182.
58. 爱迪生公司自 2004 年 3 月 3 日起持续在《教育周刊》上刊登广告。到 2007 年 7 月 18 日，几乎每期《教育周刊》都有其广告出现。从 2005 年 8 月 31 日起，爱迪生公司的广告刊登在每期杂志的第 2 页。
59. Mark Walsh, "Edison Project Spares No Cost in Wooing Prospective Clients," *EW*, October

14, 1998, 1, 16. 1997—2005 年在爱迪生合作部担任高级副总裁兼总经理的理查德·奥尼尔在 2006 年 11 月 6 日的一次电话访谈中说, 他记得至少在博德摩尔参加过 4 次这样的年度休闲活动, 并且这些活动都非常奢华。1997—2002 年在爱迪生学校支持部担任高级副总裁的安娜·蒂尔顿在 2006 年 10 月 30 日接受电话访谈时说:"公司中很多高薪的员工都在出卖爱迪生公司, 在评估公司预算时没有人考虑过营销和销售成本的规模。"

60. 2006 年 11 月 6 日, 电话访谈奥尼尔。
61. 出处同上。
62. Gary Miron and Brooks Applegate, "An Evaluation of Student Achievement in Edison Schools Opened in 1995 and 1996," December 2000, vii, http://www.wmich.edu/evalctr.
63. Steven F. Wilson, *Learning on the Job: When Business Takes on Public Schools* (Cambridge, MA: Harvard University Press, 2006), 297–299.
64. Edison Schools Inc., "Securities and Exchange Commission File No. 00027817 (Form 10-K)," September 28, 2000, 16; September 26, 2001, 16; September 30, 2002, 15; and September 30, 2003, 18. 除了向证券交易委员会提交的报告中的学术成就摘要外, 爱迪生公司还发表了年度研究报告, 详细叙述其在学术方面取得的进展。
65. 2005 年 12 月 7 日, 纽约, 访谈纽约哈里特·塔布曼特许学校运营总监玛吉·亨德里克斯。"SASI" 是培生学校系统公司研发的 "学校学生信息管理" 的缩写。亨德里克斯关于纽约市教育局向学校排课员提供最低限度培训的观察, 印证了我在 2001—2008 年担任纽约市一所高中的排课员, 2005 年 6 月担任公立学校新愿景排课研讨会负责人, 以及 2005 年 7 月担任纽约市教育局排课研讨会负责人期间的所见所闻。
66. 基于 2005 年 11 月 30 日对蒙特贝洛小学校长卡米尔·贝尔、前校长萨拉·奥尔塞、巴尔的摩爱迪生伙伴学校社区技术服务经理肯特·鲁特克-斯塔尔曼和蒙特贝洛特殊教育教学协调员坦尼娅·利普斯科姆的访谈; 2005 年 12 月 7 日对哈里特·塔布曼特许学校校长格温·斯蒂芬斯和学校运营总监玛吉·亨德里克斯的访谈; 2005 年 10 月 6 日和 18 日、2005 年 11 月 8 日、2006 年 3 月 16 日、2007 年 1 月 3 日、2009 年 3 月 16 日、2009 年 8 月 25 日、2010 年 4 月 7 日、2010 年 5 月 5 日和 2011 年 2 月 25 日对爱迪生公司总部的走访; 以及多次与该公司总部的电话沟通。
67. "Edison's Elusive Profits," *Rethinking Schools*, Spring 2002, 17.
68. Edison Schools Inc., "Securities and Exchange Commission File No. 00027817 (Form 10-K)," September 28, 2000.
69. Peter Applebome, "For-Profit Education Venture to Expand," *NYT*, June 2, 1997.
70. Edison Schools Inc., "Securities and Exchange Commission File No. 00027817 (Form 10-K)," September 28, 2000.
71. William C.Symonds, "Edison: Pass, Not Fail," *Businessweek*, July 9, 2001, 70.
72. 在此方面对爱迪生公司的批评, 请参见: J. Saltman, *The Edison Schools: Corporate Schooling and the Assault on Public Education* (New York: Routledge, 2005), 54.
73. Ann Grimes, "School Board Seeks to Revoke Edison Charter," *WSJ*, February 20, 2001.

74. Somini Sengupta, "Edison Project Gets Aid to Open New Schools," *NYT*, May 27, 1998.
75. Peter Schrag, "Edison's Red Ink School house," *The Nation*, June 25, 2001, 24.
76. Howard M. Smulevitz, "2 Experimental Schools Get Green Light, Funds," *Indianapolis Star*, September 29, 2001.
77. David Evans, "Edison Schools Fails to Deliver $10.5 Million Promise to Las Vegas," *Bloomberg News*, August 12, 2002, http://www.bloomberg.com/，需要订阅。
78. Edison Schools Inc., "Securities and Exchange Commission File No. 00027817 (Form 10-K)," September 26, 2001, 36.
79. 2005月10月18日，纽约，访问吉姆·豪兰德。
80. 出处同上。
81. Walsh, "Edison Project Spares No Cost."
82. 有关英克斯特的详细信息，请参见：Darcia Harris Bowman, "Michigan District Hires Edison to Manage Its Schools," *EW*, February 23, 2000, 3; Mark Walsh, "Edison Schools Joins with IBM in Technology Alliance," *EW*, June 21, 2000, 9.
83. Robert C. Johnston, "Pa. Targets 11 Districts for Takeover," *EW*, May 17, 2000, 1, 26.
84. Liz Bowie and JoAnna Daemmrich, "Two Companies Vying to Manage Troubled Schools Visit Three Sites," *TBS*, February 15, 2000; June Kronholz, "Baltimore Public School Struggles to Improve Its Scores," *WSJ*, June 16, 2000.
85. Myron Lieberman, *Privatization and Educational Choice* (New York: St. Martin's, 1989), 4, 268.

第三章　火线之上

1. 2005年11月30日和2009年3月23日，参观蒙特贝洛小学。
2. Sheryl Gay Stolberg, "Baltimore Enlists National Guard and a Curfew to Fight Riots and Looting," *NYT*, April 27, 2015; Stolberg, " After Thousands Rally in Baltimore, Police Make Some Arrests as Curfew Takes Hold," *NYT*, May 2, 2015.
3. 2011年2月25日，纽约，访问杰夫·沃尔。
4. 请参见：Howell S. Baum, *"Brown" in Baltimore: School Desegregation and the Limits of Liberalism* (Ithaca, NY: Cornell University Press, 2010), 208–210, 尤其是225页。
5. National Center for Education Statistics, Common Core of Data (CCD) "Public Elementary/Secondary School Universe Survey," 1998–2009, www.nces.gov. 2008—2009学年，弗曼·邓普顿小学的556名学生中，有92%的学生有资格享用免费或减价午餐。
6. 2009年3月27日，参观弗曼·邓普顿小学。
7. Jessica Portner, "Plan Tying Increased Aid, State Control of Baltimore Schools Backed," *EW*, April 16, 1997, http://www.edweek.org/ew/articles/1997/04/16/29md.h16.html.
8. Liz Bowie, "Board Votes to Consider Outside Help," *TBS*, September 22, 1999.
9. 出处同上。

注 释

10. "Second Chance for Privatization," *TBS*, September 29, 1999.
11. Darcia Harris Bowman, "Private Firms Tapped to Fix Md. Schools," *EW*, February 9, 2000, 1, 22; Howard Libit, "Maryland Assumes Control of Three Baltimore Schools," *TBS*, February 2, 2000. 1999年8月对邓恩的任命记录在1999年8月25日马里兰州教育部网站的公告中。《教育周刊》和《巴尔的摩太阳报》都没有对邓恩的问题做出回应。还可参见: Maryland State Department of Education, minutes, February 1, 2000, 7, http://www.marylandpublicschools.org/stateboard/index.html.
12. Libit, "Mary land Assumes Control"; JoAnna Daemmrich, "Takeover of Three Schools Questioned," *TBS*, February 3, 2000.
13. Daemmrich, "Takeover."
14. Alex Molnar, Jennifer Morales, and Alison Vander Wyst, *Profiles of For-Profit Education Management Companies: Year 1999–2000* (Milwaukee: Center for the Analysis of Commercialism in Education, 2000), 16–17, http://repository.asu.edu/attachments/78986/content/02_1999-00.pdf. 还可参见: Steven F. Wilson, *Learning on the Job: When Business Takes on Public Schools* (Cambridge, MA: Harvard University Press, 2006), 62–67.
15. Liz Bowie and JoAnna Daemmrich, "Two Companies Vying to Manage Troubled Schools Visit Three Sites," *TBS*, February 15, 2000; Katie Wang, "Charter Schools Fight to Exist," *Morning Call*, March 12, 2000.
16. Bowie and Daemmrich, "Two Companies."
17. Darcia Harris Bowman, "Md. Picks Edison to Run Three Baltimore Schools," *EW*, March 29, 2000, 3.
18. Eric Siegel, "School Pact Draws Suit," *TBS*, April 21, 2000.
19. "Are City Teachers Ready for Reform?" *TBS*, April 24, 2000.
20. Erika Niedowski, "Judge Backs School Plan," *TBS*, August 23, 2000.
21. Bowie, "Board Votes"; "Second Chance for Privatization."
22. Erika Niedowski, "New School Model Begins," *TBS*, July 30, 2000.
23. Marion Orr, "Baltimore: The Limits of Mayoral Control," in *Mayors in the Middle: Politics, Race, and Mayoral Control of Urban Schools*, ed. Jeff rey R. Henig and Wilbur C. Rich (Princeton, NJ: Princeton University Press, 2004), 44.
24. Gelareh Asayesh, "Baltimore Board Weighs Private School Operation, *TBS*, May 17, 1991; Ann LoLordo, "Mayor Was Convinced Early That Golle Firm Deserved Chance to Run Schools," *TBS*, June 13, 1992; Laura Lippman, "A Private Man Who Sees Profit in Public Schools," *TBS*, June 12, 1992.
25. "Schools in Another Dimension," *TBS*, June 11, 1992.
26. Mark Bomster, "Pastors' Group Balks at Plan to Let Firm Run Nine Schools," *TBS*, July 15, 1992.
27. Michael A. Fletcher, "A Firm Schmoke Limits BUILD's Role at City Hall," *TBS*, July 21, 1992.

28. "Let the Mayor Be Mayor," *TBS*, July 23, 1992. 还可参见: Orr, "Baltimore," 45.
29. Mark Bomster, "Contract Passed with Firm to Run City Schools," *TBS*, July 23, 1992; Mike Bowler, "BTU's Two-Woman Team Sees Success and Failure," *TBS*, August 15, 1994.
30. Lippman, "A Private Man; Frank Roylance," "Company Set to Run 9 City Schools Has Similar Operation in Fla.School," *TBS*, June 10, 1992.
31. Peter Schmidt, "Management Firm Finds Schools a Tough Sell," *EW*, October 14, 1992, http://www.edweek.org/ew/articles/1992/10/14/06eai.h12.html.
32. Ann LoLordo and Laura Lippman, "Firm Calls Rein on Costs Key to Profit on Schools," *TBS*, June 11, 1992; Mark Bomster, "Test Begins for Minn.Firm and 9 City Schools," *TBS*, September 1, 1992.
33. Bomster, "Test Begins."
34. Mark Bomster, "City Teachers Divided on Takeover of Schools," *TBS*, August 26, 1992; Bomster, "Parents Air Frustrations about 'Tesseract' Project," *TBS*, September 18, 1992; Bomster, "9 Schools Start to Mend," *TBS*, November 15, 1992.
35. "Selected Education IPOs: 1991 to Present," *EW*, November 24, 1999, 16; 之后的数字来源于: Bloomberg LP, http://www.bloombergcom/, 需要订阅。
36. Ian Johnson, "Schools Manager EAI Aces Market Test," *TBS*, June 5, 1993.
37. Bomster, "Contract Passed"; Ian Johnson, "EAI Ends Year in the Black," *TBS*, September 21, 1993.
38. Ian Johnson, "EAI Shouldn't Get Schools Contract, City Official Says," *TBS*, November 24, 1993.
39. Ian Johnson, "Critics Say EAI, Manager of Several City Schools, Fools Investors with Accounting," *TBS*, December 19, 1993; Bloomberg LP. 还可参见: Craig E. Richards, Rima Shore, and Max B. Sawicky, *Risky Business:Private Management of Public Schools* (Washington, DC: Economic Policy Institute, 1996), 93–95.
40. Kim Clark and Michael Ollove, "EAI Test Revelation May Hurt Credibility," *TBS*, June 8, 1994.
41. Mike Bowler, "Officials Disagree about EAI Violations," *TBS*, August 4, 1994; Bowler, "The City Superintendent Receives His Report Card," *TBS*, April 30, 1997.
42. Gary Gately, "EAI Schools' Test Scores Fall Short," *TBS*, October 18, 1994.
43. Gary Gately, "Amprey Defends Work of EAI," *TBS*, October 20, 1994.
44. Gary Gately, "Amprey Wants EAI to Run More Schools," *TBS*, May 6, 1994.
45. 请参见: Richards, Shore, and Sawicky, *Risky Business*, 67, 104–109.
46. "Hartford System Hires EAI," *TBS*, October 4, 1994; Vance H. Trimble, *An Empire Undone: The Wild and Hard Fall of Chris Whittle* (New York: Birch Lane, 1995), 339; June Kronholz, "Desk Sergeants: Tesseract and Others March Briskly ahead in School Privatization," *WSJ*, August 13, 1999.
47. Mark Walsh, "For-Profit School Management Company Hits Hard Times," *EW*, February 9,

2000, 5; Walsh, "Losing Money, Tesseract Sells Charters, College," *EW*, June 7, 2000, 5.
48. Jean Thompson, "Amprey Leaving Schools Post," *TBS*, April 28, 1997; Bowler, "City Superintendent Receives His Report Card."
49. Trimble, *An Empire Undone*, 339.
50. 数据来自美国国家教育统计中心表格生成器，请访问：https://nces.ed.gov/ccd /elsi/tableGenerator.aspx.

第四章　重演

1. Kalman R. Hettleman, "State Not Being Fair in Schools Takeover," *TBS*, July 12, 2000; Hettleman, "Privatized City Schools Receive Greater Funding," *TBS*, August 8, 2000.
2. Nancy S. Grasmick, "Privatizing Schools Gives Kids a Chance," *TBS*, August 12, 2000; Sharon Blake and Lorretta Johnson, "Privatization Hurts Other City Schools," *TBS*, December 9, 2000.
3. Kalman R. Hettleman, "Edison's 3 Schools Must Reveal Costs," *TBS*, December 1, 2000.
4. Richard O'Neill, "Edison Schools Serves City Well," *TBS*, December 16, 2000; Kalman R. Hettleman, "Edison Schools Do Get Favors from the State," *TBS*, December 29, 2000.
5. Sara Neufeld, "Privately Run City Schools Cost More to Improve," *TBS*, September 9, 2005; 2005 年 10 月 6 日，纽约，访问贝诺·施密德特。
6. 2005 月 10 月 18 日，纽约，访问吉姆·豪兰德。有关私人提供的辅助服务的增长情况的见解，请参见：Patricia Burch, *Hidden Markets: The New Education Privatization* (New York: Routledge, 2009).
7. 2005 年 11 月 8 日，纽约市，访问克里斯·惠特尔。
8. Chris Whittle, *Crash Course: Imagining a Better Future for Public Education* (New York: Riverhead Books, 2005), 5, 158–165.
9. 出处同上，101–133。
10. Henry Levin, "Déjà Vu All Over Again," *Education Next* 6 (Spring 2006): 21–24.
11. 2009 年 3 月 27 日，巴尔的摩，访问劳拉·韦尔德雷尔。
12. 出处同上。
13. William S. Ratchford II, "Going Public with School Privatization," *The Abell Report*, September/October 2005, 2–8. 拉奇福德列出的 1999 年学校名单与马里兰州教育部网站上公布的 10 所表现最差的学校名单并不完全吻合，但他仍坚定地认为，爱迪生公司的 3 所学校是从同类学校中选出来的。
14. Neufeld, "Privately Run City Schools"; National Center for Education Statistics, http://nces.ed.gov/.
15. 马里兰州学校成绩测评项目的数据于 2012 年 7 月通过电子邮件从马里兰州教育部获得；马里兰州学校测评的数据从马里兰州教育部官方网站获得。
16. 人口数据自 1999 年起几乎没有变化。2005 年有资格享用免费或减价午餐的学生比例如下：贝－布洛克小学、马丁·路德·金博士小学和威廉·帕卡小学分别为 90%、88% 和 93%；弗曼·邓普顿小学、吉尔摩小学和蒙特贝洛小学分别为 91%、88% 和 80%。非爱迪生学校的非白人学生比例分别为 89%、99% 和 95%；爱迪生学校的非白人学生比例为 99%。请参见：National Center for Education Statistics, http://nces.ed.gov/.

17. 艾贝尔基金会网站：http://www.abell.org/.
18. Gary Gately, "Private Firm's Influence May Grow in City Schools," *TBS*, September 1, 1993; Gately, "Education Gospel according to City Schools' Chief Amprey," *TBS*, September 19, 1993.
19. 2009 年 3 月 27 日，巴尔的摩，访问小罗伯特·C. 恩布里；《考试安全》，未发表，2004 年 8 月 3 日由恩布里提供。
20. 2004 年 9 月 17 日，罗伯特·C. 恩布里写给南希·格拉斯米克的信；Jean Thompson, "Baltimore School Test Scores Cut after State Probe," *TBS*, January 8, 1997；2004 年 11 月 23 日，南希·格拉斯米克写给罗伯特·C. 恩布里的信。恩布里于 2011 年 7 月 22 日通过电子邮件转发了相关信件。1995 年的数学成绩来自汤普森；1996 年的数学成绩来自马里兰州教育部官方网站，http://www.marylandpublicschools.org/MSDE.
21. Robert C. Embry Jr., "Catching the Cheaters," *TBS*, March 8, 2005.
22. 2005 年 3 月 9 日，罗伯特·C. 恩布里给本·费尔德曼发送的电子邮件；2005 年 3 月 17 日，本·费尔德曼给罗伯特·C. 恩布里发送的电子邮件；2003 年 3 月 14 日，罗伯特·C. 恩布里写给南希·格拉斯米克的信；2005 年 3 月 23 日，南希·格拉斯米克写给罗伯特·C. 恩布里的信。恩布里于 2011 年 7 月 22 日通过电子邮件转发了相关信件。
23. 2005 年 4 月 29 日，罗伯特·C. 恩布里写给南希·格拉斯米克的信，引自美联社："Edison Principal Suspended While Cheating Charge Investigated, April 29, 2005"；2005 年 5 月 9 日，南希·格拉斯米克写给罗伯特·C. 恩布里的信。恩布里于 2011 年 7 月 22 日通过电子邮件转发了相关信件。
24. Associated Press, "Officials at Edison School in Wichita Removed over Testing Fraud Claims," *Topeka-Capital Journal*, December 23, 2001; Dale Mezzacappa, "Edison's Role in City Gets Murky," *TPI*, December 24, 2001. 还可参见：Kenneth J. Saltman, *The Edison Schools: Corporate Schooling and the Assault on Public Education* (New York: Routledge, 2005), 73–74.
25. Howard Libit, "The Power of a Strong Principal Leadership: Sarah Horsey Pushes Pimlico Elementary Teachers and Pupils to Be the Best in Baltimore," *TBS*, May 29, 2000.
26. Erika Niedowski, "City MSPAP Scores up for Fifth Straight Year," *TBS*, January 29, 2002.
27. Thompson, "Baltimore School Test Scores Cut"；马里兰州教育部网站：http://www.marylandpublicschools.org/MSDE.
28. 2002—2003 年，蒙特贝洛小学 3 年级和 5 年级学生的阅读和数学熟练水平下降了 13.8%；本塔洛小学下降了 6%；富兰克林广场小学下降了 4%；弗雷德里克小学下降了 0.9%；皇家山小学下降了 18.2%。马里兰州学校成绩测评项目和马里兰州学校测评的数据于 2012 年 7 月从马里兰教育部获得。

29. 2014 年 3 月 13 日、3 月 14 日、3 月 20 日和 4 月 14 日，每次给莎拉·霍西家打电话都留言，但从未收到回复。
30. Susan Snyder, "In Baltimore, Edison Fixes Schools While Facing Critics," *TPI*, November 5, 2001.
31. Dale Mezzacappa, "Edison's Role in City Gets Murky," *TPI*, December 24, 2001.
32. Menash Dean, "Parents' Trip Sheds Light on Edison," *PDN*, November 9, 2001.
33. PBS *Frontline*, "Public Schools Inc.," July 3, 2003.
34. Peter Sacks, *Standardized Minds: The High Price of America's Testing Culture and What We Can Do to Change It* (New York: Perseus, 2001), 140–151.
35. 出处同上。
36. Michael Vaden-Kiernan et al., *Evaluation of the Efficacy Initiative: A Retrospective Look at the Tacoma School District* (Cambridge, MA: Abt Associates, 1997), 5–6.
37. JoAnna Daemmrich, "Three Hired to Head Failing Schools," *TBS*, June 16, 2000; Erika Niedowski, "New School Model Begins," *TBS*, July 30, 2000; Karla Scoon Reid, "Sharing the Load," *EW*, November 16, 2005, 27–30; Liz Bowie, "Edison Fails to Improve Two Schools," *TBS*, January 30, 2002.
38. Erika Niedowski, "Trying for a New Start," *TBS*, October 10, 2010; 2009 年 3 月 23 日，巴尔的摩，访谈卡米尔·贝尔；2009 年 3 月 27 日，巴尔的摩，访谈劳拉·韦尔德雷尔；2009 年 3 月 24 日，巴尔的摩，访谈玛莱娜·帕梅里。
39. 2009 年 3 月 27 日，巴尔的摩，访谈肯·谢里；Sara Neufeld, "School Due More Police Presence," *TBS*, March 22, 2007.
40. 2009 年 3 月 23 日，巴尔的摩，访问帕尔梅里。
41. 2009 年 11 月 30 日，巴尔的摩，访问卡米尔·贝尔。
42. 2009 年 3 月 23 日，巴尔的摩，访问贝尔；Sam Stringfield, "Edison Schools Progressed?" *TBS*, June 3, 2001; 2009 年 3 月 27 日，巴尔的摩，访谈韦尔德雷尔；Liz Bowie, "City Quashes Expansion for Edison," *TBS*, June 12, 2002.
43. 2009 年 3 月 23 日和 27 日分别参观蒙特贝洛小学和弗曼·邓普顿小学。
44. 2005 年 11 月 30 日，蒙特贝洛学校，巴尔的摩爱迪生公司行政会议。
45. 出处同上。
46. 请参见：David C. Berliner and Bruce J. Biddle, *The Manufactured Crisis: Myths, Fraud, and the Attack on America's Public Schools* (Reading, MA: Addison-Wesley, 1995), 194–202; Sharon L. Nichols and David C. Berliner, *Collateral Damage: How High-Stakes Testing Corrupts America's Schools* (Cambridge, MA: Harvard Education Press, 2007), 122–143; Linda Perlstein, *Tested: One American School Struggles to Make the Grade* (New York: Holt, 2007), 119–123, 189–199.
47. David Simon, Season Four, Episode Seven, "Unto Others," *The Wire*, HBO, 2007. 普里兹贝莱夫斯基告诉他的助理校长，他想把学校图书室里的棋盘游戏融入他的课堂。他

的意图是用棋盘游戏中的骰子来教学生有关概率的基础知识。

48. 2013 年 11 月 6 日，巴尔的摩，访谈劳拉·韦尔德雷尔。
49. 2013 年 10 月 23 日，纽约，访谈托德·麦金太尔。
50. Liz Bowie, "Edison Schools See Drop in Scores," *TBS*, July 13, 2006. 虽然表 4.2 显示，2006 年弗曼·邓普顿小学的分数略有上升，但如果将 4 年级和 6 年级的分数计算在内，这一增长就不复存在了。为了与马里兰州学校成绩测评项目的结果保持一致，这些表格中只包含了 3 年级和 5 年级的分数。
51. 出处同上。
52. "No Magic Bullet," *TBS*, July 14, 2006.
53. "Second Chance for Privatization," *TBS*, September 29, 1999; "Are City Teachers Ready for Reform?" TBS, April 24, 2000; "Making Progress a Little at a Time," *TBS*, May 27, 2001.
54. Niedowski, "Trying for New Start," *TBS*, October 10, 2000; Niedowski, "At Troubled City School, Discipline Takes Priority," *TBS*, November 26, 2000; Niedowski, "Welcome Signs of Improvement," *TBS*, January16, 2001; Niedowski, "Adios, Language Barrier," *TBS*, March 16, 2001; Niedowski, "Troubled City School Still at the Margins," *TBS*, June 2, 2001.
55. "Students or Shareholders?" *TBS*, June 9, 2002.
56. Ian Johnson, "EAI Shouldn't Get Schools Contract, City Official Says," *TBS*, November 24, 1993.
57. David Evans, "Edison Schools Boosts Revenues with Funds Not Received," *Bloomberg News*, February 13, 2002, http://www.bloomberg.com/, 需要订阅; Queena Sook Kim, "Edison Schools' Quarterly Loss Widened, Stock Falls amid Accounting Questions," *WSJ*, February 14, 2002.
58. Diana Henriques and Jacques Steinberg, "Edison Schools in Settlement with SEC," *NYT*, May 15, 2002.
59. Bloomberg Terminal, 需要订阅; Carolyn Said, "Balance Sheet Doesn't Back Up Edison's Grand Boasts," *San Francisco Chronicle*, July 9, 2002.
60. "Students or Shareholders?"
61. Liz Bowie and Doug Donovan, "Schools in Spotlight," *TBS*, September 19, 2006; "Taking Over for Edison," *TBS*, April 16, 2007.
62. 2009 年 3 月 27 日，巴尔的摩，访问韦尔德雷尔。
63. Sara Neufeld, "School Board Votes to Let Edison Keep Control of 3 Elementaries," *TBS*, May 9, 2007; 2009 年 3 月 23 日，巴尔的摩，访问贝尔。
64. Sara Neufeld, "End of Experiment," *TBS*, March 22, 2009.
65. Ann Grimes, "School Board Seeks to Revoke Edison Charter," *WSJ*, February 20, 2001. 有关爱迪生公司在旧金山历程的更多细节，请参见: Saltman, *The Edison Schools*, 135–140, 142–146.

66. 2009 年 3 月 24 日，巴尔的摩市公立学校系统委员会会议。
67. 出处同上。
68. 出处同上。
69. 出处同上。
70. 出处同上。
71. 2010 年 4 月 14 日，巴尔的摩，访谈帕尔梅里。还可参见：Sam Dillon, "Inexperienced Companies Chase U.S. School Funds," *NYT*, August 9, 2010.
72. CBS Baltimore, "Baltimore Parents and Students Want Charter School Principal Reinstated," June 29, 2011; 2011 年 7 月 19 日，电话访问卡米尔·贝尔。
73. Peter Hermann, "Boy, 12, Dies of Injuries," *TBS*, May 27, 2011.

第五章　州长的提案

1. Helen Gym, "Edison on the Ropes in Baltimore; Is Philly Far Behind?" *PPSN*, March 24, 2009, http://thenotebook.org/blog/091193/edison-schools-ropes-baltimore-philly-far-behind.
2. 合同保留的决定由 2006 年 2 月 16 日与爱迪生公司总顾问大卫·格拉夫审查后签订。
3. Darcia Harris Bowman, "Michigan District Hires Edison to Manage Its Schools," *EW*, February 23, 2000, 3.
4. Dan Hardy, "Chester Upland Chooses Three Firms to Run Schools," *TPI*, March 23, 2001.
5. Dan Hardy, "School-Manager Purchase Worries Chester Upland," *TPI*, June 5, 2001; "Edison Schools to Buy Rival School Manager for $36 Million in Stock," *WSJ*, June 5, 2001; "Edison Completes LearnNow Deal," *WSJ*, July 6, 2001.
6. Anya Kamenetz, "For Profit and People," *NYT*, November 1, 2013.
7. Dan Hardy, "Chester Upland Privatizes 9 Schools," *TPI*, August 24, 2001.
8. Susan Snyder, "Teachers Learn Edison Methods," *TPI*, September 6, 2001; Dan Hardy, "As Schools Open, District Hopeful about a Privatized Chester Upland," *TPI*, September 12, 2001; Dale Mezzacappa, "Pluses, Minuses for Edison," *TPI*, November 29, 2001.
9. Hardy, "Chester Upland Chooses Three Firms"；Dale Mezzacappa, "Big Change at Districts, Less So in Classrooms," *TPI*, November 4, 2001.
10. Ken Dilanian and Susan Snyder, "A Mandate for Change," *TPI*, July 22, 2001; Dale Mezzacappa and Susan Snyder, "Ridge Puts Money behind Belief in For-Profit Schools," *TPI*, August 5, 2001; "Yo, Adrian!," *WSJ*, August 21, 2001; "City of Brotherly Thugs," *WSJ*, December 3, 2001; Dale Mezzacappa, "Political Tension Led to School Takeover," *TPI*, December 23, 2001.
11. Dilanian and Snyder, "Mandate for Change"；Susan Snyder, "Private Firm Hired to Help Save Philadelphia Schools," *TPI*, August 2, 2001.
12. Dilanian and Snyder, "Mandate for Change."

13. Thomas Fitzgerald, "Pennsylvania Proposal Would Raise Income Tax to Aid Schools," *TPI*, November 14, 2001.
14. 出处同上; Anthony R.Wood and Ovetta Wiggins, "House Panel Says Cut Property and Wage Taxes," *TPI*, September 11, 2002.
15. Catherine Gewertz, "Forces Target Pennsylvania School Aid Changes," *EW*, November 28, 2001, 18, 20.
16. 出处同上。
17. 出处同上。
18. Edison Project, *The Edison Project:Partnership Schools Make an Affordable, World-Class Education Possible for Every Child* (New York: Edison Project, 1994), 10, 16–17, 26, 34, 38–39, 40, 42, 78, 87; Edison Investor Conference, St. Regis Hotel, New York, July 31, 2000.
19. Maryland Department of Education, Selected Financial Data: Ten-Year Summary, 2001–2002, table 15, http://www.marylandpublicschools.org/MSDE/newsroom/special_reports/financial.htm.
20. Catherine Gewertz, "It's Official: State Takes Over Philadelphia Schools," *EW*, January 9, 2002, 1, 14–15.
21. Mezzacappa, "Political Tension"; Gewertz, "It's Official."
22. 出处同上。
23. Martha Woodall, "Of Philadelphia Schools or Edison, Who's Really Rescuing Whom?" *TPI*, August 19, 2001.
24. 出处同上。
25. William Bunch, "Stock in Edison Schools Rose on News of City Deal", *PDN*, August 3, 2001.
26. Woodall, "Of Philadelphia Schools or Edison."
27. Edward Wyatt, "Floyd Flake to Take Post with Education Company," *NYT*, May 3, 2000, B3.
28. Woodall, "Of Philadelphia Schools or Edison."
29. Eric Siegel, "School Pact Draws Suit," *TBS*, April 21, 2000; "Are City Teachers Ready for Reform?" *TBS*, April 24, 2000.
30. 2010年,立即改革社区组织协会因在纽约、巴尔的摩和华盛顿特区的工作人员伪装成皮条客和女性工作者通过提供税务信息揭发保守派活动人士秘密视频的事件被曝光,被迫关闭。
31. Susan Snyder, "Groups Vow a Fight if City Schools Seek Privatization," *TPI*, August 3, 2001.
32. Edward Wyatt, "Privatizing of Five Schools Faces a Fight," *NYT*, January 30, 2001; Michael O. Allen and Dave Saltonstall, "Rudy: Give 'Em 20 Schools," *NYDN*, April 1, 2001; Anemona Hartocollis, "As Election on Privatizing Schools Winds Down, Call Goes

Out for Plan B," *NYT*, April 1, 2001.

33. Edward Wyatt, "Defeat Aside, Edison Plans to Expand," *NYT*, April 1, 2001. 爱迪生公司通过收购"现在学习"公司,接管了纽约布朗克斯区的哈里特·塔布曼特许学校,但这份单一的学校合同远不能满足爱迪生公司在纽约的抱负。
34. Edward Wyatt and Abby Goodnough, "School Privatization Foes Say Chosen Company Unfairly Gets Board's Help with Vote," *NYT*, February 26, 2001.
35. 出处同上。
36. Abby Goodnough, "Public Lives: Agitator Turns Charm against School Privatization," *NYT*, March 14, 2001.
37. Abby Goodnough, "Scope of Loss for Privatizing by Edison Stuns Officials," *NYT*, April 3, 2001; Lynette Holloway, "Parents Explain Resounding Rejection of Privatization at 5 Schools," *NYT*, April 13, 2001.
38. Goodnough, "Scope of Loss."
39. 2001 年 3 月 29 日,匿名来源。
40. Goodnough, "Scope of Loss."
41. 证券价格来源于: Wharton Research Data Services, Center for Research in Security Prices, https://wrds-web.wharton.upenn.edu/wrds/, 需要订阅。
42. "The Kids Lose Again," *New York Post*, March 31, 2001; "Kids Are Losers in Edison Vote," *NYDN*, April 3, 2001; "And the Schools Sink On," *New York Post*, April 3, 2001.
43. Michael Kramer, "Parents Failed Their Kids," *NYDN*, April 1, 2001; Joyce Purnick, "Metro Matters: Giuliani's Wagnerian Aria," *NYT*, April 2, 2001; John Tierney, "The Big City: Preferring the Devil They Knew," *NYT*, April 3, 2001.
44. Hartocollis, "As Election on Privatizing Schools Winds Down."
45. 出处同上。还可参见: Sidney Schwager, "An Analysis of the Evaluation of the More Effective Schools Program Conducted by the Center for Urban Education," United Federation of Teachers, November 14, 1967, http://files.eric.ed.gov/fulltext/ED014526.pdf; Richard D. Kahlenberg, *Tough Liberal: Albert Shanker and the Battles over Schools, Unions, Race, and Democracy* (New York: Columbia University Press, 2007), 54–58, 71–81, 198.
46. 2015 年 11 月 17 日,在纽约访问西摩·弗利格尔。
47. Susan Snyder, "Groups Fight Delay of Lawsuit against State's School Funding," *TPI*, August 4, 2001.
48. "Will Edison Be Medicine for Fixing Schools?" *PDN*, August 3, 2001.
49. Menash Dean, "Protesters Rail at School Evaluators; Demand to Meet Edison Inc.'s CEO," *PDN*, August 10, 2001; Snyder, "Private Firm Hired to Help Save Philadelphia Schools."
50. Frederick Cusick, "Seeking Comment, Edison Draws Flak," *TPI*, August 31, 2001; Menash Dean, "Edison Schooled on Kids' Needs," *PDN*, August 31, 2001.
51. Larry Eichel, "Edison Isn't the Issue," *TPI*, September 5, 2001.

52. Elmer Smith, "Mark Schweiker: Do You Hear What I Hear?" *PDN*, October 24, 2001.
53. Susan Snyder and Dale Mezzacappa, "Ridge Pleads for Philadelphia Schools," *TPI*, October 3, 2001.
54. Menash Dean, "Guv's Radical School of Thought," *PDN*, October 25, 2001.
55. 出处同上。
56. Susan Snyder, Ovetta Wiggins, and Dale Mezzacappa, "Governor to Suggest Three Tiers for Schools," *TPI*, October 31, 2001; Susan Snyder and Dale Mezzacappa, "Edison Rips District over 'Accountability'," *TPI*, November 1, 2001; PRNewswire, "Pennsylvania Governor Mark Schweiker Announces a Sweeping Plan for Philadelphia Schools," November 1, 2001; Susan Snyder, "Edison CEO Wants Multiyear Pact," *TPI*, November 2, 2001.
57. 出处同上。
58. Catherine Gewertz, "Unprecedented Change Eyed for Phila. Schools," *EW*, November 7, 2001, 3.
59. Snyder, "Edison CEO Wants Multiyear Pact."

第六章　滑铁卢

1. Dale Mezzacappa, Susan Snyder, and Frederick Cusick, "Street: Schools Proposal Is 'Flawed,'" *TPI*, November 1, 2001.
2. Susan Snyder and Dale Mezzacappa, "Pennsylvania Plan: Let Edison Run City District," *TPI*, October 23, 2001.
3. Susan Snyder, "Vowing Defiance, Street Opens Office in District Headquarters," *TPI*, November 10, 2001.
4. Susan Snyder and Dale Mezzacappa, "Deal Reached on Philadelphia Schools," *TPI*, November 21, 2001.
5. Bob Warner, "Protesters Vow to Fight Privatization," *TPI*, November 8, 2001.
6. Susan Snyder and Dale Mezzacappa, "Mayor: Drop Plan to Privatize Schools," *TPI*, November 9, 2001; Dave Davies and Mark McDonald, "Pols Give Edison a Rough Greeting," *PDN*, November 9, 2001.
7. Menash Dean, "They're Lining Up for Chance to Run Schools," *PDN*, October 26, 2001.
8. Susan Snyder, "Private Proposals to Take Over 28 Schools," *TPI*, April 26, 2001; Dean, "They're Lining Up"; Universal Companies Inc., "Voices and Experiences: A Community Outreach Report on Education Reform in Philadelphia 2001," published as an appendix to Edison Schools Inc., *Strengthening the Performance of the Philadelphia School District: Report to the Governor of Pennsylvania* (New York: Edison Schools, October 2001).
9. John Chubb and Terry Moe, *Politics, Markets, and America's Schools* (Washington, DC: Brookings, 1990), 183.

10. Mezzacappa, Snyder, and Cusick, "Street: Schools Proposal."
11. Snyder, "Vowing Defiance."
12. Larry Eichel, "True Flexibility the Key in School-Reform Deal," *TPI*, November 2, 2001.
13. Edison Schools Inc., *Strengthening the Performance of the Philadelphia School District*, 2, 4, 14–17, 25, 28, 34, 45, 48–53, 58–60, 65. 尽管这是费城争议的焦点，但10年后很难再找到这份270万美元的报告。爱迪生学习公司的首席执行官杰夫·沃尔于2013年5月16日通过电子邮件告知我，该公司没有保留副本。我现在唯一能找到的一本存于哈里斯堡的宾夕法尼亚州立图书馆。
14. Elmer Smith, "The Battle over the School Takeover," *PDN*, November 2, 2001; Tom Ferrick Jr., "Report by Edison Is Pages of Politics," *TPI*, November 7, 2001; Acel Moore, "Edison Plan for Philadelphia Schools Will Extend History of Failure," *TPI*, November 8, 2001.
15. Susan Snyder, "Edison Rips District over 'Accountability'," *TPI*, November 6, 2001.
16. Edison Schools Inc., *Strengthening the Performance of the Philadelphia School District*, 2.
17. 出处同上，9。
18. 爱迪生公司引用了国家统计局1998—1999财年的数据，报告的生均支出如下：费城5 702美元；休斯敦5 340美元；克拉克县（拉斯维加斯），5 108美元；以及布劳沃德县（劳德代尔堡），5 453美元。出处同上，参见第9页。其他3个学区平均值为5 300美元。
19. 出处同上，9–10。
20. 根据国家教育统计中心的《教育统计文摘》的数据，1999—2000学年，布劳沃德县5~17岁儿童中有14%生活在贫困线以下，克拉克县有13.4%，休斯敦有26%，费城有23.8%。3个比较学区的加权平均数为17.6%。请参见：http://nces.ed.gov/programs/digest/d03/tables/dt091.asp:table 91. 2000年各主要城市学区有资格享用免费或减价午餐的学生百分比以及招生人数，请参见：http://nces.ed.gov/pubs2001/100_largest/table09.asp 以及 http://nces.ed.gov/pubs2001/100_largest/table03.asp. 1999—2000学年，费城有资格享用免费或减价午餐的学生比例为68.6%；布劳沃德县为36.9%；克拉克县为36.5%；休斯敦为65.7%；2008—2009学年，费城有资格享用免费或减价午餐的学生比例为77.3%，布劳沃德县为41%，克拉克县为47.8%，休斯敦县63.5%。请参见：http://nces.ed.gov/pubs2010/100largest0809/tables/table_a09.asp. 有关支出数据，请参见本章注释84。
21. 爱迪生公司的合作方和向他们支付的费用列于：Robert J. Casey Jr., *A Performance Audit of the Pennsylvania Department of Education's Contract No. SP161120001 with Edison Schools Inc.* (Harrisburg, PA: Pennsylvania Department of the Auditor General, November 20, 2002), 50.
22. NCES, *Digest of Education Statistics*.
23. 这一测算是基于对美国商会研究人员协会估算的1998年3个季度的生活成本的比较，因这4个城市（劳德代尔堡、休斯敦、拉斯维加斯和费城）的相关数据均可从中查到。美国商会研究人员协会没有公布劳德代尔堡1998年第1季度或1999年任一季度的数据。而其他 3 个城市 1999 年第 1 季度和第 2 季度的数据与之前两个季度相比变化不大。以 100 为国家基准指数，以下数据则可成立：劳德代尔堡，106.4 (1998 年第 2 季度)、107.5 (1998 年第 3 季度) 和 107.7 (1998 年第 4 季度)；休斯敦 94.4 (1998 年第 2 季度)、93.8 (1998 年第 3 季度)、93.6 (1998 年第 4 季度)、94.9 (1999 年第 1 季度) 和 95 (1999 年第 2 季度)；拉斯维加斯 107.9 (1998 年第 2 季度)、105.2 (1998 年第 3 季度)、104.3 (1998 年第 4 季度)、104.6 (1999 年第 1 季度) 和 106.6 (1999 年第 2 季度)；费城 122.1 (1998 年第 2 季度)、121.2 (1998 年第 3 季度)、121.9 (1998 年第 4 季度)、120.5 (1999 年第 1 季度) 和 118.7 (1999 年第 2 季度)。请参见：ACCRA, ACCRA Cost of Living Index (Alexandria, VA, 1998–1999), vols.31 and 32.

24. 由于其他 3 个学区的生活成本仅为费城的 84%，因此，对这 3 个学区 5 300 美元的生均支出进行成本调整时，需将该平均值除以 0.84，即为 6 310 美元，而这比费城的生均支出高 11%。反过来，费城为生均支出 5 702 美元少了 10%。

25. Michael Casserly, "Company's Report Doesn't Inspire Trust," *TPI*, November 11, 2001; Council of the Great City Schools, "Analysis and Comment on the Edison Schools, Inc. Report on the Philadelphia Public Schools", 2001 年 12 月通过卡瑟利发送的电子邮件获得。

26. Susan Snyder, "Board Cites 'Risk' in Schools Proposal," *TPI*, November 6, 2001; Susan Snyder, Dale Mezzacappa, and James M. O'Neill, "City Schools Takeover Delayed," *TPI*, December 1, 2001; "Figures Don't Add Up," *PDN*, December 3, 2001; Philip R. Goldsmith, "Remarks to the Board of Education: Compromise, Cooperation, and Common Sense," November 5, 2001, http://www.phila.k12.pa.us/executiveoffices/ceo/CEOonEdison.pdf.

27. Snyder, "Board Cites 'Risk'"; Jill Porter, "Looks Like Edison Has a Lot to Learn," *PDN*, November 30, 2001; "Yo, Adrian!" *WSJ*, August 21, 2001; "Philadelphia Story," *WSJ*, November 14, 2001.

28. Snyder and Mezzacappa, "Deal Reached."

29. 出处同上。

30. Ken Dilanian, "No Clear Victor in Deal for Schools," *TPI*, November 25, 2001.

31. Susan Snyder, "Hundreds Protest Takeover of Philadelphia Schools," *TPI*, November 29, 2001.

32. Susan Snyder, James M. O'Neill, and Ovetta Wiggins, "No Deal Yet on Takeover of Philadelphia Schools," *TPI*, November 30, 2001.

33. Kathleen Brady Shea, "Ministers Vow to Fight for Schools," *TPI*, December 3, 2001.

34. Menash Dean, "Edison Turns Light on Itself with Ads," *PDN*, December 13, 2001.

35. Susan Snyder, "Street, Schweiker to Go Face-to-Face on Philadelphia Schools," *TPI*, December 18, 2001; Snyder, "City Agrees to Provide More Funds for Schools," *TPI*, December 19, 2001.

36. Menash Dean, "Suit Claims Conflict," *PDN*, December 18, 2001; Barbara Laker, "Judge

Denies Request for Injunction on Edison," *PDN*, December 28, 2001.
37. Casey, "Performance Audit."
38. 2009年2月9日，在费城访问伦恩·里泽。
39. Susan Snyder and Marc Schogol, "City Agrees to State Takeover," *TPI*, December 22, 2001.
40. Susan Snyder and Marc Schogol, "Now City Schools Are Pennsylvania's Problem," *TPI*, December 23, 2001.
41. Martha Woodall, "Swarthmore Businessman Called Upon to Help Schools," *TPI*, December 23, 2001.
42. Dale Mezzacappa and Susan Snyder, "Edison's Share of City School Deal: $101 Million," *TPI*, December 13, 2001; Dale Mezzacappa, "Edison's Role in City Gets Murky," *TPI*, December 24, 2001.
43. Susan Snyder and Martha Woodall, "Edison Voted In as Manager of Philadelphia Public Schools," *TPI*, March 27, 2002.
44. Susan Snyder and Martha Woodall, "School Assignments," *TPI*, April 18, 2002.
45. Susan Snyder, "School Overhaul List under Review," *TPI*, April 17, 2002; Karla Scoon Reid, "Groups Named to Lead Dozens of Ailing Philadelphia Schools," *EW*, April 24, 2002, 10.
46. Snyder and Woodall, "School Assignments."
47. "Philadelphia's Loss," *WSJ*, April 19, 2002.
48. Chris Brennan, "Stock Pros: Do Your Job, Edison," *PDN*, May 1, 2002; D. C. Denison, "School of Hard Knocks," *Boston Globe*, May 26, 2002; Rebecca Winters, "Trouble for School Inc.," *Time*, May 27, 2002, 53; 所有股票价格均来源于: Wharton Research Data Services, Center for Research in Security Prices (CRISP), https://wrds-web.wharton.upenn.edu/wrds/，需要订阅。
49. Jacques Steinberg, "Panel to Safeguard School Management Contracts," *NYT*, May 16, 2002; Tali Woodward, "Edison's Failing Grade," *CorpWatch*, June 20, 2002; Edison Schools Inc., "Securities and Exchange Commission File No.000–27817 (Form 10–K)," June 30, 2003, 23.
50. Diana Henriques and Jacques Steinberg, "Edison Schools in Settlement with S.E.C.," *NYT*, May 15, 2002.
51. Queena Sook Kim, "Edison Schools' Quarterly Loss Widened, Stock Falls amid Accounting Questions," *WSJ*, February 14, 2002.
52. Edison Schools Inc., "Securities and Exchange Commission File No. 000–27817 (Form 10–K)," September 29, 2003.
53. 2000年7月31日，爱迪生公司投资者会议在纽约圣雷吉斯酒店举行。惠特尔通信公司的数据中的15.5%来自于2000年3月31日前9个月的数据。根据该公司向证券交易委员会提交的季度报告，爱迪生学校公司在中央行政管理上的支出为2 888.9

万美元, 占总支出 19 252.9 万美元的 15.5%。请参见: Edison Schools Inc., "Securities and Exchange Commission File No.000–27817 (Form 10–Q)," May 15, 2000.

54. 有关 1996—2000 年度的支出数据, 请参见: "Securities and Exchange Commission File No.000–27817 (Form 10–K)," September 28, 2000. 有关 2001—2003 年度的支出数据, 请参见: "Securities and Exchange Commission File No.000–27817 (Form 10–K)," September 29, 2003。还可参见: William C. Symonds, "Pass, Not Fail," *Businessweek*, July 9, 2001, 70.
55. Daniel Golden, "Boston School Severs Its Ties with Edison," *WSJ*, May 16, 2002; Mike Wowk, "Edison Breaks Mt. Clemens Schools Deal," *Detroit News*, June 19, 2002; CRISP.
56. Susan Snyder and Dale Mezzacappa, "Pa. Hiring of Edison Slammed by Casey," *TPI*, August 2, 2002.
57. Diana Henriques and Jacques Steinberg, "Edison Schools in Settlement with S.E.C.," *NYT*, May 15, 2002; Martha Woodall, "Edison's Stock Dive Raises Concerns," *TPI*, May 8, 2002.
58. Mark Walsh, "Edison Gets Financing for Philadelphia Expansion," *EW*, June 12, 2002, 4; Walsh, "Edison Outlines Strategies to Reassure Wall Street," *EW*, August 7, 2002, 19.
59. Ellen Lord, "Bibb School Board Ousts Edison," *Macon Telegraph*, August 16, 2002.
60. Tawnell D. Hobbs, "Dallas School Trustees End Relationship with For-Profit Edison Schools," *Dallas Morning News*, August 23, 2002; Hobbs, "DISD Likely to Cut Edison Ties," *Dallas Morning News*, August 17, 2002.
61. Associated Press, "NASDAQ Warns Edison Schools of Possible Delisting," *NYT*, August 30, 2002; Edison Schools Inc., "Securities and Exchange Commission File No. 000–27817 (Form 10–Q)," November 14, 2002.
62. Chris Brennan, "Casey Is Probing Edison Contract," *PDN*, August 2, 2002.
63. 出处同上。
64. Martha Woodall, Susan Snyder, and Dale Mezzacappa, "State Warns It May Hold Back Aid for Schools," *TPI*, July 19, 2002.
65. Susan Snyder, "Vallas: Playing Field Must Be Level," *TPI*, July 20, 2002; Chris Brennan, "State School Money Challenged," *PDN*, July 23, 2002; Elmer Smith, "It's 'Legislators Anonymous' on School Funding," *PDN*, July 24, 2002.
66. Smith, "It's 'Legislators Anonymous.'"
67. Snyder, "Vallas"; Brennan, "State School Money Challenged."
68. Susan Snyder, Martha Woodall, and Dale Mezzacappa, "Seven Groups to Get $120 Million to Run Schools," *TPI*, August 1, 2002.
69. Chris Brennan, "Unable to Pay, Edison Returns Supplies," *PDN*, August 30, 2002.
70. Dale Mezzacappa, "Aides, Secretaries Get Layoff Notices," *TPI*, August 28, 2002; Menash Dean, "More Than 200 Nonteaching Aides Fired," *PDN*, August 23, 2002. 费城的两份日报没有报道遭解雇的非教学员工的确切人数, 但都报道了该地区 211 名遭解雇人员中大部分都是被爱迪生公司解雇的。此外, 如果报道所述的肖中学解雇 4 名非教学助

理和另一所爱迪生学校宾州条约初中解雇 5 名非教学助理属于典型做法，那么 20 所学校解雇的非教学助理总数将大约是 90 人；关于宾州条约初中的内容，请参见：Dale Mezzacappa, "The Philadelphia Experiment," *TPI*, June 6, 2003. 如果每所学校都裁掉和非教学助理一样多的辅助服务助理，且每所学校至少有 1 名秘书被裁掉，爱迪生公司裁掉的非教学员工总数约为 200 人。

71. Mezzacappa, "Aides, Secretaries Get Layoff Notices."
72. Menash Dean, "More Than 200 Nonteaching Aides Fired," August 23, 2002.
73. 2006 年 3 月 26 日，匿名者提供。
74. Paul Socolar, "CEO Vallas Commits to a Fresh Start," *PPSN*, Fall 2002, http://thenotebook.org/fall-2002/021480/ceo-vallas-commits-fresh-start.
75. Dale Mezzacappa, "Edison Gets a Warning on Finances," *TPI*, August 31, 2002.
76. Chris Brennan, "Violence Erupts at Shaw Middle School," *PDN*, September 18, 2002; Menash Dean, "District to Begin Intense Scrutiny of Schools," *PDN*, September 19, 2002; 2014 年 5 月 5 日，费城，访谈谢里夫·埃尔-梅基。
77. Chris Brennan, "Probe Begun after Principal Fails to Report Violent Fight," *PDN*, September 27, 2002.
78. Martha Woodall and Dale Mezzacappa, "District Delays Edison's Pay; Police, Aides Sent to School," *TPI*, October 5, 2002.
79. Mezzacappa, "The Philadelphia Experiment."
80. Sara Rimer, "Philadelphia School's Woes Defeat Veteran Principal," *NYT*, December 15, 2002; Janice I. Solkov, "Privatizing Schools Just Shouldn't Be This Hard," *WP*, February 2, 2003.
81. Rimer, "Philadelphia School's Woes." 还可参见：William C. Symonds, "Edison: An 'F' in Finance," *Businessweek*, November 3, 2002, 52, 爱迪生公司做出对逐步停止为所有 3 年级及以上学生提供家用电脑的决定的解释。
82. Rimer, "Philadelphia School's Woes."
83. Menash Dean, "Edison Schools Loses Top Official," *PDN*, January 17, 2006.
84. 2014 年 3 月 5 日，电话访谈托德·麦金太尔。还可参见：Valerie Russ, "Teachers Union Questions Safety of Schools That Lost Monitors," *PDN*, June 11, 2008.
85. Menash Dean, "Vallas: Edison's Contract in Jeopardy," *PDN*, August 31, 2002; Chris Brennan, "Schools to Pay Money Owed to Edison Firm Awaiting $5.3 Million in Payments," *PDN*, October 28, 2002.
86. Chris Brennan, "Edison Finally Gets Its First Paycheck from Philly Schools, 8 Weeks Late," *PDN*, October 29, 2002.
87. Menash Dean, "Vallas Rips Edison for 300G Junket," *PDN*, October 11, 2002.
88. Chris Whittle, *Crash Course: Imagining a Better Future for Public Education* (New York: Riverhead, 2005), 101–133.
89. Dale Mezzacappa and Martha Woodall, "Edison Founder Has Work-Study Idea," *TPI*,

October 11, 2002.
90. 出处同上。
91. Dan Hardy, "Edison Gains a Richer Deal in Chester," *TPI*, November 15, 2002.
92. Brent Staples, "Editorial Observer: Fighting Poverty in a Worst-Case School," *NYT*, March 4, 2002.
93. Dan Hardy, "Chester Upland May End Edison's Contract," *TPI*, October 11, 2002.
94. Dan Hardy, "Edison's Scores Drop in Chester Upland," *TPI*, October 16, 2002. 对于爱迪生公司来说，在切斯特阿普兰，诸多的坏消息中唯一的例外就是肖沃尔特初中的 8 年级学生阅读熟练率在 2001—2002 年上升了 15.7%；然而，同一所学校 5 年级和 8 年级学生的数学熟练率却在此期间分别下降了 45.3% 和 21.9%。请参见 2001 和 2001 年的测试数据: http://www.portal.state.pa.us/portal/server.pt/community/data_and_statistics/7202.
95. 《纽约时报》上的爱迪生学校广告分别刊登于 2002 年 10 月 28 日，A9；2002 年 11 月 7 日；以及 2002 年 11 月 4 日，C5。
96. 股票价格来自证券价格研究中心。2002 年 10 月 15 日，星期二，爱迪生公司的股票收盘价为 34 美分；4 周后，11 月 12 日，星期二，收盘价为 97 美分。
97. 2002 年 7 月 16 日至 2002 年 11 月 13 日，爱迪生公司的股票收盘价均未能突破 1 美元。在 2003 年 10 月 31 日被私有化之前，除了 3 月 31 日至 4 月 17 日期间的 14 个交易日中有 11 个交易日的收盘价低于 1.00 美元外，其他时间的收盘价均高于 1.00 美元。数据来源于证券价格研究中心。
98. "High on the High School Plan Vallas Strikes a Blow for Public Education," *PDN*, March 3, 2003.
99. Susan Snyder, "Vallas Seeks Less Funding for Edison," *TPI*, May 22, 2003.
100. Dale Mezzacappa, "Vallas Assents to More Time for Schools' Outside Managers," *TPI*, May 30, 2003; Susan Snyder, "Philadelphia District Sets 200304 Fees for School Managers," *TPI*, June 12, 2003.
101. Susan Snyder and Martha Woodall, "Schools to Make Modest Changes," *TPI*, April 17, 2003; Tania Deluzuriaga, "1+1=1 as School Companies Merge," *Orlando Sentinel*, June 11, 2004.
102. Diana Henriques, "Edison Stays Afloat by Altering Course", *NYT*, July 3, 2003.
103. 虽然《福布斯》报道的收购价为 1.74 亿美元，但 9 500 万美元才吻合公司的最终版 10–K 表数据，该表指出，公司的 A 类和 B 类股票总计 54 128 252 股。收购价为每股 1.76 美元，相应地，总价值为 9 500 万美元。请参见: Edison Schools Inc., "Securities and Exchange Commission File No.000–27817 (Form 10–K)," September 30, 2003, 2; Nelson D. Schwartz, "The Nine Lives of Chris Whittle," *Fortune*, October 27, 2003, 103–104. 有关自由合伙人和佛罗里达退休制度 (Florida Retirement System)，请参见: Kenneth J. Saltman, *The Edison Schools: Corporate Schooling and the Assault on Public Education* (New York: Routledge, 2005), 58–64, 以及 Sydney P. Freedberg, "Florida's Pension Administrator Touts Transparency...with Exceptions," *Tampa Bay Times*, April 23, 2011.

104. Schwartz, "The Nine Lives."

第七章　重新定义

1. Edison Schools Inc., "Securities and Exchange Commission File No. 000–27817 (Form 10–K)," September 28, 2000, 4; September 30, 2002, 16, 27; and September 30, 2003, 17, 28.
2. Alan Richard, "Edison Alliance Hired to Help Struggling S.C. District," *EW*, August 11, 2004, 5.
3. 出处同上; Dan Martin, "Edison Schools Are Only Average," Honolulu Star-Bulletin, October 13, 2005. 南卡罗来纳州的联盟学校数量来自: Alex Molnar, Gary Miron, and Jessica Urschel, *Profiles of For-Profit Educational Management Organizations: Tenth Annual Report*, July 2008, 55, http://nepc.colorado.edu/files/EMO0708.pdf.
4. Alan Desoff, "Trouble in Paradise," *District Administration Magazine*, January 2010, http://www.districtadministration.com/article/trouble-paradise.
5. 2020年7月7日, 访问不愿透露姓名的爱迪生公司管理人员。
6. 2006年7月19日, 电话访问理查德·巴斯。
7. 出处同上。
8. 2005年10月18日, 在纽约访问吉姆·豪兰德。
9. No Child Left Behind Act of 2001, Pub.L.No.107–110, January 8, 2002, Section 1116 (e) (12) (C).
10. Karla Scoon Reid, "Districts Spar with Ed. Dept. over Tutoring," *EW*, November 2, 2004, 3.
11. Catherine Gewertz, "Chicago Resisting Federal Directive on NCLB Tutoring," *EW*, January 4, 2005, 1, 15.
12. Catherine Gewertz, "Chicago, Ed.Dept.Settle Tutoring Dispute," *EW*, February 9, 2005, 3, 11.
13. Rhea R. Borja, "Market for NCLB Tutoring Falls Short of Expectations," *EW*, December 20, 2006, 5, 13.
14. 2013年10月23日, 在纽约访问托德·麦金太尔。
15. 2005年10月18日, 在纽约访问豪兰德。
16. 2013年10月23日, 在纽约访问麦金太尔。
17. Catherine Gewertz, "Edison Moves into Online-Learning Market," *EW*, July 1, 2008, http://www.edweek.org/ew/articles/2008/07/01/43edison_web.h27.html; Gewertz, "Edison Schools Retools Itself as Online-Learning Provider," *EW*, July 15, 2008, 7.
18. NCES, "Issue Brief: 1.5 Million Homeschooled Students in the United States in 2007," December 2008, http://nces.ed.gov/pubs2009/2009030.pdf.
19. NCES, *Digest of Education Statistics*: 2013, Table 20610, https://nces.ed.gov/programs/digest/d13/tables/dt13_206.10.asp.

20. 例如，2010 年佛罗里达州一所实体学校的生均支出为 8 500 美元，而佛罗里达州的虚拟学校的生均成本为 5 490 美元。请参见：Paul E.Peterson, *Saving Schools: From Horace Mann to Virtual Learning* (Cambridge, MA: Harvard University Press, 2010), 250.
21. David K. Randall, "Virtual Schools, Real Businesses," *Forbes*, July 24, 2008, http://www.forbes.com/forbes/2008/0811/084.html. 关于招生数据，请参见：Molnar, Miron, and Urschel, *Profiles of For-Profit Educational Management Organizations: Tenth Annual Report*, 14; Alex Molnar, Gary Miron, and Jessica Urschel, *Profiles of For-Profit Educational Management Organizations:Eleventh Annual Report*, September 2009, 15, http://nepc.colorado.edu/publication/profiles-profit-emos-2008-09.
22. Gary Miron and Charisse Gulosino, *Profiles of For-Profit and Nonprofit Educational Management Organizations, Fourteenth Edition*, November 2013, 23, 37–38, http://nepc.colorado.edu/publication/EMO-profiles-11-12; Katherine Rushton, "Pearson Buys US 'Virtual School Academies' for $400M," *Daily Telegraph*, September 16, 2011.
23. Shelly Banjo, "Whittle Starts a City School," *WSJ*, January 31, 2011.
24. 出处同上。
25. Julian Guthrie, "The Fisher King," *San Francisco Chronicle*, October 18, 1998; Chris Whittle, Fourth Annual Avenues New Year Letter, January 7, 2014, 9, http://www.avenues.org/New-Year-Letter/Avenues_New_Year_Letter_2014.pdf.
26. Jenny Anderson, "The Best School $75 Million Can Buy," *NYT*, July 8, 2011.
27. 有关广告，请参见：*NYT*, February 1, 2011, A28; February 10, 2011, B20; February 16, 2011, A26; February 23, 2011, A24; and March 1, 2011, A21.
28. 例如参见：*WSJ*, February 1, 2011, A30; February 8, 2011, A26; and February 28, A30; *Downtown Express*, February 1, 2012, 16; *West Side Spirit*, February 2, 2012, 3; *Our Town*, February 23, 2012, 4; *New York Times Magazine*, September 16, 2002, 7; and *New Yorker*, September 24, 2012, 25.
29. 数据来源：adspender.kantarmediana.com. 由于费用会因出版量而有些折扣，因此最终费用可能低于 300 万美元。Ad$pender 列出了 605 条网络广告。
30. 这些文章以"解放思想：一种新的思想流派 / 一所新的思想学校 (Open Thinking: On a New School of Thought)"为题，作为系列文章发表。这一系列的第一篇参见："Can Success Be Taught?" *Downtown Express*, February 1, 2012, 16; 第二篇："Can Children Learn Language Like Music?" *West Side Spirit*, February 2, 2012, 3; 第三篇："Time to Reinvent the Class Schedule?" *NYT*, February 26, 2012, SR2; 第四篇："Is the Sky the Limit for Technology in School?" *NYT*, March 4, 2012, SR2.
31. 关于大道公司的使命宣言，请参见：http://www.avenues.org/avenues-school-mission.
32. Anderson, "The Best School; Amanda M. Fairbanks, "Chris Whittle Seeks Global Reach in Private School Venture," *EW*, September 26, 2012, 10–11.
33. Anderson, "The Best School."
34. 2012 年 2 月 23 日，在纽约访问加德纳·P. 邓南。

35. Advertisement, "The First First Day," *NYT*, September 10, 2012, A26; *WSJ*, September 10, 2012, A20; *New Yorker*, September 24, 2012, 25; *New York Times Magazine*, September 16, 2012, 8.
36. *Avenues : The World School* (brochure), 2011, 28, http://www.avenues.org/wp-content/uploads/2011/01/Master_Brochure.pdf; Robin Pogrebin, "Renovated High Line Now Opens for Strolling," *NYT*, June 8, 2009.
37. New York City Housing Authority, *Development Data Book 2010*, http://www.nyc.gov/html/nycha/downloads/pdf1/pdb2010.pdf.
38. 请参见：NAIS membership requirements: http://www.nais.org/Articles/Pages/School-Membership.asx (June 17, 2013). 曼哈顿67所私立学校中，有5所是以营利为目的：大道学校，英国国际学校，德怀特学校，莱曼曼哈顿预科，原克莱蒙特学院和约克预科．
39. 大道公司的官网是 www.avenues.org. 虽然 ".org" 被广泛理解为非营利机构网站的后缀，但没有任何规定限制它的使用。由于大道公司没有以 ".com" 为后缀的域名，其问题就不在于缺乏可用性。顺便提一下，爱迪生公司和爱迪生学习公司的域名都以 ".com" 为后缀。
40. 曼哈顿一所传统的非营利私立学校卡尔霍恩学校的负责人史蒂夫·尼尔森，在评论惠特尔关于大道公司仅靠学费就能营利的观点时说，"据我所知，纽约市没有一所独立学校能仅靠学费就足以支付其开销，不管有多少学生。"请参见：Anderson, "The Best School".
41. 根据这5所学校的网站信息，2013—2014学年各自学费如下：布雷利学校39 000美元；大学院41 200美元；道尔顿学校40 220美元；南丁格尔–班福德学校39 985美元；三一学校40 628美元（该校数据是不同群体不同学费的加权平均数）。5所学校的平均学费是40 387美元。
42. 根据2010财年向美国国税局提交的990表格，假设2010年的招生人数与2013年相同，布雷利学校、大学院、道尔顿学校、南丁格尔–班福德学校和三一学校共向大约4 144名学生提供了23 534 826美元的资助。因此，2010年每名学生收到的资助额的加权平均数为5 679美元；按机构分列的平均资助额为5 688美元，几乎没有区别。如果用1.072 6的通货膨胀系数来计算随后3年的数据，2013年的预计资助额为6 091美元。
43. 全美独立学校协会对多样性的承诺是许多教育工作者坚信异质学生群体重要性的明显例证。例如请参见：the 2012 NAIS statement entitled "Equity and Justice," http://www.nais.org/Series/Pages/Equity-and-Justice.aspx.
44. 2012年2月23日，在纽约访问加德纳·P. 邓南。
45. Whittle, Fourth Annual Avenues New Year Letter, 3, 5–7, 9–12. 国家遗产研究院共运营了68所学校，有44 338名学生。尽管想象学校公司运营着更多的学校，但学生却更少，信息来源于：Miron and Gulosino, *Profiles*, November 2013, 5, 2011–2012.
46. Sophia Hollander, "Education Entrepreneur Chris Whittle Resigns from Avenues School," *WSJ*, March 6, 2015.

47. Zoe Alsop, "Wealthy Chinese Love Private Schools but Private Equity Finds Profits Harder," CNBC, November 29, 2015, http://www.cnbc.com/2015/11/29/wealthy-chinese-love-private-schools-but-private-equity-finds-profits-harder.html.
48. "International Schools: The New Local," *The Economist*, December 20, 2014, 88.
49. 学校数量来自公司的网站：http://www.meritas.net/；http://www.nordangliaeducation.com/；http://www.gemseducation.com/.
50. Nord Anglia, press release, "Nord Anglia Education Completes Acquisition of Six Schools from Meritas," June 25, 2015, http://www.prnewswire.com/news-releases/nord-anglia-education-completes-acquisition-of-six-schools-from-meritas-300104965.html.
51. 2010 年 5 月 5 日，在纽约访问杰夫·沃尔。
52. 出处同上。
53. 出处同上。
54. Jeff Wahl, "From the Office of the President and CEO, Edison Learning," December 2009, 7, 从沃尔处获得。
55. 出处同上。
56. 出处同上。
57. 2010 年 5 月 5 日，在纽约访问沃尔。
58. 出处同上。
59. Jeff Wahl, speech, ELDA, San Diego, July 8, 2010.
60. Karen Grigsby Bates, "Cornel West, a Fighter, Angers Obama Supporters," National Public Radio, October 24, 2011, http://www.npr.org/20117p6.423/10/24/141598911/cornel-west-a-fighter-angers-obama-supporters; Lisa Miller, "I Want to Be Like Jesus," *New York Magazine*, May 6, 2012, http://nymag.com/news/features/cornel-west-2012-5/.
61. 2014 年 7 月 1 日，电话访问托德·麦金太尔。
62. Cornel West, keynote speech, ELDA, San Diego, July 9, 2010.
63. Melissa Harris-Perry, keynote speech, ELDA, Palm Springs, November 19, 2010; Michael Eric Dyson, keynote speech, ELDA, Palm Springs, November 20, 2010. DVD 于 2011 年 1 月从爱迪生学习公司获得。
64. Dyson, keynote speech, ELDA.
65. Jeffrey R. Henig, *Rethinking School Choice:Limits of the Market Metaphor* (Princeton, NJ: Princeton University Press, 1994), 3–12, 101–148.
66. 2011 年 2 月 25 日，在纽约访问杰夫·沃尔。
67. Menash Dean, "Edison to Manage Two More Troubled City Schools," *PDN*, May 26, 2005; Dale Mezzacappa, "Edison in Chester: How Plan Failed," *TPI*, June 16, 2005.
68. Susan Snyder, "Power Struggle Brewing in SRC?" *TPI*, May 23, 2007; Kristen A.Graham, "Philadelphia Taking Back Six Privatized Schools," *TPI*, June 19, 2008.
69. Menash Dean, "SRC: Schools Must Hire More Minority Teachers," *PDN*, June 25, 2009.
70. 2013 年 11 月 26 日，电话访问托德·麦金太尔。

71. 出处同上。
72. 2013 年 10 月 23 日,电话访问麦金太尔。
73. 出处同上。
74. 2011 年 2 月 25 日,在纽约访问沃尔。
75. 出处同上。
76. 2009 年 1 月 13 日,在费城电话访问托德·麦金太尔。
77. 2009 年 7 月 29 日,在纽约访问托德·麦金太尔。
78. 2009 年 2 月 3 日,在纽约访问夏洛特·博纳西西。
79. 2009 年 2 月 2 日,参观肖中学。2009 年 2 月 9 日,参观华林小学。
80. 2009 年 2 月 3 日,参观勒德洛小学。
81. 出处同上。
82. 2009 年 2 月 5 日,费城访问托德·麦金太尔。
83. 出处同上。
84. 2009 年 2 月 5 日,费城约克,参观林肯特许学校。
85. Paul E.Peterson and Matthew M. Chingos, "Impact of For-Profit and Non-Profit School Management on Student Achievement: The Philadelphia Experiment," PEPG 07-07, November 1, 2007, http://www.hks.harvard.edu/pepg/PDF/Papers/PEPG07-07_Peterson_Chingos_Philadelphia.pdf; Peterson and Chingos, "Impact of For-Profit and Non-Profit Management on Student Achievement: The Philadelphia Intervention, 2002–2008," PEPG 09-02, 2009, http://www.hks.harvard.edu/pepg/PDF/Papers/PEPG09-02_Peterson_Chingos.pdf.
86. Karla Scoon Reid, "Analysis Finds Gains in Edison Schools, but Model Is No Quick Fix," *EW*, October 19, 2005, 6.
87. Brian Gill et al., *Inspiration, Perspiration, and Time: Operations and Achievement in Edison Schools* (Santa Monica: RAND, 2005), xxii–xxix, 122–134.
88. 出处同上 , xxiii, 121–130。
89. 请参见: Henry Levin, "Déjà Vu All Over Again," *Education Next* 6 (Spring 2006): 21–24; Chris Whittle, "Growth Is Possible," *Education Next* 6 (Spring 2006): 15–19. 惠特尔在反驳莱文关于爱迪生学校没有取得统计学显著的进步这一结论时,引用了兰德公司报告第 xxiii 页的内容:"2002—2004 年,爱迪生公司所开办的学校的平均阅读熟练率提高了 11 个百分点,数学提高了 17 个百分点。与此同时,一组为相似学生群体提供教育服务的匹配对照组学校的平均熟练率也有所提高……阅读提高 9 个百分点,数学提高了 13 个百分点 (尽管爱迪生学校的优势仅在数学成绩上具有统计学意义)。"
90. Gill et al., *Inspiration, Perspiration, and Time*, xxiv–xxvii, 131–134.
91. 出处同上 , xxiv–xxv.
92. Ruth Curran Neild, Elizabeth Useem, and Elizabeth Farley, *The Quest for Quality: Recruiting and Retaining Teachers in Philadelphia* (Philadelphia: Research for Action, 2005), 17–18.

93. Kurt Spiridakis, "Teacher Turnover High at 'Takeover Schools'," *PPSN*, Summer 2003, http://thenotebook.org/summer-2003/03881/teacher-turnover-high-takeover-schools.
94. Gill et al., *Inspiration, Perspiration, and Time*, xxiii.
95. Reid, "Analysis Finds Gains."
96. Douglas J. MacIver and Martha Abel MacIver, "Effects on Middle Grades' Mathematics Achievement of Educational Management Organizations (EMOs) and New K–8 Schools," paper presented at the Annual Meeting of the American Educational Research Association, San Francisco, April 10, 2006, 11–17, www.csos.jhu.edu/new/AERA_2006.pdf.
97. Brian Gill et al., *State Takeover, School Restructuring, Private Management, and Student Achievement in Philadelphia* (Santa Monica: RAND, 2007).
98. 出处同上，1、7。最初，共有7家外部管理机构：爱迪生公司、胜利学校公司和校长灯塔学院公司，都是以营利为目的；以及基金会公司、环球公司、坦普尔大学和宾夕法尼亚大学。但是如第六章指出的，校长灯塔学院公司只运营了一年。
99. 出处同上，9。
100. 出处同上，xii–xiv, 18。
101. Peterson and Chingos, "Impact of For-Profit and Non-Profit School Management: The Philadelphia Experiment," 2–3, 11–20.
102. Peterson and Chingos, "Impact of For-Profit and Non-Profit Management on Student Achievement: The Philadelphia Intervention, 2002–2008," 3.
103. Vaughan Byrnes, "Getting a Feel for the Market: The Use of Privatized School Management in Philadelphia," *American Journal of Education* 115 (May 2009): 437–455.
104. Pennsylvania Department of Education, 2005–2006 PSSA and AYP Results and 2010–2011 PSSA and AYP Results, http://www.portal.state.pa.us/portal/server.pt/community/school_assessments/7442/2005–2006_pssa_and_ayp_results/507507, http://www.portal.state.pa.us/portal/server.pt/community/school_assessments/7442/2010–2011_pssa_and_ayp_results/1014980。为了得到该学区的净量，爱迪生学校的数据被剔除。爱迪生学校的930名5年级学生参加了写作考试，均属于经济困难学生；爱迪生学校参加写作考试的1 211名8年级学生也全部属于经济困难学生。在这一学区，除去爱迪生学校的学生，其余11 350名5年级学生中有9 775人属于这一类，11 201名8年级学生中有9 171人属于这一类。2011年，爱迪生公司只开办了4所学校，168名5年级学生中有167人、248名8年级学生中有246人属于这一类；在这一学区，除去爱迪生学校的学生，10 389名5年级学生中有8 916人属于这一类，9 772名8年级学生中有8 063人属于这一类。
105. Donald T. Campbell, "Assessing the Impact of Planned Social Change," in *Social Research and Public Policies: The Dartmouth/OECD Conference*, ed. G. M. Lyons (Hanover, NH: Public Affairs Center, Dartmouth College, 1975), 35.
106. Brian A. Jacob, "Accountability, Incentives and Behavior: The Impact of High-Stakes Testing in the Chicago Public Schools," *Journal of Public Economics* 89 (June 2005): 761–796.

107. Gill et al., *State Takeover*, 11.
108. Pennsylvania Department of Education, 2005–2006 through 2010–2011 PSSA and AYP Results, http://www.portal.state.pa.us/portal/server.pt/community/school_assessments/7442. 2006—2011年爱迪生学校参加阅读/写作测试的5年级学生样本量分别为1 003/930、708/684、698/713、593/570、486/464和175/167。8年级学生的样本量分别为1 277/1 211、1 296/1 188、1 168/1 136、1 106/971、809/779和249/246。2006—2011年胜利学校公司参加阅读/写作测试的5年级学生样本量分别为287/259、248/242、247/246、234/217和210/206。8年级学生的样本量分别为410/384、311/278、319/321、277/270和266/259。2006—2011年该学区的样本量为7 743至10 093。
109. Laura Simmons, "Whittle to Build 1 000 Schools: Cost of First 200 to Be $2.5 Billion," *Knoxville News Sentinel*, May 15, 1991; Mark Walsh, "Entrepreneur Whittle Unveils Plans to Create Chain of For-Profit Schools," *EW*, May 22, 1991, 1, 13.
110. Michael T. Moe, Kathleen Bailey, and Rhoda Lau, *The Book of Knowledge: Investing in the Growing Education and Training Industry* (New York: Merrill Lynch, April 9, 1999), 74–75.
111. Miron and Gulosino, *Profiles*, November 2013, 9.
112. Whittle, Fourth Annual Avenues New Year Letter, 9.
113. BMO Capital Markets, M&A Advisory Deals, December 13, 2013, http://www.bmocm.com/industry-expertise/busservices/deals/.
114. Richard Pérez-Peña, "College Group Run for Profit Looks to Close or Sell Schools," *NYT*, July 5, 2014.
115. Business Wire, "Alloy Broadens Media Offerings; Acquires Channel One," April 23, 2007, http://www.businesswire.com/news/home/20070423005476/en.
116. 如果自由合伙人公司扮演的是乌龟而不是兔子，它本可以将这9 100万美元用于投资标准普尔500指数基金，例如道富环球投资顾问公司的SPY基金。2003年7月11日，当自由合作伙伴公司完成对爱迪生公司的收购时，SPY基金以每股100.24美元的股价收盘。2007年4月23日，2013年12月13日，当蒙特利尔银行收到将爱迪生学习公司出售给弹射学习公司的资金时，SPY基金的收盘价为178.11美元。要是以每年2%的股息进行再投资，按公司15%的合格股息率纳税，到2007年4月，这9 100万美元将增长到近2亿美元。
117. Edison Learning, "Edison Learning Names New Leadership Team," January 31, 2014, http://edisonlearning.com/press-releases.
118. Catapult Learning, "Combination Creates Largest Intervention Services and Professional Development Provider," January 6, 2014, https://www.catapultlearning.com/catapult-learning-acquires-newton-alliance/.
119. EdisonLearning, "EdisonLearning Names New Leadership Team."
120. Thomas Fitzgerald, "Pennsylvania Proposal Would Raise Income Tax to Aid Schools," *TPI*, November 14, 2001.

121. 从 1995—1996 学年到 2012—2013 学年，费城的生均支出与主线学区 5 所学校生均支出的加权平均数的相对比率基本稳定：1995—1996 学年 (6 550 美元 /9 569 美元：0.68)；1996—1997 学年 (6 810 美元 /9 559 美元：0.71)；1997—1998 学年 (6 720 美元 /9 995 美元：0.67)；1998—1999 学年 (7 105 美元 /10 348 美元：0.69)；1999—2000 学年 (7 378 美元 /10 763 美元：0.69)；2000—2001 学年 (7 944 美元 /11 421 美元：0.70)；2001—2002 学年 (8 332 美元 /11 973 美元：0.70)；2002—2003 学年 (8 790 美元 /12 301 美元：0.71)；2003—2004 学年 (9 768 美元 /13 117 美元：0.74)；2004—2005 学年 (10 223 美元 /13 888 美元：0.74)；2005—2006 学年 (10 653 美元 /14 398 美元：0.74)；2006—2007 学年 (10 662 美元 /14 825 美元：0.72)；2007—2008 学年 (10 786 美元 /15 664 美元：0.69)；2008—2009 学年 (11 394 美元 /16 320 美元：0.70)；2009—2010 学年 (12 223 美元 /16 858 美元：0.73)；2010—2011 学年 (13 096 美元 /17 120 美元：0.76)；2011—2012 学年 (12 352 美元 /17 015 美元：0.73)；2012—2013 学年 (13 206 美元 /18 006 美元：0.73)。所有数据均来自宾夕法尼亚州教育部网站：http://www.portal.state.pa.us。

122. Benjamin Herold, "Consulting Group Playing Key Role in Philadelphia Plan," *EW*, August 8, 2012, 12–13. 威廉·佩恩基金会提供了 150 万美元；其余资金来自其他捐赠者。

123. Edison Schools Inc., "Strengthening the Performance of the Philadelphia School District: Report to the Governor of Pennsylvania," October 2001, 4, 14–17, 34, 45, 58–60.

124. Boston Consulting Group Inc., "Transforming Philadelphia's Public Schools: Key Findings and Recommendations," August 2012, 11, 12, 19, 38–40, 73, http://webgui.phila.k12.pa.us/uploads/v_/IF/v_IFJYCOr72CBKDpRrGAA/BCG-Summary-Findings-and-Recommendations_August_2012.pdf.

125. 出处同上，55。

第八章 市场失灵

1. 纽约州法律 (2010 年) 第 101 章："设立特许学校的申请可由教师、家长、学校管理人员、社区居民或上述任何组合提出……但营利性企业或法人团体不具资格。"(原文如是强调) 已签过合同的教育管理机构不受此新规约束。

2. Brent Staples, "Editorial Observer: Fighting Poverty in a Worst-Case School," *NYT*, March 4, 2002.

3. Scott E. Carrell and Mark L. Hoekstra, "Externalities in the Classroom: How Chilldren Exposed to Domestic Violence Affect Every one's Kids," *American Economic Journal: Applied Economics* 2 (January 2010): 211–228. 作者将他们的研究限制在 1995—2003 年佛罗里达州中部一学区中法庭记录有遭遇过家庭暴力的孩子对其同学的影响。这项研究涉及该学区 22 所小学的 3 至 5 年级学生。

4. 2015 年 8 月 5 日霍克斯特拉通过电子邮件确认了这一决定。

5. 请参见：Richard Rothstein, *Class and Schools: Using Social, Economic, and Educational Reform to Close the Black-White Achievement Gap* (Washington, DC: Economic Policy

注 释

Institute, 2004), 13–59; David C. Berliner, "Our Impoverished View of Educational Reform," *Teachers College Record* 108 (2006): 949–995. 有关转变低收入社区的学校的困难, 还可参见: David K. Cohen and Susan L. Moffitt, *The Ordeal of Equality: Did Federal Regulation Fix the Schools*? (Cambridge, MA: Harvard University Press, 2009), 211–213.

6. 2009 年 3 月 16 日, 在纽约访问董乐。
7. Kenneth J. Arrow, "Uncertainty and the Welfare Economics of Medical Care," *AER* 53 (December 1963): 941–973.
8. 出处同上。
9. 出处同上。
10. 出处同上。
11. Steven Brill, "Bitter Pill: Why Medical Bills Are Killing Us," *Time*, March 4, 2013, 16–55; H. Gilbert Welch, "Diagnosis: Insufficient Rage," *NYT*, July 4, 2013.
12. George A. Akerlof, "The Market for 'Lemons': Quality Uncertainty and the Market Mechanism," *Quarterly Journal of Economics* 84 (August 1970): 488–500.
13. Marc Santora and Michaelle Bond, "Many Bars Misled Drinkers, New Jersey Says," *NYT*, July 31, 2013.
14. U.S. Department of Education, Federal Student Aid, https://studentaid.ed.gov/about/data-center/school/proprietary. 还可参见: Alia Wong, "The Downfall of For-Profit Colleges," The Atlantic, February 23, 2015, http://www.theatlantic.com/education/archive/2015/02/the-downfall-of-for-profit-colleges/385810/.
15. U.S. Department of Education, "First Official Three-Year Student Loan Default Rates Published," September 28, 2012, http://www.ed.gov/news/press-releases/first-official-three-year-student-loan-default-rates-published. 还可参见: Wong, "Downfall of For-Profit Colleges".
16. Wong, "Downfall of For-Profit Colleges."
17. Floyd Norris, "Corinthian Colleges Faltering as Flow of Federal Money Slows," *NYT*, June 26, 2014; Michael Stratford, "Corinthian Closes for Good," *Inside Higher Ed*, April 27, 2015, https://www.insidehighered.com/news/2015/04/27/corinthian-ends-operations-remaining-campuses-affecting-16000-students.
18. 5 年跨度的股价分别以 2010 年 4 月 23 日、2015 年 5 月 13 日的收盘价计算。职业教育公司从每股 34.10 美元降至 4.24 美元; ITT 技术学院从 111.78 美元降至 2.23 美元; 斯特雷耶大学从 253.03 美元降至 48.01 美元; 菲尼克斯大学从 63.53 美元降至 16.82 美元。
19. Henry B. Hansmann, "The Role of Nonprofit Enterprise," *Yale Law Journal* 89 (April 1980): 835–901.
20. 出处同上。
21. 出处同上。

22. 出处同上。
23. Department of Health and Human Services, National Center for Health Statistics, *National Nursing Home Survey,1973–1974*, DHEW Publication No. (H RA) 77–1779 (Hyattsville, MD: U.S. Department of Health and Human Services, National Center for Health Statistics, July 1979), 2; Lauren Harris-Kojetin et al., "Long-Term Care Services in the United States: 2013 Overview," National Center for Health Statistics, *Vital Health Statistics* 3 (37) (2009): 12.
24. American Hospital Association, Fast Facts on U.S. Hospitals from the 2013 AHA Annual Survey, http://www.aha.org/research/rc/stat-studies/fast-facts.shtml.
25. U.S. Department of Justice, Bureau of Justice Statistics, *Census of State and Federal Correctional Facilities,1990* (Washington, DC: U.S. Government Printing Office, 1992), 1, 20; U.S. Department of Justice, Bureau of Justice Statistics, *Census of State and Federal Correctional Facilities*, 2000, August 2003, 2, http://www.bjs.gov/content/pub/pdf/csfcf00.pdf; U.S. Department of Justice, Bureau of Justice Statistics, *Census of State and Federal Correctional Facilities*, 2005, October 1, 2008, 1, A1, http://www.bjs.gov/content/pub/pdf/csfcf05.pdf. 在全美范围内，私营监狱关押的囚犯比重与私营监狱的比重不一致。平均而言，非营利性监狱关押的囚犯更少。尽管如此，增长率还是很高的。1990 年，全美有 1% 的囚犯被关押在私营监狱；1995 年为 2%; 2000 年为 7%; 2005 年为 8%。
26. 有关营利性医院和医疗保健公司违反规定的例子，例如参见: Steffie Woolhandler and David U. Himmelstein, "When Money Is the Mission—The High Costs of Investor-Owned Care," *New England Journal of Medicine* 341 (August 5, 1999): 444–446; Solomon Moore, "Alleged Scheme Involved Homeless," *NYT*, August 10, 2008; Alex Berenson, "Long-Term Care Hospitals Face Little Scrutiny" and "Trail of Disquieting Reports from Hospitals of Select Medical," *NYT*, February 10, 2010; John Carreyrou, "Home-Health Firms Blasted: Senate Panel Alleges Big Providers Abused Medicare by Tailoring Patient Care to Maximize Profits," *WSJ*, October 3, 2011; Julie Creswell and Reed Abelson, "A Giant Hospital Chain Is Blazing a Profit Trail," *NYT*, August 14, 2012; 以及 Eduardo Porter, "Health Care and Profits, a Poor Mix," *NYT*, January 8, 2013. 有关营利性监狱管理机构违反规定的例子，例如参见: Eric Schlosser, "The Prison-Industrial Complex," *The Atlantic*, December 1998, 51–77; Margaret Talbot, "The Lost Children: What Do Tougher Detention Policies Mean for Illegal Immigrant Families?" *New Yorker*, March 3, 2008, 58–67; Christopher Hartney and Caroline Glesman, *Prison Bed Profiteers:How Corporations Are Reshaping Criminal Justice in the U.S.* (Oakland, CA: National Council on Crime and Delinquency, 2012); Sam Dolnick, "As Escapees Stream Out, a Penal Business Thrives," *NYT*, June 16, 2012; Dolnick, "At a Halfway House, Bedlam Reigns," *NYT*, June 17, 2012; Holly Kirby et al., "The Dirty Thirty: Nothing to Celebrate about 30 Years of Corrections Corporation of America," *Grassroots Leadership*, June 2013, http://grassrootsleadership.org/cca-dirty-30; Margaret Newkirk and William Selway, "Gangs Ruled Prison as For-Profit Model Put Blood on Floor,"

BloombergBusiness, July 12, 2013, http://www.bloomberg.com/news/articles/2013-07-12/gangs-ruled-prison-as-for-profit-model-put-blood-on-floor.

27. 请参见：Bruce C. Vladeck, *Unloving Care: The Nursing Home Tragedy* (New York: Basic Books, 1980), 122–127. 弗拉德克指责了专营和非营利性养老院在护理方面存在的不足。虽然弗拉德克指出，比较研究"没有发现护理质量在统计学上的显著差异"，但他补充道，迄今为止，对差异的测量仍"过于粗糙"，基于这些研究做太多推断是不正确的。弗拉德克写道，从他访谈和观察中感受到的印象是，平均而言，非营利性养老院"稍微好一些"。自此，更为精密的统计评估发现了护理质量方面的显著差异，这可能是由于测量方法的改进或养老院运营的转变或两者的某种共同效应。

28. 请参见：Shin-Yi Chou, "Asymmetric Information, Ownership and Quality of Care: An Empirical Analysis of Nursing Homes," *Journal of Health Economics* 21 (March 2002): 293–311; Jane Banaszak-Holl et al., "Comparing Service and Quality among Chain and Independent U.S. Nursing Homes during the 1990s," Center for the Advancement of Social Entrepreneurship, Fuqua School of Business, Duke University, 2002, https://centers.fuqua.duke.edu/case/knowledge_items/comparing-service-and-quality-among-chain-and-independent-nursing-homes-during-the-1990s/; Will Mitchell et al., "The Commercialization of Nursing Home Care: Does For-Profit Cost-Control Mean Lower Quality or Do Corporations Provide the Best of Both Worlds?" presentation, Strategic Management Society, Baltimore, November 2003, https://faculty.fuqua.duke.edu/seminarscalendar/Aparna_seminar_paper.pdf; Daniel R. Levinson, "Trends in Nursing Home Deficiencies and Complaints," Office of Inspector General, Department of Health and Human Services, Washington, DC, September 18, 2008, http://oig.hhs.gov/oei/reports/oei-02-08-00140.pdf; Anna A.Amirkhanyan, Hyun Joon Kim, and Kristina T. Lambright, "Does the Public Sector Outperform the Nonprofit and For-Profit Sectors? Evidence from a National Panel Study on Nursing Home Quality and Access," *Journal of Policy Analysis and Management* 27 (Spring 2008): 326–353.

29. Chou, "Asymmetric Information."

30. Steve Schaefer, "Jail house Shock," *Forbes*, October 21, 2009, http://www.forbes.com/2009/10/21/ackman-corrections-corp-markets-equities-value.html.

31. Shaila Dewan, "Experts Say Schools Need to Screen for Cheating," *NYT*, February 13, 2010; Brian A.Jacob and Steven D. Levitt, "Rotten Apples: An Investigation of the Prevalence and Predictors of Teacher Cheating," *Quarterly Journal of Economics* 118 (August 2003): 843–877。还可参见：Levitt and Stephen J. Dubner, *Freakonomics: A Rogue Economist Explores the Hidden Side of Everything* (New York: HarperCollins, 2005), 25–37.

32. Barbara Martinez and Tom McGinty, "Students' Regents Test Scores Bulge at 65," *WSJ*, February 2, 2011; Jack Gillum and Marisol Bello, "When Standardized Test Scores Soared in D.C., Were the Gains Real?" *USA Today*, March 28, 2011; Kim Severson, "Systematic Cheating Is Found in Atlanta's School System," *NYT*, July 5, 2011; Benjamin Herold and Dale Mezzacappa, "2009 Report Identified Dozens of PA Schools for Possible Cheating,"

PPSN, July 8, 2011, http://thenotebook.org/blog/113871/2009-report-identified-pa-schools-possible-cheating.

33. Ronald Coase, "The Nature of the Firm," *Economica* 4 (November 1937): 386–405.
34. Oliver E. Williamson, "The Vertical Integration of Production: Market Failure Considerations," *AER* 61 (May 1971): 112–123; Williamson, *The Economic Institutions of Capitalism* (New York: Free Press, 1985).
35. Williamson, "Vertical Integration of Production."
36. John D. Donahue, *The Privatization Decision: Public Ends, Private Means* (New York: Basic Books, 1989), 126.
37. Williamson, *Economic Institutions of Capitalism*, 120–123.
38. 出处同上, 114–115。
39. Louis T. Wells and Rafiq Ahmed, *Making Foreign Investment Safe: Property and National Sovereignty* (Oxford: Oxford University Press, 2007), 281.
40. Barbara J. Stevens, "Comparing Public- and Private-Sector Productive Efficiency: An Analysis of Eight Activities," *National Productivity Review* 3 (Autumn 1984): 395–406. 成本节约的测定来源于对史蒂文斯在该文第 401 页的表 5 中归纳的每项职能的额外成本的倒推。在该研究中，市政当局在其他服务方面使用承包商所节约的成本如下：草坪养护 29%；垃圾收集 30%；街道清洁 30%；交通信号养护 36%；门卫服务 42%。有关对史蒂文斯文章和市政府外包的看法，请参见：Donahue, *Privatization Decision*, 131–149, 以及 Elliott Sclar, *You Don't Always Get What You Pay For: The Economics of Privatization* (Ithaca, NY: Cornell University Press, 2001), 47–68.
41. 请参见：Craig E. Richards, Rima Shore, and Max B. Sawicky, *Risky Business: Private Management of Public Schools* (Washington, DC: Economic Policy Institute, 1996), 144–148.
42. Albert Shanker, American Federation of Teachers advertisement, "Where We Stand: Striking a Good Bargain," *NYT*, June 5, 1994.
43. Wells and Ahmed, *Making Foreign Investment Safe*, 66–73.
44. Raymond Vernon, "Long-Run Trends in Concession Contracts," *Proceedings of the American Society for International Law*, April 1967, 84. 还可参见：Raymond Vernon, *Sovereignty at Bay* (New York: Basic Books, 1971).
45. Wells and Ahmed, *Making Foreign Investment Safe*, 9, 34, 47.
46. 出处同上, 68。
47. Winston Brooks, interview transcript for Frontline: *Public Schools Inc.*, PBS, July 3, 2003, www.pbs.org/wgbh/pages/frontline/shows/edison.
48. D. C. Denison, "School of Hard Knocks in the Bull Market," *Boston Globe*, May 26, 2002.
49. 请参见：George A. Akerlof and Rachel E. Kranton, *Identity Economics: How Our Identities Shape Our Work, Wages, and Well-Being* (Princeton, NJ: Princeton University Press, 2010), 22–25. 传统的经济理论认为，工人作为消费者对经济激励的反应是使自己的"效用"最大化，而与此不同的是，根据阿克洛夫和克兰顿的观点，工人作为事业的仆人，其

目的可能是推动事业的发展，使自己的"效用"最大化。

50. 请参见：Dan Lortie, *Schoolteacher: A Sociological Study* (Chicago: University of Chicago Press, 1975), 28–29, 103–106, 111–116, 121–124.

51. Richard M. Titmuss, *The Gift Relationship: From Human Blood to Social Policy* (1970; reprint, New York: New Press, 1997), 114–116, 289–292.

52. Roland Bénabou and Jean Tirole, "Incentives and Prosocial Behavior," *AER* 96 (December 2006): 1652–1678.

53. Carl Mellström and Magnus Johannesson, "Crowding Out in Blood Donation: Was Titmuss Right?" *Journal of the European Economic Association* 6 (June 2008): 845–863. 该研究分析了35名男性和54名女性的相关数据，然而作者指出，这种影响只对于其中的女性具有统计学意义。

54. 对于阿克洛夫和克兰顿来说，认同领导安排的任务、无私奉献于工作的员工是"局内人"，反之则是"异类"。请参见：Akerolf and Kranton, *Identity Economics*, 41–49.

55. William J. Baumol, *The Cost Disease: Why Computers Get Cheaper and Health Care Doesn't* (New Haven, CT: Yale University Press, 2012), 20–24.

56. 虽然国家教育统计中心公布了2011财年K12阶段按职能和子职能划分的支出数据，但并没有像2009年及之前那样注明分配给教职人员薪资和福利的金额。请参见：NCES, Revenues and Expenditures for Public Elementary and Secondary Education: School Year 2010–11 (Fiscal Year 2011), Table 2, http://nces.ed.gov/pubs2013/expenditures2/tables/table_02.asp.

57. Interpublic Group of Companies Inc., "Securities and Exchange Commission File No.1–6686 (Form 10–K)," December 31, 2009, 13; Aon Corporation, "Securities and Exchange Commission File No.1–7933 (Form 10–K)," December 31, 2009; Accenture PLC, "Securities and Exchange Commission File No. 001–16565 (Form 10–K)," August 31, 2009, F–5; James D. Cotterman, "Compensating Partners and Associates in Trying Economic Times," *Altman Weil Direct: Report to Legal Management*, September 2009, 1, http://www.altmanweil.com/dir_docs/resource/64272ef8-56f0-4b9a-b519-95351ee0310a_document.pdf.

58. Trenton H.Norris, "Law Firm Economics 101," presentation, Berkeley School of Law, March 13, 2012, http://www.law.berkeley.edu/files/careers/Law_Firm_Economics_101_Mar_2012_Berkeley.pdf.

59. 请参见：Sclar, *You Don't Always Get What You Pay For*, 23–26. 斯科拉将鞋子和戏票作为私人物品的经典例证。斯科拉在谈到教育时写道："有许多例子表明，本可以为某一特定群体私人生产的产品，因其外部影响的价值而被公开提供，以促进更广泛的使用。初等和中等教育是最明显和突出的例子。"

60. 请参见：NAIS membership requirements: http://www.nais.org/Articles/Pages/School-Membership.aspx (last updated June 17, 2013).

61. 在企业心理学中，有关视觉或表象的力量的内容，请参见：Nick Paumgarten, "The

Death of Kings: Notes from a Meltdown," *New Yorker*, May 18, 2009, 43.

62. 有关分形的内容，请参见：Jim Holt, "He Conceived the Mathematics of Roughness," *New York Review of Books*, May 23, 2013, http://www.nybooks.com/articles/archives/2013/may/23/mandlebrot-mathematics-of-roughness/.

63. Alan Finder and Kate Zernike, "Embattled President of Harvard to Step Down at End of Semester," *NYT*, February 21, 2006; Marcella Bombardieri, "Leader Forgoes Campus Salary: Harvard's Bok Resists a Trend," *Boston Globe*, November 22, 2006.

64. Henry Rosovsky, *The University: An Owner's Manual* (New York: W. W. Norton, 1990), 54, 257–258.

65. *Scent of a Woman*, directed by Martin Brest (Santa Monica, CA: City Light Films, 1992).

66. Vance H. Trimble, *An Empire Undone: The Wild and Hard Fall of Chris Whittle* (New York: Birch Lane, 1995), 192; 2008 年爱迪生公司不愿意透露姓名的律师。

67. Richard Rothstein, "Teacher Shortages Vanish When the Price Is Right," *NYT*, September 25, 2002.

68. 有关选拔和留任的内容，请参见：Morgan L. Donaldson and Susan Moore Johnson, "TFA Teachers: How Long Do They Teach? Why Do They Leave?" *Phi Delta Kappan* 93 (October 2011): 47–51; Michael Winerip, "A Chosen Few Are Teaching for America," *NYT*, July 12, 2010; Andrew Doughman, "Legislative Showdown Brewing over $2 Million for Teach for America," *Las Vegas Sun*, May 20, 2013. 有关暑期学院的内容，请参见：Annie Em, "No Pay from TFA," *Daily Kos*, April 16, 2013, http://www.dailykos.com/story/2013/04/16/1202244/-No-pay-from-TFA-Teach-for-America.

69. "Schoolhouse Rocked," *Time*, February 23, 2015, 15.

70. 请参见"为美国而教"网站：http://www.teachforamerica.org/corps-member-and-alumni-resources/alumni-summits.

71. 请参见"知识就是力量"项目峰会网站：http://www.kipp.org/kipp-school-summit. "知识就是力量"项目的公共事务总监史蒂夫·曼奇尼称，"知识就是力量"项目峰会大约一半的参会者都是利用自己的闲暇时间参与活动。2014 年 7 月 18 日，在纽约访问曼奇尼。

72. NCES, "Characteristics of the 100 Largest Public Elementary and Secondary School Districts in the United States: 2002–03," table 1, http://nces.ed.gov/pubs2005/100_largest/tables/table_1.asp.

73. Karla Scoon Reid, "Former Justice Official to Head NYC Schools," *EW*, August 7, 2002.

74. Edison Schools Inc., "Securities and Exchange Commission File No.000–27817 (Form 10-K)," September 30, 2003, 59.

75. 2009 年 2 月 10 日，在费城访问梅根·佐尔。

76. Menash Dean, "Edison Schools Loses Top Official," *PDN*, January 17, 2006.

77. Ann Grimes, "School Board Seeks to Revoke Edison Charter," *WSJ*, February 20, 2001.

78. Jay Mathews, *Work Hard. Be Nice.* (Chapel Hill, NC: Algonquin, 2009), 263–268.

79. KIPP School Directory, http://www.kipp.org/schools/school-directory-home.

第九章　第四条道路

1. Jay Mathews, *Work Hard. Be Nice.* (Chapel Hill, NC: Algonquin, 2009), 94–99, 252–253. 有关爱迪生公司的数据，请参见表6.1。
2. 爱迪生学习公司在2014年失去了继续在爱荷华州达文波特运营一所小学的合同。
3. 数据来自2014年7月20日"知识就是力量"项目网站。
4. 数据来自2014年7月24日各教育管理机构网站；由于莫萨卡公司的学校同时设有小学部和中学部，为防止重复计算，将同一地址和由同一名校长管理的学校算为一所学校。
5. Gary Miron and Charisse Gulosino, *Profiles of For-Profit and Nonprofit Education Management Organizations: Fourteenth Edition, 2011–2012*, November 2013, 69, 79, http://nepc.colorado.edu/publication/EMO-profiles-11-12.
6. 出处同上，9、11。
7. 此猜想基于以下局部多项式回归：$y = 1\,915x^2 - 10\,926x + 28\,319$, $R^2 = 0.99$。
8. 此猜想基于以下线性回归：$y = 40\,568x - 95\,004$, $R^2 = 0.81$。
9. 此猜想基于以下局部多项式回归：$y = 0.536\,6x^2 - 4.023x + 7.261\,7$, $R^2 = 0.99$。对每所"知识就是力量"项目招生人数的估计，来源于：Miron and Gulosino, *Profiles*, November 2013, 117.
10. KIPP's Five Pillars, http://www.kipp.org/our-approach/five-pillars.
11. 出处同上，13、15。
12. 2014年9月30日，参观"知识就是力量"项目基金会总部。关于"知识就是力量"项目的品格教育动议的细节，请参见："What if the Secret to Success Is Failure?" *NYT*, September 14, 2011. 还可参见"知识就是力量"项目关于品格教育的网页：http://www.kipp.org/our-approach/character.
13. 数据来源于：GuideStar, www.guidestar.org. 佩瑟的基本工资是223 984美元，外加25 000美元的额外报酬、500美元的激励性薪酬和17 912美元的非税福利；威尔科克斯的基本工资是211 405美元，外加40 000美元的激励工资和15 182美元的非税福利。
14. "非营利性组织本质上禁止将其净收益（如果有的话）分配给对其行使控制权的个人，如成员、官员、董事或受托人。我这里所说的'净收益'是指纯利润，也就是说，为组织所需的服务支付的资金之外的收益。"请参见：Henry B. Hansmann, "The Role of Nonprofit Enterprise," *Yale Law Journal* 89 (April 1980): 838.
15. 例如参见：Meredith Kolodner and Rachel Monahan, "Charting New Territory in Ed Salaries," *NYDN*, December 13, 2009; Kolodner, "Top 16 NYC Charter School Executives Earn More Than Chancellor Dennis Walcott," *NYDN*, October 26, 2013; Kate Taylor, "New York City Comptroller to Audit Success Academy Charter Network," *NYT*, October 30, 2014.

16. Kyle Spencer, "Charter Schools Prepare for a New Regime at City Hall, *WNYC*, June 7, 2012, http://www.wnyc.org/story/301567-charter-schools-prepare-for-a-new-regime-at-city-hall/; Ben Chapman, "Charter School Rally Sends Message to Bill de Blasio, Joe Lhota," *NYDN*, October 8, 2013; Al Baker and Javier C. Hernández, "De Blasio and Operator of Charter School Empire Do Battle," *NYT*, March 4, 2014; Elizabeth A. Harris, "Charter School Backers Rally, Hoping to Influence de Blasio's Policies," *NYT*, October 2, 2014.
17. 2006 年 7 月 19 日，电话访问理查德·巴斯。
18. 出处同上。
19. 2008 年 11 月 16 日，在纽约访问戴夫·莱文。
20. Susan Snyder and Martha Woodall, "Schools to Make Modest Changes," *TPI*, April 17, 2003.
21. 学校数量来自卓越特许学校网站：http://www.masterycharter.org/schools.html。
22. 根据 2014 年 5 月 5 日在费城对谢里夫·埃尔－梅基的访谈，唯一不符合卓越特许学校这一规则的是它的伦菲斯特校区。
23. Bill Hangley Jr., "Mastery Drops Out; Steel to Stay in District," *PPSN*, May 2014, http://thenotebook.org/blog/147222/steel-stay-district-hands-mastery-drops-out.
24. 2014 年 5 月 5 日，费城，访谈谢里夫·埃尔－梅基。
25. 出处同上。还可参见：Lea Sitton, "Ball Game Ends with Two Men Shot," *TPI*, October 5, 1992.
26. 出处同上。
27. 出处同上。
28. 出处同上。
29. 出处同上。
30. 2009 年 2 月 10 日，在费城访问谢里夫·埃尔－梅基。
31. Robert Moran and Daniel Rubin, "Two Arrested in Philadelphia Protest," *TPI*, December 13, 2005. 对梅基的指控因缺乏证据而很快被撤销。请参见：Robert Moran, "Assault Charges against Principal Are Dropped," *TPI*, December 17, 2005.
32. 2014 年 5 月 5 日，在费城访问梅基。
33. 出处同上。
34. 2014 年 5 月 6 日，电话访问约瑟夫·弗格森。
35. 2014 年 5 月 7 日，参观西蒙·格拉茨高中和卓越特许学校。请参见本书第七章有关 2009 年普里夫蒂在肖中学的斗争的内容。
36. 基于 2009 年 2 月 2 日参观在爱迪生公司管理下的肖中学，以及 2014 年 5 月 6 日，参观更名为卓越特许学校网络哈迪·威廉姆斯高中的肖中学。
37. Martha Woodall, "Hardy Williams Academy Joins Mastery Charter Schools Network," *TPI*, March 11, 2011; Menash Dean and Solomon Leach, "Candidate Williams' Grade as School Founder: Incomplete," *PDN*, March 19, 2015.

38. Dean and Leach, "Candidate Williams' Grade." 还可参见：Steven F. Wilson, *Learning on the Job: When Business Takes on Public Schools* (Cambridge, MA: Harvard University Press, 2006), 66.
39. 正如阿克洛夫和克兰顿界定的，忠诚的员工被定义为"局内人"。他们的对立面被定义为"局外人"。这些被受访者分别用相似的术语描述了他们在卓越特许学校和爱迪生公司的经历。参见：Akerlof and Kranton, *Identity Economics: How Our Identities Shape Our Work, Wages, and Well-Being* (Princeton, NJ: Princeton University Press, 2010), 41–49.
40. 这些数字来自于宾夕法尼亚州教育部在其网站上公布的2009年参加宾夕法尼亚州学校评估系统数学考试的8年级学生数量，http://www.portal.state.pa.us/portal/server.pt/community/school_assessments/7442：费城学区（剔除爱迪生公司、"知识就是力量"项目和卓越特许学校招收的学生）的10 064名学生中有8 233人属于经济困难群体；由爱迪生公司运营的14所学校的996名8年级学生中，983人属于这一类；由"知识就是力量"项目运营的1所学校的75名8年级学生中，59人属于这一类；由卓越特许学校运营的3所学校的273名8年级学生中，217人属于这一类。
41. Pennsylvania Department of Education, 2007–2008 through 2010–2011 PSSA and AYP Results, http://www.portal.state.pa.us/portal/server.pt/community, http://www.portal.state.pa.us/portal/server.pt/community/school_assessments/7442. 爱迪生公司选取的样本量在本书第七章的注释108中有所介绍。"知识就是力量"项目2008—2012年参加宾夕法尼亚学校评估系统阅读/写作测试的5年级学生样本量为67/65, 63/64, 122/123, 137/144和132/141。"知识就是力量"项目2008—2012年参加阅读/写作测试的8年级学生样本量为42/43, 58/58, 55/55, 60/64, 和51/54。卓越特许学校2011年和2012年参加阅读/写作测试的5年级学生样本量为193/203和252/263。卓越特许学校2008—2012年参加阅读/写作测试的8年级学生样本量为227/225, 217/217, 284/284, 367/376和431/439。本表不包括2006—2007年的数据是因为"知识就是力量"项目和卓越特许学校的样本量非常小。该学区2008—2012年的样本量均超过7 700人。
42. 根据宾夕法尼亚州教育部网站的信息，如注释41所引用的，主线学区2008—2009年参加宾夕法尼亚州学校评估系统数学考试的2 071名8年级学生中，122名属于经济困难群体。
43. Pennsylvania Department of Education, 2007–2008 through 2010–2011 PSSA and AYP Results, http://www.portal.state.pa.us/portal/server.pt/community/school_assessments/7442. 2008—2012年参加宾夕法尼亚学校评估系统数学/科学测试的样本量如下：爱迪生公司，973/944, 942/918, 809/783和247/245；费城学区，8 958/8 649, 8 550/8 340, 7 855/7 798, 8 126/8 066和8 089/7 930；"知识就是力量"项目2/41, 59/59, 58/56, 60/60和50/51；卓越特许学校，226/208, 217/213, 274/286, 371/361和429/415；主线学区，68/65（拉德诺和特雷德夫林 – 伊斯特敦没有公布数据），121/122, 130/145, 131/135和162/167。
44. Pennsylvania Department of Education, Expenditure Data for All LEAs, http://www.portal.state.pa.us.

45. 2006 年 7 月 19 日，电话访问巴斯。
46. CBS, *60 Minutes*, September 19, 1999, and August 6, 2000. 还可参见: David Grann, "A Public School That Works: Back to Basics in the Bronx," *New Republic*, October 4, 1999, 24–26.
47. 2006 年 7 月 19 日访问奈克斯数据库网站: www.web.lexis-nexis.com。
48. ABC, *ABC World News*, October 15, 2007, and February 27, 2010; CBS, *CBS Evening News*, March 7, 2010, and February 27, 2014; CBS, *The Oprah Winfrey Show*, April 12, 2006; Comedy Central, *The Colbert Report*, October 1, 2008; National Public Radio, *All Things Considered*, May 28, 2005, *News and Notes*, September 6, 2007, *Weekend Edition Saturday*, October 7, 2006, and *Morning Edition*, January 18, 2010; NBC, *NBC Nightly News*, October 5, 2009; PBS, *Frontline*, October 5, 2005.
49. Bob Herbert, "A Chance to Learn," *NYT*, December 16, 2002; Herbert, "48 of 48," *NYT*, June 5, 2009; Thomas Friedman, "Steal This Movie, Too," *NYT*, August 24, 2010; Stanley Crouch, "Teachers Deserve More; So Do We," *NYDN*, September 9, 2000; Crouch, "Mayor Can Look in City for Schools That Work," *NYDN*, June 27, 2002; Leonard Pitts Jr., "Schools Where Students Learn," *Miami Herald*, November 25, 2007; Pitts, "Leave Education to the Principals, Teachers, Parents," *Miami Herald*, November 28, 2007; Mathews, *Work Hard. Be Nice*.
50. Abigail and Stephan Thernstrom, *No Excuses: Closing the Racial Gap in Learning* (New York: Simon and Schuster, 2003), 43–60, 66–80, 272–273; Malcolm Gladwell, *Outliers: The Story of Success* (New York: Little, Brown, 2008), 250–269; Paul Tough, *How Children Succeed: Grit, Curiosity, and the Hidden Power of Character* (New York: Houghton Mifflin, 2012), 44–54, 86–104.
51. 2014 年 9 月 30 日，在纽约访问"知识就是力量"项目基金会的公共事务总监史蒂夫·曼奇尼。
52. Motoko Rich, "A Walmart Fortune, Spreading Charter Schools," *NYT*, April 25, 2014.
53. 据比尔和梅林达·盖茨基金会网站的信息，截至 2014 年，共拨付给"知识就是力量"项目 25 429 087 美元, http://www.gatesfoundation.org/How-We-Work/Quick-Links/Grants-Database#q/k=kipp。
54. 通过电子邮件从罗宾汉基金会获得的 1997—2013 年审计后的财务报告。
55. 基于 2014 年 9 月 18 日与泰格基金会项目助理利兹·内利斯的通信。
56. 根据大西洋慈善总会网站的消息，此笔一次性捐款的目的是提供核心支持和评估: http://www.atlanticphilanthropies.org/grant/core-support-and-evaluation。
57. Michele McNeil, "49 Applicants Win i3 Grants," *EW*, August 11, 2010, 1, 28–29.
58. Gary Miron, Jessica L. Urschel, and Nicholas Saxton, "What Makes KIPP Work? A Study of Student Characteristics, Attrition, and School Finance," March 2011, 21, published jointly by the National Center for the Study of Privatization in Education, Teachers College, Columbia University, and the Study Group on Educational Management Organizations,

Western Michigan University, March 2011, http://www.ncspe.org/publications_files/OP195_3.pdf. 了解基金会的详细信息，请参见其注释 21; 附录 C, 17–29; 附录 D, 第 30 页。该样本中的学校数量 (28 所) 来自其附录 D。

59. 出处同上 , 32。其引用的年度报告来源于: KIPP: 2009 Report Card, 105, http://www.kipp.org/reportcard/2009.

60. KIPP press release, March 30, 2011, http://www.kipp.org/news/statement-by-kipp-regarding-report-what-makes-kipp-work-by-dr-gary-miron-and-colleagues-at-western-michigan-university.

61. Sam Dillon, "Study Says Charter Network Has Financial Advantages over Public Schools," *NYT*, March 31, 2011.

62. 请参见: Department of the Treasury, Internal Revenue Service, Form 990, "知识就是力量"项目各区域办事处以及"知识就是力量"项目基金会数据来源于: GuideStar, www.guidestar.org. 招生数据来自"知识就是力量"项目年度报告中提供的各区域学生总数，可通过以下网址查询: www.kipp.org。

63. 这笔资金大部分是由"知识就是力量"项目纽约市委员会筹得。"知识就是力量"项目 AMP 学校委员会在 2010—2011 年和 2011—2012 年分别独立筹集了 15 875 美元和 16 615 美元；"知识就是力量"项目学院 (或布朗克斯地区) 委员会在 2010—2011 年和 2011—2012 年分别筹集了 254 004 美元和 61 950 美元；"知识就是力量"项目无限学校 2011—2012 年筹集了 46 222 美元；"知识就是力量"项目 STAR 学校在 2010—2011 年和 2011—2012 年分别筹集了 19 134 美元和 18 035 美元。

64. *KIPP: 2011 Report Card*, http://www.kipp.org/results/annual-report-card/2011-report-card. 有关纽约和塔尔萨免费合用场地的内容，请参见其 90–96 页、103 页。有关与当地大主教的租约，请参见其 43 页、50–51 页、82–83 页、85 页、133 页、135 页。

65. 占用成本列于 "990 表格" 第 10 页。

66. 2014 年 9 月 30 日，纽约，访谈首席运营官杰克·乔洛夫斯基。

67. 2015 年 3 月 26 日，纽黑文，访谈成就优先网络发展副总裁肯·保罗。

68. Matthew Kaminski, "A South Bronx Success Worried about the Next Mayor," *WSJ*, November 4, 2013. 不久之后，阿肯色大学的研究人员发表了一份详细的研究报告，记录了各州和全国特定学区的特许学校资金严重不足问题。研究人员得出的结论是，特别是在纽约市，2011 财年学区学校收到的生均经费是 24 044 美元，而特许学校收到的生均经费是 16 420 美元，少了 31.7%。请参见: Patrick J. Wolf et al., "Charter School Funding: Inequity Expands," April 2014, http://www.uaedreform.org/charter-funding-inequity-expands/. 这项研究没有引用纽约市独立预算办公室 2010 年或 2011 年的分析。

69. New York City Charter School Center, press release, "NYC Charter School Center Statement and Background Advisory Regarding New Report from Save Our States," October 4, 2013, http://www.nyccharterschools.org/resources/statement-report-save-our-states. 还可参见: Harry J. Wilson and Jonathan Trichter, "A Full Analysis of the All-In Funding Costs for District Public Schools and Charter Schools: The IBO February 2010

Fiscal Brief Revisited," https://www.scribd.com/doc/173211810/NYC-School-Funding-White-Paper-FINAL, October 16, 2014.

70. Doug Turetsky, "Answering Back: SOS Report on IBO's Comparison of Public Funding for Charter and Traditional Schools Doesn't Make the Grade," *IBO Web Blog*, October 10, 2013, http://ibo.nyc.ny.us/cgi-park/.

71. New York City Independent Budget Office (IBO), Fiscal Brief: "Comparing the Level of Public Support: Charter Schools versus Traditional Public Schools," February 2010, 3, http://www.ibo.nyc.ny.us/iboreports/charterschoolsfeb2010.pdf. 有关下一年度更新数据的限定，请参见：Ray Domanico and Yolanda Smith, "Charter Schools Housed in the City's School Buildings Get More Public Funding per Student Than Traditional Public Schools," *IBO Web Blog*, February 15, 2011, http://ibo.nyc.ny.us/cgi-park/.

72. IBO, Fiscal Brief: "Comparing the Level of Public Support," 2010, 3, 7; Domanico and Smith, "Charter Schools Housed in the City's School Buildings," 2011, along with a supplement on change in methodology, http://www.ibo.nyc.ny.us/iboreports/chartersupplement2.pdf.

73. IBO, Fiscal Brief: "Comparing the Level of Public Support," 2010, 7.

74. Domanico and Smith, "Charter Schools Housed in the City's School Buildings," 2011.

75. 2014年7月29日，纽约，访谈纽约市教育局特许学校问责处运营主任奥拉·杜鲁。

76. Javier Hernández, "State Protections for Charter Schools Threaten de Blasio's Education Goals," *NYT*, March 30, 2014.

77. New York City Independent Budget Office, "Schools Brief: Charter Schools versus Traditional Public Schools," July 2015, http://www.ibo.nyc.ny.us/iboreports/charter_schools_versus_traditional_public_schools_comparing_the_level_of_public_support_in_school_year_2014_2015_july_23_2015.pdf.

78. 2014年9月30日，在纽约访问曼奇尼。

79. 出处同上。

第十章 局限

1. 有关招募必要人力资本以扩展"不找借口"模式的特许管理组织时所遭遇的挑战的细节，请参见：Steven F. Wilson, "Success at Scale in Charter Schooling," American Enterprise Institute, March 19, 2009, https://www.aei.org/publication/success-at-scale-in-charter-schooling/.

2. 史蒂夫·曼奇尼于2014年8月12日公布的2013—2014年招生数据，人口统计数据来自：*KIPP: 2013 Report Card*, 14, http://www.kipporg/reportcard.

3. Katrina Woodworth et al., *San Francisco Bay Area KIPP Schools: A Study of Early Implementation and Achievement* (Menlo Park, CA: SRI International, 2008), x, 32–33. 斯坦福国际研究院没有提供2003—2004年或2006—2007年的在职教师人数。

4. Ashley Keigher, *Teacher Attrition and Mobility:Results from the 2008–09 Teacher Follow-Up Survey* (Washington, DC: National Center for Education Statistics, 2010), 7–8, http://nces.edu.gov/pubsearch.
5. Woodworth et al., *San Francisco Bay Area KIPP Schools*, 32–34.
6. *KIPP:2009 Report Card*, http://www.kipp.org/reportcard/2009, 14.
7. Matthew Ronfeldt, Susanna Loeb, and James Wyckoff, "How Teacher Turnover Harms Student Achievement," *American Educational Research Journal* 50 (February 2013): 4–36. 关于对教师高流动率的制度成本的进一步分析，请参见：Michael A. Abelson and Barry D. Baysinger, "Optimal and Dysfunctional Turnover: Toward an Organizational Level Model," *Academy of Management Review* 9 (April 1984): 331–341; Anthony S.Bryk and Barbara Schneider, *Trust in Schools:A Core Resource for Improvement* (New York: Russell Sage Foundation, 2002); Kacey Guin, "Chronic Teacher Turnover in Urban Elementary Schools," *Education Policy Analysis Archives* 12 (August 2004): 1–25; Judith Warren Little, "Norms of Collegiality and Experimentation: Workplace Conditions of School Success," *American Educational Research Journal* 19 (Autumn 1982): 325–340; Fred M. Newmann et al., *School Instructional Program Coherence: Benefits and Challenges* (Chicago: Consortium on Chicago Research, 2001).
8. *KIPP: 2009 Report Card*.
9. 所有数据均来自"知识就是力量"项目的年度报告：http://www.kipp.org/reportcard。原始数据来自年度报告。加权平均数是笔者计算出来的。麦斯麦提克政策研究所的报告称，2010—2011年的加权留任率为78.9%，但这一比例是基于对该网络96所学校中的53所初中校长的调查得出的；这些校长的答复率为93%。关于麦斯麦提克政策研究所报告的留任率，前面描述为报告的流失率的倒数，请参见：Christina Clark Tuttle et al., "KIPP Middle Schools: Impacts on Achievement and Other Outcomes," Mathematica Policy Research, February 27, 2013, 14, 29, 103, http://www.mathematica-mpr.com/~/media/publications/PDFs/education/KIPP_middle.pdf. 2014年9月15日通过电子邮件让塔特尔对数据解读进行了确认。
10. IDEA公立学校自2008年起每两年发布一次报告，分享教师留任数据，可通过以下网址查询：http://www.ideapublicschools.org，2014年9月21日访问。2008年教师留任率为80%，2010年为87%，2012年为77%。火箭船公立学校在其网站上公布，教师留任率多年来一直维持在70%，请参见：http://www.rsed.org/faq.cfm，2014年9月21日访问。
11. New York City Charter School Center, *The State of the NYC Charter School Sector, 2012*, 39, http://www.nyccharterschools.org/data.
12. Rebecca Goldring, Soheyla Taie, and Minsun Riddles, *Teacher Attrition and Mobility: Results from the 2012–13 Teacher Follow-Up Survey* (Washington, DC: National Center for Education Statistics, 2014), 7–8, http://nces.edu.gov/pubsearch.
13. 这些判定只是基于4年的复合留任率(例如，$0.754^4 = 0.323$)。
14. 2008年10月20日，纽约，访问"知识就是力量"项目学院校长布兰卡·鲁伊斯。

15. 2008 年 10 月 22 日，在纽约访问"知识就是力量"项目无限学校运营经理玛丽亚·默里-迪亚兹。
16. 2008 年 10 月 16 日，在纽约访问"知识就是力量"项目 STAR 学校校长安伯·威廉姆斯。
17. 2011 年 7 月 29 日，在纽约访问"知识就是力量"项目 AMP 学校舞蹈教师妮可·拉弗恩·史密斯。
18. 2014 年 10 月 28 日，电话访问 2009 年以来在"知识就是力量"项目 AMP 学校担任社会研究课教师的阿什利·图桑；2014 年 11 月 8 日，电话访问 2009—2013 年在"知识就是力量"项目 AMP 学校担任数学教师的阿纳斯塔西娅·迈克尔斯；2014 年 11 月 14 日，电话访问妮可·拉弗恩·史密斯。
19. 2014 年 11 月 8 日，电话访问迈克尔斯。
20. Matthew Nestel and John Lauinger, "Brooklyn Teen Shot to Death Just Blocks from His Home while Walking with His Friends," *NYDN*, June 3, 2011.
21. 2011 年 6 月 6 日，在纽约访问"知识就是力量"项目 AMP 学校校长基·阿德利。
22. 2014 年 8 月 8 日，当被问及刘易斯的离职时，史蒂夫·曼奇尼说，只是没有任命而已。图桑在 2014 年 10 月 28 日的一次电话访谈中说，员工被蒙在鼓里。后来试图通过电子邮件和电话联系刘易斯了解其看法，但均未成功。
23. 2011 年 6 月 6 日，访问阿德利。
24. 2008 年 10 月 15 日，在纽约访问基·阿德利。
25. 出处同上。
26. 出处同上。
27. 2014 年 10 月 24 日，电话访问雅波美·卡比亚。
28. 2008 年 10 月 15 日，访问阿德利；Jennifer Medina, "Charter School's Deadline to Recognize Union Passes," *NYT*, February 13, 2009.
29. Meredith Kolodner, "Charter School Teachers Push to Join UFT," *NYDN*, January 14, 2009.
30. Steven Green house and Jennifer Medina, "Teachers at 2 Charter Schools Plan to Join Union, despite Notion of Incompatibility," *NYT*, January 14, 2009.
31. 2011 年 7 月 29 日，访问史密斯；还可参见：Kolodner, "Charter School Teachers Push to Join UFT".
32. Green house and Medina, "Teachers at 2 Charter Schools."
33. United Federation of Teachers, press release, April 23, 2009, http://www.uft.org/press-releases/kipp-s-amp-academy-teachers-are-certified-union-bargaining-unit.
34. Elizabeth Green, "After Opting In, KIPP Staff Vote Themselves Out of Teachers Union," *Chalkbeat*, April 23, 2010, http://ny.chalkbeat.org/2010/04/23/after-opting-in-kipp-staff-vote-themselves-out-of-teachers-union/#.VEfTjovF-8w.
35. United Federation of Teachers, press release, April 23, 2009.
36. 出处同上。
37. 2008 年 10 月 15 日，电话访问雅波美·卡比亚。

注 释

38. 2014 年 10 月 24 日，电话访问卡比亚。
39. 出处同上。
40. Tuttle et al., "KIPP Middle Schools: Impacts on Achievement," 7–9。根据 2006 年 7 月 5 日从史蒂文·曼奇尼处获得的一份题为"'知识就是力量'项目开设的学校不再属于该网络"的"知识就是力量"项目备忘录，因为教育理念方面的差异而分道扬镳的两所学校是佐治亚州德卡布县的"知识就是力量"项目 PATH 学院，其后来成为 PATH 学院，和萨克拉门托的"知识就是力量"项目 SAC 预科学校，其后来成为 SAC 预科学校。对于"知识就是力量"项目在安纳波利斯管理的学校而言，它们的问题在于资源不足。学校没有足够的场地，该地区没有可用的空间，当地的"知识就是力量"项目委员会也没有足够的资金来租借场地。请参见：Jay Mathews, "KIPP's Mysterious Tale of Three Cities," *WP*, June 26, 2007.
41. 2014 年 11 月 8 日，电话访问迈克尔斯。
42. 2011 年 7 月 28 日，在纽约访问阿什利·图桑。
43. 2011 年 6 月 16 日，在纽约访问艾米莉·卡罗尔。
44. 2011 年 6 月 6 日，在纽约访问安东尼娅·菲利普。
45. 出处同上。
46. Jay Mathews, *Work Hard. Be Nice.* (Chapel Hill, NC: Algonquin, 2009), 179.
47. 出处同上。
48. 基于 2014 年 5 月 6 日和 7 日参观卓越特许学校的西蒙·格拉茨高中、舒梅克校区和哈迪·威廉姆斯校区。
49. 基于 2015 年 3 月 26 日参观位于纽黑文的 5 所成就优先学校。
50. Mathews, *Work Hard. Be Nice.*, 31–42, 52–55.
51. 按照原海报进行重点标注。
52. Lyndon B. Johnson, State of the Union Address, January 8, 1964.
53. 2014 年 5 月 7 日，参观西蒙·格拉茨高中。
54. James S. Coleman et al., *Equality of Educational Opportunity* (Washington, DC: U.S. Office of Education, 1966).
55. 2008 年 10 月 22 日，在纽约访问"知识就是力量"项目无限学校的辅导员卢全·格雷厄姆。
56. Mathews, *Work Hard. Be Nice.*, 188–191; The Oprah Winfrey Show, "American Schools in Crisis," CBS, April 12, 2006.
57. 2008 年 10 月 16 日，参观"知识就是力量"项目 STAR 学校。
58. 2008 年 10 月 20 日，参观"知识就是力量"项目学院。
59. Mathews, *Work Hard. Be Nice.*, 208–209.
60. 2008 年 10 月 20 日，在纽约访问"知识就是力量"项目学院数学教师弗兰克·科克伦。
61. 出处同上。
62. Malcolm Gladwell, *Outliers: The Story of Success* (New York: Little, Brown, 2008), 262–

263.

63. 2008 年 10 月 28 日，弗兰克·科克伦的电子邮件。
64. 2008 年 11 月 16 日，在纽约访问"知识就是力量"项目无限学校校长约瑟夫·尼格伦。
65. 2013 年 12 月 4 日，电话访问谢里夫·埃尔 – 梅基。
66. 2009 年 2 月 23 日，电话访问卓越特许学校首席执行官斯科特·戈登。
67. 2014 年 5 月 6 日，电话访问卓越特许学校首席运营官约瑟夫·弗格森。
68. 该调查于 2014 年 5 月进行。
69. 出处同上。
70. 出处同上。
71. 2014 年 5 月 5 日，参观舒梅克校区。
72. Paul Tough, *How Children Succeed: Grit, Curiosity, and the Hidden Power of Character* (Boston: Houghton Mifflin, 2012).
73. KIPP, "The Promise of College Completion: KIPP's Early Successes and Challenges," 2011, http://www.kipp.org/files/dmfile/CollegeCompletionReportpdf.
74. 出处同上。
75. Tough, *How Children Succeed*, 49–54, 75–81; Sarah D.Sparks, "Students Rated on 'Grit' with New Report Cards," *EW*, June 5, 2014, 23.
76. KIPP Character Report Card and Supporting Materials, http://www.sas.upenn.edu/~duckwort/images/KIPP%20NYC%20Character%20Report%2Card%20and%20Supporting%20Materials.pdf.
77. Tough, *How Children Succeed*.
78. Sarah D. Sparks, "'Grit' May Not Spur Creative Success, Say Researchers," *EW*, August 19, 2014, 9.
79. Jeffrey Aaron Snyder, "Teaching Kids 'Grit Is All the Rage.' Here's What's Wrong with It," *New Republic*, May 6, 2014, http://www.newrepublic.com/article/117615/problem-grit-kipp-and-character-based-education.
80. Benjamin Herold, "Is 'Grit' Racist?" *EW*, January 24, 2015, http://blogs.edweek.org/edweek/DigitalEducation/2015/01/is_grit_racist.html.
81. 2014 年 9 月 30 日，在纽约访问史蒂夫·曼奇尼。
82. 2008 年 11 月 16 日，在纽约访问戴夫·莱文。
83. Joshua D. Angrist et al., "Inputs and Impacts in Charter Schools: KIPP Lynn," *AER* 100 (May 2010): 239–243; Albert Cheng et al., "What Effect Do 'No Excuses' Charter Schools Have on Academic Achievement?" September 2015, National Center for the Study of Privatization in Education, Occasional Paper 226, http://www.ncspe.org/publications_files/OP226.pdf.
84. Martin Carnoy et al., *The Charter School Dust-Up: Examining the Evidence on Enrollment and Achievement* (New York: Teachers College Press, 2005), 51–65. 有关有特殊需求的学生以及上述所有类别的学生，请参见：Gary Miron, Jessica L. Urschel, and Nicholas

Saxton, "What Makes KIPP Work? A Study of Student Characteristics, Attrition, and School Finance," March 2011, 21, published jointly by the National Center for the Study of Privatization in Education, Teachers College, Columbia University, and the Study Group on Educational Management Organizations, Western Michigan University, http://www.ncspe.org/publications_files/OP195_3.pdf, 7–9; Christina Clark Tuttle et al., "Student Characteristics and Achievement in 22 KIPP Middle Schools," Mathematica Policy Research, June 2010, 17–18, http://www.mathematica-mpr.com/~/media/publications/PDFs/education/KIPP_fnlrpt.pdf; Sean P. Corcoran and Jennifer L. Jennings, "The Gender Gap in Charter School Enrollment," March 2015, National Center for the Study of Privatization in Education, Occasional Paper 223, http://ncspe.org/publications_files/OP223.pdf.

85. Carnoy et al., *Charter School Dust-Up*, 56–57.
86. Miron, Urschel, and Saxton, "What Makes KIPP Work?" 13–14.
87. 根据麦斯麦提克政策研究所研究人员 2012 年关于"知识就是力量"项目的报告中得出的学区学校的流失率与"知识就是力量"项目无异这一结论，这一发现需要限定条件。参见出处同上，详见第 10 页至第 13 页。这与如下文章形成对比：Ira Nichols-Barrer et al., "Student Selection, Attrition, and Replacement in KIPP Middle Schools," Mathematica Policy Research, September 2012, 6–7, http://www.mathematica-mpr.com/our-publications-and-findings/publications/student-selection-attrition-and-replacement-in-kipp-middleschools. 米隆、尤索和萨克斯顿比较了"知识就是力量"项目和其所在学区的学校 6 至 8 年级的入学率，而尼科尔斯－巴勒等人比较了转学率。入学率的最终差异可以用入学晚的差异来解释。正如尼科尔斯－巴勒等人承认的那样，"知识就是力量"项目学校招收的 7 年级和 8 年级学生比学区学校要少。因此，学区学校有"回填"的作用，而 6 年级后的"知识就是力量"项目则没有。
88. Miron, Urschel, and Saxton, "What Makes KIPP Work?" 10–15.
89. Nichols-Barrer et al., "Student Selection," 17–22.
90. 出处同上，18。
91. Tuttle et al., "Student Characteristics and Achievement," 17–18。平均数来源于表 II.2。
92. Tuttle et al., "KIPP Middle School：Impacts on Achievement, 21。有关 2002—2008 年间发表的对"知识就是力量"项目的其他 5 项研究的评估，请参见：Jeffrey R.Henig, "What Do We Know about the Outcomes of KIPP Schools?" Education and the Public Interest Center & Education Policy Research Unit, November 2008, http://epicpolicy.org/publication/outcomes-of-kipp-schools.
93. Tuttle et al., "Student Characteristics and Achievement," 2–3.
94. 出处同上，2。
95. 出处同上，22–23。
96. Scott E. Carrell and Mark L. Hoekstra, "Externalities in the Classroom：How Children Exposed to Domestic Violence Affect Everyone's Kids," *American Economic Journal:*

Applied Economics 2 (January 2010): 211–228.

97. Roland G. Fryer Jr., "Injecting Charter School Best Practices into Traditional Public Schools: Evidence from Field Experiments," *Quarterly Journal of Economics* 129 (August 2014): 1355–1407.
98. 出处同上,1364。
99. 出处同上,1404。
100. 出处同上,1357、1371。弗莱尔坚持认为,这样的合同只是为了传递某种信息,而不是强制执行。弗莱尔写道,这与"知识就是力量"项目等特许管理组织的政策是一致的。然而,这与我在巴尔的摩、洛杉矶、纽约和圣地亚哥参观"知识就是力量"项目的学校时所观察到的情况截然不同。还可参见:Mathews, *Work Hard. Be Nice.*, 88–91, 100–101, 180–181, 217–218。"知识就是力量"项目的后果可能并不意味着开除,但可能意味着严格的家长会、师生会议和家访,以及暂停日常特权。
101. Anthony Bryk, Valerie E. Lee, and Peter B. Holland, *Catholic Schools and the Common Good* (Cambridge, MA: Harvard University Press, 1993); William N. Evans and Robert M. Schwab, "Finishing High School and Starting College: Do Catholic Schools Make a Difference?" *Quarterly Journal of Economics* 110 (November 1995): 941–974; Derek Neal, "The Effect of Catholic Secondary Schooling on Educational Attainment," *Journal of Labor Economics* 15 (January 1997): 98–123.
102. 2015年4月30日,匿名者著《成就首席高管》。
103. Forum at Teachers College, Columbia University: "Taking the First Step," cosponsored by EdLab and the Society for Entrepreneurship and Education, April 19, 2010.
104. John Rawls, *A Theory of Justice* (Cambridge, MA: Harvard University Press, 1971), 12, 140.
105. Jeffrey R. Henig, *Rethinking School Choice: Limits of the Market Metaphor* (Princeton, NJ: Princeton University Press, 1994), 3–12, 101–148.
106. Elizabeth A. Harris, "Charter School Backers Rally, Hoping to Influence de Blasio's Policies," *NYT*, October 3, 2013.
107. John Paul Stevens, dissent, *Zelman v. Simmons-Harris*, 536 U.S. 639 (2002).
108. Motoko Rich, "A Walmart Fortune, Spreading Charter Schools," *NYT*, April 25, 2014.

第十一章 远方的镜鉴

1. 有关北欧的公平观念的概述,请参见:Mary Hilson, *The Nordic Model: Scandinavia since 1945* (London: Reaktion, 2008), 87–115, Francis Sejersted, *The Age of Social Democracy: Norway and Sweden in the Twentieth Century* (Princeton, NJ: Princeton University Press, 2011), 99–114. 此外,有关学校供资的公平问题,请参见:Svein Lie, Pirjo Linnakylä, and Astrid Roe, eds., *Northern Lights on PISA: Unity and Diversity in the Nordic Countries in PISA 2000* (Oslo: Department of Teacher Education and School Development,

University of Oslo, 2003), 8. 有关带薪育儿假和托儿津贴的内容，请参见：Nabanita Datta Gupta, Nina Smith, and Mette Verner, "Child Care and Parental Leave in the Nordic Countries: A Model to Aspire To?" Institute for the Study of Labor (IZA), Discussion Paper No. 2014, March 2006, 8–10, http://ftp.iza.org/dp2014.pdf. 有关收入分配的内容，请参见：OECD Income Distribution Datebase, http://www.oecd.org/social/income-distribution-database.htm. 关于所得税，2014 年，丹麦的最高边际税率为 56%；芬兰为 52%；冰岛为 46%；挪威为 39%；瑞典为 57%。此外，这些国家的销售税约为 25%。请参见：http://www.tradingeconomics.com/country-list/personal-income-tax-rat.

2. Hilson, *The Nordic Model*, 105–106.
3. 出处同上，106。
4. Aksel Sandemose, *A Fugitive Crosses His Tracks* (*En flyktning krysser sittspor*, 1933; translated from the Norwegian by Eugene Gay-Tifft, New York: Knopf, 1936), 77–78.
5. Laws of Minnesota 1991, Chapter 265.9.3, www.revisor.mn.gov/laws/?id=265&year=1991.
6. Gary Miron, *Choice and the Use of Market Forces in Schooling: Swedish Education Reforms for the 1900s* (Stockholm: Institute of International Education, Stockholm University, 1993), 60.
7. Political Platform for a Government Formed by the Conservative Party and the Progress Party, October 7, 2013, 55, http://www.hoyre.no/filestore/Filer/Politikkdokumenter/politisk_platform_eng.pdf. 虽然该平台规定，此类学校"将被禁止向股东支付股息"，但没有任何规定限制学校被视为可出售牟利的长期投资。
8. Hilson, *The Nordic Model*, 180–181.
9. 瑞典学校管理局网站上的数据只能追溯到 1992—1993 学年，因此引用了其他数据来源。根据联合国教科文组织的数据库，1991—1992 年瑞典中小学学生总数为 1 166 833 人，http://www.uis.unesco.org/Education/Pages/default.aspx. 在义务教育阶段 (1 至 9 年级)，有 8 337 名学生在独立学校就读；在中学阶段 (相当于 10 至 12 年级)，有 4 950 名学生就读于独立学校。瑞典的数据出自：Gary Miron, ed., *Restructuring Education in Europe: Country Reports from the Czech Republic, Denmark, Germany and Sweden* (Stockholm: Institute of International Education, Stockholm University, 1997), 140–141.
10. Miron, *Choice and the Use of Market Forces*, 46–47, 162–170.
11. 请参见：Anders Böhlmark and Mikael Lindahl, "Does School Privatization Improve Educational Achievement? Evidence from Sweden's Voucher Reform," IZA Discussion Paper No. 3691, September 2008, 5, http://ftp.iza.org/dp3691.pdf. 作者指出，1992 年引进教育券后，除了这 3 所学校外，其他学校都在使用。
12. Sejersted, *Age of Social Democracy*, 267–272.
13. Susanne Wiborg, "Swedish Free Schools: Do They Work?" LLAKES Research Paper 18, Centre for Learning and Life Chances in Knowledge Economies and Societies, London, 2010, 7–8, http://www.llakes.org/wp-content/uploads/2010/09/Wiborg-online.pdf.
14. Sejersted, *Age of Social Democracy*, 271.

15. 出处同上, 419。
16. 出处同上, 421。
17. 请参见: E. D. Hirsch, *Cultural Literacy: What Every American Needs to Know* (Boston: Houghton Mifflin, 1987).
18. Sejersted, *Age of Social Democracy*, 421.
19. Michael Baggesen Klitgaard, "School Vouchers and Political Institutions: A Comparative Analysis of the United States and Sweden," December 2007, Occasional Paper 153, 15, http://www.ncspe.org/publications_files/OP153.pdf.
20. Swedish Ministry of Education, "Internationella skolor," September 2, 2014, and "Riksinternatskolor," March 13, 2014, http://www.regeringen.se.
21. 学生和学校的数量来自瑞典学校管理局, http://www.skolverket.se/statistik-och-utvardering/statistik-i-tabeller。有限公司管理的学校数量是根据瑞典独立学校协会于2015年4月在题为《关于独立学校的事实》的报告第2页中提供的2013—2014年百分比推算的估计值, 报告见: http://www.friskola.se/fakta-om-friskolor。根据这份报告, 有限公司管理着69%的综合学校和86%的高中。2010—2011学年的比例相同, 当时有741所综合学校和489所高中是私立学校, 因此有限公司管理的学校总数为932所。还可参见: "Making Them Happen," *The Economist*, September 26, 2009, 69–70.
22. Michael T. Moe, Kathleen Bailey, and Rhoda Lau, *The Book of Knowledge: Investing in the Growing Education and Training Industry* (New York: Merrill Lynch, April 9, 1999), 74–75.
23. Gary Miron and Charisse Gulosino, *Profiles of For-Profit and Nonprofit Education Management Organizations: Fourteenth Edition, 2011–2012*, November 2013, 9, http://nepc.colorado.edu/publication/EMO-profiles-11-12.
24. New York City Independent Budget Office, Fiscal Brief: "Comparing the Level of Public Support: Charter Schools versus Traditional Public Schools," February 2010, http://www.ibo.nyc.ny.us/iboreports/charterschoolsfeb2010.pdf.
25. 2009年5月11日, 斯德哥尔摩, 访谈瑞典昆斯卡普斯科兰教育有限公司的创始人兼董事长佩耶·艾米尔森; 马格诺拉集团有限公司网站: http://www.magnora.com/start.html.
26. 2009年5月11日, 访问艾米尔森。
27. 出处同上。
28. 2009年5月4日, 斯德哥尔摩, 访谈昆斯卡普斯科兰教育有限公司首席执行官佩尔·莱丁。
29. 2009年5月11日, 访问艾米尔森。
30. 2009年5月11日, 访问3i合伙人卡拉斯·希尔斯特伦。还可参见: Investor, Annual Reports, 1997–2002, http://www.investorab.com/investors-media/report.
31. 所有股票价格均来源于: Wharton Research Data Services, Center for Research in Security Prices (CRISP), https://wrds-web.wharton.upenn.edu/wrds/, 需要订阅。
32. 2009年5月11日, 访问艾米尔森。

33. 2015年8月4日，佩尔·莱丁的相关电子邮件。
34. 2009年5月5日，斯德哥尔摩，访谈比吉塔·埃里克森。这些数字有限定条件。埃里克森解释说，在这些学校中，每100名学生中配有5.4名教师。然而，塞西莉亚·卡内费尔特随后在2015年8月20日的电话访谈中解释说，如果将2012年手工艺中心和低年级增加的教师人数算进来，这一比例会攀升至每100名学生配有6.2名教师。
35. 2009年5月4日，斯德哥尔摩，访问佩尔·莱丁。
36. 出处同上，2009年5月对昆斯卡普斯科兰教育有限公司在纳卡、乌普萨拉，以及斯德哥尔摩的安斯基得、基斯塔和利耶霍尔曼学区的办学点的走访证实了所有细节。
37. 出处同上。
38. 2009年5月5日，访问艾米尔森。
39. 2009年5月8日，在乌普萨拉访问托德·霍尔伯格。
40. 2009年5月5日，参观昆斯卡普斯科兰教育有限公司位于安斯基得的学校。
41. 2009年5月7日，参观昆斯卡普斯科兰教育有限公司位于纳卡的学校。讨论用瑞典语进行。布罗松当天晚些时候在午餐时对他们的对话予以了解释。
42. 2009年5月4日，斯德哥尔摩，访谈佩尔·莱丁，他解释了评估和薪酬方案。2009年5月，在参观前文列出的6所昆斯卡普斯科兰教育有限公司办学点期间及之后进行的教师访问。
43. Deborah Nusche et al., *OECD Reviews of Evaluation and Assessment in Education: Sweden* (Paris: OECD, 2011), 46. 还可参见: Swedish National Agency for Education, http://www.skolverket.se/bedomning/nationella-prov/alla-nationella-prov-i-skolan/gymnasieskolan.
44. Magnus Henrekson and Jonas Vlachos, "Konkurrens om elever ger orätt-visa gymnasiebetyg," *Dagens Nyheter*, August 17, 2009.
45. Skolinspektionen, "Lika eller olika? Omrättning av nationella prov i grundskolan och gymnasieskolan," May 16, 2011; "Lika för alla? Omrättning av nationella prov i grundskolan och gymansieskolan under tre år," August 31, 2012; "Olikheterna är för stora. Omrättning av nationella prov i grundskolan och gymnasieskolan," September 2, 2013; and "Uppenbar risk för felaktiga betyg," 2014, http://www.skolinspektionen.se.
46. 2005年8月18日，电话访谈瑞典学校督导局教育主任帕特里克·莱文。
47. Ledin, "Introduction to Kunskapsskolan," presentation, Stockholm, May 4, 2009; Kunskapsskolan Education Sweden AB, "Årsredovisning och koncernredovisning för räkenskapsåret 2014," March 20, 2015, 2015年8月20日通过访问瑞典公司注册办公室网站(http://www.bolagsverket.se)获得，昆斯卡普斯科兰教育有限公司爱·斯维里奇有限公司首席执行官弗雷德里克·林德格伦将财务数据由日历年计改为学年计(7月1日至次年6月30日)。
48. 2009年5月11日，访问艾米尔森。
49. 出处同上。
50. 请参见昆斯卡普斯科兰教育有限公司古尔冈分部网站: http://kunskapsskolan.edu.in/gurgaon/.

51. 2011 年 3 月 8 日，访问佩尔·莱丁。
52. 2015 年 8 月 21 日，瑞典昆斯卡普斯科兰教育有限公司首席执行官的相关邮件。
53. 2011 年 3 月 8 日，在纽约访问莱丁。
54. Ian Quillen, "Ed-Tech Advocates Eye Rupert Murdoch's Move into K–12 Market," *EW*, December 8, 2010, 16; Benjamin Herold, "Big Hype, Hard Fall for News Corp.'s $1 Billion Ed Tech Venture," *EW*, August 26, 2015, 1, 12–13.
55. 请参见《经济学人》中的以下文章: " Free to Choose, and Learn," May 5, 2007, 65; "Our Friends in the North," June 6, 2008, http://www.economist.com/node/11477890; "Private Education: The Swedish Model," June 14, 2008, 83; "Making Them Happen," September 26, 2009, 69–70; "A Classroom Revolution," April 24, 2010, 22; "Britain: Cutting the Knot," May 29, 2010, 34.
56. 这些公司的相关信息来自殷拓集团 (EQT Partners AB)、北极星公司和 TA 联合集团的网站。
57. 这些公司的相关信息来自艾克赛尔和 FSN 资本的网站。
58. 这些公司的相关信息来自布雷股票有限公司、殷拓集团和北极星公司的网站。
59. Investor AB, Annual Report, 2014, http://ir.investorab.com/files/press/investor/201504017999–1.pdf.
60. Helen Warrell, " Free Schools: Lessons in Store," *Financial Times*, August 27, 2014.
61. 出处同上。
62. 2012 年 5 月 15 日，在斯德哥尔摩访问本特·韦斯特伯格。
63. 出处同上。
64. 出处同上。
65. Sejersted, *Age of Social Democracy*, 218–221. 关于瓦伦贝里家族，塞耶斯特德提到了斯德哥尔摩斯安银行 (Stockholms Enskilda Bank)。这是该家族的私人银行，1972 年与瑞典北欧银行 (Skandinaviska Banken) 合并成为斯安银行 (SE Banken), 而后改为瑞典北欧斯安银行。后者由投资者有限公司控制，是瓦伦贝里家族的上市控股公司。
66. "Seemly Success," *Time*, June 7, 1963, 120.
67. 有关国际透明组织及其腐败概念衡量体系的信息可在其网站上找到: http://www.transparency.org/. 有关儿童相对贫困的数据，请参见: UNICEF Innocenti Research Center , "Report Card 10: Measuring Child Poverty," May 2012, http://www.unicef-irc.org/publications/pdf/rc10_eng.pdf.
68. Transparency International, Corruptions Perception Index, http://www.transparency.org/research/cpi/overview. 准确的平均值如下: 瑞典为 4.2; 美国为 17.9; 丹麦为 1.9; 芬兰为 2.4; 挪威为 8.4。1995 年接受调查的国家为 45 个; 2014 年为 174 个。
69. 2009 年 5 月 19 日，斯德哥尔摩，访问安娜·詹德尔－霍尔斯特。
70. 出处同上。
71. OECD, *Education at a Glance 2011* (Paris: OECD, 2011), table D3.4, 419。挪威各级的变化分别是从 1.05 到 1, 1.05 到 1, 1.05 到 1.06; 丹麦分别是从 1.21 到 1.41, 1.21 到 1.41,

1.42 到 1.61；芬兰分别是从 1.08 到 1.13，1.23 到 1.21（唯一下降的），1.29 到 1.35。

72. 2009 年 5 月 19 日，斯德哥尔摩，访问恩德尔 – 霍尔斯特；2015 年 5 月 13 日，电话访问奥洛夫·伦德伯格。
73. 2009 年 5 月 4 日，斯德哥尔摩，访问莱丁。有关约翰·戈勒和克里斯·惠特尔对利润的预测，请分别参见本书第二章和第六章。
74. 基于 2009 年 5 月 5 日和 2012 年 5 月 11 日参观昆斯卡普斯科兰教育有限公司总部。
75. 2009 年 5 月 4 日，在斯德哥尔摩访问莱丁。
76. 2015 年 8 月 18 日，电话访问昆斯卡普斯科兰教育有限公司爱斯维里奇有限公司首席执行官弗雷德里克·林德格伦。
77. 出处同上。
78. 根据瑞典统计局的数据，2007 年，即有数据可查的最近一年，博伦厄的人均资产在 298 个城市中排名第 231 位；恩科平，第 150 位；卡特琳娜霍尔姆，第 206 位；诺尔克平，第 212 位；厄勒布鲁，第 134 位；特瑞堡，第 132 位。数据来源于：http://www.scb.se/en_/.
79. UNICEF, "Report Card 10: Measuring Child Poverty," 2.
80. 出处同上，3。
81. Swedish National Council for Crime Prevention, Crime and Statistics, http://www.bra.se/bra/bra-in-english/home/crime-and-statistics/murder-and-manslaughter.html. 有关各县的数据，请参见：Brottsförebyggande rådet, "Konstat erade fall av dödligt våld: Statistik för 2014," http://www.bra.se/bra/publikationer/arkiv/publikationer/2015-04-01-konstaterade-fall-av-dodligt-vald.html.
82. U.S. Department of Justice, Federal Bureau of Investigation, Uniform Crime Reporting Statistics, http://www.ucrdatatool.gov/index.cfm.
83. Niklas Magnusson and Johan Carlstrom, "Sweden Riots Put Faces to Statistics as Stockholm Burns," *BloombergBusiness*, May 27, 2013, http://www.bloomberg.com/news/articles/2013–05–26/sweden-riots-put-faces-to-statistics-as-stockholm-burns.
84. 请参见：Harvey Morris, "Riots Dent Image of Sweden's Classless Social Model," *NYT*, May 24, 2013.
85. 基于 2009 年 5 月参观时的观察。
86. 出处同上。
87. 请参见, Hilson, *The Nordic Model*, 87–115; Sejersted, *Age of Social Democracy*, 99–114.
88. 2012 年 5 月 22 日，斯德哥尔摩，访谈帕特里克·莱文；还可参见：Skolverket, *Gymnasieskola 2011* (Stockholm: Skolverket, 2011), http://www.skolverket.se/om-skolverket/publikationer.
89. 2012 年 5 月 22 日，在斯德哥尔摩访问莱文。
90. Axcel, "Berättelsen om JB Education: Om Axcels investering i John Bauer Organization och avvecklingen av JB Education," October 24, 2013, 2014 年 1 月 22 日从艾克赛尔集团合伙人维尔海姆·桑德斯特伦的电子邮件中获得。
91. Laura Hartman, ed., *Konkurrensens konsekvenser: Vad händer med svensk välfärd?*

(Stockholm: SNS Förlag, 2011).

92. Laura Hartman, "Privatiskeringar i välfärden har inte ökat eff ektiviten," *Dagens Nyheter*, September 7, 2011.
93. Jonas Vlachos, "Friskolor i förändring," in Hartman, *Konkurrensens konsekvenser*, 66–67, 70–73.
94. 出处同上, 66、96–99。
95. 2012 年 5 月 11 日，斯德哥尔摩，访谈佩尔·莱丁。Richard Orange, "Doubts Grow over the Success of Sweden's Free Schools Experiment," *The Guardian*, September 10, 2011.
96. Johan Anderberg, "SNS förlorade heder," *Fokus*, September 30, 2011, http://www.fokus.se/2011/09/sns-forlorade-heder/.
97. 2012 年 5 月 18 日，在斯德哥尔摩访问劳拉·哈特曼。
98. 2012 年 5 月 16 日，在纳卡访问埃纳尔·弗兰森。
99. 出处同上。
100. 出处同上。
101. 有关《每日新闻》的早期报道，请参见：Josefi ne Hökerberg, "Carema försökte köpa min tystnad," October 13, 2011; Mia Tottmar, "'Oacceptabla förhållanden' på äldreboende i Välingby," October 13, 011; Tottmar, "Sköterskans larmrapport stoppades," October, 19, 2011.
102. Martin Arnold, "KKR to Partner with Triton in Ambea Acquisition," *Financial Times*, March 26, 2010.
103. Erik Palm, *Caremaskandalen: Tiskkapitalets fantastiska resa i äldrevården* (Stockholm: Carlsson, 2013).
104. Cecilia Stenshamn, *Lögnen om Koppargården: Skandalen bakom Caremaskandalen* (Stockholm: Timbro, 2013).
105. Ambea, "Carema Is Changing Its Name," August 27, 2013, http://news.cision.com/ambea/r/carema-is-changing-its-name, c9456926.
106. 2012 年 5 月 11 日，在斯德哥尔摩访问莱丁。
107. 标题的字面意思是 "The World's Best Shit School"。
108. Lili Loofbourow, "No to Profit: Fighting Privatization in Chile," *Boston Review*, May/June 2013, 30–35.
109. Anthony Esposito, "Chile's Bachelet Prepares Next Phase of Education Reform," Reuters, January 27, 2015, http://www.reuters.com/article/2015/01/27/us-chile-education-reform-idUSKBN0L01W620150127.
110. 关于"国际学生测评项目冲击"的证据，请参见：OECD, Improving Schools in Sweden: An OECD Perspective (Paris: OECD, 2015), http://www.oecd.org/edu/school/improving-schools-in-sweden-an-oecd-perspective.htm.
111. Sveriges Utbildningsradio AB, *Världens bästa skitskola: Vinstmaskinerna*, December 11, 2011, http://www.ur.se/Produkter/165325-Varldens-basta-skitskola-Vinstmaskinerna.

112. 出处同上。美元近似值是基于交易时的汇率换算而来。
113. 出处同上。
114. 2014 年 1 月 13 日，在哥本哈根访问维尔海姆·桑德斯特伦；2015 年 8 月 12 日，电话访问佩尔·莱丁；2015 年 8 月 12 日，电话访问艾克赛尔集团公司事务总监约阿希姆·斯珀林。
115. 2012 年 5 月 11 日，在斯德哥尔摩访问莱丁。
116. 2012 年 6 月 19 日，佩尔·莱丁的电子邮件。莱丁说他被要求在 5 月 28 日离职。
117. 2014 年 1 月 13 日，在哥本哈根访问桑德斯特伦。
118. Axcel, "Berättelsen om JB Education"; Axcel, press release, "JB Education avyttrar vuxenutbildningen," June 11, 2013, http://www.axcel.se/media/135670/pressmeddelande_jb_education_130611_slutlig_1_.pdf.
119. 2014 年 1 月 13 日，在哥本哈根访问桑德斯特伦。
120. Axcel, "Berättelsen om JB Education"; 2014 年 1 月 13 日，哥本哈根，访谈桑德斯特伦。美元近似值是基于交易时的汇率换算而来。
121. 2015 年 8 月 12 日，电话访问约阿希姆·斯珀林。
122. 2014 年 1 月 13 日，在哥本哈根访问桑德斯特伦。
123. 出处同上。
124. 2015 年 8 月 20 日，电话访问卡内费尔特。招生人数来源于：Kunskapsskolan Education Sweden AB, "Årsredovisning och koncernredovisning för räkenskapsåret 2014," March 20, 2015.
125. Sarah Darville, "Recruitment, Finance Troubles Force Closure of Charter School That Opened in Tweed," *Chalkbeat*, March 4, 2015, http://ny.chalkbeat.org/2015/03/04/recruitment-finance-troubles-force-closure-of-charter-school-that-opened-in-tweed/.
126. New York City Department of Education, Middle School Quality Snapshot 2013–2014, http://schools.nyc.gov/SchoolPortals/01/M524/AboutUs/Statistics/default.htm.
127. 请参见：New York State Department of Education, District Data, 2013–2014, http://data.nysed.gov/。有关曼哈顿创新特许学校的数据，请参见：New York School Quality Guide 2013–2014, http://schools.nyc.gov/SchoolPortals/01/M524/AboutUs/Statistics/default.htm.
128. 2015 年 8 月 20 日，电话访问卡内费尔特。

第十二章　横跨海湾

1. Francis Sejersted, *The Age of Social Democracy: Norway and Sweden in the Twentieth Century* (Princeton, NJ: Princeton University Press, 2011), 267–272.
2. Erkki Aho, Kari Pitkänen, and Pasi Sahlberg, *Policy Development and Reform Principles of Basic and Secondary Education in Finland since 1968* (Washington, DC: World Bank, 2006), 6, 21–25, 78–86; Pasi Sahlberg, *Finnish Lessons: What Can the World Learn from Educational Change in Finland?* (New York: Teachers College Press, 2010), 21–25,

78–86。有关瑞典追踪体系的推延，请参见：Susanne Wiborg, "Swedish Free Schools: Do They Work?" LLAKES Research Paper 18, Centre for Learning and Life Chances in Knowledge Economies and Societies, London, 2010, 7–8, http://www.llakes.org/wp-content/uploads/2010/09/Wiborg-online.pdf.

3. Aho, Pitkänen, and Sahlberg, *Policy Development and Reform Principles*, 50, 58–59. 特别是关于教师工资，作者写道，"教师的地位不应由他们所教的年级、学生的年龄或所教的科目来决定。教师工资不应与他们的职位挂钩，而应与他们的学位挂钩。"在实践中，这意味着尤其小学教师的工资要得到显著提高，因为从 1979 年起他们就必须具有硕士学位。1984 年 4 月的一次教师罢工也带来了巨大的推动影响。当教育当局要求取消 7 至 9 年级的成绩追踪时，教师们抗议说，教授这两个年级时他们的工作更具挑战性，他们的工资应该增加，班级规模应该缩小。当局予以认可。2010 年 12 月 7 日，赫尔辛基，访谈曾于 1972—1991 年担任芬兰国家普通教育委员会总干事的埃克基·阿霍。

4. 2010 年 12 月 7 日，在赫尔辛基访问社会民主党马蒂·萨里宁。

5. Mary Hilson, *The Nordic Model: Scandinavia since 1945* (London: Reaktion, 2008), 100; David Kirby, *A Concise History of Finland* (Cambridge: Cambridge University Press, 2006), 173.

6. Hilson, *The Nordic Model*, 91–99.

7. Kirby, *Concise History*, 214–216, 232, 240, 287; William R. Trotter, *A Frozen Hell: The Russo-Finnish Winter War*, 1939–1940 (New York: Algonquin, 2000), 263–270; Hildi Hawkins and Päivi Vallisaari, *Finland: A Cultural Encyclopedia* (Helsinki: Finnish Literature Society, 1999), 173, 327; Jari Leskinen and Antti Juutilainen, eds., *Jatkosodan pikkujättiläinen* (Helsinki: Werner Söderström Osakeyhtiö, 2005), 1150–1162.

8. 关于芬兰和韩国教育实践的对比请参见：Amanda Ripley, *The Smartest Kids in the World: And How They Got That Way* (New York: Simon and Schuster, 2013).

9. 2010 年 12 月 3 日，参观卡拉蒂综合学校。蒂莫·海基宁当天晚些时候简要翻译了退伍军人的发言。

10. 基于 2009 年 4 月 23 日、2010 年 12 月 8 日和 2014 年 1 月 30 日参观芬兰教育与文化部；2009 年 4 月 25 日、2010 年 12 月 13 日和 2012 年 5 月 3 至 4 日参观芬兰国家教育委员会；2009 年 4 月 28 日参观芬兰教育评估中心位于于韦斯屈莱的办公室；2009 年 4 月 20 日和 2014 年 2 月 3 日，参观赫尔辛基教育局；以及 2010 年 12 月 6 日和 2014 年 1 月 28 日参观芬兰教师工会。

11. 基于 2009—2014 年参观分布在以下 6 个城市的 15 所学校：埃斯波、赫尔辛基、于韦斯屈莱、洛赫亚、拉伊西奥和图尔库。还可参见：Caroline Brizard, "École: la leçon finlandaise," *Le Nouvel Observateur*, February 17, 2005, 62–64.

12. Finnish National Board of Education, *School Meals in Finland: Investment in Learning*, 2008, http://www.oph.fi/download/47657_school_meals_in_finland.pdf. 还可参见：Eduardo Andere, *Teachers' Perspectives on Finnish School Education: Creating Learning Environments* (New

York: Springer, 2014), 40–41.

13. 基于 2009—2014 年参观分布在以下 6 个城市的 15 所学校：埃斯波、赫尔辛基、于韦斯屈莱、洛赫亚、拉伊西奥和图尔库。
14. 基于 2010 年 12 月参观挪威的学校以及 2014 年 1 月参观丹麦的学校。
15. Skollag (School Law) 1997: 1212, December 29, 1997. 在美国，"收入在贫困线 130% 或以下家庭的子女"才能免费享用学校午餐。请参见：Food and Nutrition Service, National School Lunch Program Fact Sheet, September 2013, http://www.fns.usda.gov/sites/default/files/NSLPFactSheet.pdf.
16. Maddison Project, http://www.ggdc.net/maddison/maddison-project/home.htm, 2013 version.
17. UNICEF Innocenti Research Center, "Report Card 10: Measuring Child Poverty," May 2012, http://www.unicef-irc.org/publications/pdf/rc10_eng.pdf., 2.
18. 出处同上，3。
19. 例如参见："Our Friends in the North," *The Economist*, June 6, 2008, http://www.economist.com/node/11477890.
20. 2012 年 4 月 27 日，赫尔辛基，访谈位于拉伊西奥的弗里斯兰学校特殊教育主任帕维·朱蒂。
21. 2014 年 1 月 7 日，哥本哈根，访问丹麦科学、创新和高等教育部特别顾问艾伦·克莱贝尔·韦斯多夫；2010 年 11 月 24 日，在奥斯陆访问挪威教育部高级政策顾问莫滕·罗森克维斯特；2012 年 5 月 15 日，在斯德哥尔摩访问斯德哥尔摩教育局学校督导处处长克里斯特·布洛克维斯特。
22. 2014 年 1 月 7 日，在哥本哈根访问韦斯多夫。
23. 2010 年 11 月 24 日，在奥斯陆访问罗森克维斯特。
24. 2012 年 5 月 15 日，在斯德哥尔摩访问布洛克维斯特。
25. Jaana Inki, Eila Lindfors, and Jaakko Sohlo, eds., *Käsityön työturvallisuusopas* (Helsinki: Finnish National Board of Education, 2011), 38–39. 2009—2014 年访问期间，芬兰各地多所学校的校长都确认了手工艺课程的这一规则也适用于科学课程。
26. 2014 年 1 月 7 日，哥本哈根，访谈韦斯多夫；2010 年 11 月 24 日，奥斯陆，访谈罗森克维斯特；2012 年 5 月 15 日，斯德哥尔摩，访谈布洛克维斯特。此外，在参观丹麦的 5 所学校、挪威的 6 所学校、瑞典的 9 所学校和芬兰的 15 所学校期间，我还询问了科学教学的情况。
27. 2010 年 11 月 30 日，奥斯陆，访谈优异学校"挪威教学优先"科学教师克里斯汀·斯坦格兰德。
28. 2014 年 1 月 7 日，在哥本哈根访问韦斯多夫；2010 年 11 月 24 日，奥斯陆，访谈罗森克维斯特；2012 年 5 月 15 日，在斯德哥尔摩访问布洛克维斯特。
29. 2010 年 12 月 7 日，在赫尔辛基访问阿霍。
30. 请参见：Daniel M. G. Raff and Lawrence H. Summers, "Did Henry Ford Pay Efficiency Wages?" *Journal of Labor Economics* 5 (October 1987): S57–S86; Jeff Nilsson, "Why Did Henry

Ford Double His Minimum Wage?," *Saturday Evening Post*, January 3, 2014 , http://www.saturdayeveningpost.com/2014/01/03/history/post-perspective/ford-doubles-minimum-wage.html.

31. 美国国家教育统计中心长期以来由于数据收集错误而夸大了教学时长，加之经合组织在其 1998—2014 年的年度教育统计和分析报告《教育概览》中重复使用了这些错误信息，导致学者和记者的普遍看法是，美国教师在课堂上花费的时间几乎是芬兰和许多其他经合组织成员国的两倍。我在 2015 年的一项研究中谈到了这个问题，"The Mismeasure of Teaching Time," Working Paper, Center for Benefit-Cost Studies of Education, Teachers College, Columbia University, January 2015, http://cbcse.org/publications/#reform.

32. W. Edwards Deming, *Out of the Crisis* (1982; reprint, Cambridge, MA: MIT Press, 2000), 101–109.

33. Alfred D. Chandler, *The Visible Hand: The Managerial Revolution in American Business* (Cambridge, MA: Harvard University Press, 1977), 381–382, 390, 416–417, 452, 491. 还可参见：Kevin Clark, "Why the Green Bay Packers Promote from Within," *WSJ*, January 16–17, 2016.

34. Aho, Pitkänen, and Sahlberg, *Policy Development and Reform Principles*.

35. 这一判定是基于在哥本哈根、奥斯陆、斯德哥尔摩以及美国多个城市所做的访谈。没有任何课堂经验的美国教育官员典型例子有艾伦·贝尔森、阿恩·邓肯、哈罗德·利维、罗伊·罗默和保罗·瓦拉斯。不管其管理是否有效，在芬兰没有类似的情况 (除了教育与文化部长以外，他是议会成员，而不是被任命的政策指导者)，并呈现出一种截然不同的教育管理方式。

36. Deming, *Out of the Crisis*, 28–31, 54–62.

37. 出处同上 , 23。

38. 出处同上 , 29–30。

39. 2010 年 12 月 1 日，在赫尔辛基访问帕思·萨尔伯格。

40. Transparency International, Corruptions Perception Index, http://www.transparency.org/research/cpi/overview. 芬兰的准确平均数是 2.4。1995 年调查的国家为 45 个，2014 年为 174 个。

41. 2009 年 4 月 20 日，在赫尔辛基访问赫尔辛基教育局国际关系主任埃娃·彭提拉。

42. No Child Left Behind Act of 2001, Pub.L.107–110, January 8, 2002, Section 1001 (3) and Section 1111 (b) (3) (C) (v).

43. Claire Shewbridge et al., *OECD Reviews of Evaluation and Assessment in Education: Denmark* (Paris: OECD, 2011), 47.

44. Deborah Nusche et al., *OECD Reviews of Evaluation and Assessment in Education: Norway* (Paris: OECD, 2011), 25.

45. Deborah Nusche et al., *OECD Reviews of Evaluation and Assessment in Education: Sweden* (Paris: OECD, 2011), 46. 还可参见：Swedish National Agency for Education, http://www.skolverket

se/bedomning/nationella-prov/alla-nationella-prov-i-skolan/gymnasieskolan.

46. 2015年6月9至12日，芬兰教育评估中心高级研究员贾里·林业马。
47. 2014年11月13日，纽约，由比尔·道尔和马瑞特·格洛瑟主持芬兰教育研讨会，帕思·萨尔伯格发言。
48. Sahlberg, *Finnish Lessons*, 31–32.
49. 2012年4月23至27日、2014年1月30日、2月3日和5日在赫尔辛基大学参观时的观察；2009年4月28日在于韦斯屈莱大学参观时的观察。
50. 事例参见：McKinsey & Company, *How the World's Best-Performing School Systems Come Out on Top*, September 2007, 19, http://mckinseyonsociety.com/how-the-worlds-best-performing-schools-come-out-on-top/; McKinsey&Company, *Closing the Talent Gap:Attracting and Retaining the Top-Third Graduates to Careers in Teaching*, September 2010, 17, http://www.mckinseyonsociety.com/downloads/reports/Education/Closing_the_talent_gap.pdf; Sahlberg, *Finnish Lessons*, 73–76; Ripley, *The Smartest Kids*, 85–91; Hannu Simola, *Historical and Sociological Essays on Schooling in Finland* (New York: Routledge, 2015), 262–264.
51. 2014年1月27日，访问赫尔辛基大学教师教育项目招生协调员、高中毕业生申请成功的代表图利·阿苏马。阿苏马说，据传成功的申请者均来自高中的前十分之一或五分之一，但没有数据支撑这样的观点。赫尔辛基大学数学教育高级教授安努·莱恩在2014年2月5日的一次访谈中证实，教师教育项目的学生只代表了高中毕业生的一部分。初中毕业生出路的细分数据来源：Official Statistics of Finland, *Entrance to Education*, 2013, Appendix table 1: Direct Transition to Further Studies of Completers of the 9th Grade of Comprehensive School, 2005–2013, http://www.stat.fi/til/khak/2013/khak_2013_2015-02-12_tau_001_en.html.
52. 2014年1月27日，在赫尔辛基访问阿苏马。
53. 如果将只面向讲瑞典语的芬兰人且与芬兰其他大多数教师教育项目相比选择性较低的瓦萨大学的项目包括在内，那么在这段时间内，录取率平均为15%，在14%到18%范围内浮动。2001—2013年教师教育项目招生数据来自"大学申请登记"，2014年1月23日通过电子邮件从芬兰国家教育委员会获得。除瓦萨大学外，2007—2013年所有大学的其他信息均来自全国教育选拔合作网络，2014年1月20日由阿苏马提供。在2014年1月20日和2014年1月27日的会面中，阿苏马对所有数据进行了审查和解释。
54. 2014年1月28日，在赫尔辛基访问芬兰教师工会主席奥利·卢克凯宁。还可参见：European Commission, Economic Policy Committee and the Directorate-General for Economic and Financial Affairs, "Efficiency and Effectiveness of Public Expenditure on Tertiary Education in the EU," Annex: Country Fiche Finland, October 2010, 15, http://ec.europa.eu/economy_finance/publications/occasional_paper/pdf/country_fiches/finland.pdf.
55. 2014年1月7日，在哥本哈根访问韦斯多夫。还可参见：European Commission, Economic

Policy Committee and the Directorate-General for Economic and Financial Affairs, Annex: Country Fiche Denmark, October 2010, 13, http://ec.europa.eu/economy_finance/publications/occasional_paper/pdf/country_fiches/denmark.pdf.

56. Samordna opptak (Norwegian Universities and Colleges Admission Service), http://www.samordnaopptak.no/info/om/sokertall/sokertall-2012/index.html; European Commission, Economic Policy Committee and the Directorate-General for Economic and Financial Affairs, Annex: Country Fiche, Sweden, October 2010, 12–13, http://ec.europa.eu/economy_finance /publications/occasional_paper/pdf/country_fiches/sweden.pdf; Universitets Kanslers Ämbetet, http://www.uk-ambetet.se/statistikuppfoljning.
57. 2014年1月，访问匿名者。
58. 2014年1月28日，在赫尔辛基访问卢克凯宁。
59. 2014年1月27日，在赫尔辛基访问图利·阿苏马。
60. 基于2009年4月、2012年4月和2014年1月对高校学生的访问。
61. 2014年2月6日，在赫尔辛基访问芬兰教育与文化部长克丽丝塔·基鲁。
62. 丹麦、挪威和瑞典的学校非常重视对孩子的全面教育。然而这3个国家的学校在设计基础课程方面有更大的自主权。相比之下，在芬兰，人们对艺术、音乐、手工和游戏的期待得到了正式的表达。
63. 我在2009—2014年的访问中考察了15所芬兰学校的这种做法，2014年1月28日在赫尔辛基访问卢克凯宁时，他确认了这是官方做法。这种做法是基于1984年10月12日的学校法的第23条，规定上课时间应为45分钟，课间休息时间至少为10分钟。有关芬兰学校法中这一规定的详情，可查阅：http://www.finlex.fi/fi/laki/alkup/1984/19840718.
64. Finnish National Board of Education, http://www.oph.fi/english/curricula_and_qualifications/basic_education. 课时表规定每周至少有4节音乐、艺术和手工课。在2010年12月3日的一次访谈中，卡拉蒂综合学校蒂莫·海基宁校长解释说，初中学生每周可选修11节课。
65. Steve Lohr, "At a Software Power house, the Good Life Is under Siege," *NYT*, November 21, 2009; James B. Stewart, "Looking for a Lesson in Google's Perks," *NYT*, March 15, 2013; David Gelles, "At Aetna, a C.E.O.'s Management by Mantra," *NYT*, February 27, 2015.
66. 2009年4月20日，参观卡拉蒂综合学校。
67. Center on Education Policy, "NCLB Year 5: Choices, Changes, and Challenges: Curriculum and Instruction in the NCLB Era," July 24, 2007, 5–10, http://www.cep-dc.org/publications/; Basmat Parsad and Maura Spiegelman, *Arts Education in Public Elementary and Secondary Schools:1999–2000 and 2009–2010*, National Center for Education Statistics, Institute of Education Sciences, U.S. Department of Education, Washington, DC, 2012, http://nces.ed.gov/pubs2012/2012014rev.pdf.
68. Juvenal, *Satires*, x.356 (ca.130): "Mens sana in corpore sano."

69. Johan Huizinga, Homo Ludens: *A Study of the Play-Element in Culture* (1938; reprint, Boston: Beacon Press, 1955).
70. William Harrison Woodward, *Vittorino da Feltre and Other Humanist Educators* (1897; reprint, Toronto: University of Toronto Press, 1996), 32, 35.

结语

1. 特别参见: Richard Rothstein, *Class and Schools: Using Social, Economic, and Educational Reform to Close the Black-White Achievement Gap* (Washington, DC: Economic Policy Institute, 2004), 13–59; David C. Berliner, "Our Impoverished View of Educational Reform," *Teachers College Record* 108 (2006): 949–995.
2. UNICEF Innocenti Research Center, "Report Card 10: Measuring Child Poverty," May 2012, http://www.unicef-irc.org/publications/pdf/rc10_eng.pdf, 3; Swedish National Council for Crime Prevention, Crime and Statistics, http://www.bra.se/bra/bra-in-english /home/crime-and-statistics/murder-and-manslaughter.html. 有关各县的数据, 请参见: Brottsförebyggande rådet, Konstaterade fall av dödligt våld: Statistik för 2014, http://www.bra.se/bra/publikationer/arkiv/publikationer/2015-04-01-konstaterade-fall-av-dodligt-vald.html; U.S. Department of Justice, Federal Bureau of Investigation, Uniform Crime Reporting Statistics, http://www.ucrdatatool.gov/index.cfm.
3. Michael J. Petrilli and Brandon L. Wright, "America's Mediocre Test Scores," *Education Next* 16 (Winter 2016): 47–52.
4. W. Edwards Deming, *Out of the Crisis* (1982; reprint, Cambridge, MA: MIT Press, 2000), 5.
5. 这些广告刊登于以下几期《教育周刊》的第2页: 2005年9月28日和12月7日, 以及2006年2月15日、22日和5月3日。
6. "Course Correction for School Testing," *NYT*, December 7, 2015.
7. No Child Left Behind Act of 2001, Pub. L.107–110, January 8, 2002, Section 1111 (b) (2) (C) (v).
8. Michael Hout and Stuart W. Elliott, eds., *Incentives and Test-Based Accountability in Education* (Washington, DC: National Academies Press, 2011). 还可参见: Sarah D. Sparks, "Panel Finds Few Learning Benefits in High-Stakes Exams," *EW*, June 8, 2011, 1, 14.
9. Michael Jonas, *Commonwealth Magazine*, June 5, 2008, http://commonwealth-magazine.org/education/held-back/. 有关更多细节, 请参见: David K. Cohen and Susan L. Moffitt, *The Ordeal of Equality: Did Federal Regulation Fix the Schools?* (Cambridge, MA: Harvard University Press, 2009), 211–213.
10. Associated Press, "N.Y.C. Chancellor Forms Anti-Cheating Task Force," *EW*, August 19, 2015, 4; Elizabeth A. Harris, "New York City Task Force Targets Cheating by Teachers and Principals," *NYT*, August 4, 2015.
11. 2010年12月10日, 在赫尔辛基访问位于埃斯波的科西嘉维综合学校校长卡里·卢希沃里。

12. National Center for Education Statistics, NAEP Overview, http://nces.ed.gov/nationsreportcard/about/.
13. Motoko Rich, "Teacher Shortages Spur a Nationwide Hiring Scramble (Credentials Optional)," *NYT*, August 10, 2015; letters to the editor, "The Teacher Shortage," *NYT*, August 15, 2015.